中国顶尖学科
出版工程

复旦大学
历史地理学科

主编
葛剑雄

副主编
张晓虹

学 术 前 沿

政治、技术与环境：
鱼鳞大石塘形成史的考察

王大学 著

上海教育出版社
SHANGHAI EDUCATIONAL
PUBLISHING HOUSE

顶尖学科的创新和发展,一直是全社会关心的热点议题。国家的发展需要顶尖学科的支撑,高端人才的培养体现了顶尖学科的传承。为我国学科建设发展注入人文关怀和强化历史厚度,探索学科发生发展的规律,有助于推动我国的学科建设,使我国顶尖学科实力更加饱满、更具国际化和人性化、更适应未来社会融合发展的趋势。

"中国顶尖学科出版工程"缘起于2018年10月杭州电子科技大学融媒体与主题出版研究院院长韩建民教授和上海教育出版社缪宏才社长在飞往西安的飞机上的一席谈话。二位谈到,作为出版人,不仅要运营好出版社,更重要的是担负起出版人的职责,服务社会,传承文化。作为高校教师、教育出版社社长,他们的关注点不约而同地聚集在了高等教育上。近年来,教育部等国家有关部门对高等教育尤其是顶尖人才的培养格外重视。人才培养离不开学科建设,国家建设需要学科支持。学科发展水平是高校和科研机构的核心竞争力,是全社会关注的焦点。一个好的学科首先应该讲历史、讲积淀、讲传承、讲学科建设史,而目前我国大部分顶尖学科没有系统建设自己的学科史,更没有建构自己学科的学术文化传统。世界上一些著名的大学科研机构,如剑桥大学卡文迪许实验室,恰恰是高度重视科学与人文的结合,所以才产生了享誉世界的科研成果。

英国物理学博士C.P.斯诺曾经提出了两种文化,一种是人文文化,一种是科学文化。随着科学技术与社会的发展,两者之间的鸿沟越来越明显。这两种文化对社会发展都有利有弊,只有做好融合,才能健康推动社会全面进步。学科建设是两种文化融合的重要阵地,因此亟需在学科建设与发展中注入人文和历史,以起到健康发展的带动作用。

"中国顶尖学科出版工程"的出版理念就是要更重视学科史的建设,为学科发展注入历史文脉,为社会打通文理,对理工学科来说,尤其需要人文传统建设。一个没有历史和文化的理工学科是偏激片面的、没有温度的,也不会产生树干的成果。重大的成果肯定是融合升华后的成就，是在历史和文化融合的基础上铸造的果实，而枝节过细的成果往往不能产生学术根本的跃升。当下我们的人文学科也需要学科史、人物史和传统史的建设，只有这样，才是真正的学科发展，才更具国际竞争力，才更不可超越。这是我们这套书选取学科的指导思想，也是这套书不同于一般学术著作系列的特点。

这一出版工程将分辑推出我国各顶尖学科的学科史、学术经典和重要前沿成果等。对于其中的学术经典，需要说明的是，由于此前它们出版或发表于不同时期，所以格式、表述不统一之处甚多，有些字沿用了旧时写法，有些书名等是出于作者本人的书写习惯。为尊重作者的行文风格，本次出版除作必要的改动外，原则上予以保留。

第一辑是复旦大学历史地理学科系列，由我国著名历史地理学家葛剑雄先生担任主编。葛先生是我们的老作者、老朋友，他非常肯定并支持我们的理念和做法，并且身体力行。几年来大家精诚合作，在葛先生的影响、带动下，在全体作者辛苦努力下，这个项目不仅获得了国家出版基金立项支持、入选国家"十四五"出版规划，还带动了同济大学建筑学科等后续项目的启动。

希望通过这一出版工程，为我国更多的高校和科研机构带来示范性效应，推动学科发展与进步，增强学科竞争力，引领学科建设新趋势。

上海教育出版社

2022 年 10 月

上海教育出版社策划出版"中国顶尖学科出版工程",将复旦大学历史地理学科系列作为第一辑。复旦大学中国历史地理研究所欣然合作,组成编委会,我受命主编。

本所之所以乐意合作,并且动员同仁全力以赴,因为这是一项非常有价值、有意义并具有紧迫性的工作,也是我们这个学科点自己的需要。通过这套书的编撰,可以写出学科的历史,汇聚已有成果,总结学术经验,公布经典性论著,展示学术前沿,供国内外学术界和公众全面了解,让大家知道这个学科点是怎样造就的,评价一下它究竟是否够得上顶尖。

复旦大学历史地理学科的起点,是以谭其骧先生1950年由浙江大学移席复旦大学历史系为标志的。而谭先生与历史地理学科的渊源,还可追溯至1931年秋他与导师顾颉刚先生在燕京大学研究生课程的课堂外有关两汉州制的学术争论。1955年2月,谭先生赴京主持重编、改绘杨守敬《历代舆地图》。1957年,"杨图"编绘工作移师上海。1959年,复旦大学在历史系成立历史地理研究室。1982年,经教育部批准,成立中国历史地理研究所。1999年组建的复旦大学历史地理研究中心,成为教育部首批全国重点研究基地之一。

这一过程约长达70年,没有一个人全部经历。学科创始人谭先生已于1992年逝世,1957年起参加"杨图"编绘并曾担任中国历史地理研究所所长10年的邹逸麟先生已于2020年逝世,与邹先生同时参加"杨图"编绘的王文楚先生已退休多年。现有同仁中,周振鹤教授与我是经历时间最长的。我与他同时于1978年10月成为复旦大学历史系的研究生,由谭先生指导。我于1981年入职历史地理研究室,1996年至2007年任中国历史地理研究所所长,1999年至2007年任历史地理研究中心主任。由于自1980年起就担任谭先生的学术助手,又因整理谭先生的日记,撰写谭先生的传记,对谭先生的个人经历、学术贡献以及1978年前的情况有了一定了解。但70年的往事还留下不少空白，就是我亲历的事也未必能保持准确的记忆。

一年多来，同仁曾遍搜相关档案资料，在上海市档案馆和复旦大学档案馆发现了不少重要文件和原始资料，同时还向同仁广泛征集。但由于种种原因，有些重要的事并未留下本应有的记录，或者未能归入档案，早已散失。

本系列第一部分是学科学术史和学科论著总目。希望通过学术史的编撰，为这70年留下尽可能全面准确的记载。学科论著总目实际上是学术史中学术成果的具体化。要收全这70年来的论著同样有一定难度，因为在电子文档普遍使用和年度成果申报制度实施之前，有些个人论著从一开始就未被记录或列入索引，所以除了请同仁尽可能详细汇总外，还通过各种检索系统作了全面搜集。从谭先生开始，个人的论著中都包括一些非本学科或历史学科的论著，还有些是普及性的。考虑到一个学科点对学术的贡献和影响并不限于本学科，所以对前者全部收录；而一个学科点还有服务社会的功能，所以对具有学术性的普及论著也同样收录，非学术性的普及论著则视其重要性和影响力酌情选录。

在复旦大学其他院系，尤其是历史系，也有一些历史地理研究者，其中有的一直是我们的合作者，或者就是从这里调出的，他们的历史地理论著应视为本学科点的成果，自然应全部收录，但不收录他们离开复旦大学后的论著。本博士、硕士学科点所招收的研究生在学期间发表的论著，与本单位导师合作研究的博士后在流动站期间完成的论著，均予收录。本学科点人员离开复旦大学后的论著不再收录。历史地理研究中心所外聘的研究人员在应聘期间按合同规定完成的论著，按本中心人员标准收录。

第二部分是学术传记和相应的学术经典。考虑到学术经验需要长期积累，学术成果必须经受时间的检验，所以在首批我们按年资选定了四位，即谭其骧先生、邹逸麟先生、周振鹤教授和我。本来我们还选了姚大力教授，但他一再坚辞，我们只能尊重他本人的意见，留在下一批。

我们确定"经典"的标准，是本人论著中最高水平和最有代表性的部分，具体内容由本人选定。谭先生那本只能由我选，但我自信大致能符合谭先生的意愿。谭先生在1987年出版自选论文集《长水集》时，我曾协助编辑；他的《长水集续编》虽出版于他身后，但他生前我已在他指导下选定篇目，我大致了解谭先生对自己的论著的评价。

除谭先生的学术传记不得不由我撰写外，其他三本都由本人自撰。当时邹逸麟先生已重病在身,但为了学术传承,他以超人的毅力,不顾晚期癌症的痛苦与极度虚弱,在病床上完成了口述,将由他的学生段伟整理成文。

第三部分是青年教师或研究生的新著。之所以称为"学术前沿",是因为它们在选题、研究方法、表达方式上都有一定新意,反映了年轻一代的学术旨趣和学术水平。其中有的或许能成为作者与本学科的经典,有的会被自己或他人的同类著作所取代,这是所有被称为"前沿"的事物的必然结果。

由于没有先例可循,这三部分是否足以反映复旦大学历史地理学科的全貌和水平,我们没有把握,只能请学术界方家和广大读者鉴定。我们将在可能条件下,争取修订再版。这套书反映的是我们的过去,如果未来的同仁们能够保持并发展历史地理学科的现有水准,那么若干年后肯定能出版本系列的续编和新版。我与大家共同期待。

葛剑雄

2022 年 6 月

序

先师季龙(谭其骧)先生在87年前写过这样一段话:"因为历史是记载人类社会过去的活动的,而人类社会的活动无一不在大地之上,所以尤其密切的是地理。历史好比演剧,地理就是舞台;如果找不到舞台,哪里看得到戏剧!"(1934年2月22日《禹贡》半月刊《发刊词》)历史地理学就是要研究和复原、重构在特定的时间中的这个舞台,但这个舞台不仅是指"大地"即自然地理环境,还包括在"大地"上活动的人以及他们对"大地"的影响——人文地理现象和要素。

在人类刚出现在这个舞台上时,人能够演的剧完全取决于舞台所能提供的条件。但随着人类生产力的进步和文明程度的提高,人类逐步具备了给这个舞台拓展空间,配备灯光、音响效果,架设布景和设备的能力,这些都成了舞台的一部分,并且随着后人的需要不断演变,成为演剧不可或缺的条件。当人类还处在蒙昧时代,他们没有改变或改善这个舞台的能力,或许他们根本还没有这样的意识,所以他们对舞台的作用和影响可以忽略不计。但到了人类进入文明阶段以后,任何演剧所依托的"舞台"已经都离不开此前的人对"舞台"留下的影响,而他们本身演的剧又或多或少、不可避免地对"舞台"产生新的影响。

所以,从历史地理角度研究某一历史现象,不仅要研究这个舞台本身,即已经存在的自然地理和人文地理的环境和要素,还应该研究这一现象,即正在演的剧对舞台的影响——产生了什么新的人文地理要素,改变了哪些已有的自然地理和人文地理要素,改变了多大程度。

12年前,王大学在博士论文的基础上,完成了专著《明清"江南海塘"的建设与环境》(上海人民出版社2008年),已经从历史自然地理和人文地理各方面对"江南海塘"作了全方面的研究。他即将出版的专著《政治、技术与环境:鱼鳞大石塘形成史的考察》将这种研究理论和方法运用得更加深入细致,提高到了新的水准。

建筑和维护海塘的主要目的是为了阻挡或调节海潮，而海潮对当地社会的作用虽主要取决于自然因素，也不免受到已发生的人类活动的影响，如已有的堤坝、闸门、航道等人工设施，滩地的利用方式和程度，人为造成的入海泥沙量的变化等。即使是当地建筑的第一条海塘，也不能不顾及这些人为因素。

建筑和维护海塘的必要性和采用的标准，也不仅取决于自然条件，更决定于人类社会的需求。类似的例子在中国历史上曾多次出现，如黄河泛滥决口改道后，社会正常的需求是尽快堵口修堤，使黄河回归故道。但西汉元光三年(公元前132年)黄河在濮阳瓠子(今河南濮阳县西南)决口向东南泛滥后，执政的外戚田蚡因自己的封邑在河北，河道南移对自己有利，就以堵口未必顺应"天意"为由，听任河水泛滥。明清时京杭大运河与黄河直接相交，运河常有缺水之虞，每当黄河泛滥决口，必定使运河水量充沛，而一旦堵口，运河水量不足，直接影响当年漕运，所以朝廷往往决定在漕运完成前推迟封口。前者完全出于私利，后者却是两害相权取其轻。因此，决策前考量的因素很多，既有黄河、运河、气候、水文、地形等自然因素，也有国用、财政、仓储、粮价、运力、人力、物资、技术等人文因素。而决策的过程和结果又受制度、体制、治乱、部门或地方利益、官场潜规则、主持官员的地位和能力等因素的制约，最后还得由皇帝宸衷独断。

建成的海塘效益如何，也不是一个简单的客观事实或具体数据。首先，这要看预期的目标是什么，因为不同年代、不同地段、不同情况下规划设计的海塘有不同的目的。其次要看它的实际效益，而不是地方官奏折中的描述，文人学士的颂扬或贬斥，或当时调查收集的"民意"。最终还得看它的长远效益，这在当时是无法准确分析和预测的，只能留给后世。至于这条海塘系统以外的因素，例如它在整个国家中的重要性的变化，管理和维护海塘的机构的地位，海塘所在地区的政治、经济地位，外患内乱的影响等，常规的评价系统是无法覆盖的。但这一切都是在自然环境不发生急剧变化的前提下起作用的，只要某一自然要素发生超常规的变迁，稳定的评价体系也就不复存在。

即使是纯粹的工程技术问题，也不可能仅仅按照科学的原理和技术的规范解决。前期调查、考察、测量、估算的情况和数据本身就会受到自然和人文各方面的影响，这样的结果又未必能如实或全部提交给主管官员和工程技术专家,最终的决定权却在于皇帝或得到皇帝信用的某个完全不具有工程技术资质的人物。

如果这项工程特别受皇帝重视,所有这一切还会与国运兴衰、天命所系联系起来,而拥有解释权的一般是与工程本身毫不相干的人,或者就是皇帝自己。大小臣工只能小心谨慎,揣摩圣意,敬奉天命,而置实际情况于不顾。

王大学将这些因素归纳为政治、技术、环境三方面,都一一作了深入的分析研究,从而将对鱼鳞大石塘历史的复原和研究推进到了新的高度。

有关鱼鳞大石塘的文献资料相当丰富,部分信息还可以通过实地考察获得,前人的论著也相当多,各个方面都已涉及,但综合性的、高水平的成果还少见。所以我对此书的问世倍感欣慰,也深信这并非王大学海塘研究的终点。

葛剑雄

2021 年 8 月

附 图

序　章

海塘、运河与长城并称为中国古代三大公共工程，它们规模宏大、工程艰巨且夫役众多。海塘是典型的人与江海互动的产物，在中国海塘史上，两浙的鱼鳞大石塘代表着海塘技术的巅峰。鱼鳞大石塘的建造需要耗费大量的石料、桩木、柴薪等原材料，有关鱼鳞大石塘的很多现象与变化的解释，也需要借助自然地理学、河口海岸动力学等知识来解释和分析。鱼鳞大石塘的建设，与清代的大政方针、乾隆南巡等重要的政治事件密切相关。在两浙鱼鳞大石塘形成过程中，雍正和乾隆在不同时期、不同场合多次提到海塘为两浙第一要务，乾隆在不同时期对于两浙鱼鳞大石塘建设及其效果的论断也有很大差别。这些均说明，鱼鳞大石塘的建设问题需要放在特定的历史背景下，从政治、环境和生态诸方面进行综合考察。

一、学术回顾

笔者曾经对中国海塘史的研究成果进行过比较详细的梳理，但是囿于当时的学力和视野，主要关注于中国大陆学界的研究，而对中国台湾及国际学界的相关研究成果着墨不多。另外，近年来学界对中国海塘史的研究又有不少新的成果涌现。鉴于此，笔者在充分利用外文材料的基础上，系统梳理海外学术界有关江浙海塘史的研究成果；在厘清中外中国海塘史研究学术源流基础上，提出可以开发和挖掘的研究题目和方向，为中国海塘史以及滨海地域史的深入和拓展提出一些粗浅的想法和建议，以扩展、深化对这一密切联系自然环境与人类活动的中国古代大型公共水利工程的认识。

1.1 直接针对海塘历史的研究

学术界直接针对中国海塘历史的研究成果可以分为历史学和自然科学两种不同路径，特色各异。历史学界的海塘史研究开始得相对较早，郑肇经、朱偰、汪家伦、祝鹏、张文彩、陈吉余、陶存焕、周潮生等人对中国海塘史有不同程度的研究，部分单篇文章对海塘历史也有所涉及。自然科学界对中国海塘工程的研究，主要集中在严恺和陈吉余及其团队的相关成果上。[1]

江河堤防是典型的自然、社会交互作用的景观，应把海塘建设放入具体时空背景中考察并考虑技术与环境等因素，如此才能全面洞悉历史复杂性。近年来海塘史研究深入化趋势逐渐增强，海峡两岸学界均有以江浙海塘为

---

[1] 有关先前海塘史研究成果的评价，参见王大学《明清"江南海塘"的建设与环境》（上海人民出版社 2008 年），此处不赘。

主题的成果出现。

朱鸿勋以明代江浙地区海塘为研究对象,分三章进行讨论。第一章分析江浙地区的气候与地理环境对于海潮灾害大小的影响,以及海塘分布位置与自然环境的关系。第二章对海塘修筑技术发展作分析,从材料、结构工法以及海塘相关工程(护塘、抢修、水闸)方面,说明明代时海塘修筑已形成一个完整系统的海防工程。第三章讲述塘政制度,主要包含管理体系、经费以及对于海潮灾害的救助。[1]

王大学集中探讨了明清江南海塘形成与变化过程、施工中技术和原料问题所受各种生态与社会因素制约的情况,考察了中国古代大型公共水利工程中社会因素的影响以及其中包含的人地关系问题。该书将环境、社会等因素融入问题探讨中,深化了对问题的认识,为海塘研究拓展了新领域,也为深化水利社会史与环境史研究进行了有益探索。[2]

和卫国从 18 世纪政府职能加强的角度讨论了清代钱塘江塘工,为深化海塘史研究作了新的尝试。其研究的最大特点是充分利用和挖掘了清代宫中档案,弥补了以往相关研究主要借助地方志和海塘专志的不足。众所周知,方志和专志中的史料均经过编纂者筛选与过滤,无法全面反映海塘工程决策和建设过程,原始档案有利于分析历史真实情形。该书在历史宏观背景的把握方面还有待加强,以便更好地对该段历史进行鞭辟入里的分析。[3]王大学、和卫国两位学者研究的特点在于充分利用了档案材料,不过前者侧重历史学和自然地理学有机结合,后者偏重于从海塘史角度强化政治史研究。

当然,即使从历史学角度切入同一研究内容,不同学者的研究也会显示出不同特点。对于明末清初华亭漴阙石塘,有两位学者从不同视角研究了时代变革中海塘修筑与地方社会的关系。冯玉荣主要论述明末清初大变动时期地方社会治理海塘的前后变化:明末虽然动荡不安,却修成了松江历史上首条石塘,这主要得益于地方上社会力量的强大;清初虽然修筑群体变化不大,但由于官方意志起作用,海塘修筑中创建性活动明显减少,这在一定

1　朱鸿勋:《明代江浙地区的海塘》,台湾淡江大学硕士学位论文,2007 年。该文由台北"中央研究院"历史语言研究所邱仲麟先生协助提供,特此致谢。

2　王大学:《明清"江南海塘"的建设与环境》,上海人民出版社 2008 年。

3　和卫国:《清代国家与钱塘江海塘工程研究》,中国人民大学博士学位论文,2008 年;和卫国:《治水政治:清代国家与钱塘江海塘工程研究》,中国社会科学出版社 2015 年。

程度上反映了清代国家控制力加强和士人社会地位下降。[1] 王大学论述了明末华亭石塘修建过程中地方贤达所起的重要作用,通过与清初海塘修筑情况的比较,折射出明末清初社会剧烈变革的背景,以及大型公共水利工程中经费和劳力动员的制度困境。[2]

陈静对明代海盐县海塘修筑过程与当地社会经济发展的关系进行了初步探讨。全文在简要介绍明代海盐县潮灾基本情况后,分别论述了海盐县海塘工程技术的发展、塘工经费的筹措、海塘工程的管理以及海塘对当地经济社会方面的影响。难得的是,作者注意到了此前很少被关注的明代海盐县海塘的祭祀文化,可惜论述过于简单。[3]

张其荣以清代浙江海宁州为中心,论述清前期杭、嘉、湖地区海塘建设与当地社会经济发展的关系。全文在简述地理环境与海潮灾害的基本情况后,重点论述海宁段海塘修筑的简要过程、塘工技术的进步、经费筹措方式、清政府对海宁州海塘工程的管理等,并简要论述了海塘工程建设对当地社会经济发展的影响。[4] 和卫国专门研究明代钱塘江北岸海塘工程修筑状况,并与宋元时代塘工情况对比,主要讨论了海塘工程经费和劳动力来源问题。[5]

日本学者相关成果以细腻见长。长濑守在研究中国先秦到宋代的水利技术演变时,简介了该时段海塘工程的分布区域及技术变化。[6] 米仓二郎从长江三角洲平原低湿地开发角度分析了圩田、海塘与土地利用的关系。[7]

本田治对宋元时代浙东海塘的研究展示了另一种思路和方法,他更注重滨海平原低湿地开发技术与海塘技术的配套以及开发过程的空间推移。他选择浙东作为研究重点,是因宋代到康熙末年钱塘江主泓道主要流经龛山与赭山之间的南大门,塘工重点在濒临南大门的浙东平原上。两浙塘工始自唐代,但滨海大规模开发从宋代开始。该文以宋代潮灾史料为主,分析

1　冯玉荣:《明末清初社会变动与海塘的修筑——以澉阙海塘为中心》,《农业考古》2008年第4期。

2　王大学:《朝代更替、社会记忆与明末清初的江南海塘工程》,《传统中国研究集刊》第5辑,上海人民出版社2008年。

3　陈静:《明代浙江海盐县海塘与当地社会经济》,安徽大学硕士学位论文,2007年。

4　张其荣:《清前期杭嘉湖地区海塘建设与当地社会经济发展——以浙江省海宁州为中心》,安徽大学硕士学位论文,2008年。

5　和卫国:《明代钱塘江北岸海塘工程的修筑——与元代的比较研究》,《明史研究》第11辑,2010年。

6　长濑守:《中国先秦时代从至宋代之至水利技术的系谱》,《郡立杉并高等学校纪要》第3号,1962。

7　米仓二郎:《扬子江三角洲平野の开発とクリクの开展》,日文版《史林》23(2)167—176,1938。

海潮灾害与塘工建设的关系；按各县濒临三江口与钱塘江南大门的距离，由近及远研究宋元萧山、山阴、会稽、上虞、余姚和慈溪海塘建设经过、塘工与滨海湖泊的关系，并用地图简略展示浙东海塘分布状况。作者指出，宋元浙东海塘由零散分布到逐渐全部连接在一起，土塘逐渐向石囷木柜塘、鱼鳞石塘转化但石塘工程较少，这主要受两方面因素限制：在新涨沙地上修筑石塘地基不稳、民间自备斧资经费不足。[1] 本田治研究了王安石任职鄞县时主持的水利事业，谈到他主持建立王公塘的简要过程、塘工技术特点以及对此后宁绍平原海塘工程的影响。但该文对此问题讨论过于简略，尚有待发覆。[2]

陶存焕和戴泽蘅论述了明清时期钱塘江海塘防潮对策、结构形式、砌筑工艺、组织管理、养护维修等方面的内容，兼及资金筹措等问题，指出了当时所采取的应对措施。[3] 关于江浙潮灾与海塘结构技术的演变，郑肇经和查一民的研究最精彩。[4] 海塘工程技术史方面，有学者研究了古代海塘建筑中的科学性及工程技术水平等方面的问题。[5] 严水孚初步研究了乾隆十五年（1750）重修镇海后海塘的整体结构、用材和施工工艺等。[6]

1.2 与滨海地域开发相关的海塘史研究

在对中国滨海地域开发史进行系列专题研究方面，以日本学者本田治为代表。他在重视滨海平原低湿地开发的同时，直接关注海塘建设。

在对唐宋两浙淮南海岸线的研究中，本田治利用历史上关于海塘的记载，推断不同时期海岸线位置及其变化，利用地形图，从人文、社会和经济等方面对海岸变迁、滨海低湿地开发及其环境响应进行综合分析。这一思路与有关日本有明海、濑户内海等滨海低湿地开发过程的研究相同，重视自然景观变化中人为因素的直接或间接影响。他对唐宋两浙淮南海岸线的研究分为浙东、浙西与淮南：浙东以镇海县、慈溪—余姚县、上虞县、会稽县（三江口以东）和山阴—萧山县（三江口以西）为地理单元；浙西以杭州—盐官县

1　本田治：《宋·元时代浙东の海塘について》，《中国水利史研究》第 9 号，1979 年。
2　本田治：《知鄞县时代の王安石の水利事业について》，见松田吉郎编《宁波地域の水利开发と环境》，2010 年。
3　陶存焕、戴泽蘅：《明清时期的钱塘江海塘》，《水利规划》1997 年第 3 期。
4　郑肇经、查一民：《江浙潮灾与海塘结构技术的演变》，《农业考古》1984 年第 2 期，第 156～171 页；查一民：《江南海塘间接护岸工程技术的出现与发展》，《江南海塘论文集》，河海大学出版社 1988 年。
5　周素芳：《钱塘江明清海塘加固技术研究》，《水利水电技术》总第 24 期，2004 年；陶存焕：《钱塘江古海塘的塘型演变和经验探讨》，《水利水电科技进展》1999 年第 4 期；周魁一：《中国科技史——水利卷》，科学出版社 2002 年。
6　严水孚：《清乾隆十五年重修后海城塘工程考》，《浙江水利科技》2004 年第 1 期。

(海宁县)和海盐—华亭县为地理单元;淮南主要介绍范公堤。本田治用两幅地图展示唐宋杭州湾海塘、两浙淮南海塘情况,认为浙东和浙西海塘建设自 8 世纪以来持续不断,地方官在塘工建设中具有重要作用,淮南自范公堤建设后类似工程很少,这说明两浙与淮南在海岸线变迁方面有巨大差别。该文强调通过地形图与文献史料相结合来研究海岸线变迁的重要性,重视对内陆河港、湖沼的复原,把唐宋海岸线变迁放在更长历史时期内考量。除唐宋正史、文集和笔记外,还充分重视后出的地方志、地理志等。该思路值得重视。[1]

遵循上述思路,本田治依据《上虞县五乡水利始末》并辅以该县历代方志,研究了宋元上虞县夏盖湖水利问题。该文涉及自唐代夏盖湖人工修筑到清初该湖被废除过程中,取水、湖田、水利争讼以及海塘建设等诸多方面。[2]

本田治对宋元江浙滨海开发的研究,既有宋元滨海田开发的宏观探索,也有特定时代、地域土地利用的微观讨论。[3] 对于宋元滨海田的宏观研究,从不同时期新涨滩地的名称与分布入手,利用大量方志、文集、政书和农书辨析江、浙、闽、粤沿海沙田名称,分析新田开发技术与水利设施的关系,并在此基础上重点研究滨海新田所有者与水利问题、讨论海塘建设在抵御海潮内浸与引入淡水灌溉方面的作用,最后从宋代外来作物引种角度讨论占城稻在滨海新涨滩地种植的问题。这一做法跳出了海塘本身来研究海塘历史,把滨海地域开发与海塘史研究有机结合起来。[4]

本田治利用家谱对明代宁波沿海移民与开发问题进行了详细研究,展示了如何利用后世史料、现代地方志、地名志、碑刻、口述史料以及其他二手材料研究明代历史。在确定明代宁波沿海地域范围时,作者展示了熟练的历史政治地理知识与技能,为使用第二手材料找到了学理依据。通过大量材料,详细统计明代宁波沿海移民的地域来源和比例,从以下方面分析移民

1　本田治:《唐宋时代両浙・淮南の海岸线について》,见布目潮沨编《唐宋时代の行政・经济地図の作制研究成果报告书》,国书刊行会 1982 年。

2　本田治:《宋元时代の夏盖湖水利について》,《佐藤博士还历纪念中国水利史论丛》,国书刊行会 1981 年。

3　本田治:《宋代江南の滨海地方における农业开发》,1977 年度中国水利史研究会上的报告,见《中国水利史研究》第 9 号,1979 年;本田治:《宋元时代温州平阳县の开发と移住》,见《佐藤博士退官纪念中国水利史论丛》,国书刊行会 1984 年;本田治:《宋代温州における开发と移住补论》,见《立命馆东洋史学》19 号,1996 年;本田治:《宋代明州沿海における开发と移住》,第 52 回国际东方学者会议,ツンポヅウム"中国社会の持续と变容——その论理と实际",日本教育会馆,2005 年 5 月 17 日。

4　本田治:《宋元时代の滨海田开发について》,《东洋史研究》第 40 卷第 4 号,1983 年。

动机:逃荒、战乱、大户逃亡、入赘、经商和兄弟偕行。在分析移民定居位置选择时,谈到部分移民及其家族跨海塘而居,这为海塘史研究开启了新路,有助于深入了解滨海得利大族的情况以及海塘工程中劳动力来源等问题。[1]

对于海岸带地区开发与海塘建设关系问题,还有一个重要切入点,就是把滨海土地开发中的塘工、水利和环境影响等因素结合起来的综合研究,但此类成果尚少。王大学对上海滨海平原区开发过程中水系、水洞和海塘之间的关系进行了初步研究,发现随着宋元以来滨海平原区土地利用方式的转变,海塘和水洞的防潮与引潮的含义也有所变化。在制盐过程中,海塘是为防止潮灾破坏盐场,制盐技术要求开挖河道和利用水洞引海潮灌溉盐场。随着盐田蓄淡种青后逐渐变为农田,海塘防御潮灾破坏的作用未变,塘上水洞的作用转变为向西经黄浦江排水和引黄浦江水灌溉农田。历次海塘修筑伴随水系调整、涵洞开凿问题,凸显滨海平原区开发过程中系统水利工程的复杂性。海塘修筑、环境变迁和经济利益争夺纠缠在一起。[2]

涉及江浙海塘与滨海地域开发史的研究论文主要包括:马湘泳对江浙海塘和太湖地区经济发展关系的研究,叶建华对清代浙江水资源开发与海塘、江坝修建工程的讨论,张修桂等在研究上海地貌环境变迁与先民生产文明创建过程中也涉及上海地区海塘的内容。[3] 系统研究滨海地域开发史的成果,主要以近年来的硕士毕业论文为主。

马丁论证了萧山地区从古代到20世纪八九十年代的围垦史,主要内容包括:钱塘江河口演变、海塘发展和演变以及围垦的综合因素等三个方面。在围垦综合因素分析中,他利用大量历史资料并尝试结合地理学知识,但由于论述时间跨度太大,该文对清代围垦的研究相对较少。[4]

刘丹比较系统地考察了清代宁绍海塘体系形成的过程、海塘修筑的经费问题、滨海土地围垦与水利系统发展的关系,论文结尾尝试提出了"海塘型水利社会"的命题。这篇论文无疑是近年来硕士论文中海塘与滨海平原

1 本田治:《明代宁波沿海部における开发と移住》,《立命馆文学》第208号,2008年。
2 王大学:《防潮与引潮:明清以来滨海平原区的海塘、水系与水洞的关系》,《历史地理》第25辑,上海人民出版社2011年。
3 马湘泳:《江浙海塘与太湖地区经济发展》,《中国农史》1987年第2期;叶建华:《论清代浙江水资源的开发利用与海塘江坝的修建工程》,《浙江学刊》1998年第6期;张修桂、戴鞍钢、余蔚:《上海地貌环境变迁与先民生产文明创建》,见邬维民主编《史地新论——浙江大学(国际)历史地理学术研讨会论文集》,浙江大学出版社2002年。
4 马丁:《萧山围垦的历史基础》,杭州大学硕士学位论文,1996年。

史研究中的佼佼者,对慈溪三北平原海涂开发中民、灶纠纷进行了较深入讨论。当然,有关"海塘型水利社会"的命题值得斟酌,历史过程研究也有不少深化空间,应该在更宏观背景下讨论地域历史。不过,她的研究在如何把海塘、盐场、地区开发、水利、社会和聚落问题有机结合等方面进行了有益尝试,为海塘工程与滨海地域史研究扩展提供了新思路。[1]

穆连杰从清代萧山自然环境和人地关系入手,剖析萧山海涂垦殖的基本动因,探索自然围垦和牧地改造的方式,以及滨海开垦对盐业和农业等社会经济发展的影响。[2]

田戈主要利用地名志、方志以及近现代大比例尺地图,借助 GIS 技术对今日慈溪市范围内沿海地域在明清时期的海塘建设、聚落与移民等因素进行了深入研究,探讨慈溪聚落时空演变特征和历史时期人口变化过程。该文最大的亮点是利用 GIS 进行历史地理学研究,但可重新考虑研究范围。今日慈溪市域在明清时期隶属于三北平原不同县份,但此三县没有全部包含在现在慈溪地域范围之内,历史上三北平原滨海地域开发史的研究不能人为割裂。[3]

胡仲恺考察了清代钱塘江北岸海宁海塘修筑、南岸萧山沿海的海塘工程与低地开发过程。其实这是两个不同类型的海塘工程,放在一起考察并非最佳选择,两者没有必然联系也无法进行比较。该文最大的贡献在于对萧山南沙开发的深入研究。作者注意到江道变迁与家族迁徙兴亡的关系、南沙开发过程中社会管理与盐政的关系,在宁绍平原滨海开发史方面进行了新探索。[4]

刘淼在研究明清时期沿海荡地开发时,偶尔涉及福建沿海的海塘,但其重点在于分析当时由南至北沿海开发过程。[5] 冼剑民、王丽娃从人地关系加剧和农业技术提高方面入手,探讨了明清时期珠江三角洲的滩涂开发过程及其带来的影响。[6]

地理学界有学者对滩涂的概念、演变、开发和滩涂的社会问题、经济问

1　刘丹:《杭州湾南岸宁绍海塘研究——以清代为考察中心》,宁波大学硕士学位论文,2011 年。
2　穆连杰:《清代萧山的海涂垦殖研究》,宁波大学硕士学位论文,2012 年。
3　田戈:《明清时期今慈溪市域的海塘、聚落和移民》,复旦大学硕士学位论文,2012 年。
4　胡仲恺:《清代钱塘江海塘的修筑与低地开发——以海宁、萧山二县为考察中心》,暨南大学硕士学位论文,2013 年。
5　刘淼:《明清沿海荡地开发研究》,汕头大学出版社 1996 年。
6　冼剑民、王丽娃:《明清珠江三角洲的围海造田与生态环境变迁》,《学术论坛》2005 年第 1 期。

题、生态问题等方面进行了初步探讨，认为我国沿海滩涂的研究还不够系统、全面，提出了加强滩涂的定义界定、统计口径、动态监测、管理体制、资源定级评估等观点和建议。[1] 徐承祥和俞勇强初步讨论了浙江省的滩涂资源的基本状况及历史垦殖问题，该文的重点是研究中华人民共和国成立后浙江省滩涂资源利用情况，对于历史上的垦殖活动一笔带过。[2]

国外防海堤坝及滨海地区景观变化研究，以荷兰和英国为代表。有关荷兰围海造田、水利管理与土地垦殖历史的研究较为系统。[3] 英国沿海盐业、堤坝和滩地开发的社会经济史也有出色研究。[4] 达比对英国沼泽地区的防海与灌溉工程进行了长时段研究，描绘了该地区的景观过程，讨论了人和环境的互动。[5] 海外学者对滨海地区防海工程和地区开发的研究，有较大借鉴意义。

1.3 海塘管理制度史研究

与海塘有关的社会生活史研究内容很宽泛，包括日常管理制度及其组织、经费来源和使用制度、劳动力动员等。学界对海塘制度史的关注非常不够。本田治研究了宋元浙东海塘修筑的资金来源、征收方法、维修技术、劳动力动员方法与具体管理情形。宋代尤其南宋地方官在浙东滨海平原开发与海塘修筑中举足轻重，但利用公帑筑塘现象并不多，更多是通过设立"海塘庄"或没官田建立庄田来维持日常维修。海塘修筑与日常维修跨地域明显，尤其是在浙东海塘逐渐连成一片后。海塘日常管理与劳力动员主要由得利大户负责，地主出资、佃户出力。[6] 森田明对江浙海塘水利管理组织的研究，是罕见的对明清时期江浙海塘管理制度的较为详细的探讨。[7] 但是，文章在史料使用方面有较大问题，笔者在此前出版的论著中有比较详细的讨论，兹不赘述。

海塘管理史研究的另一重要领域在于原材料的采运问题及其环境响

1　彭建、王仰麟：《我国沿海滩涂的研究》，《北京大学学报（自然科学版）》2000 年第 6 期。

2　徐承祥、俞勇强：《浙江省滩涂围垦发展综述》，《浙江水利科技》2003 年第 1 期。

3　Lambert, Audery M., *The making of the Dutch landscape：An historical geography of the Netherlands*, London ,1978；Van, G.P, Van de, *Man-made Lowlands：History of water management and land reclamation in the Netherlands*, Utrecht Matijs, 2004.（Van, G.P, Van de 著，詹灿辉、周志强译：《人造低地：荷兰治水与围垦史》，星球地图出版社 2007 年）

4　H. E. Hallam, *The new lands of Elloe*, Leicester, 1954.

5　H. C. Darby, *The changing Fenland*, Cambridge, 1983.

6　本田治：《宋·元时代浙东の海塘について》，《中国水利史研究》第 9 号，1979 年。

7　森田明：《江·浙におるけ海塘の水利组织》，《清代水利史研究》，亚纪书房 1974 年。

应。海塘工程中的原材料问题联系到原产地和施工地点,原材料的采买和运输涉及社会、经济与环境等诸多因素,对该问题的研究是分析人地关系问题的重要一环。不过,相关研究成果极为少见。笔者对明清江浙海塘工程建设与吴中产石地之间民众的环境感应问题进行了初步探讨。海塘工程需用大量石料,引起石料供应地之吴中士绅的反对,促发了系列禁山活动。禁山主要围绕天平山西南的焦山和东侧的金山展开,后以金山为主。从政治角度讲,海塘工程是国家大事,大工过程中的偷凿行为被无形包庇;从经济角度看,采石是宕户获得利益的必要手段;从社会与文化角度分析,风水和坟茔问题是禁山的主因。由于利益主体不同,政治、经济、社会与文化因素在不同层面上相互作用,构成了国家、宕户与士绅间关于采石和禁山的冲突,三者很难形成协同管理。海塘采石与吴中禁山间的矛盾,突出反映了古代中国大型公共水利工程中材料问题的地方相互依赖与互相影响。[1] 赵珍对同治年间浙江海塘修筑中的资源利用问题也进行了初步研究,并把该问题放在海岸带研究的大背景下进行分析。[2]

关于钱塘江海塘工程经费问题,和卫国进行了较深入的研究。他在对乾隆朝钱塘江海塘工程经费问题研究中发现,乾隆朝的塘工建设不仅实现了"民修"到"官修"的转型,而且为了实现"一劳永逸"的目标,清政府不惜帑金大规模修筑鱼鳞大石塘,乾隆末年海塘工程体系终于建立起来。作者的理论出发点是认为中国历史上治水历来是政府的一项基本职能,工程经费投入情况往往体现出政府执行相关职能的强弱和积极性的高低,希望以国家的视角考察钱塘江塘工中的经费问题,以此来展示18世纪政府职能全面加强的历史图景。[3] 对于清代后期钱塘江海塘大修经费问题的研究,作者发现,由于财政状况恶化,海塘经费多元趋势随之不断深入,来源渠道向正项、捐输、摊征、捐纳、厘金、丝绢、盐斤加价银等多种形式扩散。同时,海塘修筑主导权由中央政府向地方政府转移,并且政府治水的惰性逐渐增强。[4]

刘丹初步研究了清代宁绍地区海塘修筑的经费来源与筹措方式,认为

1 王大学:《拒潮与拒凿:海塘采石与吴中禁山的关系》,《历史地理》第23辑,上海人民出版社2008年。

2 赵珍:《清同治年间浙江海塘建筑与资源利用》,《清史参考》2013年第2期。

3 和卫国:《乾隆朝钱塘江海塘工程经费问题研究——兼论十八世纪清朝政府职能的全面加强》,《清史研究》2009年第3期。

4 和卫国:《清代后期钱塘江海塘大修经费筹集问题研究》,《中国社会历史评论》第11卷,天津古籍出版社2010年。

其主要特征是滨海滩地得利民户出资共同修筑。[1] 刘丹的研究与本田治的研究思路基本相同,不过本田治的研究要深入许多且论证更为细腻。支向军研究了清代钱塘江海塘"寓工于兵"的管理体制,认为该体制虽非清代首创但在清代发展最为完整,营汛弁兵实际上是一支维修、养护海塘的工兵。[2]

1.4 历史地理学与环境史视角的海塘研究

从 20 世纪 40 年代日本学者的研究中,依稀可见利用自然地理学知识分析海塘问题的影子。冈崎文夫、池田静夫所著的《江南文化开发史》一书,从水利与江南低湿地开发角度出发,对唐宋时三江学说、宋代江南水学、明代归有光治水思想与实践以及新涨沙地开发、海塘修筑等方面进行了详细论述。海塘部分主要从新涨沙地开发讨论海塘修筑,从长时段论述江南水系整体变化、新涨沙地出现以及江浙滨海平原开发的关系。其突出特征在于结合自然地理学知识分析太湖、钱塘江等自然因素变化的影响,在海塘史研究中占有独特席位。[3]

中国大陆历史地理学者对江浙海塘史研究的路径和方法自成一格。谭其骧为上海地区海塘和成陆、开发过程等有关问题的深入研究奠定了扎实基础。满志敏对宋代上海地区海塘与海岸线问题进行了初步考证,并结合海面变化的内容来分析海塘修筑历史,为海塘史的研究开拓了新的思路和方向。张修桂不仅对吴及筑塘的可能性和必要性进行了论证,还就上海地区成陆过程中的几个关键问题作了深入探讨,使得该问题在谭先生基础上达到一个崭新的科学水平。相关学者的研究情况已如前述,此处不赘。

把海岸线变化以及海塘与地方经济、环境变化结合起来考察的成果,当推伊懋可和苏宁浒对杭州湾地貌变化的考察。两人首先发表文章,研究 11 到 19 世纪杭州湾地貌变迁中的自然与人为因素,称其为"人海之争";随后,又撰文讨论同一时段内杭州湾的灌溉系统与前现代的"技术闭锁"。[4] 详细阅读并比对这两篇文章可知,它们所运用的材料以及讨论的问题是一样的。

1　刘丹:《试论清代宁绍地区海塘修筑的经费来源与筹措方式》,《中国社会经济史研究》2010 年第 4 期。

2　支向军:《试论钱塘江海塘的"寓工于兵"的管理体制》,《浙江水利水电专科学校学报》1999 年第 2 期。

3　冈崎文夫、池田静夫:《江南文化开发史——その地理的基础研究》,第三篇《要略》,第二章《沙涨と筑塘》,弘文堂 1940 年。

4　Mark Elvin,Su Ninghu,"Man Against the Sea:Natural and Anthropogenic Factors in the Changing Morphology of Harngzhou Bay, circa 1000—1800 ", *Environment and History* 1（1995）：3—54；Mark Elvin, Su Ninghu, "Engineering the Sea: Hydraulic Systems and Pre-Modern Technological Lock-In in the Hangzhou Bay Area, circa 1000—1800 ",In Ito Suntaro and Yoshida Yoshinori eds,*Age of Environmental Crisis*.

其中的第二篇文章主要包括以下几个方面:第一,概述杭州湾的自然地理状况;第二,依托古地图来描述杭州湾景观变迁过程;第三,借助历史材料来研究杭州湾景观变迁过程;第四,泥沙沉积搬运的动力机制;第五,与海有关的水利工程;第六,前近代的技术闭锁。这篇文章的最大特点是多学科资料的运用。例如在介绍杭州湾的自然地理状况时,利用了遥感材料和 12 世纪、18 世纪早期以及中期的钱塘江口古地图,还利用了森田明和陈桥驿等学者的研究成果。依靠古地图研究杭州湾景观变迁部分的古地图运用更是极为频繁,清代地方志和海塘志中关于秦汉时代的旧县境图、元代杭州湾北岸的海岸图、16 世纪晚期钱塘江南岸的海岸图、17 世纪早期三江口图以及雍正年间隆昇主持的中小门引河图等均被提及。另外,作者还注意到苏南、浙北水系变化的一致性,这为全面客观地评价江浙海岸线变化的趋势提供了更全面的视角。可惜的是,文章并未深入论述,还需要进行周密研究。

在依托历史文字资料研究杭州湾景观变化过程中,作者充分注意到杭州湾动力机制改变对南北两岸的作用与影响。所引用的史料除历代方志与海塘专志外,还包括顾炎武《天下郡国利病书》、顾祖禹《读史方舆纪要》、程鸣久《三江闸务全书》以及《续刻三江闸务全书》等。不过,作者尚未充分利用现代自然地理学知识来解释这些材料。另外,两位作者对于现代自然地理学与河口海岸科学方面最新成果的利用还非常不够,陈吉余已经对历史上杭州湾三门变迁过程进行过比较详细的考证,但是在该文中却没有得到充分体现,这也就使得作者在某些方面进行了不必要的重复劳动。该部分的最大启示在于,要从历史地理学发生学观点研究滨海新田和海塘,进行宋代以来千年尺度上的集成研究无疑是最佳选择。

在讨论钱塘江河口沉积物搬运动力机制部分,作者依据经典河口理论认为这个问题异常复杂,涉及潮流变化以及更多相关河流的变迁。该部分讨论主要依据他们对 1127 年黄河改道由淮入海之后对杭州湾海岸影响的论文,以及钱宁对钱塘江河口沙坎沉积变化影响的研究,但与钱塘江历史海岸变迁更密切的陈吉余对历史时期钱塘江河口沙坎演变的研究没有引起足够重视。当然,该部分贡献在于,注意到了浦阳江改道以及三江闸等大型水利工程的环境响应。

在讨论有关海岸工程与海塘的部分,作者的行文略显拖沓,在充分借鉴陈桥驿、本田治等人研究成果的基础上,从吴越时期开始历数各个历史时期钱塘江两岸的水利工程,不仅有海塘、河流改道,还更多地谈到了湖泊、闸坝以及三门变迁问题。作者尝试从社会与自然交叉的角度对公共水利工程进行研究,但是对于中小门引河工程以及河流主泓道变化等问题的讨论仍需要更多的档案材料,并从国家的视角出发来讨论历史细节,这样方能跳出海塘工程本身来看海塘工程。当时最重要的鱼鳞大石塘工程主要在钱塘江北岸,南岸的海塘工程与其相比要逊色不少,也不能反映中央政府控制钱塘江北岸岸线的努力以及其中复杂的政治、社会背景。因而,作者关于技术闭锁的讨论就显得苍白无力。结合同时期世界上其他国家对滨海岸线的控制以及新田开发来看,所谓技术闭锁根本不存在。

该文的优点与特点均非常突出。它启发读者从动力机制对钱塘江两岸均有影响角度考虑,与以往有关钱塘江两岸的海岸线变迁与海塘史研究往往偏重于所研究地区而忽视动力机制变化的研究路径相比,无疑更为综合全面。但是,作者并没有真正把历史自然文化地理学落到实处,没有详细论述海潮大溜走南大门时对宁绍平原海岸线崩塌以及海塘修筑的影响,也没有深入考察钱塘江大溜改走北大门之后对平湖至杭州海岸线变迁及鱼鳞大石塘修筑的影响,更未曾讨论康雍乾三朝多次开挖中小门引河的努力及其背后的水利技术、政治统治的哲学与现实需求。因而,对于杭州湾千年以来人海之争还有很大的讨论空间。

另外,伊懋可与苏宁浒用 4 万字的篇幅,通过大量现代自然地理学原理、数字与历史文献相结合,企图论证,"当这和目前中国研究中显示的悬浮泥沙向南沿海岸运动之资料结合起来,这个个案乍看之下让人相信,人类干预黄河水文在促成及加速杭州湾余姚扇形地之成长上扮演了重要角色,而且也许还在南沙半岛的泥沙扩张来阻塞钱塘江在海湾内的南、中两个海口的过程里,也扮演了重要角色"。[1] 该论文的最大特点是希望通过现代自然地理学原理和统计数据与历史文献有机结合,论证杜充决黄河以抵御金兵南下而引起黄河改道后黄河三角洲泥沙在塑造杭州湾地貌方面的作用。但是,现代自然地理学原理、统计数字与历史文献的结合并非易事。如果不充分考虑各种条件的变化,很容易出现以今律古的情况,尤其是在自然地理学方面,就更应该注意影响三角洲变化的诸多因素。作者所关注的主要是杭

1　伊懋可、苏宁浒:《遥相感应:西元一千年以后黄河对杭州湾的影响》,见刘翠溶、伊懋可主编《积渐所至:中国环境史论文集》,台北"中央研究院"经济研究所 1995 年。

州湾的泥沙量、目前杭州湾的几何形态与江口的动力学、季节波动、盐分与泥沙浓度等因素，但是他们在考察上述因素时忽略了有关杭州湾动力地貌研究的一篇核心文献。早在1961年，著名河口海岸专家陈吉余等人就对杭州湾形成过程、地貌形态特征、动力条件、泥沙流运动以及地貌变形等内容进行了深入细致的研究，可惜该论文没有进入伊懋可和苏宁浒的视野。

陈吉余等人的研究表明：杭州湾的形成是近数千年的事情，在从浅海转化为海湾的过程中，不仅包括形态的转化，也包括动力条件的转化和沉积性质的转化；在杭州湾形成过程中，不可忽略杭州湾上游的钱塘江河口段与海湾的相互影响，杭州湾影响着钱塘江的河口段，钱塘江的河口段也对杭州湾有着一定的影响，特别是钱塘江的河口段在历史时期有着三门的变迁。在分析杭州湾动力条件时，陈吉余等人认为决定杭州湾形成过程、地貌形态和泥沙运动的最主要的条件是水动力，重点分析了杭州湾的风、波浪、潮流与潮汐以及江流等动力情况。历史时期杭州湾形成与长江三角洲发育密切相关，长江入海泥沙量多寡不仅影响长江三角洲本身发育，也可以影响杭州湾的形成过程。[1] 这些结论已明确表明，杭州湾形成受多种因素影响，而非单纯黄河改道后黄河泥沙所致。

伊懋可与苏宁浒的这篇文章还需解决至为关键的问题：从黄河三角洲南下的泥沙经长江三角洲后到达杭州湾，这些泥沙对长江三角洲的形成有何影响？是否有部分泥沙在这里沉积？如果有的话沉积比例是多少？剩余泥沙又以什么方式到达杭州湾？这些问题如不解决，整个逻辑论证过程就缺少一个中间环节。遗憾的是，该文缺少了该环节。其实，对长江三角洲形成过程和地貌变化，以陈吉余为代表的华东师范大学河口海岸研究所已有许多深入研究。[2]

1.5　可以深化和拓展的空间

统观以往研究成果，大多侧重于海塘兴修过程、修筑和防护技术等问题，其他相关成果则限于研究主体的需要，对海塘背后反映的海塘修筑的社会层面和与塘外滩地有关的区域历史地理学问题尚乏深入研究。例如，历史上江南海塘的修筑过程和变化，滩地开发引起的景观变迁，海塘修筑与防护过程体现的人地关系等，尚有待深入挖掘。历史上的江南海塘工程毕竟

1　陈吉余、恽才兴、虞志英：《杭州湾的动力地貌》，见《上海市科技文选》，上海科学技术出版社1961年。

2　陈吉余、沈焕庭、恽才兴等：《长江河口动力过程和地貌演变》，上海科学技术出版社1988年。

是个历史问题,需要放在具体的时空背景中深入考察。当把目光聚焦在这些问题上时,对海塘修筑史进行追根溯源式的考证和复原尤为必要。另一应注意的方面是,要加强对海塘历史的交叉研究。海塘建设与海岸线变化、河口海岸动力变化、滨海地域开发及其环境响应有密切关系,现有成果在该方面着墨甚少。以下领域是深化中国海塘史研究应该注意的。

（1）全面深入研究海塘建设历史的动态过程

海塘建设决策、施工过程的时空特征明显,宋代以来千年尺度上各地区海塘历史建设的动态过程值得深入研究。两浙海塘中,中央政府的作用最为明显,其他很多地区则是地方政府和民间力量在海塘建设中举足轻重。不同时代和不同地区海塘工程技术演进轨迹不同,施工地点的重点不断转移,技术变化对民众动员和资金投入的要求也不同,历次大潮灾后政府善后的决策过程更是五花八门。特定时段和地区内的海塘工程建设涉及政治、经济、社会与环境变化等多重因素,而且海塘工程与潮灾之间并无必然的线性联系,需要放在特定时空背景下综合分析。人地关系是具有社会和历史特性的辩证关系,动态过程研究尤为必要。

海塘建设动态过程研究,需要重视宏观历史背景并结合自然地理学、河口海岸动力学来分析史料,否则无法明白关键年份不同自然条件对海岸变化影响的差异以及塘工重点位置的不同,更无法理解海岸边滩自然修复的原因以及当时塘工管理者如何借此来逢迎上峰的历史真相。

在海塘建设史研究中,充分注意特定时代江浙自然环境整体变化对海岸线变化和海塘建设影响的路径和方法,值得充分重视和深入挖掘。如前所述,自然环境因素与塘工建设之间的关系已经有学者或多或少关注过。冈崎文夫早在七十多年前就利用自然地理学知识来分析太湖、钱塘江等自然因素变化对江浙水系、海岸线变化和塘工建设的影响;伊懋可和苏宁浒在研究钱塘江海岸变迁问题时也注意到苏南、浙北水系变化的一致性以及浦阳江改道、三江闸的修建等大型水利工程对浙北海岸线变化的影响。上述研究思路是非常有价值和值得挖掘的,在前辈学者意识到该问题的重要性而未曾持续深入研究的大背景下,尤其如此。

（2）海塘工程建设的环境响应

明清海塘修筑过程是技术、原料问题中生态与社会要素如何影响工程进展及其如何被克服的过程,两者构成理解海塘工程"环境—社会动态"问题的钥匙。塘工建设需要的材料主要是石头、桩木和柴草。随着塘工范围扩大和塘工形制变更，原料采运随时间变化出现空间转移甚至还波及邻近省份。因此，需要研究原材料采运的时空变化、土著的环境感知与反应，复原原料运输路线，分析运输过程中价格、时令和施工技术等因素的相互作用和制约。

海塘工程建设对海岸带的水环境和周边动植物群落等，均会产生环境效应。需要重点关注塘工建设与滨海区域开发之间的关系，尤其是海塘阻断盐场直接引海水晒盐渠道之后，如何通过涵洞、水闸等措施来解决这一问题，并协调区域开发中的防御咸潮和引内河淡水灌溉之间所形成的水系复杂关系和闸坝存废之争。

（3）与海塘工程有关的公共财政与民众生活史

正如杨联陞所言，从经济角度看帝制中国公共工程，研究者不约而同地都期待这样的研究有助于了解国家与社会的本质。杨联陞从材料、劳力、资金来源和经济思想等方面考察帝制中国的公共工程，希望激发更多人利用中文文献，重建一个相当清楚的公共财政的图像，以及一些民众生活史的外貌和细节。[1] 不同时间段、不同地域和不同类型的海塘经费来源和劳动力动员方式均有很大差别，虽然和卫国对清代两浙海塘经费来源问题进行过研究、本田治对宋元浙东海塘建设的经费来源有所涉猎，但其中需要研究的问题仍然很多，其他地方的情况尚无人涉及。大型公共工程建设中技术人员的来源、大规模劳动力的征募和工地管理等制度史问题亟需展开。否则，研究仍缺乏历史活动的主角——人。

二、思路与方法

江河堤防是典型的自然、社会交互作用的景观，其背后蕴含着丰富的政治、经济、社会和文化的内容。决策、施工过程包含着复杂的人为因素，决策者主观意志引起的客观后果往往出人预料。对海塘工程形成过程中社会层面问题的探讨，将与以往海塘工程技术史的研究一道，加深对中国古代大型公共水利工程历史的认识。

两浙鱼鳞大石塘工程肇端于康熙末年，历经雍正和乾隆两朝方成。乾

1　杨联陞：《从经济角度看帝制中国的公共工程》，见杨联陞《国史探微》，辽宁教育出版社 1998 年，第 200 页。

隆初登大宝想大规模修筑石塘,囿于条件,第五次南巡时才乾纲独断大规模修筑鱼鳞石塘。两浙鱼鳞大石塘的建设历史,需分时段详析。

本书主要依据宫中档案、方志和其他文献,结合河口海岸动力学等知识,尝试复原鱼鳞大石塘正式建设之前两浙海塘工程建设及技术变化的过程,研究大溜走北大门情况下塘工建设的动态过程,了解皇帝各项政策对塘工的影响,透视社会大背景下水利工程中臣工的内心世界和具体行动,分析海塘工程与统治两浙、乾隆南巡之间的特有关系以及臣工内心世界和具体行动的变化过程,借此探索利用河口海岸动力学知识与档案材料分析古代大型公共水利工程史的路径与方法。

本研究主要依据清代中央政府的档案史料,同时参考康熙、雍正和乾隆三朝的实录。另外,明清时期遗留下来的海塘专门志书有重要的参考价值。当然,两浙鱼鳞大石塘建设所涉地区的各种地方志,也具有不可替代的作用,从中能够捕捉到地方人士在海塘建设过程中的身影以及他们对海塘的看法。

第一章

鱼鳞大石塘之前的塘工

海塘又称海堤、海堰,各地叫法并不相同。浙江、苏南称海塘,苏北叫海堤或者海堰,福建称海堤,珠江三角洲称基围。海塘的起源很早,但明确的历史不可考。不过,根据滨海地带的农业发展,可以推断它大约在两千年前就开始建设了。这是我国古代人民改造滨海低地不良自然条件和与海争地的见证。[1] 传说中的汉会稽郡议曹华信发起修筑的防海大塘(钱塘),被认为是有记载的最早的钱塘江海塘。[2] 随着农业的发展,汉晋之间逐渐有了局部的圩堤,唐代开始形成系统的海堤和海塘。[3]

第一节　石塘工程的发轫：五代宋元时期

唐开元(713—741)以前,钱塘江两岸已经存在海塘,开元年间进行了重修。根据当时的技术情况推断,这种海塘只能消极地防海泛溢,不能积极防止海水对于海岸的侵蚀。当遇到海水侵蚀海岸时,一般还是求助于神灵的庇佑。白居易做杭州太守时,曾作文祈祷于钱塘江,以保证江岸安全。钱塘江口积极地防止海岸冲刷,是从吴越王钱镠开始的。[4] 钱镠建设江塘有"钱王射潮"的传说,当时钱镠以杭州为国都,潮患直逼杭州,于是在候潮门、通江门外建筑捍江塘。关于钱镠建设江塘的原因、过程及技术方面的问题,以下史料有比较详细的记载：

> 《咸淳临安志》：江挟海潮,为杭人患,其来已久。白乐天刺郡日,尝为文祷于江神,然人力未及施也。至梁开平四年八月,钱武肃王始筑捍江塘,在候潮、通江门之外,潮水昼夜冲激,版筑不就,因命强弩数百以射涛头。据《吴越备史》,又致祷于胥山祠,仍为诗一章,函钥置海门山,诗云"为报龙王及水府,钱江借取筑钱城"。既而潮水避钱塘,东击西陵,遂造竹落积巨石,植以大木,堤岸既成,久之乃为城邑聚落。凡今之平陆,皆昔时江也。[5]

1　陈吉余：《海塘——中国海岸变迁和海塘工程》,人民出版社 2000 年,第 1 页。
2　查一民：《钱塘江海塘的始建问题》,《河海大学学报(自然科学版)》1986 年第 3 期。
3　陈吉余：《海塘——中国海岸变迁和海塘工程》,人民出版社 2000 年,第 1 页。
4　陈吉余：《海塘——中国海岸变迁和海塘工程》,人民出版社 2000 年,第 48 页。
5　杨鑅辑：《海塘揽要》卷 5《修筑》,《钱塘江海塘史料》(四),杭州出版社 2014 年,第 133 页。

钱镠起初采用的也是版筑土塘的方法，但滨江土质以粉沙为主，版筑土塘很容易被强潮冲损，故而采用祭祀江神与箭射潮头的方法，导致潮头偏向西兴。箭射潮头的方法表面看起来是一个迷信与传说，实际上暗含一种技术上的操作。有史料记载，"王射潮退，塘成。有铁箭，大如杵，今在新桥。虽首出土，可撼而不可拔"。[1] 这种大如杵的铁箭并非用铁弓射出去的，而是把它插在工地外靠近边滩的地方，保护塘脚免受潮汐冲击。

鉴于单纯的土塘无法抵御潮汐，钱镠采用的塘工技术有了新发展。首先是利用桩木使塘基坚实，后人称为"滉柱"；然后用竹篓盛满碎石，以成简单的石塘。后来有人为了木材而挖掘滉柱，结果这些木材已经朽烂不可用，海塘因根基不稳而迅速崩坏。

> 《江塘志略》：钱氏时为石堤外又植大材十余行，名曰滉柱。盖以折水之势，不与水争力，故堤得无患也。宝元、康定间有人献议取滉柱者，谓可得良材数十万，杭帅然之。木出皆不可用，而堤为涛激，寖就摧决矣。[2]

五代和北宋时期的两浙塘工主要集中在杭州附近。北宋宣和年间（1119—1125），曾经降十道铁符来镇盐官县海塘。[3] 南宋年间，盐官海塘工程日益重要。嘉定十二年（1219），有大臣建议维修盐官海塘，其所列原因涉及盐业、水利和政治等诸多因素：

> 臣僚言："盐官去海三十余里，旧无海患，县以盐灶颇盛，课利易登。去岁海水泛涨，湍激横冲，沙岸每一溃裂，常数十丈。日复一日，浸入卤地，芦洲港渎，荡为一壑。今闻潮势深入，逼近居民。万一春水骤涨，怒涛奔涌，海风佐之，则呼吸荡出，百里之民，宁不俱葬鱼腹乎？况京畿赤县，密迩都城。内有二十五里塘，直通长安闸，上彻临平，下接崇德，漕运往来，客船络绎，两岸田亩，无非沃壤。若海水径入于塘，不惟民田有咸水淹没之患，而里河堤岸，亦将有溃裂之忧。乞下浙西诸司，条具筑

1　杨鐩辑：《海塘揽要》卷11《神祠》，见《钱塘江海塘史料》（四），杭州出版社2014年，第308—309页。
2　翟均廉纂：《海塘录》卷3《建筑一》，见《钱塘江海塘史料》（二），杭州出版社2014年，第83页。
3　杨鐩辑：《海塘揽要》卷5《修筑》，见《钱塘江海塘史料》（四），杭州出版社2014年，第135页。

捺之策,务使捍堤坚壮,土脉充实,不为怒潮所冲。"从之。[1]

盐官海塘修筑计划能被迅速批准,是因为其特殊的区位。盐官以往距离大海比较远,盐业兴盛,后来随着自然环境变迁,内坍严重,潮水侵入盐场,又通过各种港路支河侵入内地。海水含盐量高,影响农业发展和居民生活。当时杭州为南宋行在,盐官为"京畿赤县",其安危与行在密切相关。盐官作为交通枢纽,与漕运、商船的安全关系重大,故而必须保证海塘的安全。

但是,当时正处于中世纪温暖期,海面上升,江浙海岸内坍严重。[2] 盐官海塘刚修好不久,嘉定十五年(1222)又被冲毁。朝廷命浙西提举刘垕专门负责海塘修筑事宜。他非常清楚盐官地理位置的重要性,认为数年来海失故道而导致原有的四十多里海岸尽数沦陷入海,使得靠近县城的原有捍海塘的东、西两端被冲毁,原来二十里的海塘只剩中间的十多里。万一潮汐越过海塘而侵入内地,则南高北低的地势将使苏州、秀州和湖州等地受到海水的伤害。刘垕清醒地认识到,海岸内坍的危害主要是边滩沦毁和咸潮泛溢。边滩沦毁乃自然之力,并非人的主观能动性可以改变,只有认真修筑海塘,才能防止咸潮冲入内地。当时的修塘计划为:

> 所筑塘基址,南北各有两处:在县东近南则为六十里咸塘,近北则为袁花塘;在县西近南亦曰咸塘,近北则为淡塘。亦尝验两处土色虚实,则袁花塘、淡塘差胜咸塘,且各近里,未至与海潮为敌。势当东就袁花塘、西就淡塘修筑,则可以御县东咸潮盘溢之患。其县西一带淡塘,连县治左右,共五十余里,合先修筑。兼县南去海一里余,幸而古塘尚存,县治、民居尽在其中,未可弃之度外。今将见管桩石,就古塘稍加工筑叠一里许,为防护县治之计。其县东民户,日筑六十里咸塘。万一又为海潮冲损,当计用桩木修筑袁花塘以捍之。[3]

所谓的修筑,只是在原有海塘基础上小修小补,并没有更大规模的工

1　《宋史》卷97《河渠七》,中华书局1977年,第2401页。
2　满志敏:《两宋时期海平面上升及其环境影响》,《灾害学》1988年第2期。
3　《宋史》卷97《河渠七》,中华书局1977年,第2402页。

程。不过,史料中蕴含的丰富的历史地理信息值得把玩:盐官的海塘也是根据海滩的变化而变化,当海滩外涨时,就修筑新的海塘来御潮蓄淡,为盐业和农业的发展营造合适的环境。[1] 这样,原有的海塘就处于抵御潮汐的二线。随着时间的推移,原有的滩地自然盐分降低,更有利于农业生产,这就是袁花塘、淡塘土色胜于咸塘的原因。当然,从咸塘、淡塘的名称也可以看出,二者主要就是以土质不同来命名的。在当时海岸不断内坍的情况下,官府主要以维修处于二线的袁花塘和淡塘为主,而身处盐场的民众,仍通过自行维修咸塘来保护自己的利益。

同在南宋时期,海盐海塘也历经两次较大工程。第一次修筑的时间与盐官维修袁花塘、淡塘的时间相差无几,理宗绍定年间(1228—1233),海盐县令修筑了二十里海塘。第二次修筑工程的规模则要大很多。度宗咸淳年间(1265—1274),两浙转运使常楙在海盐修筑新塘 3 625 丈,在城东半里,南抵澉浦,北抵乍浦。[2] 从新筑海盐海塘的位置不难看出,当时海岸内坍异常严重,潮汐距离县城不远,故而继续修筑大规模的海塘来保证居民生命财产安全。

可见,当时海潮对钱塘江北岸的冲击非常严重。陈吉余认为:长江口南沙嘴自唐朝内坍以来,到这时已经将十八条冈岸坍尽。没有天然的冈岸,就必须以人工海塘阻遏咸潮,保障农作。[3] 需要注意的是,两宋两浙海塘的建设重点在钱塘江南岸。与北岸主要以土塘为主不同的是,以余姚为代表的南岸各地开始陆续修筑石塘,其建筑石塘的时间比北岸更早。[4]

元代浙北海塘的重点在海宁地区,大的潮灾主要发生在大德、延祐、泰定与致和年间。大德三年(1299),海宁的海岸虽然崩塌,但新涨阴沙很快出现,对海岸影响不大,并没有真正兴工。[5] 这种现象也很正常,因为海宁是淤泥质海岸,粉沙容易受潮汐冲击而大坍大涨,这与钱塘江水量大小、潮汐均有直接关系。单纯的一次岸滩崩塌,不足以说明海岸变化的大趋势。因而尽管到延祐七年(1320),因"乙未、庚申间海汛失度"而累坏民居并有 30 余

1　关于滨海海塘及其与相关的水洞、水系和农业发展的关系,参见王大学《防潮与引潮:明清以来滨海平原区海塘、水系和水洞的关系》,《历史地理》第 25 辑,上海人民出版社 2011 年。

2　方观承纂:《两浙海塘通志》卷 2《列代兴修上》,见《钱塘江海塘史料》(三),杭州出版社 2014 年,第 34 页。

3　陈吉余:《海塘——中国海岸变迁和海塘工程》,人民出版社 2000 年,第 61 页。

4　关于唐至明代钱塘江南岸海塘修筑情况,和卫国曾经进行过简单的梳理,见和卫国《治水政治:清代国家与钱塘江海塘工程研究》,中国社会科学出版社 2015 年,第 49—52 页。

5　《元史》卷 65《河渠二》,中华书局 1976 年,第 1639 页。

里海岸出现内坍而准备较大规模修筑海塘时,很快就因为滨海沙涨而停止。不过,需要注意的是,这是地方官员明确提出准备修筑石塘。当时江浙行省官员的计划是在海宁北门添筑土塘,然后修筑石塘,东西长 43 里。[1]

但是,海岸内坍趋势日益明显。泰定元年(1324)十二月,海水冲破盐官州海堤,影响城郭和居民。除派人祭祀海神外,有关部门根据自然环境情况奏请修筑石塘,这遭到泰定帝反对,认为是劳民伤财。其诏曰:"筑塘是重劳吾民也。其增石囤捍御,庶天其相之。"[2]

不过,自然环境的变化并不随帝王的意志而转移,泰定四年汛期风潮较大,海宁受损严重,杭州路、都水庸田司和工部等部门围绕修筑堤防问题进行了反复讨论。因为此前准备修筑 40 多里海塘的计划因工费浩大而被泰定帝否定,杭州路官员准备先把咸塘整修高阔,填塞沟港,浚深北备塘壕堑,密钉桩木。工部批准了这个计划,但官员仍相信祈祷神灵的效验,命僧人诵经并差人令天师致祭。世祖时,因海岸崩塌而派遣天师祈祷,潮退后,臣工相信这种神秘的力量。然而,这次借助宗教的神秘力量并没有收到预期效果,土塘根本不能抵御海潮的冲击。故而,官府在仁和、钱塘以及嘉兴附近州县发丁夫 2 万余人,采用木柜石囤的方式,在险要处填塞石囤 4 960 个,仿照杭州的方式建设石塘。[3] 这次工程的规模并不小,据称当时在沿海 30 余里下石囤 44.3 万个、木柜 470 余个。[4]

令人遗憾的是,这样的海塘形制并没有起到作用。至和元年(1328)三月盐官州海岸崩塌,四月海溢。元政府先派遣道教天师张嗣成修醮无果,又让佛教僧人借用西僧法造 226 个浮图来镇潮,亦无效。[5] 面对此情此景,政府只得以石囤堵塞决口。此次工程,垒石囤近四十里。此外,六十里旧塘的培修是利用塘河就地取土,并凿东山之石以备崩岸时抢修。采用这种塘工技术是实践的结果和自然环境的客观要求,此前虽曾增筑土塘,但不能抵御潮汐冲击。盐官的地形、水势与定海、杭州、海盐等地不同,想修筑板塘但水涌难以施工,利用竹篾木柜却常有漂浮沉没,欲修筑石塘但地脉虚浮。本次

1　《元史》卷 65《河渠二》,中华书局 1976 年,第 1639 页。
2　《元史》卷 29《泰定帝一》,中华书局 1976 年,第 652 页。
3　《元史》卷 65《河渠二》,中华书局 1976 年,第 1639—1640 页。
4　康熙《海宁县志》卷 4《海塘》,中国方志丛书·华中地方第 561 号,台北成文出版社 1984 年,第 775 页。
5　康熙《海宁县志》卷 4《海塘》,中国方志丛书·华中地方第 561 号,台北成文出版社 1984 年,第 776 页。

工程所用的劳动力,是通过征发徭役的方式获得的。[1]

元代的海塘工程,随着沙涨水平而暂时停止。天历元年(1328)盐官改名海宁,就是当时北岸边滩稳定的最明显标志。[2] 与此同时,南岸余姚、上虞等地的石塘建设规模及海塘形制的变化程度,均比北岸大许多。[3]

第二节　鱼鳞石塘的出现:明代

明代以前浙北海塘的修筑重点在仁和、海宁一带,入明以来的塘工多在海盐、平湖地区进行。明代两浙海塘以海盐最为险要的原因是,明代潮流的流路发生了变迁,南岸外涨,因此潮流作用于海盐海岸的压力越来越大,海盐地区不得不大筑石塘。[4]

洪武三年(1370),海水泛溢,海塘被毁,经地方民人向朝廷请愿后,署理县令负责把2 370丈土塘改建为石塘。此次石塘系用一尺见方、六到八尺长的条石纵向堆叠,内用黄土培筑,高与石平,土厚为石五倍。经此修理的海塘比原有的土塘坚固许多,洪武十七年方被海潮冲决。[5] 这次工程,劳动力征发涉及江、浙两省,开了江苏协济浙江海塘的先例。[6] 永乐三年(1405),增筑海盐石塘时,也是招募了苏州等九府的人夫。[7] 永乐年间最大的一次海塘工程发生在永乐九年,修筑了仁和、海宁与海盐的土、石塘岸万余丈。[8] 这种规模的工程,毫无疑问是征用了江浙相关九府的劳动力。

永乐十一年,钱塘江潮水猛涨,平地水高丈余,仁和县十九、二十两都田庐漂没、居民溺毙。朝廷委派张夏负责监督修筑海塘,力役征发的范围涉及杭州府、嘉兴府、湖州府、衢州府、严州府、苏州府和松江府等地十余万军民。但是,由于管理不善,官民不得安宁。物料的水陆运输极为辛苦,民夫抛妻

1　《元史》卷65《河渠二》,中华书局1976年,第1640—1641页。

2　乾隆《海宁县志》卷4《海塘》,中国方志丛书·华中地方第561号,台北成文出版社1984年,第465页。

3　和卫国:《治水政治:清代国家与钱塘江海塘工程研究》,中国社会科学出版社2015年,第49—52页。

4　陈吉余:《海塘——中国海岸变迁和海塘工程》,人民出版社2000年,第64—65页。

5　杨鏣辑:《海塘揽要》卷5《修筑》,见《钱塘江海塘史料》(四),杭州出版社2014年,第141页。

6　夏允彝:《海塘序》,见吴嘉允《崇阙捍海塘纪》,复旦大学图书馆手抄本。

7　弘治《嘉兴府志》,见方观承纂《两浙海塘通志》卷2《列代兴修上》,《钱塘江海塘史料》(三),杭州出版社2014年,第34页。

8　《明史》卷88《河渠六》,中华书局1976年,第2150页。

舍子在工地辛苦劳作,寒暑不断,工地发生疫病,死者载道,景象惨不忍睹。尽管修筑了三年时间,耗资远超 10 万,潮患却仍不止,引起杭州城内民众的愤怒。[1] 无奈之下,朝廷委派保定侯孟瑛、礼部侍郎易英到江岸,以太牢之礼祭祀东海之神。[2] 孟瑛负责监督修筑并再次征用苏、湖等九府劳动力,耗费巨资,历经十三年方使潮患停止。[3]

接连不断的海塘工程,说明海盐境内海岸内坍现象非常严重,这也促使海塘工程技术及形制的进一步改进。宣德年间(1426—1435),巡抚、侍郎周忱在招募七百郡民来部分更筑海塘时,鉴于石堤内虚而在其背后紧贴修筑宽五丈的土塘,这样就使得石塘有了更为紧实的后靠。同时,他命令相关人员巡逻修葺、加强预防,以防微杜渐。[4] 这开启了日常巡防的先例,无疑是后来岁修制度的前身。这种石塘后面镶嵌土塘的工程共 2 440 余丈,但是作用仍有限,数年后就因风潮冲击而崩坏 1 100 余丈。宣德五年(1430),时任巡抚、侍郎的成钧建议在原有海塘的后面修筑一道新石塘,以旧有海塘作为外护保障。因为工程浩大,需要仿照洪武年间修塘的先例,征用嘉兴、湖州、严州、绍兴等府的夫匠加以协助。[5] 需要指出的是,这是最早有史料记载的在原有海塘背后新修石塘的工程。尽管新修石塘的技术和尺寸并没有明确记载,但是工程量应该是很大的,否则不用征用浙江其他府县的民众。当然,这再一次说明了当时海岸受冲击的严重程度。在此次工程五年之后,宣德十年海盐再次修筑被冲决的海塘 1 500 余丈。[6]

新建石塘的一个重要特点是耗资巨大,这使得部分官员为了节省经费而故意降低塘工技术要求。尽管海盐海塘工程不断,但是塘堤仍经常被冲损。正统九年(1444)海盐海塘大规模溃决,知府黄懋奏请采运桩木和石料来修筑石塘,估计需要白银 26 万两。本来此事已经被上峰批准,但是黄懋调任他处后,金事陈永与参政谢辅并没有继续原有的石塘工程计划,而是在海塘原址上偷工减料,用巨石堆砌海塘的外立面,把瓦砾填在中间。尽管经费

1 嘉靖《仁和县志》卷 6《水利》,《丛书集成续编》本。
2 乾隆《杭州府志》卷 38《海塘上》,《续修四库全书》本。
3 陈之道:《海宁县筑塘考》,见翟均廉纂《海塘录》卷 21《艺文四》,《钱塘江海塘史料》(二),杭州出版社 2014 年,第 300 页。
4 天启《海盐县图经》卷 8《堤海篇第四》,中国方志丛书·华中地方第 589 号,台北成文出版社 1983 年,第 658 页。
5 陆灿、郑晓:《今言类编》卷 2,见樊维城纂《盐邑志林》,上海涵芬楼明刻本。
6 《明史》卷 88《河渠六》,中华书局 1976 年,第 2154 页。

节省十分之九，但是工程质量大打折扣。[1]

当时，海潮持续冲击海盐海岸，屡次塘工建设的实践使得人们逐渐认识到一般的土塘不能抵御潮汐，所以基本是在原有海塘的后面新筑石塘。景泰三年（1452），海盐石塘被潮水冲决18里，鉴于浮土修筑的海塘不能持久，诏令别筑石塘。[2] 当然，这种新筑的石塘基本上是采用正统九年那种外立面用巨石包砌的技术。成化五年（1469），平湖县奏请仿照海盐县修筑石塘，计料价银2.5万余两，"倩工瓮砌"。[3] 次年，修筑平湖周家泾、独山海塘。[4] 但是，成化七年九月初一日，这段新修的海塘被巨风大浪冲毁，形势比以往更严峻；加上七月初三日巨风海潮冲毁自雅山东到杨树林的510丈，共需重修819丈海塘，"买石瓮砌"。[5] 海潮的冲击接连不断，成化八年海盐又出现大潮灾，大风潮冲击海岸，海水冲入内地，水高丈余，民众溺死者不计其数。被毁海塘还没有完全整修完毕，此后四年又接连出现海溢，原有海塘被冲毁殆尽。这时，人们方才想起当年黄懋的石塘计划，后悔当初没有认真修塘。[6]

成化十三年二月，海水冲破海塘，涌入内地，海盐、海宁和仁和等地均遭受不同程度的损害，海水距离海宁县城不足半里，军民恐慌。面对大规模灾情，各级官员层层上报并齐聚海宁商量对策，决定在各个地方根据不同环境采用不同的海塘修筑方法。金事钱山主持海宁障海塘的修筑工作，起初采用汉槎垣法，但是没有效果，又采用木柜囤石之法，"断木为大柜，编竹为长络，引石下之，泛滥乃定"。同时，筑十里副堤，以防海水泄入内地。八月份石塘建成后，沙涂壅涨，钱山趁势把海塘增高培厚，随着海复故道，此处危险解除。[7] 主持海盐塘工的副使杨瑄改变了原有的包砌石塘的做法，借鉴北宋时期王安石在鄞县修筑海塘的技术和形制，改旧塘为陂陀形。这种海塘技

1　天启《海盐县图经》卷8《堤海篇第四》，中国方志丛书·华中地方第589号，台北成文出版社1983年，第659页。

2　《明史》卷88《河渠六》，中华书局1976年，第2157页。

3　天启《海盐县图经》卷8《堤海篇第四》，中国方志丛书·华中地方第589号，台北成文出版社1983年，第659页。

4　《明史》卷88《河渠六》，中华书局1976年，第2159页。

5　方观承纂《两浙海塘通志》卷2《列代兴修上》，见《钱塘江海塘史料》（三），杭州出版社2014年，第35页。

6　天启《海盐县图经》卷8《堤海篇第四》，中国方志丛书·华中地方第589号，台北成文出版社1983年，第659页。

7　乾隆《海宁县志》卷5《海塘》，中国方志丛书·华中地方第516号，台北成文出版社1983年，第655—656页。

术,抵御潮汐的功能比此前好很多,但十年后亦倒塌。[1]

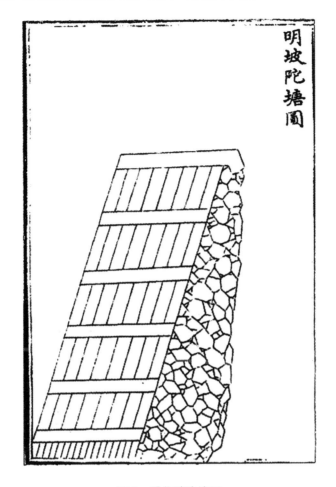

图 1 明代陂陀塘图

（翟均廉纂:《海塘录》卷 1《图说》,见《钱塘江海塘史料》(二),杭州出版社 2014 年,第 73 页)

同年,修筑仁和县海塘。通过其具体的组织实施情况,可以了解当时的工程组织、经费筹措和科学管理等方面的细节。由于海宁工程先进行,仁和的海塘工程先使用海宁工程剩余的民夫,如果人数不足再征用仁和县自己的民夫。民夫轮丁服役,每日给米三升。每丁用工三天后回家,每月一轮,不妨碍农业生产。征用民夫时,优免老幼病残者,军匠灶户免除二丁,其余

1 天启《海盐县图经》卷 8《堤海篇第四》,中国方志丛书·华中地方第 589 号,台北成文出版社 1983 年,第659 页。

29

的一概征用。当时的海塘工程比较频繁,小规模的工程主要从杭、嘉、湖地区征调夫匠,大规模工程则需要苏、松、常和严州府、绍兴府等更广大地域的民夫帮筑。石料采运的范围已经超出杭州府,运石的范围是东至黄家湾钟、坟等山,西至临平山或余杭山,北至湖州境内诸山。与在工地工作的人夫一样,石料采运的人夫也采用编甲制度。当时的里甲是服役单位,便于管理。所用经费先由布政使挪用官银,交付给能干廉明的人员抓紧办理,然后计数分派给各县里甲收缴后抵充官方银两。当然,也让犯罪人员出钱赎罪,以作为工程经费的补充。塘工也是在旧有海塘内三丈处另筑新塘,以原有海塘为外护。钉桩下石多用石砾,小的填砌堤上,大的盖面,以防冲激。[1]

弘治元年(1488)海盐知县谭秀重筑海盐陂陀塘 900 余丈,但修筑方法略有变更。谭秀认为十年前杨瑄所修筑的陂陀塘用石斜瓮,时间长了会向里倾斜;此次修筑,仍采用原来的叠石方法而略仿陂陀塘之法,内横外纵,逐渐减缩,以便利用斜坡减杀潮势。[2]

谭秀讲究纵横交错的石塘建造方法,为后来海塘技术的进步奠定了基础。弘治十二年,海盐知县王玺在故龙王庙前修建石塘时更讲究纵横之法,利用方石纵横交错铺设,有一纵一横者,有二纵二横者,从下往上逐层收缩,"内齐而外陂",海塘异常坚固。这是海塘技术的突破性进展,"备讲纵横之法而塘制始善"。[3]

此后,无论正德还是嘉靖年间的石塘修筑,均仿照王玺的筑塘方法。在接连不断的石塘工程实践中,技术不断完善。嘉靖初年,郎中林文沛在以往石料多纵少横的基础上讲究纵横交错,同时使用更多的桩木来打坚实的地基。当时,修筑 757 丈石塘用桩 4 800 根、石料 1.6 万块。嘉靖二十一年(1542),黄光昇在王玺筑法的基础上采用五纵五横的方法修成的鱼鳞大石塘,代表了石塘修筑技术的巅峰。但是,这种石塘修筑耗费资金惊人。隆庆四年(1570),利用黄光昇的方法修筑了海盐海塘 90 余丈,耗资白银约 1.5 万两。[4] 由于鱼鳞大石塘费用过多,故而只在最险处建筑,其他地方则根据形势采用规格稍低的形制。李文绩曾经将龙王塘天阙要害处定为三纵三横,

---

1　嘉靖《仁和县志》卷6《水利》,中国方志丛书·华中地方第179号,台北成文出版社1975年,第394页。
2　方观承纂:《两浙海塘通志》卷2《列代兴修上》,《钱塘江海塘史料》(三),杭州出版社2014年,第35页。
3　方观承纂:《两浙海塘通志》卷2《列代兴修上》,《钱塘江海塘史料》(三),杭州出版社2014年,第35页。
4　方观承纂:《两浙海塘通志》卷2《列代兴修上》,《钱塘江海塘史料》(三),杭州出版社2014年,第36页。

其余往、秋等字号潮势稍缓处定为二纵二横。[1]

明代在河口湾海盐一带创建的五纵五横鱼鳞石塘，经过改进后定型为双盖鱼鳞石塘，是集历年探索、改进结构形制有效实践的大成，是先辈对海盐一带动力、边界条件有一定认识深度下创建的塘型，也给清代在海宁、仁和一带创建鱼鳞大石塘以启迪。这种石塘的主要特点是：在基础处理上，除了用桩基外，还要求去除浮沙，坚实土方入桩，待稳定后再砌置塘身条石，以提高地基承载力；采用宽、厚各一尺六寸或两尺、长五六尺的大石料，同层砌石纵横相间，层与层之间跨缝砌置，以加强塘身的整体性和稳定性；塘身迎潮面砌石，按照同一尺寸逐层内收，成阶梯形，使顺潮势，消减潮浪对塘身的冲击势能，以增加塘身的稳定性；石料琢凿平整，砌置时如前述纵横交砌，并分别作丁字形、品字形，以减轻潮浪沿纵横砌缝冲吸淘刷附土。[2]

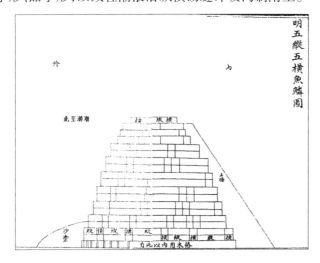

图 2　明代五纵五横鱼鳞石塘图

（翟均廉纂：《海塘录》卷 1《图说》，见《钱塘江海塘史料》（二），杭州出版社 2014 年，第 74 页）

需要注意的是，虽然鱼鳞大石塘的技术已经成熟，但并没有大规模展开。这种工程耗资巨大，经费筹措困难，施工过程中人为障碍因素很多。黄光昇主持修筑海盐石塘时曾指出：海塘如果全部修筑，需要四五十万两白银，大规模工程中夫匠诡计花样百出，需要各种佐贰官员二三十名常驻工地

1　方观承纂：《两浙海塘通志》卷 2《列代兴修上》，《钱塘江海塘史料》（三），杭州出版社 2014 年，第 36 页。
2　陶存焕、周潮生：《明清钱塘江海塘》，中国水利水电出版社 2001 年，第 51—52 页。

进行监督;监督过程中各人指令不同,工匠无法快速施工;有些官员态度不认真,敷衍塞责,十之六七的工程只是应付了事。同期参与海塘工程的魏廷玺,更为详细地说明了工程中的各种弊端:

> 海塘之役,近年以来宪司提督于上、府县分理于下,非不欲成此大工,但患有可惧、弊有未革耳。支给工银,易生侵克之谤,患一;讲议修筑之法,各持己见,纷纭争胜,莫知适从,患二;拘于估计,制于成命,不得相机随宜有所增损,患三。近海军民多赖修塘以为活计,一身做工,影射数名,通同管工人役冒支工银,弊一;又砌手志在常得修塘工食,不肯砌筑坚固,弊二;管工委官羁身海上,飓风毒雾之中度日如年,但欲速成了事,孰肯尽心如干家事,弊三。去此三患三弊,塘不难成矣。[1]

随着海盐县的海塘工程以石塘为主,工程经费大幅度增加。海盐县自身不能筹集这么多经费,便开始在嘉兴府辖境内定额编征塘工夫银,每年向民间田亩征派定额银数,以备不时之需。此前只有在土塘大工时才会偶尔征发邻县劳动力,但是弘治中期在嘉兴知府徐霖的建议下开始由民丁出钱代徭。后来,随着"一条鞭法"的实施,改派为亩税,嘉兴府属七县每岁征银7 000两左右。嘉靖中期,曾经将此塘工征夫银削减一半,但是万历初年大潮灾后,又重新恢复原额。[2]

万历三年(1575)五月,风大潮涌,海盐、平湖都受到风潮影响,需要维修海塘。平湖主要是修筑土塘,从海盐校场以北到乍浦一带,开河取土筑塘,但因为钱粮不足而终止。海盐则因为受灾严重且处于顶冲,因而大规模修筑了石塘。当时海盐的海塘被冲决,水高出地面两丈有余,溺毙3 000多人,内河均变咸,无法灌溉农田。早在嘉靖中期,据时任布政使的海盐人吴昂估算,嘉兴府每年的海塘均徭银为7 000两左右,仅正统七年到嘉靖十五年(1442—1536)用过的经费就超过70万两。吴昂建议再次征用江浙九府人夫,利用10万两白银并借助旧有石料来修筑海盐石塘,以便一劳永逸解决海塘问题。隆庆年间,仇俊卿也曾经建议采用一劳永逸的方式修筑石塘,但未

1　魏廷玺:《筑塘议》,见雍正《浙江通志》卷63《海塘二》,台湾华文书局1967年,第1111页。
2　天启《海盐县图经》卷8《堤海篇第四》,中国方志丛书·华中地方第589号,台北成文出版社1983年,第682页。

果。鉴于历史经验教训,这次采用此前黄光昇的鱼鳞大石塘方法。工程费时一年半左右,用银 12 万两有奇,成石塘 750 丈,土塘的长度是石塘的三倍;开凿白羊河 3 000 丈,植木桩荡浪,以便淤沙护塘;又筑 12 座神兽镇水,建造 5 座桥梁作为通道。[1]

尽管施工时间不算长,但经费筹集并不容易。工程预估工料银 16.3 万两,这笔巨额经费需要地方政府绞尽脑汁多方筹集。嘉兴府两次销银 5.8 万余两,其中 1.3 万余两是从杭州府借支的,缺口的 4.4 万余两系从各司库、府库及台州府、温州府、金华府、处州府等处未完兵饷中筹措了 4.2 万余两。但是,总的经费缺口仍有 7.6 万余两。无奈之下,实行田亩加派:嘉兴府每亩加银一分共得银 4.2 万余两,杭州府每亩加银六厘共得银 1.6 万余两,湖州府每亩加银五厘共得银 1.6 万余两。其中,杭州府和湖州府属于协济。[2]

此处的经费来源及筹措方式,反映出以往塘工征夫银制度中的漏洞与偏差。塘工征夫银制度变成固定的田亩税收制度时,制度设计的出发点很好,即每年固定征收 7 000 两左右的白银,遇到海塘工程时就从中支出,剩余银两积累下来以待来年之用,就不用再向民众征派了。"十年无患则银之积益富,即兴大役亦不必派及平民。"[3]但是,制度执行起来往往走样变形,地方政府常挪用这笔海塘专用维修经费,民众缴纳此笔费用的积极性也不高,常常无法足额征收。[4] 以下史料生动地说明了海盐县拖欠、挪用塘工征夫银的具体情况:

> 海患关切浙西诸路,故永乐之役,计协苏、松九府,独念防止末流,事先有备。如必待既溢而后捍,如物力、民患何?粤昔治塘无定额,自弘治始均派各邑夫里七千两,嘉靖以来则约四千而下之矣,然犹借邑帑中向各邑,日久弊生,征解不齐。臬宪黄公光昇督令贮府,嗣乃以修郡城,权一用之,然犹关白水利职官,嗣则又以军旅用矣。已乃沿视为羡余,而赘疣之矣。吁嗟乎!百姓生灵,借此抵捍。即今风涛叵测,日夜

1 方观承纂:《两浙海塘通志》卷 2《列代兴修上》,《钱塘江海塘史料》(三),杭州出版社 2014 年,第 37—40 页。
2 仇俊卿:《全修海塘录》卷 2,见《钱塘江海塘史料》(一),杭州出版社 2014 年,第 25—26 页。
3 陈善:《捍海塘考》,见翟均廉纂《海塘录》卷 21《艺文四》,《钱塘江海塘史料》(二),杭州出版社 2014 年,第 299 页。
4 《两院勘议修塘事款疏》,见仇俊卿《全修海塘录》卷 3,《钱塘江海塘史料》(一),杭州出版社 2014 年,第 30 页。

澎濞,计又安能一日忘哉?[1]

面对此情此景,万历五年(1577)海盐的这次大工结束后,有人建议恢复原额征派塘工夫银并保证专款专用,但制度并没有被严格执行。[2] 万历十年到十五年间储存的白银只有5 949.3两,拖欠的竟达1.8万余两。后来虽然设法追缴了5 474.6两,实际贮存的塘工夫银也只有万余两。当然,追缴困难也有民间遭灾的因素。[3] 这样的经费状况很难应付较大潮灾所导致的塘工。遗憾的是,晚明钱塘江北岸海塘被冲的频率极高。

万历十五年七月二十一日,飓风大作,巨浪滔天,加上大雨如注,海潮冲过海塘直入海盐内地,房倒屋塌,淹没田禾,次日停息。万历三年潮灾后所修石塘十之三四被破坏,土塘被冲坍殆尽。官员们认为这次灾情严重而民众被淹死者并不多的主要原因在于,此前石塘工程抵御海潮效果明显且随塘河分泄了不少海水。时任巡抚滕伯轮意识到官库紧张,地方又需要救灾,很难筹措到太多经费,但是海盐海塘又关乎东南广大地区安全和漕运安危,需要及时维修。当时筹集经费的难度增大,因为海盐、海宁等县编征塘工夫银之后,朝廷曾经屡次下令不准额外加派,以免扰累地方。[4] 本次塘工预估需银7万余两,具体来源如下:嘉兴府现存海塘夫银约1.1万两,金华府、衢州府、严州府、温州府和处州府备赈银近1.7万两,嘉兴府备赈银375.9两,衢州府驿传余银1万两,嘉兴府驿传余银4 636两,嘉兴府仓谷8万余石改折工食所得银2.7万余两。[5]

万历年间的这两次海塘工程相距时间并不长,但每次均耗资不菲,经费的筹措难度也越来越大。尤其是万历十五年大潮灾之后,各县受灾都很严重,原来积欠的塘工征夫银无法全部追回,影响了塘工维修的规模与进度。[6] 从具体经费的来路和筹集方式可知,主要是利用地方政府的各种挪借和对

1 陈所学:《海盐县防海议》,见杨鏚辑《海塘揽要》卷12《艺文》,《钱塘江海塘史料》(四),杭州出版社2014年,第326—327页。
2 天启《海盐县图经》卷8《堤海篇第四》,中国方志丛书·华中地方第589号,台北成文出版社1983年,第682页。
3 仇俊卿:《全修海塘录》卷3,见《钱塘江海塘史料》(一),杭州出版社2014年,第29—30页。
4 仇俊卿:《全修海塘录》卷3,见《钱塘江海塘史料》(一),杭州出版社2014年,第29—30页。
5 《呈报海塘工完由》,见仇俊卿《全修海塘录》卷8,《钱塘江海塘史料》(一),杭州出版社2014年,第73—74页。
6 《两院勘议修塘事款疏》,见仇俊卿《全修海塘录》卷3,《钱塘江海塘史料》(一),杭州出版社2014年,第29—30页。

民间田亩的摊派。时人对此认识很清晰:"两亥之役取诸岁征,所积犹不给,搜藩司兵饷、驿传赢金及他郡赎谷价以充,而前亥之役用银为多,则本郡及杭、湖两郡亩复益税有差,皆取旨行。"[1]

大规模海塘修筑经费筹措困难,使得地方官民设计出了海塘的岁修制度。他们大都认为,海塘工程需要在日常多加看护并注意维修,这样可以避免天长日久所导致的大规模工程,进而避免海塘大工所需巨资的筹措难题。塘工岁修经费由塘工夫银中支用,此外不得额外加派、扰累地方。[2] 这一具体方案是:"嘉兴府岁编海塘夫银 7 000 两,数不为少,盖缘逋负相仍,那移接踵。一遇修筑,本项既不足支,而别项搜处殊非事体。今该本道议将此项钱粮立限严并,合无允行。该府县一体遵奉,立限年完,一年征解贮库,以备不虞,毋容拖负侵克及挪移别用,庶本项钱粮充足而临时免搜处之艰矣。"[3]

当然,晚明浙北设立塘工夫银的地方不止海盐一处。早在嘉靖十二年,海宁县就根据知县严宽的建议,仿照海盐县的做法开始编征夫银。此后,海宁额设海塘夫 150 名,每年编征役银 300 两。[4] 但是,该制度在具体执行过程中遇到的问题与海盐相似,除了积欠之外还经常被挪用。[5] 当时修筑海塘遇到的困境是:一旦出现大的塘工,要么请求官方补助,要么向民众征收加派。"盖塘不修而民以海病,塘修而民又以塘病。"[6]

1 天启《海盐县图经》卷 8《堤海篇第四》,中国方志丛书·华中地方第 589 号,台北成文出版社 1983 年,第 681—682 页。
2 《奏请委官专管海塘疏》,见仇俊卿《全修海塘录》卷 3,《钱塘江海塘史料》(一),杭州出版社 2014 年,第 45 页。
3 《覆议善后事款》,见仇俊卿《全修海塘录》卷 3,《钱塘江海塘史料》(一),杭州出版社 2014 年,第 87 页。
4 方观承纂:《两浙海塘通志》卷 2《列代兴修上》,见《钱塘江海塘史料》(三),杭州出版社 2014 年,第 31 页。
5 乾隆《海宁州志》卷 5《海塘》,中国方志丛书·华中地方第 591 号,台北成文出版社 1983 年,第 759 页。
6 赵维寰:《海宁县海塘议》,见翟均廉纂《海塘录》卷 20《艺文三》,《钱塘江海塘史料》(二),杭州出版社 2014 年,第 280—281 页。

第二章

承上启下：康熙朝的海塘修筑

第一节　民众反对大规模修塘：康熙初期

万历年间大修后，浙北大规模的海塘工程基本告一段落。明清易代之际，社会动荡不安，官方和民间都无暇也无力顾及需要耗费大量人力、物力与财力的海塘工程，而主要以小修小补为主。顺治五年(1648)十月，海盐维修石塘18丈。顺治八年二月，海盐维修石塘20丈。清军入关十年之后，因为东南各省连年水旱为灾，民生困苦，顺治皇帝在顺治十一年要求地方官讲求水利，疏通水道，修筑堤防，以便为农业提供便利条件。[1] 顺治十六年十二月，海宁籍礼科给事中张维赤请求修筑海盐石塘21丈，建议恢复海塘岁修制度，强调严查此前数年塘工征夫银的使用情况。[2]

康熙三年(1664)八月初，海宁遭到了特大海潮的冲击。八月初一日半夜，潮水从南门外溃塘涌入，初二日午间飓风大作，初三日大潮持续至初五方停。咸水涌入内地，海宁溃塘2 380余丈，苏、常、嘉、湖各府均感受到了危机。当时海宁额编塘工银仅1 000两，顺治十六年至康熙三年共存银6 000两，根本不能满足工程需要。巡抚朱昌祚通融支用了海盐以外的嘉兴府塘工银，除维修溃坏海塘外，还修筑尖山石堤5 000余丈。[3] 此次海塘工程由兵巡道熊光域负责具体实施，经费也是多方筹措而来，其中包括节年修塘银5 850两、各官捐输银5 300两、商价银7 404.2两以及绅民捐输米9 800余石，其中的绅民捐输米数被熊光域全部蠲免，商价银借支驿站银给还，其余各款项由杭州府每年额编塘工银1 000两陆续补还。[4]

康熙四年海塘维修工程基本完竣，新任巡抚蒋国柱提出进一步加固措施："植颓筑虚，增卑补狭，坚者砪砪，隆者翼翼，度越于旧。"通过增补高厚，海塘更为坚固。在整个工程建设中，加强了管理，对劳动力的饮食、安全等方面的措施很到位。时人认为，这是数十年来非常成功的一次海塘工程：

1　《清世祖实录》卷82，"顺治十一年六月"条，中华书局1986年，第3册，第663页。

2　方观承纂：《两浙海塘通志》卷4《本朝建筑一》，《钱塘江海塘史料》(三)，杭州出版社2014年，第63—64页。

3　《报宁邑海塘坍决疏》，见朱昌祚《抚浙疏草》卷5，康熙三年刊本，第86—88页。

4　康熙《海宁县志》卷8《海塘》，中国方志丛书·华中地方第561号，台北成文出版社1984年，第783—784页。

按宁塘历唐、宋、元、明，一罹厥灾，至乃沦山陷城，崩地数十里，漂禾稼数郡。当宁彷徨，公卿胼胝，费金钱几百万，徭役连十余郡，历岁时且十年或二十年，犹未尽底绩，甚不得已，而或徙民居以避之，或令方士用秘法铸深沙铁神、造浮图实以七宝珠玉为厌胜之，具然讫不效，不亦计穷而术疏哉！所谓难与巨与劳，今且什九倍昔，而上不糜帑，下无困氓，千载之功不日告成，然则常变会乎势，安危系乎人。彼难与巨与劳之倍昔，势也。其事半功倍，则人也。是鱼腹之遗黎，得安堵而康食，俾之生全者，谁德也？陆沉之疆土得井耕而土贡，予之奠丽者，谁力也？邑之人曰"勿可忘"。其数郡之命系乎塘者，皆曰"勿可忘"。[1]

上述史料对此次塘工的赞扬，是从整个工程的实施角度来看的。需要注意的是，地方社会并不希望过于扩大海塘工程，以免对民力和财力过度征用。当时熊光域还计划在维修的海塘里面新修一条土备塘。

但是，该计划引起了地方官民的广泛议论，还通过时任兵科给事中的海宁人杨雍建给熊光域写信，力陈修筑土备塘的种种负面影响。地方民众认为：新修土备塘需要占用不少土地，势必导致民众搬迁；土备塘需要利用黏土修筑，但是海塘外面沙涂并不符合要求，势必要利用民田之土，这会影响农业生产；维修海塘已需民夫 3.6 万余名，新修土备塘还要继续征用劳动力，民力不堪忍受；新修土塘的经费如让民众摊捐，百姓还要增加负担。海宁接连遭灾，民力枯竭，连年修筑外塘已经负担很重，修筑土备塘只是不肖官吏想趁机渔利而已。杨雍建认为，现在最关键的是保证外塘坚固，祈祷上天保佑海不扬波；如果海潮越塘而入，则备塘不足恃。[2] 所以，修筑土备塘的事情就被搁置了。[3]

此事反映出地方利益在海塘工程上的吊诡与困境，一方面希望海塘工程稳固以保证地方安全，另一方面又不希望地方出资以免过多影响民力和财力。其实，地方绅民并非不想修筑坚固的海塘工程，主要是希望仿照明代

---

1 沈珩《重筑捍海塘碑记》，见方观承纂《两浙海塘通志》卷 20《艺文下》，《钱塘江海塘史料》(三)，杭州出版社 2014 年，第 313 页。
2 杨雍建：《与观察熊雪岩免筑备塘书》，见翟均廉纂《海塘录》卷 19《艺文二》，《钱塘江海塘史料》(二)，杭州出版社 2014 年，第 276—277 页。
3 乾隆《海宁县志》卷 4《海塘》，中国方志丛书·华中地方第 561 号，台北成文出版社 1984 年，第 473 页。

协济的方式,由海宁出资七成,其他三成经费由苏、松、嘉、湖等府协济。[1] 当然,由于自然环境的变化,钱塘江北岸暂时安稳。自此次海塘工程之后,塘外沙涂绵亘数十里,数百家居民在上面筑庐而居,号为"无名村"。海塘附近的沙性逐渐变淡,种植木棉。沿海新涨阴沙刮卤煎盐,百姓获利。"无复知有海患也。"[2]

尽管海岸大势是稳定的,但是作为粉沙质海岸,还是容易在大潮、洪水等作用下出现大坍大涨。康熙十四年六月风潮大作,沿海沙涂坍塌殆尽,八月份沙涨水平,危机解除。[3] 尽管只是虚惊一场,仍使率领官民严防死守的海宁知县许三礼心有余悸。在详细剖析和总结前代海塘建设经验的基础上,许三礼提出了海塘建设的上中下三策,即所谓"一世之法""十世之法"和"百世之法"。

> 筑塘之法有一世利之,或十世利之,百世利之。如石囤、木柜随坍修筑,取石有术,用民不勤,此利在一世者也。其慎选干吏,如徐抚臣栻者;塘式随宜,如杨副使瑄、黄佥事光昇者;治连平江、嘉湖,议先修盐塘、淡塘、袁花塘,以防盘越北向,如刘提举垕者;作副堤十里,采石备用,敛不及民,如钱佥事山者。此十世之利也。夫先事之图,如额设撑海塘夫,岁编银三百两,若严令宽者;城南抽分竹木,存留银七分充工料者,征九郡力役、三府工徒,如保定侯孟瑛者,岂非百世之利乎? 与驱一方之民,为不终日之计,以邀一时之功,相去盖有间矣。[4]

许三礼所谓的下策主要侧重于技术层面,即利用石囤木柜来维修海塘;中策涉及用人和海塘的多重防护;上策主要是从制度方面保证经费常设、物料常备和其他地方的协济经费。这种统筹协调、未雨绸缪的上策要求国家深度介入,但是后来随着钱塘江北岸长时间的稳定而被人淡忘。

1　柴绍炳:《与巡抚范承谟论修塘书》,见翟均廉纂《海塘录》卷19《艺文二》,《钱塘江海塘史料》(二),杭州出版社2014年,第275—276页。

2　乾隆《海宁县志》卷4《海塘》,中国方志丛书·华中地方第561号,台北成文出版社1984年,第474页。

3　雍正《浙江通志》卷64《海塘三》,台湾华文书局1967年,第1124页。

4　许三礼:《海宁县筑塘议》,见翟均廉纂《海塘录》卷20《艺文三》,《钱塘江海塘史料》(二),杭州出版社2014年,第282页。

第二节　大规模石塘工程序幕拉开：康熙晚期

康熙中前期的钱塘江大溜主要在中小门附近活动,江海形势比较理想,两岸均保持稳定,"杭、绍相安无事"。康熙四十二年(1703)水势北趋,海宁城南的桑田渐成沧海。康熙五十四年春夏之交,风潮突袭浙江,两岸塘工均遭受重创,海宁海塘坍塌数千丈,地方官员按照原来的技术在南门外捐修块杂石塘30丈。"此本朝兴工修筑之始也。"[1]

时任巡抚徐元梦认为,原来的石堤修筑时间过久,桩木朽烂,石块坍塌和凹陷的地方很多,石塘尽头的379丈土塘滩前的阴沙被冲刷殆尽,已无法保证土塘安全。[2] 鉴于海塘不仅关系海宁地方安危,而且涉及杭州、嘉兴、湖州等地安全,徐元梦请求大修石塘3 397.5丈。该工程估计需要工料银3.8万余两,委任金衢严道贾扩基承修赶办。[3]

但是,海塘工程的经费面临很大难题,"时存留公银既废,各郡协济复裁,工费浩繁,司库难继"。[4] 徐元梦通过多种渠道筹措经费:督抚司道盐等官及绅衿士民共捐银约1.8万两,徐元梦设法奏准动支杭、嘉、湖三府建闸浚河案内所追浮冒银5 641两,其余不敷的约1.4万两白银在司库款内动支,将来以俸工银归还。[5]

不过,此次工程所托非人,主持塘工的贾扩基因玩忽职守导致海塘工程质量不佳。更糟糕的是,贾扩基命令海塘附近民户每家都要缴纳一块石头,民众趁机取尖山石坝的石料,导致石坝毁弃后大溜从中间直逼塘岸。[6] 康熙五十五年正月,改派盐驿道裴徜度负责塘工。由于此前贾扩基主持的多数工程需要返工,导致经费不足。根据康熙五十一年户部捐纳条例,时任太常寺少卿的海宁人许惟模奏请海宁愿意捐纳监生者出资修塘。经过户部议准

1　朱定元:《海塘节略总序》,见翟均廉纂《海塘录》卷22《艺文五》,《钱塘江海塘史料》(二),杭州出版社2014年,第312—313页)。

2　浙江巡抚徐元梦题本,见中国第一历史档案馆编《康熙朝满文朱批奏折全译》,中国社会科学出版社1996年,第1067页。

3　方观承纂:《两浙海塘通志》卷4《本朝建筑一》,见《钱塘江海塘史料》(三),杭州出版社2014年,第64—65页。

4　乾隆《海宁县志》卷5《海塘》,中国方志丛书·华中地方第516号,台北成文出版社1984年,第495页。

5　雍正《浙江通志》卷64《海塘三》,台湾华文书局1967年,第1126页。

6　乾隆《海宁州志》卷5《海塘》,中国方志丛书·华中地方第591号,台北成文出版社1983年,第686—687页。

之后,康熙命令迅速实施捐纳,方才暂时缓解了经费压力。[1]

虽然解决了经费的难题,但工程技术的难题仍然制约着海塘工程的进展。六月,数日间风潮汹涌,新工未竣而旧工坍塌。裴𢢀度承受了很大压力,在大潮直扑塘身时甚至坐在海塘上准备以身赴死。[2] 截至康熙五十七年三月,仍然有 200 余丈未能完工,进展异常缓慢。为了加快工程进度,接任浙江巡抚的朱轼在熟悉历代修塘历史过程的基础上,决定采用木柜之法修筑海塘。

> 查沿塘俱属浮沙,潮水往来荡激,日侵月削,塘脚空虚,虽有长桩巨石,终难一劳永逸。历考志乘,自元明以来屡经修筑,或一二年,或五六年,以至十余年,俱系随坍随筑,直待塘外沙涨,然后停工。臣屡至工所,相度情形,博采舆论,再四商榷,惟有用前人木柜之法,以松杉宜水之木为柜,长丈余,高宽四尺,横贴塘底,实以碎石,以固塘根。乃用大石高筑塘身,附塘另筑坦水,高及塘身之半,斜竖四丈,亦用木柜贮碎石为干,外砌巨石二三层,纵横合缝,以护塘脚。如此,虽不能永远保固,亦不遽至坍塌。再查塘内向有河道之备塘河,潮汐往来,稍稍漫过塘面,犹恃河可稍容,不致骤溢。自明季,居民贪利,节节筑坝,遂淤为陆。今河形尚存,应去坝疏河,即以挑河之土培岸,则浚河以备塘,培岸以防河,是亦有备无患之一法也。日前已成之工无容改筑,但添修坦水以护塘根,未完之工应如法修筑,嗣后随坍随修,直至沙涨乃已。[3]

不难看出,朱轼采用的是综合治理措施,除借鉴木柜之法修筑海塘外,还要建设大规模的坦水、备塘河等间接护岸工程。坦水是为了提前消解潮水的冲击力,以此来保护塘根;备塘河则具有宣泄漫塘潮水和运输修塘工料的双重功能。朱轼的塘工规划是:石塘 958.49 丈、坦水 3 097.5 丈、土塘 5 106 丈、备塘河 7 756.4 丈,备塘河建闸一座,以沟通内外水系。当然,这种大规模

1　乾隆《海宁县志》卷5《海塘》,中国方志丛书·华中地方第 516 号,台北成文出版社 1984 年,第 495 页。
2　郑虎文:《左都御史裴公率度家传》,见钱仪吉纂《碑传集》,中华书局 1993 年,第 1986 页。
3　浙江巡抚朱轼奏疏,见方观承纂《两浙海塘通志》卷4《本朝建筑一》,《钱塘江海塘史料》(三),杭州出版社 2014 年,第 65 页。

的计划耗资不菲，预计需要工费银 15.1 万两。[1]

这是自晚明以来从未有过的宏大计划，无疑，经费问题也最难解决。朱轼提出将此前许惟模奏准的海塘开捐范围扩大到杭、嘉、湖、绍诸府，同时停止上述四府的常平仓捐监，以先解决海塘经费难题。另外，先借支库项 4 万两以解燃眉之急，让投捐者都到粮储道处捐纳候补、偿还库银，一年期满停止，剩余银两贮存司库，以待日后修塘之用。[2]

该项工程持续了一年多，到康熙五十九年正月竣工。但是，这并不意味着海宁塘工的结束，反而是另一轮新工的开始。因为康熙五十八年八月初一日风潮漫溢，闽浙总督满保和浙江巡抚朱轼会勘后奏请维修大坝石塘 51.4 丈、小坝石塘 99.5 丈，预估工费银 1 140 两。督、抚两人认为当前所办的海塘工程还不足以确保平稳，只有在海塘损坏严重的地方修筑石塘方可。他们拟于海宁老盐仓、上虞夏盖山两处修筑石塘，其他地方的土塘由民众自行修筑。同时，朱轼等人认识到潮走中小门可保证钱塘江南北两岸稳定，于是在两个月之内疏浚中小门引河。[3]

满保和朱轼所筹划的这个海塘工程极为宏大，涉及海宁、上虞的石塘建设，中小门引河的进一步开挖、经费筹集以及工成后的日常管理等各个方面。

石塘修筑的重点是海宁的老盐仓一带，从浦儿兜到姚家堰共 1 340 丈，必须砌筑石塘才能保证杭、嘉、湖三府的民田水利和民众安全。老盐仓一带是清初以来最容易出现险工的地方，江海在此交汇，土塘容易被冲坍。徐家坝被冲决后，与内河支港相通，尽管已经修筑石坝，但是老盐仓北岸均是民田庐舍，内河支港数量众多且与上河相通，东即长安镇，与下河官塘仅隔一坝。如果老盐仓一带海塘被冲决，则咸潮将冲入上下运河并弥漫杭、嘉、湖和苏、松等地。兴工之前先在危险地段修筑草坝，就近开采武康县的石料并购买桩木，在春夏之交运送到工所。此处石塘的形制极为高大，塘身高十八层，条石厚薄不等，丁顺交砌，参差压缝，以高一丈八尺为准。该段工程估银9.2 万两。

1　浙江巡抚朱轼奏疏，见方观承纂《两浙海塘通志》卷 4《本朝建筑一》，《钱塘江海塘史料》（三），杭州出版社 2014 年，第 65 页。

2　雍正《浙江通志》卷 64，文渊阁《四库全书》本，第 583 页。

3　中国第一历史档案馆编：《康熙朝满文朱批奏折全译》，中国社会科学出版社 1996 年，第 1453 页。

上虞县的石塘主要修筑在夏盖山附近,当地以土塘为主,原有土塘 5 417 丈。夏盖山忽然成为险工,与江中新涨数十里圆沙密切相关。新沙导致潮流直逼南岸,需要建筑石塘 1 790 丈,估银 5 万余两。石料从附近的羊山、夏盖山采运,条石长五尺、宽二尺、厚一尺。根据地势高下,每丈高十三层或者十四层不等,纵横叠砌。

开浚中小门引河以复江海故道,这是人工改变河流方向,主要借鉴了黄运河工技术。尽管两年前疏浚中小门引河效果不彰,此时朱轼仍主张多雇民夫来挑浚中小门一带阴沙,以便让大溜重走此处,减少南北两岸的压力。

本次工程估银 14.2 万余两,满保和朱轼奏请除了将康熙五十七年海塘捐内剩余的 6.3 万余两白银挪用外,暂停浙江省常平仓捐监而统于海塘案内收捐补用,工竣足额后停止海塘捐而仍归常平仓收捐。当前不敷银两先在藩库项内动支,以收捐补项。鉴于此次工程浩大且海塘数量众多,朱轼建议在南北两岸设立海防同知以负责管理,并从海宁捐监项内提出挪用的白银数目作为岁修经费,这被认为是海塘岁修的来源。[1]

正当海塘工程如火如荼进行时,本年十一月朱轼升任都察院左都御史,左都副御史屠沂接任巡抚之位。[2] 上述计划被工部批准后,在具体施工中又因自然环境的限制而有所变更。海宁海岸土性松浮,修筑堤岸必须因地、因时制宜,原本计划修筑石塘而土松不能钉桩的地方只能先后改筑草塘 655 丈,实际修筑石塘的地方为 500 丈。当然,工部对计划的变更持审慎态度。康熙六十一年二月,工部同意变更计划,但强调新修草塘应保固三年。[3] 八月,朱轼和满保所制定的海宁海塘工程全部完成,只不过屠沂接任巡抚后海塘工程计划有所调整而已。屠沂还奏请停止没有效果的中小门引河工程。[4]

1　闽浙总督满保、浙江巡抚朱轼奏疏,见方观承纂《两浙海塘通志》卷 4《本朝建筑一》,《钱塘江海塘史料》(三),杭州出版社 2014 年,第 66—67 页。

2　关于浙江巡抚人员的更替,见朱彭寿著,朱鳌、宋苓珠改编整理《清代大学士部院大臣总督巡抚全录》,国家图书馆出版社 2010 年,第 749—750 页。

3　方观承纂:《两浙海塘通志》卷 4《本朝建筑一》,见《钱塘江海塘史料》(三),杭州出版社 2014 年,第 68 页。按:后出的《海塘录》收录了工部的这一覆文《工部覆督臣满保、抚臣朱轼草塘议》,但是该段史料容易让人误以为是满保和朱轼又奏请在一些地方改筑草塘,其实是朱轼的继任者屠沂的主张。(翟均廉纂:《海塘录》卷 13《奏议一》,见《钱塘江海塘史料》(二),杭州出版社 2014 年,第 203—204 页)

4　方观承纂:《两浙海塘通志》卷 4《本朝建筑一》,见《钱塘江海塘史料》(三),杭州出版社 2014 年,第 68 页。

第三章

『吏治、海塘乃浙江第一要务』：

雍正朝的塘工

第一节 雍正借机批评康熙朝末期塘工

雍正元年（1723）五六月，海潮甚大，又遇南风，海宁城东十里之外到尖山等处旧沙渐被冲刷。总督满保奏请加固旧堤、修筑塘堤 3 614.2 丈，用银8 601 两。[1]对此，九月十七日，谕斥以往塘工质量太差，认为康熙末年浙江海塘数次工程中，督抚虚冒钱粮、施工地点不准导致效果不彰。雍正指出，海宁塘工关键在疏浚赭山海口中小门，淤沙疏浚后潮汐通畅，不致淤沙壅塞引河。

> 钱镠时所筑塘堤，中间虽被冲坏，至今尚有存者。数年来督抚等所修塘堤，俱虚冒钱粮，于不当修筑处修筑，以致随修随坏。又闻得赭山有三处海口，今一处淤沙壅塞，水不通流。若浚治疏通，使潮汐不致留沙壅塞，则海宁一带塘工方可保固。有言之者，虽未必稔知，不可不留意。抑或地方大臣恐糜费钱粮，将此等处虽明知而不顾也。尔等谕该督抚知之。钦此！[2]

该旨针对康熙五十年（1711）以来历年塘工。[3] 批评涉及雍正恩师徐元梦、吏部尚书朱轼。康熙五十四年，浙江巡抚徐元梦在海宁修塘 3 397.5 丈，耗银 3 万余两。康熙五十五至五十九年朱轼任巡抚，建大石塘、鱼鳞大石塘与柴塘。[4] 每年耗资巨大却不能抵御潮击，这让立志改变官场颓废、国库空虚的雍正不能容忍。

雍正并不是真的要处理徐元梦和朱轼，而是借此表明政治态度，徐元梦和朱轼仍是他依靠的能臣。康熙六十一年十一月雍正登基时，朱轼担任《圣祖实录》总纂官。雍正元年正月，朱轼入值南书房，三月加吏部尚书和太子

---

1 《和硕廉亲王允祀奏请修理浙江海宁海堤折》（雍正元年九月十七日），见中国第一历史档案馆编《雍正朝汉文朱批奏折汇编》，江苏古籍出版社1988年，第1册，第962页。

2 中国第一历史档案馆：《雍正朝起居注册》，中华书局1993年，第102页。

3 方观承纂：《两浙海塘通志》卷4《本朝建筑一》，见《钱塘江海塘史料》（三），杭州出版社2014年，第64—68页。

4 方观承纂：《两浙海塘通志》卷4《本朝建筑一》，见《钱塘江海塘史料》（三），杭州出版社2014年，第65—68页。

太保衔,四月晋太子太傅。二年六月,兼吏部尚书。[1] 徐元梦在雍正元年正月入上书房,课皇子读书,五月署内阁学士和左都御史,十月调户部尚书并办理大学士事。[2]

雍正对塘工质量和管理的批评与事实不符,徐元梦与朱轼此前通过修塘积极应对海宁等处岸坍。康熙五十九年五月,闽浙总督满保会同浙江巡抚朱轼条陈"修筑海塘事宜六事":第一,海宁老盐仓北岸石塘自普儿兜至姚家堰筑堤 1 340 丈;第二,石塘高二丈,每丈垒石十层,塘外聚涨沙护塘根;第三,开中小门淤沙,使复江海故道;第四,修上虞县夏盖山石塘 1 790 丈,以防南岸潮患;第五,调委经理各官,以专责成;第六,加封江海潮神封号,令有司春秋致祭。[3] 普儿兜到姚家堰的石工仅筑 500 丈,因朱轼任左都御史而被继任者屠沂奏改为草塘。为引潮水大溜南移、减轻海宁一带海塘压力,康熙五十七、五十九年两次开挖中小门引河,但均无成效,后屠沂奏停。[4] 上述措施的效果不理想,不排除虚冒钱粮或节省经费影响质量,但主要的原因是自然环境的急剧变化。

钱塘江河口动力条件复杂,潮差大,海岸主要为分选优良的粉沙,滩岸冲淤无常,河床有剧烈的平面摆动和纵向冲淤变化。江流、海潮动力和滩岸河床变化互为因果。[5] 江海门户有三:省城东南龛、赭山间为南大门;禅机、河庄山间名中小门;河庄之北、海宁海塘之南名北大门。三门横江截海,与海潮走势和海塘安危密切相关。海潮自东而西,江水自西而东,春秋朔望潮汐盈满,江流陡发互相搏击,突起潮头,再遇飓风,势必汹涌。历来为患者虽在潮,助潮为患者又在钱塘江与飓风。江水海潮由中小门出入则两岸无虞,但此门地面不及南北两大门之半且山根余气绵联,潮过沙淤,偶通旋塞,不徙向南即徙向北。徙南则南岸尚有龛、常等山捍卫,萧山一带或有冲刷而为患犹轻;徙北则北岸仅靠塘堤抵御,溃溢影响甚大。[6]

明末以前,南大门是江流、海潮出入通道,江槽十几次大幅北摆,严重影

1　王钟翰点校:《清史列传》卷 14《朱轼》,中华书局 1987 年,第 997 页。

2　王钟翰点校:《清史列传》卷 11《徐元梦》,中华书局 1987 年,第 1011 页。

3　王钟翰点校:《清史列传》卷 12《觉罗·满保》、卷 14《朱轼》,中华书局 1987 年,第 880、995 页。

4　方观承纂:《两浙海塘通志》卷 4《本朝建筑一》,见《钱塘江海塘史料》(三),杭州出版社 2014 年,第 66—67 页。

5　陈吉余:《海塘——中国海岸变迁和海塘工程》,人民出版社 2000 年,第 72 页。

6　《内大臣海望请尖塔两山建立石坝增设官弁疏》(雍正十一年三月),见方观承纂《两浙海塘通志》卷 5《本朝建筑二》,《钱塘江海塘史料》(三),杭州出版社 2014 年,第 83 页。

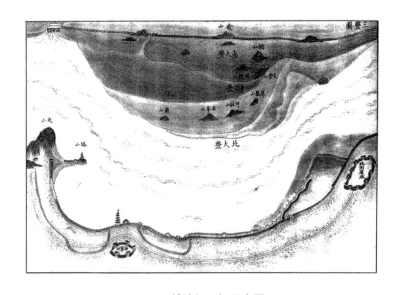

图 3　钱塘江三门示意图

（琅玕纂：《海塘新志》，见《钱塘江海塘史料》（一），杭州出版社
2014 年，第 159 页）

响海盐、海宁等处海岸。崇祯十六年至顺治二年（1643—1645）间，主槽由南大门移至中小门。康熙二十五年之前，大溜行经北大门，通流之初不稳，随后摆回中小门，至三十四年再次北摆，不久又回至中小门。四十二年水势北趋，北大门开始通流，海宁城南桑田逐渐变成沧海。五十四年，潮汐直逼塘根，则至少大溜已经走北大门，甚至可能江流、海潮全归北大门。五十七年朱轼开挖中小门，表明该处此前已淤死。两年后南大门完全封闭，可能北大门在其封闭前已被冲开。[1] 面对剧烈的自然变化，人类的工程应对措施相对渺小。雍正不懂环境变化过程及机理，用处理政治事件的雷霆手段对待塘工，无视开挖中小门引河不可行，引发出系列不良后果。

训斥塘工未尽职尽责的同时，雍正查处以往工程中贪污受贿和浮冒钱粮的行为，命犯官出资到海塘工地效力。雍正元年十二月初七日，工部驳斥浙江巡抚李馥奏销塘工钱粮的奏疏，皇帝声称深知经费奏销情弊，命李馥查明浮冒钱粮情况后据实陈奏；否则，将另派大臣查明，若发现问题，绝不宽

1　陈吉余：《海塘——中国海岸变迁和海塘工程》，人民出版社 2000 年，第 72 页；陶存焕、周潮生：《明清钱塘江海塘》，中国水利水电出版社 2001 年，第 17—18 页；韩曾萃、戴泽蘅、李光炳等：《钱塘江河口治理开发》，中国水利水电出版社 2003 年，第 34 页。

恕。[1] 雍正二年五月初四日,根据浙江巡抚黄叔琳参奏台州知府高泓的情形,雍正认为高泓居官贪婪、声名不好,而黄叔琳未指出贪婪款项是明显徇情庇护,谕令将高泓革职并自备资财修堤效力。[2] 七月初三日,根据刑部奏疏,谕令将侵欺钱粮的浙江粮道江国英秋后处决,将庇佑江国英的巡抚李馥革职,交与黄叔琳自备钱粮效力海塘工程。[3]

第二节　雍正二年潮灾后的修塘：强调敬天忠君和打击海宁陈氏

雍正二年(1724)七月十八、十九日,飓风大作,海潮涌溢,江浙滨海受灾严重,海潮漫溢塘堤,进内四五里至八九里不等。地方官员开展勘灾与赈济,修整残坏海塘及沿边炮台、墩台、烽寨、营房等以重边防。[4] 八月十四日,谕责江浙督抚,把潮灾归于地方官民不尊鬼神而遭天谴。此谕除强调尊鬼神外,重点是让官民服从皇帝命令。

> 朕思天地之间,惟此五行之理,人得之以生全,物得之以长养,而主宰五行者不外夫阴阳。阴阳者即神之谓也,孔子言鬼神之德,体物而不可遗,岂神道设教哉? 盖以鬼神之事即天地之理,故不可以偶忽也。凡小而邱陵,大而川岳,莫不有神焉主之,故皆当敬信而尊事,况海为四渎之归宿乎? 使以为不足敬,则尧舜之君何以柴望秩于山川,文武之君何以怀柔百神及河乔岳? 今愚民昧于此理,往往信淫祀而不信神明,傲慢亵渎,致干天谴。夫善人多而不善人少,则天降之福。即稍有不善者,亦蒙其庇;不善人多而善人少,则天降之罚,虽善者亦被其殃。近者江南报上海、崇明诸处海水泛溢,浙江又报海宁、海盐、平湖、会稽等处海水冲决堤防,致伤田禾,朕痛切民隐,忧心孔殷。水患虽关乎天数,或亦

1　中国第一历史档案馆编:《雍正朝起居注册》,中华书局 1993 年,第 145 页。

2　中国第一历史档案馆编:《雍正朝起居注册》,中华书局 1993 年,第 237 页。

3　中国第一历史档案馆编:《雍正朝起居注册》,中华书局 1993 年,第 268 页。

4　《江南苏松水师总兵陈天培奏海潮泛溢田地淹没折》(雍正二年七月二十二日)、《江南提督高其位奏苏松海溢成灾折》(雍正二年七月二十五日)、《署江宁巡抚何天培奏瀕海地方潮水泛溢折》(雍正二年七月二十八日)、《两浙巡盐御史噶尔泰奏海潮泛溢盐场受损折》(雍正二年八月初三日),见中国第一历史档案馆编《雍正朝汉文朱批奏折汇编》,江苏古籍出版社 1988 年,第 3 册,第 339、366、373、390 页。

由近海居民平日享安澜之福，绝不念神明庇护之力，傲慢亵渎者有之。夫敬神固理所当然，而趋福避祸之道即在乎此。能敬则谓之顺天，不敬则谓之亵天。亵天之人顾可望绥宁之福乎？《诗》曰"敬天之怒，无敢戏豫"，又曰"畏天之威，于时保之"。朕固当朝乾夕惕，不遑宁处，以敬承天意，亦愿尔百姓共凛此言，内尽其心，外尽其礼。敬神如神在，实以至诚昭事，而不徒尚乎虚文。人意即神意，一念之感格，自足以致休祥，岂独一乡一家之被其泽哉？尔百姓果能人人心存敬畏，必获永庆安澜。著该督抚将此谕旨令地方官家喻户晓，俾沿海居民一体知悉。特谕。[1]

雍正此举自有深意。儒家天人感应学说认为是君主行为不端导致上天降灾，君主要深刻反省施政得失。雍正经过了激烈的宫闱斗争方才登上龙位，他自然要把责任转嫁到地方官民身上，不允许任何人借此制造不利于执政合法性的言论。更重要的是，尚未接到大潮灾奏报时，八月十二日他谕令停止处决秋审人犯，以昭上天好生之心。当年直隶和江西洪水未直接影响堤防，江南海啸和浙江大水亦未成灾，其他州县田禾茂盛、五谷丰登。雍正认为这是政通人和之兆，于是大赦天下，招揽民心。[2] 此时大潮酿成巨灾，无疑是给了宣称诚心感天的雍正一记响亮的耳光，因而他直接把此事归结于地方官民不敬神灵而遭天谴。面对此情此景，臣工赶快奏报祥瑞。八月十六日，大学士马齐等奏称雍正所躬耕田亩内结出多穗谷物，播种的稻米禾苗高至四尺，与南方无异，声称这是皇帝诚恪感动了神灵，请史馆将此记入史册。朱批"知道了"。[3] 从这寥寥三字，不难理解龙颜的喜悦，这挽回了天子脸面。

鉴于巨灾，八月二十四日，谕令详查应免钱粮田亩并防冒赈，速筑冲决堤岸，防咸水内灌。[4] 这使江浙赈灾更加积极。浙抚佟吉图驰赴浙西查赈，以工代赈速修海塘，改变由民户岁修坍塘惯例，动用正项钱粮并册报核销。所动正项由原巡抚李馥、原台州知府高泓填补。雍正对私动正项钱粮的做法稍有微词："再或有此等事不可率意专行，请旨也不过十余日耳。凡事不

1　中国第一历史档案馆编：《雍正朝汉文谕旨汇编》，广西师范大学出版社2000年，第6册，第145页。
2　中国第一历史档案馆编：《雍正朝起居注册》，中华书局1993年，第290—291页。
3　中国第一历史档案馆编：《雍正朝起居注册》，中华书局1993年，第296页。
4　中国第一历史档案馆编：《雍正朝汉文谕旨汇编》，广西师范大学出版社2000年，第6册，第150页。

可违成例。"但仍批准该请求："动正项命修塘工，命令五省买米平粜，此政如何，可少解尔等之为难乎？"[1] 批评佟吉图未请旨而私动正项修塘，是维护成例和朝廷权威；支持灾后重建，是因此时在大力清查积欠，修塘所用正项钱粮由犯官赔补。动公帑修塘和整顿吏治、清查亏空结合起来，利用罚款修筑大型公共水利工程，能解救灾民，稳定社会局势。

同样是修塘请求，江苏巡抚鄂尔泰却碰壁了。在佟吉图上折的次日，鄂尔泰奏陈江苏救灾和松江府海塘修筑计划，关键是修筑柘林附近四十里石塘。按浙江石塘修筑规制和成例，需 70 多万两白银，想利用捐纳筹集经费。雍正认为，华亭和上海县各汛冲决患口应速动帑修理，批准在柘林周公墩附近抢筑土堤，否决华亭石塘修筑计划。朱批："石塘可缓，况目下方有旨停捐，不便复行。且许多有石塘处亦未见获利，盖海水之力非堤力可胜。若势缓可御，土堤亦可防护；如势大勇猛，即石堤亦不能捍御也。急急修理土堤为是！"[2]

鄂尔泰建议开捐修塘并非空穴来风，康熙朝因军事和赈济开捐先例很多。[3] 康熙五十一年（1712）修筑两浙海塘时，海宁籍太常寺卿许惟模曾奏请在海宁开捐。五十七年朱轼主持海塘修筑时，进一步扩大开捐范围，停止杭、嘉、湖、绍等府常平仓捐监，并归海塘案内捐纳。[4] 雍正所谓石塘不能抵御海水冲击只是托词，否则不会允许浙江兴修石工。

根本原因是，雍正刚继承大统，国库并不充裕，西北用兵耗费大量银两。[5] 可是，偏偏在接到鄂尔泰奏折的前一天，谕令停止捐纳。[6] 当然，另一种原因不能排除。浙江石塘工程经费主要由戴罪的李馥和高泓负担，而松江塘工暂时未找到出钱人选。深层因素在于，佟吉图与鄂尔泰在皇帝心目中地位不同。雍正刚登皇位，不得不依赖昔日夺嫡对手廉亲王胤禩，地方官也有胤禩心腹。佟吉图为当时廉亲王第一信用之人。[7] 当佟吉图私动正项钱粮赈济修塘时，他只给予轻微警告，这是通过重用其心腹而稳住胤禩的手

1　《署浙江巡抚佟吉图奏陈抚恤灾黎情形折》（雍正二年九月初三日），见中国第一历史档案馆编《雍正朝汉文朱批奏折汇编》，江苏古籍出版社 1988 年，第 3 册，第 540—542 页。

2　《江苏布政使鄂尔泰奏江苏地方遭飓风骤雨海潮泛溢督抚散赈安民等情折》（雍正二年九月初四日），见中国第一历史档案馆编《雍正朝汉文朱批奏折汇编》，江苏古籍出版社 1988 年，第 3 册，第 553—555 页。

3　许大龄：《清代捐纳制度》，见许大龄《明清史论集》，北京大学出版社 2000 年，第 25—35 页。

4　雍正《浙江通志》卷 64，文渊阁《四库全书》本，第 582—583 页。

5　雍正二年，户部库存银 3162.76 万余两。见法式善《陶庐杂录》卷 1。

6　中国第一历史档案馆编：《雍正朝起居注册》，中华书局 1993 年，第 315 页。

7　中国第一历史档案馆编：《雍正朝起居注册》，中华书局 1993 年，第 803 页。

段。相反,鄂尔泰乃雍正信任的人,雍正元年三月,由内务府员外郎提升为江苏布政使。[1] 次年六月十二日,皇帝盛赞鄂尔泰在布政使内应为第一。[2] 面对心腹,皇帝不用太多虑其他方面的影响。[3]

雍正利用犯官罚款修塘,已盯上更多官员。雍正二年八月十二日,上谕:将巡抚黄叔琳革职,由布政使佟吉图署理,佟吉图和将军安泰负责审理陈氏仆人案、黄叔璥案。该案起因是,乡宦陈世侃家人和肉铺贺懋芳发生口角,黄叔琳让陈在后堂观望,大堂上打死贺懋芳。黄叔琳之弟黄叔璥在浙江强买绸缎和铺户争执,黄叔琳当庭杖毙铺户,导致民愤,引起杭州三次罢市。黄叔琳在湖北巡查盐务时受贿卖法。雍正批评科道、御史对此类天下共知的巡抚徇私之事避而不谈,捕风捉影甚至无中生有弹劾山西巡抚诺敏、直隶巡抚李维钧等秉公办事之人,命都察院齐集御史问明回奏。陈世侃之兄、山东巡抚陈世倌因管教家人不严而受牵连,黄叔琳、黄叔璥、陈世侃被革职,命赴塘工效力。[4]

陈、黄两家乃姻亲,陈世侃之子陈克垂聘黄叔璥之女为妻。[5] 陈家为海宁望族,陈世侃伯祖陈之遴曾任大学士,父陈诜曾任礼部尚书,堂伯陈元龙时任礼部尚书。[6] 雍正借助贺懋芳案打击满门权贵、声誉盛极一时的陈家,目的是为了加强中央集权。更重要的是,雍正借机敲打昔日敌对阵营的官宦。陈元龙在康熙朝诸子争储时,是胤禩集团的人。[7] 皇帝对陈家的打击不遗余力。雍正元年五月二十一日,吏部奏请恩诏尚书陈元龙、侍郎张伯行封典,雍正只给张伯行一品诰封、追赠三代,陈元龙应得封典和荫生俱不给。这是因为,陈元龙对被派去守护景陵不满,到处诉怨,引起新皇不悦。[8] 打击

1　昭梿:《啸亭杂录》卷10,中华书局1980年,第366页;《襄勤伯鄂文端公年谱》,见《清史资料》第2辑,中华书局1981年。
2　中国第一历史档案馆编:《雍正朝起居注册》,中华书局1993年,第257页。
3　雍正对大臣的亲疏关系及隶属阵营心知肚明,对佟吉图和鄂尔泰修塘奏折的不同处理方式是他冷静和有城府的表现,大力支持佟吉图主要是为顾及廉亲王面子。直到雍正三年九月,他仍然如此小心地对待廉亲王身边的人。见戴逸、李文海主编《清通鉴》,山西人民出版社1999年,第2793页。
4　《浙江按察使甘国奎奏覆黄叔琳杖毙贺懋芳并补料理刑名案件折》(雍正二年九月十五日),见中国第一历史档案馆编《雍正朝汉文朱批奏折汇编》,江苏古籍出版社1988年,第3册,第633页;《署浙江巡抚石文焯奏覆查修塘工暨陈世侃捐助事宜折》(雍正二年十月十五日),见中国第一历史档案馆编《雍正朝汉文朱批奏折汇编》,江苏古籍出版社1988年,第3册,第804页;《署浙江巡抚石文焯奏覆黄叔琳审事乖张暴戾并缴朱批折》(雍正二年十一月十五日),见中国第一历史档案馆编《雍正朝汉文朱批奏折汇编》,江苏古籍出版社1988年,第4册,第9页。
5　赖惠敏:《清代的皇权与世家》,北京大学出版社2010年,第57—59页。
6　中国人民大学清史研究所:《清史编年》第4卷《雍正朝》,中国人民大学出版社2000年,第90页。
7　赖惠敏:《清代的皇权与世家》,北京大学出版社2010年,第31页。
8　中国第一历史档案馆编:《雍正朝起居注册》,中华书局1993年,第25页。

不法官宦、收买人心，为海塘工程找到工费，借此敲打陈家，可谓一箭三雕！

在找到经费后，雍正通过一系列措施保障塘工顺利进行。雍正二年八月二十八日，谕令海塘要在明春潮来前修好，可效仿去年山东浚河以工代赈之法，由布政使佟吉图与新任巡抚石文焯具体操作。[1] 九月二十一日，谕令动用正项钱粮赈济修塘。次日，谕令湖广总督杨宗仁购米10万石、江西巡抚裴𬘡度购米6万石交浙江平粜，河南巡抚田文镜购米4万石、山东巡抚陈世倌购米6万石、安徽巡抚李成龙购米5万石交江苏平粜，以防赈灾和修塘时米价腾贵。[2]

雍正重视潮灾之后的救济以及海塘建设的另一原因是，这些工作还涉及海防安全。十月二十五日，上谕：

> 江浙两省沿海地方于七月十八、十九两日皆被潮水，漂没居民庐舍，虽经颁旨加意赈恤，然朕悯恻之念，至今尚未能释。惟有朝夕警惕，以答天意，但海为众水所归，无不容纳，今乃狂潮泛溢，水不循轨，或者海洋潜藏匪类亦未可定。稽诸前事，往往有之。沿海各省督抚提镇，务须实心爱养小民、整理营伍，俾闾阎各安其业、汛防有备无虞，毋令海洋别生事端，庶不负朕委任之意。[3]

雍正谕令沿海各省督抚、提督、总兵等整理营伍，确保海洋平安。雍正是用敬天忠君的主体思想统领一切工作，借由海塘溃决问题来重提此事。

十月初六日，石文焯到仁和、海宁、海盐等处查看海塘，决口全已修补，坍损处准备兴修。"所有旧筑土塘，据请改建石工及一切修砌善后事宜，现在确勘估计。"石文焯的计划完全是按雍正指示，但雍正对改土塘为石塘的做法不赞同。朱批："此事当著实斟酌。其钱粮转费多，若今岁海啸之情形，若石堤可以捍御，图一劳永逸则可。若还能御势，小土方亦可御势，大石堤亦不能，则何必也。尔等身上干系甚巨，悉心议奏可也。"皇帝认为：石塘工程需慎重，要耗费太多钱粮；根据今年海啸情形，石塘如一劳永逸则修筑；如

1　《浙江布政使佟吉图奏陈各员馆声并报汛期塘工折》（雍正二年八月二十六日），见中国第一历史档案馆编《雍正朝汉文朱批奏折汇编》，江苏古籍出版社1988年，第3册，第517页。

2　中国第一历史档案馆编：《雍正朝起居注册》，中华书局1993年，第321—324页。

3　中国第一历史档案馆编：《雍正朝起居注册》，中华书局1993年，第348页。

仅捍御日常潮汐,小土堤即可,没有必要修筑大石塘;督、抚肩负重任,悉心议奏即可。[1]

石文焯根据朱批,对两浙海塘事宜悉心议奏。陈世倌与陈世侃愿捐银8万两供两浙塘工,石文焯就此请旨,皇帝认为他没有充分领会圣意,有点迂腐了。朱批让其与佟吉图酌量处理,此奏多余。[2]

雍正在石文焯奏折批示中谈到石塘可在一劳永逸的前提下建设,但任何臣子都不敢保证石塘工程能一劳永逸,这要承担很大政治风险,稍有不慎就会搭上身家性命。因此,石文焯顺圣意强调将原有海塘维修坚固。雍正二年十一月,他奏称这次潮灾很严重,寻常土塘与石塘根本不能抵御,建议:第一,按各处海塘旧制修理,将土塘残缺单薄处加筑如旧,将石塘散乱的石头修砌坚固;第二,节俭经费,避免糜费钱粮;第三,原议土塘改为石塘处,如海潮势大则石塘不起作用,徒费数十万金。"至旧系土塘请改石工之处,臣审度形势,若改建石工果可长资捍御,我皇上念切民生,亦不惜数十万金钱,以为一劳永逸之计,但海潮势大,即石工亦难保无虞。况需费浩繁,实不敢轻易举行。……臣惟凛遵圣训,悉心筹划,不敢一毫轻忽,多费钱粮。"

石文焯的逢迎拍马,因表述不当而被皇帝认为是讽刺自己因钱粮原因而不修石塘。谕责石文焯对作为地方要政的石塘工程毫无主见,一味揣摩和追随圣意,没有定见。雍正让法海接替浙江巡抚职务,让法海与佟吉图筹划塘工事宜。他声称,以往不想大规模修筑石塘,是担心为部分官吏提供中饱私囊机会。雍正还说,如塘工能一劳永逸,费数十万两白银也不吝惜。另外,雍正对石文焯改动塘工材料的做法不满,朱批:

> 石文焯乃封疆大臣,海塘乃地方要政,如此东说东随、西说西就,一点主见也无,朕实难定见矣。尔可与佟吉图悉心访问筹划。朕并不是为钱粮起见,原恐为劳而无功,徒饱贪吏之腹故也。今览此奏,则前议所为何也?岂有此理!若果能一劳永逸,何惜数十万之费也。速速详

---

1 《署浙江巡抚石文焯奏陈沿海赈济事宜折》(雍正二年十月初四日),见中国第一历史档案馆编《雍正朝汉文朱批奏折汇编》,江苏古籍出版社1988年,第3册,第747页。

2 《署浙江巡抚石文焯奏覆查修塘工暨陈世侃捐助事宜折》(雍正二年十月十五日),见中国第一历史档案馆编《雍正朝汉文朱批奏折汇编》,江苏古籍出版社1988年,第3册,第804页。

议具奏。[1]

所谓不吝惜钱粮，主要是通过惩治官员来筹集经费。如前所述，海宁陈家已成修筑海塘最大的经费来源。石文焯因未摸透圣意栽一大跟头，还未在浙江大展拳脚就被改派陕西巡抚。这也从侧面说明雍正对浙江塘工的重视，他需要把打击浙江人在京势力和修筑塘工作为行动的"大棒"与"胡萝卜"。

但是，雍正担心法海初到浙江对地方情况不熟，于是在十二月初四日，谕令吏部尚书朱轼查勘江浙塘工。

> 浙江沿海塘工最为紧要，署巡抚石文焯前奏必须通用石块修筑，后又奏称不必用石，全无定见，诚恐贻误塘工。朕已谕令法海、佟吉图作速详议具奏矣。但恐法海等初任，不谙练地方情形，尔曾为浙江巡抚，必知海塘缘由，著驰驿前往浙江，将作何修筑之处会同法海、佟吉图详查定议，交与法海等修筑，尔即回京。朕思海塘关系民生，必须一劳永逸，务要工程坚固，不得吝惜钱粮。江南海塘亦为紧要，尔浙江事竣即至苏州，会同何天培、鄂尔泰将查勘苏松塘工如何修筑之处，亦定议具奏。[2]

这道上谕反映出的核心问题是技术型官僚缺乏，曾任浙江巡抚并主持过海塘工程的朱轼成为可以依靠的重要大臣。雍正追求两浙塘工和江南海塘的一劳永逸，希望身为钦差大臣的朱轼能够具体指导此次江浙海塘工程的技术规划和设计。

第三节　朱轼的塘工设计及实施

雍正三年（1725）正月，朱轼会同巡抚法海、布政使佟吉图查勘海塘。二月，佟吉图上折：海塘修补完毕，塘外新涨淤沙，海水离塘渐远；去年飓风系

1　《署浙江巡抚石文焯奏查勘海塘请改石工折》（雍正二年十一月十五日），见中国第一历史档案馆编《雍正朝汉文朱批奏折汇编》，江苏古籍出版社1988年，第4册，第5—6页。

2　中国第一历史档案馆编：《雍正朝起居注册》，中华书局1993年，第386页。

偶然现象，石塘再加高厚亦难免被漫，根据形势酌量修理，在淤沙浅薄处改建石塘，淤沙厚而土塘尚薄处加高加厚；"至于淤沙之坍长、海水之去来俱属无定，或他日之淤沙薄于此而厚于彼，是又在随时随地酌量修筑，非可预为意计也"。该计划被否决，皇帝强调塘工一劳永逸。[1] 此处君臣行为饶有趣味，佟吉图的设计显然受皇帝此前不愿修筑石塘的影响，此时雍正很明显受石文焯那道奏折的影响而强调大修石塘，不过佟吉图暂时未了解圣意最新动向。其实，佟吉图的观点不无道理。钱塘江河口边滩辽阔，滩地组成物质疏松，在强劲潮流作用下，变化非常迅速。随着槽线摆荡，此岸侵蚀，彼岸堆积，一日坍塌可达 245 米。滩地变率极大，滩地保存概率一般不高。[2] 河口边滩变化无常，在当时技术条件下，塘工自应酌量修筑。可是，此时皇帝只希望工程一劳永逸，不允许有不同意见。

雍正三年三月十八日，朱轼奏报江浙海塘情形及修筑规划。浙江塘工主要情况为：绍兴余姚自浒山镇西至临山卫六十里有三道土塘，其中内一道为老塘，距海三四十里或十余里，其二道为外塘，加高三四尺、加厚五六尺。临山卫至上虞再至会稽县石塘 2 200 余丈，系康熙五十八年（1719）所建，仍巩固；石塘东南有土塘 7 000 丈，坍塌甚多，应填筑乱石、上铺大石以固塘基，贴石筑土，栽种榆柳。陈文港至尖山土塘 3 726 丈，塘外淤积沙土，潮水犹注塘下，应将土塘加宽，添铺条石；草塘 74 丈一并修改；塘外原有乱石子塘，宽三四尺，可有效保护塘脚，去秋被冲，应修葺。海盐石塘 2 800 丈乃明朝修建，坍塌 80 余丈，需移就实地修筑，去秋冲毁的 70 丈附石土塘照式修筑。平湖土塘加修指日完工，估计石价、夫匠、土方、杂费共需银 10 万多两。[3] 从该维修计划可知，工程重点仍在钱塘江南岸，北岸主要以土塘维修为主，这种方案与此前海潮徘徊在北大门之外密切相关。

两浙塘工施工，伴随着浙江官员任职格局的变化。佟吉图因审理黄叔琳一案徇情被降三级，从宽免其调用。[4] 五月十六日，谕令苏抚张楷与浙抚法海速委派干员，动支司库钱粮，抓紧修塘。

1 《浙江布政使佟吉图奏覆查勘沿海塘工情形折》（雍正三年二月十三日），见中国第一历史档案馆编《雍正朝汉文朱批奏折汇编》，江苏古籍出版社 1988 年，第 4 册，第 457 页。

2 陈吉余等：《钱塘江河口段的泥沙移动与河槽变形》，见陈吉余《中国河口海岸研究的理论与实践》，高等教育出版社 2007 年，第 324 页。

3 朱轼对江南海塘的规划，见王大学《皇权、景观与雍正朝的江南海塘工程》，《史林》2007 年第 4 期。

4 《浙江布政使佟吉图奏谢恩旨降级免调折》（雍正三年五月初十日），见中国第一历史档案馆编《雍正朝汉文朱批奏折汇编》，江苏古籍出版社 1988 年，第 4 册，第 945 页。

江南、浙江海塘已差尚书朱轼会同江浙巡抚查勘估议具奏，但沿海黎庶全赖坚筑海塘捍御潮汐，得以保全生聚。事关民瘼，朕时刻在念。若塘工迟误，则海滨之人未能安居乐业。所派效力人员虽经赴工，惟恐迁延时日，骤难告竣，亦未可定。著巡抚张楷、法海等星速遴委干员，动支司库钱粮，立限坚筑，克期报完，务使永保安澜，毋得因循延缓，亦不得草率塞责，贻误民生。所动钱粮，和顺等各照所认工程如数补库。[1]

皇帝催促塘工速度，不仅带来质量问题，还引起法海、佟吉图和按察使甘国奎互相攻讦。佟吉图允许陈世侃捐银 8 万两修海塘，雍正命刑部另议时，陈世侃追加白银 16 万两赎罪。谕旨将陈世侃改为应斩、陈源生和陈若禺改为绞监候后，陈家加增 10 万两赎罪银。法海认为陈家追加不够，说佟吉图与甘国奎均非大器且后者行事不正。法海让陈家多出银子正合雍正心意，皇帝嘉许法海并令其到京后面谈。[2]

甘国奎参奏法海刚愎自用，雍正说此奏不公并认为他有把柄被法海捉住。[3] 甘国奎继续奏陈法海行为不端：第一，到任后不拜印，谕旨到省不躬迎；第二，属员进见时不询问地方利弊而只谩骂；第三，审案不按章程，仅据个人喜怒并违规用刑。[4] 佟吉图参奏法海：第一，多疑且刚愎自用，常训斥属员，听不得别人意见；第二，言其周围都是小人，只有年羹尧是英雄；第三，秋审时甘国奎与法海因陈世侃一案大起争执。[5] 佟吉图这步棋是狠招，当时正处置年羹尧，他却把法海与年羹尧扯在一起。[6]

面对争执，雍正再次更换浙江巡抚人选，命署理巡抚傅敏调查三人任职情况。结果发现：第一，据杭州官民所言，三人皆意气用事；第二，法海操守颇好而性情偏执，常辱骂属员；第三，佟吉图名声好而傲慢不恭，不遵属员之礼；第四，甘国奎操守、才情起初还好，后居心不甚光明且办事草率。朱批说

1　中国第一历史档案馆编：《雍正朝起居注册》，中华书局 1993 年，第 494 页。

2　《浙江巡抚法海奏报陈世侃捐银赎罪等情折》（雍正三年五月二十八日），见中国第一历史档案馆《雍正朝汉文朱批奏折汇编》，江苏古籍出版社 1988 年，第 5 册，第 198 页。

3　《浙江按察使甘国奎奏陈抚臣法海刚愎自用折》（雍正三年六月初二日），见中国第一历史档案馆《雍正朝汉文朱批奏折汇编》，江苏古籍出版社 1988 年，第 5 册，第 229 页。

4　《浙江按察使甘国奎密奏抚臣法海恣行无忌折》（雍正三年六月十九日），见中国第一历史档案馆《雍正朝汉文朱批奏折汇编》，江苏古籍出版社 1988 年，第 5 册，第 350 页。

5　《浙江布政使佟吉图奏覆甘国奎所揭抚臣法海恣行无忌实情折》（雍正三年六月二十日），见中国第一历史档案馆编《雍正朝汉文朱批奏折汇编》，江苏古籍出版社 1988 年，第 5 册，第 351 页。

6　冯尔康、许盛恒、阎爱民：《雍正皇帝全传》，学苑出版社 1994 年，第 92—96 页。

他们只是中人而已。[1] 傅敏的报告非常圆滑,既解释了三人倾轧的原因,又不偏袒任何一方。

此处争斗原因复杂。表面看来是法海的偏执和辱骂属下激怒了佟吉图与甘国奎,佟吉图曾署理浙抚不愿受新抚羞辱,甘国奎也曾署理过巡抚,自然不愿向法海低头。[2] 深层原因在于,这是廉亲王集团和年羹尧集团党争的延续。佟吉图和海宁陈家在康熙末年皇子夺嫡过程中支持胤禩,法海与年羹尧关系亲密且与隆科多乃叔伯兄弟,双方本来就有矛盾。[3] 佟吉图让陈家少出赎罪银是为帮助自己阵营的人,法海故意让陈家多出银子则是为打击敌对势力,双方冲突升级难免。党争是雍正极其忌讳的,结果两败俱伤,均被视为非可造之材。

两浙官员的倾轧,并未影响皇帝利用罚金修塘的决心。雍正三年九月初八日,已交14万两白银修塘的陈家告诉傅敏,其余20万两乞放陈世侃出来加速凑齐。傅敏奏请让陈家出银万两给贺家,让仇人远走高飞,皇帝坚持让陈家凑满40万两。[4] 雍正是要从经济上彻底击垮陈氏,连陈世侃的母亲也要拿私房钱来凑齐赎罪银。陈世侃说“臣母查氏亦存当货五万两、田地八百亩,并有分关及完粮户册”。[5] 雍正四年十月初五,加恩释放陈世侃处理其母丧事,陈源生等加恩释放并陆续完结罚银。[6] 为凑巨额赎罪银两,陈家“时家已出分尽所受十万,堂前及将伯助,尚阙四之一。幸蒙恩放归,限缴更判,给讼者一万追呼尤急,罄笥箧物值千金悉输焉”。[7] 陈母去世,和陈家所受打击不无关系。

臣工争斗刚处理完,钱塘江南岸塘工就出现质量问题。雍正三年十一月,傅敏饬令绍兴知府特晋德改筑会稽石塘。根据朱轼的规划,该处用条石,但条石购买不易且工期迫近,遂用条石托外、乱石填中。傅敏恐该处海塘日后坍塌,仍请改用条石并宽展期限。雍正坚持塘工要一劳永逸,条石难

1 《署浙江巡抚傅敏奏覆法海佟吉图甘国奎三人官声操守折》(雍正三年九月二十日),见中国第一历史档案馆编《雍正朝汉文朱批奏折汇编》,江苏古籍出版社1988年,第6册,第183页。
2 中国第一历史档案馆:《雍正朝起居注册》,中华书局1993年,第556页。
3 王钟翰点校:《清史列传》卷13《隆科多》《法海》,中华书局1987年,第920—924,958—960页。
4 《署浙江巡抚傅敏奏报陈世侃家属捐银为其赎罪情由折》(雍正三年九月二十日),见中国第一历史档案馆编《雍正朝汉文朱批奏折汇编》,江苏古籍出版社1988年,第6册,第188页。
5 陈世侃奏折(雍正四年六月初六日),见《宫中档雍正朝奏折》,台北“故宫博物院”1977年,第6册,第121页。
6 中国第一历史档案馆:《雍正朝起居注册》,中华书局1993年,第806页。
7 陈敬懋:《海宁渤海陈氏宗谱》卷27,第51页。

购可奏请展期而不应草率。皇帝借此打击与隆科多有关的人员，上谕：

> 海塘工程关系民生，最为紧要，必须一劳永逸。若因条石一时难以购致，从前便当声明缘由，奏请展限，何得草率从事？和顺系隆科多结纳私人，特晋德曾经隆科多在朕前荐举，此必特晋德受隆科多之嘱托，照看和顺，是以听其苟且塞责。傅敏不早行查奏，亦属徇情。著交与新任巡抚李卫，悉心查勘，指示更改修理，务期永远坚固。张楷在江南修理塘工，用木桩密钉，似为有益，可否仿行，并令李卫酌量。该部知道。[1]

从该段上谕中可以看出，雍正的主要意思为：第一，和顺与隆科多私交甚好，特晋德可能受隆科多嘱托，特意照顾和顺；第二，傅敏没有发现和顺苟且筑塘有连带责任；第三，浙江塘工由新任巡抚李卫负责，看能否仿效江南海塘工程中用木桩密钉的方法。[2] 李卫是雍正潜邸心腹，此前在云南办理盐政、任布政使，由他任巡抚，说明皇帝对两浙事务和塘工极为重视。雍正四年正月十七，李卫在丹阳路遇江苏巡抚张楷，会商海塘事宜。

皇帝让罪臣出资修塘的政策更严苛，浙江塘工需银 11.3 万余两，谕令和顺与高泓出资。高泓因亏空未完所认无几，和顺交银 1.3 万余两，未交的 1.2 万两正设法筹措。至于江南海塘工程新增 7 万余两，李卫担心和顺能否交办。朱批：和顺有罪，不管家道如何都要承担。[3] 命罪臣出资修理公共工程是雍正喜欢的政策。当年三月，闽抚毛文铨疏请道员韩奕因病乞休，皇帝同意韩奕解任，但因其官名不堪，令出银数万两，用在福建筑城等类工程及因公项内。[4]

二月，李卫查勘后发现：海宁、海盐的海塘系险冲；已加帮陈文港至尖山土塘并补修子塘；海盐秦驻山至演武场石工已竣；拆换修整临近海盐县城老工三、四段，各长 10 余丈，其年久根底桩木朽烂。李卫重点处理会稽条石塘内填筑乱石的问题。雍正三年，请求修筑会稽石塘 70 丈，塘底深 2 尺、填筑

1　翟均廉纂：《海塘录》卷首一《诏谕》，见《钱塘江海塘史料》（二），杭州出版社 2014 年，第 9—10 页。
2　方观承纂：《两浙海塘通志》卷 4《本朝建筑一》，见《钱塘江海塘史料》（三），杭州出版社 2014 年，第 70—71 页。
3　《浙江巡抚李卫奏报何须认捐塘工银两并请先动司库钱粮折》（雍正四年三月初一日），见中国第一历史档案馆编《雍正朝汉文朱批奏折汇编》，江苏古籍出版社 1988 年，第 6 册，第 868—869 页。
4　中国第一历史档案馆编：《雍正朝起居注册》，中华书局 1993 年，第 686—687 页。

乱石,每丈上铺条石高宽各6尺,贴石筑土宽2丈、高一丈三四尺。后经法海批准,绍兴知府特晋德改变塘工长度与形制。会稽沥海所西汇嘴应筑塘2 700丈,因地势卑下,恐乱石起底难以抵御而改用条石,将原议垫底乱石填肚。傅敏就任前已筑石塘152.9丈,还有起底并铺砌层数不等石塘1 577.8丈。特晋德的变通尚合理,但应先请示。一尺五寸条石采凿和运输困难,经费不敷,工期过短,石料就近从临山卫、夏盖湖等处所产乱石采买搭砌。已完工的多半较草率,傅敏得悉后及时勒令拆毁,照原定筑法改正。李卫到时改做过半,其余尚有已完未拆及未修齐者,比从前塘工整齐许多。施工之处底下系铁板沙,土性坚固均匀,乱石铺底可不用木桩。塘外涨沙离海二三十里至十余里不等,可御平常秋汛,用石包砌自然更坚。傅敏已拆改之工和法海任内完成的坚固石塘无须改动。已估未修并掺搭乱石、已修未拆之工,揭去浮面盖板,挑出碎小烂石,下存垫底石板,每层用大条石钉铃,以垫底乱石捡有棱角成块者牵配搭砌,隔一层用整条石铃制,横竖勾搭压缝,连成一片。碎石弃之可惜,令特晋德等赔修未估在内工程,限期不便过急,于秋汛前赶筑告竣。每年秋汛甚大,需时加防范,及时岁修。若将石土各工加高更好,但钱粮过多无项可支,需续加调剂并随时奏请。[1] 由对会稽条石塘的处理可知,雍正决策果断使塘工速度加快,但工期过短使偷工减料时有发生;特晋德对会稽塘工的变通并非毫无理由,这从侧面说明大型公共工程中政策不能一刀切,上峰只能提供方向性指示,不可越俎代庖。

雍正四年七月,针对雍正二年大潮灾的两浙塘工告竣。[2]

第四节 岁抢修制度确立及塘工中政治因素加强

朱轼设计的塘工只是针对当时特大潮灾的防护措施,因潮走北门对海宁和海盐等地海岸的冲击并未改观,此工程以西一带塘工并不在当时设计考虑之内,因而岁修塘工将继续。雍正五年(1727)最重要的事情是,李卫制

1　方观承纂:《两浙海塘通志》卷4《本朝建筑一》,见《钱塘江海塘史料》(三),杭州出版社2014年,第70—71页。
2　该工程共用银112802两,修海宁陈文港乱石塘3800丈并修补子塘、海盐石塘150丈、余姚石塘1300丈、会稽石塘2700丈、上虞石塘2987丈。见方观承纂《两浙海塘通志》卷4《本朝建筑一》,《钱塘江海塘史料》(三),杭州出版社2014年,第70页。

定了针对两浙海塘的全面岁修制度。

由于上年秋雨水过多，当年二月，修普儿兜 40 丈草坝一座、修老盐仓姚家堰 1 055 丈朽烂草塘，用银 6 583 两。姚家堰至草庵长七里，从前为土塘，因沙洗日削仅剩一条土埂，必须改建草塘 826.4 丈，约需要 9 353 两白银。新工出现后面临的首要问题是经费。海宁海塘从康熙末年才形成稳定的岁修制度。康熙五十七年(1718)和五十九年朱轼主持修筑鱼鳞大石塘是利用海塘捐纳进行的，工程结束后剩余银两作为岁修经费且随捐随修。从康熙五十九年到雍正二年，每年动用一万余两或两万余两修海塘，经过逐年岁修报销，只存司库银 6.3 万余两，此外还有追赔塘工、认修海塘缴纳的赎罪银和捐修等银两，均存库作为海塘工用。但是，钱塘江两岸沿海各县塘堤每年需要修筑的甚多，如每年随坍随补则用费少而保固可久，若因循不修则坍塌渐多、工费即巨。从前因为军兴而裁减岁修钱粮之后，两浙海塘皆坍损于平日而修筑于一时，以致屡费帑金。

李卫到任经过详细勘查后发现，海盐、萧山、钱塘、仁和等县江海塘需要抢修的工程甚多，共估银 6 300 多两。这些工程其实从康熙五十七年开始地方官就请求修筑，但因其他各处塘工更为紧要而暂时放缓。目前形势危急，需要及时修筑。如此多的工程需要更多经费，虽然有存库的岁修银两，但是随着险要工程增多，仅靠此不足以支持塘工。因而，李卫奏请将前任巡抚黄叔琳任内查抄浙江原籍淮徐道潘尚智家产案内当铺、田地、房屋和零星器皿等物价值 10 万两有奇，作为抵补各县雍正四、五两年岁修银两，剩余的变价作为将来岁修塘工之用。原有岁修银只是供海宁塘工使用，其他各县海塘岁修是从俸工公项内动支的，遇到缺乏时塘工则因循苟且。现俸工已停捐，公项亦俱归出，而塘工紧要，海盐石塘系顶冲，尤其危险，此时如果不抓紧岁修，将来定酿成大工。李卫呈请日后两浙各县海塘岁修均从此库存项内动支。[1]

四月十五日，工部奏准将潘尚智尚未变卖的家产转为塘工费用。雍正声称，知道潘尚智出身微贱、行为不端，但因马尔齐哈再三荐为熟练河工，姑容其担任道员年余；马尔齐哈事情败露后访查其保举潘尚智之事，查获潘尚智不法行为后将其革职并抄家，但潘尚智不思悔改且与庆元私下行如鬼蜮，

1　《抚臣李卫请筑浦儿兜草坝老盐仓草塘疏》(雍正五年二月)，见方观承纂《两浙海塘通志》卷 4《本朝建筑一》，《钱塘江海塘史料》(三)，杭州出版社 2014 年，第 71—72 页。

命将潘尚智隐匿家产查出作为塘工经费。[1] 雍正严惩不法贪腐的同时，极力显示统治正确和先见之明，这是他一贯的统治手段和做法。深层原因在于，推荐潘尚智的马尔齐哈是廉亲王的党羽。[2] 滨海各县形成了岁修制度，更重要的是为岁修找到了固定经费。

七月风潮，海盐附石土塘刷锉，修筑用银 738 两。八月，姚家堰西至草庵土塘改建 826.4 丈草塘、接修 69.6 丈、修旧石塘 1 024 丈，用银约 9 305 两。改为草塘是为适应自然环境变化，此处已成顶冲，石塘使潮势对海岸冲击力更大，草塘可消除冲力。

本年度有关两浙塘工的重要事件，除岁修制度确立之外，更重要的背景是工程中政治因素加强。二月初九，谕令动支司库银 4 万两，由巡抚李卫会同将军鄂米达、观风整俗使王国栋以工代赈，疏浚河道或修筑城垣，以便小民就近佣工糊口，经费不足由李卫续请。这是因上年秋冬间雨水稍多，收成略歉。今年青黄不接时，虽已令地方平粜米价，但仍担心贫民生计。[3] 雍正对浙江海塘和水利等工程兴趣超常，此举背后乃是查嗣庭案的牵连和去年十月观风整俗使的设立，严苛统治两浙的同时还需怀柔，赈灾关系到天人感应。

雍正处理完年羹尧集团后，开始剪除隆科多集团的势力。雍正四年九月开始，皇帝残酷处理了海宁出身的查嗣庭，史称"查嗣庭案"。当年六月，内阁学士兼礼部侍郎查嗣庭为江西乡试正考官，被告发出题荒谬，九月被捕抄家，旋死于狱中。此时隆科多戴罪边疆，蔡珽案正在进行。[4] 此案是打击浙江姻亲政治集团的一个步骤。查嗣庭的妻子为陈恂永之女，陈家对查案爱莫能助。雍正的统治政策针对江浙士绅集团。[5]

查嗣庭日记中记载很多灾异问题，这成为他被严办的原因之一。天人感应说强调，凡遇新皇登基、重大节日和吉庆日，天气变异标志着帝王不能顺天应民、无法长治久安。雍正前期讲灾异或祥瑞有很强的政治意义。搞祯祥合乎雍正要求，是支持政权的表现；讲灾异被厌恶，不管有意与否，都被

1　中国第一历史档案馆编：《雍正朝起居注册》，中华书局 1993 年，第 1197 页。

2　戴逸、李文海主编：《清通鉴》，河北人民出版社 1999 年，第 2721 页。

3　中国第一历史档案馆编：《雍正朝起居注册》，中华书局 1993 年，第 980 页。

4　冯尔康、许盛恒、阎爱民：《雍正皇帝全传》，学苑出版社 1994 年，第 98—100 页；阎璐：《查嗣庭案与雍正时期政治文化》，东北师范大学硕士学位论文，2007 年。

5　赖慧敏：《清代的皇权与世家》，北京大学出版社 2010 年，第 58—59 页。

认为是反对或蔑视政权。查嗣庭日记中提到的灾异，不论实情抑或捏造，都被认为是蔑视或反对朝政。[1] 因而，雍正对现实中尤其汪景祺和查嗣庭家乡的灾异尤为关注，他要用实际行动减少灾异对民众生活的影响，树立在臣民面前的权威和形象。

早在雍正四年八月十五日，雍正便借广东、浙江丰收和河南呈献的十三穗嘉禾赞扬豫抚田文镜、浙抚李卫和粤抚杨文乾，强调："大凡督抚者，果能殚心竭虑为国为民，必能感召天和，化灾祲而成丰稔。"[2] 所以，雍正对浙江赈济工作格外关心，他不能让灾情打了自己和李卫的脸庞。

雍正也拿查嗣庭家产修塘。雍正五年五月，在召回隆科多前夕，查嗣庭被掘棺戮尸，子查沄被判斩监候，家属流放三千里，家产被变价作为浙江塘工经费。查嗣庭只是雍正处理隆科多集团与科甲朋党中的牺牲品，受此案牵连的江西巡抚汪漋被降四级赴浙江塘工效力。[3] 雍正也在他处利用犯官为水利服务。五月二十日，江苏清河知县包揽私货、偷漏关税被革职，交江苏巡抚陈时夏，在水利工程处自备斧资效力。[4]

雍正对塘工一劳永逸的追求更甚。雍正五年九月十三日，苏州巡抚陈时夏参奏原浙江巡抚李馥等贻误塘工，谕令范时绎、陈时夏、陈世倌和鄂礼悉心详查，务求工程一劳永逸。[5] 十二月十七日，令苏抚陈时夏、陈世倌和鄂礼将江南土塘改为石塘。此前勘估吴淞石塘时，可能因节省经费而在海潮不直接冲击处筑土塘。雍正认为土塘不能坚久，河督齐苏勒也附和。[6] 在李卫极有艺术的规劝下，雍正才放弃此观点。[7]

皇帝重视塘工质量，使臣工更加注意日常防护。雍正五年八到十月，塘工重点在东塘钱家阪[8]，这是前述工程的延续。海潮仍走北大门，当陈文港

1　顾真：《查嗣庭案缘由与性质》，《故宫博物院院刊》1984 年第 1 期。
2　中国第一历史档案馆编：《雍正朝起居注册》，中华书局 1993 年，第 742—743 页。
3　中国第一历史档案馆编：《雍正朝起居注册》，中华书局 1993 年，第 1237—1238 页；冯尔康、许盛恒、阎爱民：《雍正皇帝全传》，学苑出版社，1994 年，第 98—100 页；阎璐：《查嗣庭案与雍正时期政治文化》，东北师范大学硕士学位论文，2007 年。
4　中国第一历史档案馆编：《雍正朝起居注册》，中华书局 1993 年，第 1254 页。
5　中国第一历史档案馆编：《雍正朝起居注册》，中华书局 1993 年，第 1475 页。
6　中国第一历史档案馆编：《雍正朝起居注册》，中华书局 1993 年，第 1688 页。
7　王钟翰点校：《清史列传》卷 13《大臣画一传档正编十》，中华书局 1987 年，第 969 页。
8　此处以西 1065 丈桩板老塘护沙被洗，桩板腐朽，24 丈急需改砌为乱石塘，6 丈应改筑坚厚。乱石塘西 75 丈面加条石一层，再在塘外加坦水一层。西塘马牧港乱石土塘至大石塘一带外沙渐高于塘身，需加土石以防大汛，培筑西首大石塘 500 丈，马牧港 500 丈加条石一层并增添乱石培土，500 丈加条石一层并培土，其余 488 丈需培土。见《抚臣李卫请修钱家坂塘工疏》(雍正五年十月)，方观承纂《两浙海塘通志》卷 4《本朝建筑一》，《钱塘江海塘史料》(三)，杭州出版社 2014 年，第 73 页。

和小文前海塘有效御潮时,潮势自然对相邻的浦儿兜、老盐仓和草庵形成更大冲击。将来这里塘工筑完,潮水会继续对邻近海塘形成冲击。下述塘工不妨如是观之。

岁修一般在当年十一月至次年四月春汛前进行,需事先把工程情形及估算银两上报工部,批准后才能核销。但是,如果每年夏秋大汛时遇到异常情况,这种岁修制度会阻碍海塘工程及时修补,不利于海塘稳固。于是,抢修制度应运而生。

雍正六年正月,春汛潮猛,老盐仓以西三官堂草塘冲坍五丈、裂缝二三十丈,塘外护沙尚二三丈至十余丈。二月十四至二十二日连潮大汛,加上东南飓风,护沙被冲刷殆尽,塘根掏空,坍裂歪斜660多丈。李卫发岁修银8 000两抢筑迎水坝或贴塘加筑石工。三月初,作为顶冲的海宁南门外海塘,修筑乱石塘后有护沙包裹,可御潮汐。老盐仓西首塘外涨沙被冲刷殆尽,潮头直射塘身,只能在患口筑草坝草塘。一日两潮淘洗塘根,此地数里活土浮沙,承载巨石即致底陷,无法筑石塘。用木桩加钉,俄顷仍复抛起,不能施工。沿塘数里随坍随修,于塘内再筑一层,或小汛时挖深里塘帮砌护塘。[1] 此举说明李卫重视岁修。如其前述,岁修可防海塘连续坍塌。老盐仓塘工因活土浮沙致下桩困难,打桩技术问题在乾隆第三次南巡时才解决。

当年八月,潮势汹涌,沿塘护沙被冲洗殆尽,工程紧要。李卫将丈尺先行报告,仍照每年加修之例。[2] 加修请示和报销程序麻烦且属特殊时期做法,没有形成定制,为了应对日益严重的海塘日常维修的需要,李卫在十二月请求建立抢修制度。当时的海塘情形为:海宁南门外民、阜二号石塘、华岳庙前及平桥西小石塘的塘根被冲,坦水坍海,冬月未涨沙则来年桃汛定成险工。这些地方需要随坍随修,待秋汛过后看是否有涨沙,以确定下一步工作安排。杨家庄一带乱石塘加土培阔暂可保固,夏秋大汛将漫溢,马牧港一带桩板乱石有千丈土塘,以前只加条石一层,现潮水漫溢需加筑高厚。这两个地方也是因抢修才没有出现大险情。翁家埠一带原无官塘,临海月牙湾不能保固,接建草塘。岁修涉及海宁、海盐、会稽和钱塘。北岸重点仍在海宁南门外,潮汐淘空塘根,石塘坍塌,潮流还影响西面马牧港、老盐仓一带。

1 《督臣李卫请修海宁老盐仓海塘疏》(雍正六年三月),见方观承纂《两浙海塘通志》卷4《本朝建筑一》,《钱塘江海塘史料》(三),杭州出版社2014年,第73—74页。
2 杨鑅辑:《海塘揽要》卷6《国朝修筑》,见《钱塘江海塘史料》(四),杭州出版社2014年,第159—160页。

岁修用银 1.8 万余两,八月抢修海宁县塘工用银两万余两。[1]

第五节　塘工、吏治并重下的工程

雍正七年(1729)七月正值大汛,布政使高斌拨银 4 000 两,命杭嘉湖道王敛福加紧抢修。七月十五日,署理巡抚蔡仕舢到海宁查勘塘工,并虔诚祭祀潮神,"宣圣恩以祈默相"。朱批:

> 工料当多备,海塘非人力所能施设,当竭诚以祈天神之赐佑。尔等如果有公忠之心,加以诚恳,朕可保至应,再令地方官民兵弁人人怀改过迁善之念,当虞二字朕可保也。若内乏忠诚之心,徒恃外象祭告,恐难感格也。至于尽人力之防御,刻不可忽。所备物料万不可惜,使不准动帑,即公捐亦当乐为者输,况朕从不吝追赔之费也。不可因小费勿(误)朕大事。浙江吏治、海塘为第一要务,当竭力慎为之,朕为此甚为忧念。目下情形如何,当随时据实续奏,不可避繁牍。[2]

雍正的指示包括三层意思:首先,塘工不为人力左右,关键在祈求神佑,不能把忠君留在口头;其次,海塘防御不可懈怠,置备料物不可惜费,假使不动国家经费,开捐要自愿,追赔犯官不手软;再次,最关心浙江的海塘与吏治。据此,蔡仕舢从盐政拨银万两并将原收九七平色银拨交海宁。[3] 李卫于闰七月初旬拨银一万两抢修,续拨三万两备料。[4]

朱批暗含对两浙事务空前关注,整顿吏治并非仅仅因为官场腐败,背后有更深层政治因素。雍正六年九月,反对科甲朋党的斗争还未结束,又发生曾静修书策动川陕总督岳钟琪反清案。皇帝就此严加审讯追查,株连多人,

---

1　《督臣李卫请修海宁海塘及钱塘等县江塘疏》(雍正六年十二月),见方观承纂《两浙海塘通志》卷 4《本朝建筑一》,《钱塘江海塘史料》(三),杭州出版社 2014 年,第 74—75 页。

2　《署浙江巡抚蔡仕舢等奏修筑海宁被冲塘工及赈灾情形折》(雍正七年七月二十五日),见中国第一历史档案馆编《雍正朝汉文朱批奏折汇编》,江苏古籍出版社 1988 年,第 15 册,第 884—885 页。

3　《署浙江巡抚蔡仕舢奏酌拨海塘银两备料物折》(雍正七年闰七月初二日),见中国第一历史档案馆编《雍正朝汉文朱批奏折汇编》,江苏古籍出版社 1988 年,第 16 册,第 7 页。

4　《督臣李卫请另筑石塘并筑盘头草坝疏》(雍正七年八月),见方观承纂《两浙海塘通志》卷 4《本朝建筑一》,《钱塘江海塘史料》(三),杭州出版社 2014 年,第 75—76 页。

引发轰动社会的吕留良文字狱。皇帝对此案的处理集中在两点：第一，清查制造诬陷诽谤的流言蜚语和倡导"华夷之防"的罪魁祸首，从严惩治，清源塞流；第二，通过逐条批驳流言邪说来打一场思想战，改变在思想舆论方面的不利局面，巩固统治。[1]

雍正四年因查嗣庭案设立的浙江观风整俗使，此时显得更加重要。浙江风俗问题一直是雍正的心病。雍正五年六月初二日，上谕驳斥流言蜚语时提到浙江风俗，海宁屠城谣言可能与汪景祺、查嗣庭文字狱导致的地方民众心理恐慌有关。[2] 七月初八日，皇帝再次强调天人感应，整顿吏治，训斥群臣，也为观风整俗。[3] 雍正六年曾静案突发时，天庭震动可想而知。

更直接的原因是，曾静供称在湖南时听说雍正令浙江重开捐纳，欲用600万两白银修西湖作为游幸之地。[4] 虽然雍正驳斥此说法子虚乌有，但直接停止捐纳会让百姓觉得原来就是要修西湖作游乐场所，颇有欲盖弥彰意味。利用部分捐纳把塘工修好，无疑是在臣民面前树立一心为两浙百姓形象的良好时机。因而，雍正在蔡仕舢奏折朱批中强调捐纳自愿。在此大背景下，海塘工程关系民生和统治形象，自然与观风整俗一起被视为两大要务。

偏在此时，随着自然环境变化，塘工问题更加复杂。雍正七年闰七月，潮水大涨。潮头东来为涨沙所激，由南回漾复为一潮，两潮盘激，高两丈余，合攻塘身，泼出塘面。初一至初五为初汛，坍垍迭见，署理总督性桂与署理巡抚蔡仕舢派人日夜守护。十三至十八日为望汛，督抚分班勘查。十五日早晨东南风，潮头将至时转为西北风，将东潮头吹压至中江，潮流不及塘身，南来潮头于护桩外扩散向外，后三天均如此。连日风潮对海宁海塘影响最大。海宁海底多为烂泥，塘基松滑，全赖涨沙拥护。现涨沙被冲洗殆尽，塘脚孤露，数日来潮头俱由中流而软波荡漾，坦水犹略有刷剥，倘非风势压制潮水，海塘难免坍损。十九日潮汛已过，潮头渐缓。蔡仕舢本要主持七月入闱，雍正特令其负责海塘，八月海塘事宜由性桂负责。白露后潮势渐小，天

1 冯尔康、许盛恒、阎爱民：《雍正皇帝全传》，学苑出版社1994年，第132—147页；钟百红：《雍正朝观风整俗使研究》，东北师范大学硕士学位论文，2006年；邹建达、熊军：《清代观风整俗使设置研究》，《清史研究》2008年第3期。
2 中国第一历史档案馆编：《雍正朝起居注册》，中华书局1993年，第1283—1284页。
3 中国第一历史档案馆编：《雍正朝起居注册》，中华书局1993年，第1355—1359页。
4 孟森：《清初三大疑案考实》，广西师范大学出版社2010年，第99页。

气转寒,南风日少,潮水对海塘冲击不大。海中涨沙渐高,塘根护沙被刷,东塘白墙门、念里亭一带为东南潮头相遇盘激处,需多备柴草镶筑。此次潮汛中海塘稳固,雍正深感欣慰,朱批:

> 朕心虽暂为稍慰,然为此甚为忧念。海塘一事实非人力所能,然实不敢明露此意于汝等。何也?尽人力尚不能为,倘汝等与属员视为不罪之条,再加懈弛从事,更何可言也。朕不得已,今有此谕者,为念汝等知天道感应之理耳。大臣以忠诚格之,今属员以勤慎格之,训导百姓以醇良格之,能以此实敬实信感格之,朕意无有不转危为安之理。李卫来京陛见,朕曾痛加训诲也。可谆谆开示百姓,万不可生怨畏心。如在工人役,皆莫令以秽污不敬亵渎,起工、歇工皆令望海叩礼,在工官员务令必诚必敬而从事,果能上下如此心悦诚服而行之,但试看,朕可保必有望外之嘉应也。[1]

从该朱批中,雍正借海塘稳固强调敬神忠君的作用,命工程中每日虔拜海神。雍正对蔡仕舢道出内心真实想法:他也相信海塘非人力所能为,但不敢告诉臣工,害怕臣工因此更加懈怠而导致塘工局面不可收拾。

雍正对海宁塘工的安危时刻挂念在心,不时通过各种渠道告诫臣工注意海塘事宜并强调敬天忠君。八月初四,蔡仕舢接到江苏布政使高斌字寄:"伊具奏浙省年成丰收及海宁塘工情形,蒙皇上朱批'好'。再寄字与蔡仕舢等,令着实敬慎,预为防备。当虔恭祈祷海神,自由(有)感效。"

雍正渴望塘工吉兆与臣工忠君的心情,得到刻意逢迎。蔡仕舢回奏:每年闰月望汛潮头最大,害怕东南风;七月十五日晨,在尖山潮神庙祭祀时,西塘潮头正起,忽转为西北风,潮头冲向中流,这是神灵显现;十九日以来半月内潮势平稳,潮水中流,秋汛后再勘查修筑。雍正说此折"深息朕之忧怀",继续强调要有为国为民的公心,要对君上绝对真心。"只想公诚之念不真切耳,如果以为国为民之心感,不以私心利害之意祈,朕可保必应以嘉照也。"[2]

1 《署浙江巡抚蔡仕舢奏保固浙江海塘情形折》(雍正七年闰七月二十三日),见中国第一历史档案馆编《雍正朝汉文朱批奏折汇编》,江苏古籍出版社1988年,第16册,第162—163页。
2 《署浙江巡抚蔡仕舢奏海宁塘工保固情形折》(雍正七年八月初六日),见中国第一历史档案馆编《雍正朝汉文朱批奏折汇编》,江苏古籍出版社1988年,第16册,第283页。

八月初一日，海宁潮势平和。次日，趁潮头未来，性桂率工程人员焚香祭祀。未时初刻，见潮头自南席卷而至，高丈余；离塘半里忽分为东、西两股，余波至塘而不泼塘面；复有一股小潮从东而来，至小文前大约离塘四五丈远，与分向东的潮头相遇，汇合而奔西南。沿塘官民感念圣主福庇，认为皇上敬天勤民感动了海神。朱批：

> 敬诚感格之理实如影响，庸愚者不知也。尚需以忠诚为国为民之念达之，方能感格神明。将此等至理若视为奇异有趣事儿戏处之，或以世俗求福之私心祈之，则非徒无益而更有不可言者。朕意训汝者，敬神更不如忠诚之更妙也。汝等若不能遵谕从事耳，则惜朕深官一片为民敬诚之苦心也。敬之！勉之！将此谕与蔡仕舢、李卫回任时皆令知之。[1]

从这段史料可以看出，圣意认为关键不在报告神佑而要绝对效忠君上，命将此批转告蔡仕舢和李卫。其背后的重要原因在于，处理吕留良案对两浙社会影响时，雍正强调观风整俗的重要性，这是针对下层官吏和广大民众的，对督抚层级官员强调敬天忠君不难理解，这从侧面反映出雍正对两浙统治极度不安。因而，保持塘工安全是他维护两浙稳定的重要一环。

其实，潮头走向代表祥瑞的说法并不存在，这是出现阴沙后的自然变化。在河口河槽放宽处，往往在江心出现沙洲或阴沙，将西进潮头截成南北两股，沿沙洲南北两侧前进。闰七月望汛的潮头走向乃典型的交叉潮，因两股潮头绕过沙洲时间相差不多，相合而成。当时潮头忽然转向中流是受两方面因素影响。第一，风向由东南风转为西北风。东南风使海潮对塘岸冲击力极大，但西北风和海潮方向相反，波长增大，不易破裂。第二，当时沙洲南侧潮头更强劲。两个因素叠加，就出现了潮头冲向中流的现象。八月初二的海潮是对撞潮，当时沙洲南侧潮头更强，潮头在绕过沙洲时转向北进，赶在北侧东潮到来之前撞击北岸海塘后又分为东、西两股，朝东一股正好与

1　《署浙江总督性桂奏报海宁潮势平和情形折》(雍正七年八月初六日)，见中国第一历史档案馆编《雍正朝汉文朱批奏折汇编》，江苏古籍出版社 1988 年，第 16 册，第 279—280 页。

沙洲北侧西来的东潮迎头相撞，形成对撞潮。[1]

正当性桂、蔡仕舢通过塘工中的神灵显现讨好雍正时，李卫参奏今春以来两人在塘工中渎职。本年海之中流增新涨暗沙一股，激起潮头三路合流夹击塘身，念里亭一带成最险工。六月时，丁忧候旨的李卫命令不时修补，但塘脚刷深、木桩无力、石工多有歪斜。七月二十六、二十七等日淫雨连绵，小汛导致坍卸焭裂不断，如遇大风暴雨，潮势汹涌，非人力能抵。性桂、蔡仕舢不肯拨款备料，经李卫多次面催，方到现场查看一次，但未采取措施。闰七月初，李卫扶母亲灵柩回乡时正值大汛，令盐驿道拨银万两，命杭嘉湖道王敛福掌管、藩司方观承稽查，星夜抢修。七月二十六日至闰七月初四，东、西二塘坍焭 570 余丈，经抢修不知能否度过八月大汛，建议预备物料。李卫的忠诚令雍正感动，他说自己对塘工的关心李卫知道，此事只可尽人力，将修海神庙以求神佑。[2]

八月二十三日，上谕内府拨银 10 万两修海神庙：

> 朕惟古圣人之制祭祀也，凡山川岳渎之神有功德于生民，能为之御灾捍患者，皆载在祀典。盖所以荐歆昭格崇德报功，而并以动斯人敬畏祇肃之心，使之毋敢慢易而为非也。雍正二年，浙江海塘潮水冲决，朕特发帑金，命大臣察勘修筑，并念居民平日不知敬畏明神，多有亵慢，切谕以虔诚修省之道，令地方官家喻户晓，警觉众庶。比年以来，塘工完整，灾沴不作，居民安业，盖已默叨神佑矣。今年潮汛盛长，几至泛溢，官民震恐，幸而水势渐退，堤防无恙，此皆神明默垂护佑惠我烝民者也。兹特发内帑十万两，于海宁县地方敕建海神之庙，以崇报享。著该督遴委贤员，度地鸠工，敬谨修建，务期制度恢宏，规模壮丽，崇奉祀事，用答明神庇民御患之休烈。且令远近人民奔走瞻仰，兴起感动，庶莫不尽消其慢易之私，而益振其恪恭之志，相与服教畏神，迁善改过，永荷休祥，则于国家事神治人之道均有赖焉。其应行事宜，著该督等详悉定议具奏。[3]

---

1 陈吉余：《杭州湾动力地貌》，《浙江学报》1947 年第 12 期；韩曾萃、戴泽蘅、李光炳等：《钱塘江河口治理开发》，中国水利水电出版社 2003 年，第 53 页。

2 《浙江总督李卫奏报海宁塘工并动项备料抢修折》（雍正七年八月十一日），见中国第一历史档案馆编《雍正朝汉文朱批奏折汇编》，江苏古籍出版社 1988 年，第 16 册，第 342 页。

3 翟均廉纂：《海塘录》卷首一《诏谕》，见《钱塘江海塘史料》（二），杭州出版社 2014 年，第 11 页。

本道上谕中,雍正认为海塘出现险情或转危为安均系上天感应。雍正二年大潮灾后,曾谕地方多敬神明。近年浙江塘工保持平稳,特别是本年虽潮势凶猛但仍转危为安,也是神灵护佑。八年初,李卫最终决定在海宁所旧址建庙。[1] 此举更多是从政治角度考虑的。当时对曾静案处理未完,雍正便急于通过君权神授和上天眷顾方式树立权威。

在得到李卫奏折后,继续报喜的督抚被骂得狗血喷头。性桂在八月十三日率众祈祷海神,巳时见潮头自南席卷而至,离塘身里许分为东、西两股,东去潮头与东来的一股小潮相击奔向西南,余波到塘脚,坦水间有坍损。十八日海神诞辰,当日五鼓,性桂率众虔诚祭祀,宣扬圣德,乞求保佑。未时,在九里桥见潮头自南而来,其势与十三日无异。八月大汛期间海宁潮势平和,"皆我皇上敬天勤民,海神感效,赖以保固"。七月望汛潮头在东塘念里亭,八月初汛潮头退西八里,在小文前又退西三里。据薛家坝官民称,南边涨沙必然冲决开阔,潮头渐退向西南,海宁塘工将安然无恙。性桂建议大汛后多购桩石,令王敛福维修受损的坦水、塘身。皇帝责骂蔡仕舢与性桂是不重视塘工的庸才,把塘工寄托于神灵保佑并让李卫负责。[2] 雍正的责骂反映出对李卫意见的重视,还说明对两浙事务心急如火,必须在打击异端思想和平息流言的同时保证塘工安全,这是在臣民面前树立天人感应的必要手段,怀柔与强硬双管齐下。

雍正开始多渠道了解塘工最新消息。调任苏州布政使的高斌受命差人秘勘海宁塘工:九月初一至三日潮汛较七月、闰七月和八月为大,初二晚念里亭海塘被冲刷坍塌数十洞,东、西塘各坍塌三百余丈,西塘老盐仓至华家卫草塘多坍塌,正抢筑,秋汛后潮势渐平。[3] 浙江学政王兰生受命了解情况。九月初六,性桂告诉王兰生形势平稳且多备物料。次日,藩司程元章与杭嘉湖道王敛福告诉王兰生,六月以来海宁潮势渐长,闰七月秋汛更长,每逢大汛潮势汹涌,塘工坍塌或塘根泥沙被冲刷,因事先积极准备,尚无大碍。闰七月望日以前潮势冲泼多在东塘,此后潮溜搜刷多在西塘。九月初二未刻,

1 《浙江总督李卫奏覆筹划于海宁县城内建造海神庙宇情由并防护东西两塘折》(雍正八年二月初八日),见中国第一历史档案馆编《雍正朝汉文朱批奏折汇编》,江苏古籍出版社1988年,第17册,第895—896页。
2 《署浙江总督性桂奏再陈查勘海宁潮汛情形折》(雍正七年八月二十五日),见中国第一历史档案馆编《雍正朝汉文朱批奏折汇编》,江苏古籍出版社1988年,第16册,第445页。
3 《苏州布政使高斌奏覆遵旨密寄朱批与蔡仕舢等并差人查看海宁海塘秋汛情形折》(雍正七年九月十一日),见中国第一历史档案馆编《雍正朝汉文朱批奏折汇编》,江苏古籍出版社1988年,第16册,第575页。

东北风加上连日大雨,潮头过后潮水几与塘平,因加紧修护而无险。[1] 高斌、王兰生所说情形,与性桂报告的基本相同:连日东南风大,兼之初一日夜大雨,至初二未初时,潮头过后潮水渐长,又挟东南风势,几与塘平,华岳庙、念里亭等处石塘上之土漏洞甚多。申时,忽转为西北风,潮水渐消。[2] 回任观风整俗使的蔡仕舢仍报喜逢迎雍正说,九月初二雨后东南风潮水稍长,后转西北风,在工官民咸颂皇帝诚敬感动神明。朱批"知道了"。[3]

九月初二大潮使新塘工出现。海宁沿塘自尖山至翁家埠约百里,南岸中间涨沙阻遏后潮头直射北岸,塘脚护沙无存,岸边深二三十丈不等,非以前仅数百丈险塘可比。该段建大石塘需耗巨资,以往多于石塘附近次险处筑草塘,现需添砌石工,但条石采运不易。十一月,李卫同性桂、蔡仕舢决定:三年内把荆煦庙至草庵 1 900 余丈草塘改为石塘,顶冲处修挑水坝。草塘内收二三丈,开深根脚用大桩排钉深入沙底,办石砌筑石塘,多备柴草、桩木,将草塘根脚加桩镶砌。草塘保固三年内石塘可成,到时草塘即坏无妨。东塘潮势从尖山来,在陈文港、小文前、薛家坝及念里亭等处筑挑水盘头大草坝五座,周围签钉排桩,中填块石竹篓深入软泥作底脚,上加埽料填压,延缓水势,引涨沙聚集。[4]

从河口海岸动力学来看,此次北岸护沙被冲、临近塘角出现二三十丈深槽,与东北风加连日大雨密切相关。钱塘江河口动力条件基本特征是,流域水清沙少,变率较大;海域水浊沙丰,涌潮激射,强弱潮交替。疏松易冲的组成物质,强劲复杂的动力条件是钱塘江河口冲淤强烈、物质移运复杂和河槽变形的基本原因。海宁—澉浦段冲淤变化基本上是洪淤潮冲。洪水季节上游冲刷物在本区段落淤,秋季强潮见显著冲刷,潮差愈大冲刷量越大。冲刷槽冲淤变化基本服从于河槽冲淤变化,但存在一定差异。总的来讲,钱塘江河口洪季上冲下淤、枯季上淤下冲,在一定程度上反映了冲刷槽周期变化,

1 《浙江学政王兰生奏报海塘工程情形折》(雍正七年九月十四日),见中国第一历史档案馆编《雍正朝汉文朱批奏折汇编》,江苏古籍出版社 1988 年,第 16 册,第 590 页。

2 《署浙江总督性桂等奏报海塘近期潮势折》(雍正七年九月十三日),见中国第一历史档案馆编《雍正朝汉文朱批奏折汇编》,江苏古籍出版社 1988 年,第 16 册,第 582 页。

3 《浙江观风整俗使蔡仕舢奏报海塘在工官役各颂神功显佑暨潮势从容平顺折》(雍正七年九月二十四日),见中国第一历史档案馆编《雍正朝汉文朱批奏折汇编》,江苏古籍出版社 1988 年,第 16 册,第 746 页。

4 《李卫题请于海宁县荆煦庙等处草塘内另筑石塘又于陈文港小文前等处筑盘头草坝五座疏》(雍正七年十一月),见方观承纂《两浙海塘通志》卷 4《本朝建筑一》,《钱塘江海塘史料》(三),杭州出版社 2014 年,第 75—76 页。

但大洪水仍可使海宁—尖山间落潮冲刷槽加深。这导致北岸出现潮沟。[1]

这种大水加潮汐导致的海岸环境变化，在当时特定政治环境下非同寻常。受曾静与吕留良案影响，海塘工程和观风整俗被雍正视为两浙治理中相辅相成的两件大事。性桂和蔡仕舢因管理塘工不力而被皇帝斥为庸才，李卫虽被雍正视为两浙塘工管理的中流砥柱但也面临巨大压力。此时李卫和性桂很容易就建设更坚固的石塘工程达成一致。他们决定改修草塘为石塘的地方位于翁家埠边滩，紧邻以往朱轼修筑的鱼鳞大石塘，接筑石塘可免因草塘坍塌而被皇帝问责。还有一关键因素，当年八月雍正刚命令修筑海神庙，并强调只要臣工忠君敬天就能保证大工安全。这场大潮导致海岸坍塌和塘工险情，明显会让臣工和皇帝就此认为浙江负责塘工的官员忠君不够，无论是被参或龙颜震怒，轻则丢官，重则祸及满门。通过修筑坚固的石塘工程来保证海塘稳固，无疑成为明哲保身的首选。

接到修筑海神庙谕旨后，李卫发现海宁所旧址作为修庙地点较合适，建议由罪臣原山东莱州知府王坦、原直隶布政使张适负责施工，让蔡仕舢不时稽查。雍正夸奖筹划妥当，同意王坦和张适管工，但不让其干预地方事务。[2]虽然雍正命李卫寻找更合适的建庙地址，但雍正八年初，仍决定在海宁所旧址建庙。原因是，海宁县城东约 60 里的尖山是潮头入口，康熙五十九年（1720）曾在此建立神庙，此地山石崎岖，别无宽敞之地；海宁南门外前临大海，后为备塘河，地势浅窄，无地可用；近海之地皆系浮土聚沙，每日两潮致使塘底汕刷严重，海塘常有竦裂。[3] 此前，雍正三年已钦定江潮诸神。[4]

雍正八年四月初一日，盘头坝筑完。钱家阪添建一小座，小文前大盘头两旁增雁翅一边，拟在老盐仓、戴家石桥和杨家庄添建大坝。东塘自普济庵至尖山海塘乃碎石叠砌，坦水仅一层，从前塘外有涨沙拥护，今春受潮汛冲刷致塘身坍竦，计划里塘签钉桩木，塘面帮阔五六尺、狭窄处帮阔一丈，逐段砌坦水。新工要增管理人手。原专设海防同知一员，往来百里，海塘坍卸难

1　陈吉余等：《钱塘江河口段的泥沙移动与河槽变形》，见陈吉余《陈吉余（伊石）2000—从事河口海岸研究五十五年论文选》，华东师范大学出版社 2000 年，第 129—146 页。

2　《浙江总督李卫奏报兴建海神庙工情形并请于内府简派谙练人员督办折》（雍正七年十一月十五日），见中国第一历史档案馆编《雍正朝汉文朱批奏折汇编》，江苏古籍出版社 1988 年，第 17 册，第 223—225 页。

3　《浙江总督李卫奏覆筹划于海宁县城内建造海神庙字情由并防护东西两塘折》（雍正八年二月初八日），见中国第一历史档案馆编《雍正朝汉文朱批奏折汇编》，江苏古籍出版社 1988 年，第 17 册，第 895—896 页。

4　《浙江总督李卫奏呈海宁县海神庙宇工程图式折》（雍正八年三月二十九日），见中国第一历史档案馆编《雍正朝汉文朱批奏折汇编》，江苏古籍出版社 1988 年，第 18 册，第 348—350 页。

顾、大工雇民难管、农忙或昏暮之际遇潮乡民难雇。现在建议杭州捕盗同知和管粮通判分管东、西两塘，平时轮流稽查，夏秋驻工督率，带办本职。设千把总两员、兵200名，常驻做工。这是清代设置两浙海塘专门管理机构的开始，采用分防体制。[1]

六月初五起，大风昼夜不息，间有阵雨。飓风程度与康熙四十七年相同，比雍正七年平阳县飓风大，潮患比雍正二年的大。[2] 从前南岸日涨，去年开始有中流沙埂横阻，潮头东进尖山，直趋北岸，塘根坍矬。补救措施为：加筑盘头，抢修险工，添砌大石坦水，增培后护帮堤，重修镇海塔，铸造铁犀牛以五行生克。可以看出，李卫仍以日常维护为主，在工程中加入了更多宗教和五行理念，期望神灵能帮助塘工。借助五行来保佑海塘安全，是因本年四月京师亢旱导致雍正自省为政得失。[3] 皇帝此前一直强调大型公共工程中要尽人事听天命，说忠君会保佑工程安全。[4] 李卫除通过工程措施维护塘工安全外，还通过五行的方法祈求塘工平稳，并借此向皇帝表明自己所做的各种努力。

李卫的幸运之处在于，当年自然因素导致北岸涨沙出现，这赢得了皇帝的欢心。本年春夏雨水稍多，潮势汹涌而海塘无事。夏末秋初，卤水上滚，淡水东注，将蜀山南岸涨沙逐渐洗去。入冬以来，潮势变化更大，中流沙埂不时坍卸，东南向西海面较宽，潮水不致直趋北岸。海宁县东三里桥至念里亭20里，中间所涨底沙贴近塘脚，潮退小汛时已能显露。西新仓起向东约40里，新沙涨阔，高的地方潮退后露出水面，阔四五里等。但是，贴塘仍有水道宽三四里，潮退时深一二尺，可于水中行至新沙，逐渐见长，有一半贴护塘根。若再向东涨出，所筑全塘百里堤岸则直抵尖山，更得永固。雍正"以手

1 《督臣李卫请添筑盘头大坝增设兵弁疏》(雍正八年五月)，见方观承纂《两浙海塘通志》卷4《本朝建筑一》，《钱塘江海塘史料》(三)，杭州出版社2014年，第76—77页。
2 《浙江总督李卫奏报海洋飓风过境情形折》(雍正八年六月十七日)，见中国第一历史档案馆编《雍正朝汉文朱批奏折汇编》，江苏古籍出版社1988年，第18册，第932—933页。
3 戴逸、李文海主编：《清通鉴》，上海人民出版社1999年，第3013页。
4 雍正七年闰七月初九，署理南河总督尹继善奏报秋水情形时说，河道安澜是因为皇帝敬天勤民导致天人感应，雍正借题发挥强调："天人之际有感必应，其理显而易见……凡兴一役、举一事，必先尽其心、殚其力、谋之人、听之天，而后冀有成功。能如是，将见人事尽于下，天道感于上，不期其应而无不应矣。"(朱批谕旨)其实，雍正在尹继善奏折上面的朱批与上述文字有很大差别，更强调忠君的重要性。见《署南河总督尹继善奏报秋水情形折》(雍正七年闰七月初九日)，中国第一历史档案馆编《雍正朝汉文朱批奏折汇编》，江苏古籍出版社1988年，第16册，第41页。

加额览焉"。[1]

此处潮势变化、潮沟渐被填平，是因去年大水后出现小水之年，导致原有河段主槽南摆[2]，与新修工程并无直接联系。但在当时条件下，北岸涨沙增加深得皇帝欢心，也让负责塘工的臣工颤栗的心情暂得平静。

本年两浙塘工中，海神庙建设成为重中之重。去年接到修筑海神庙谕旨后，李卫建议由王坦、张适负责施工，由蔡仕舢不时稽查。王坦不习南方水土且性情过急、劳累过度，雍正八年六月二十二日忽然吐血，需回籍调治。李卫请调在苏州原籍的原广州知府姜杲协同监督庙工，效力赎罪，姜杲因任内发生人命案，照误定重罪例革职永不叙用。蒋杲与李卫同任司官时谨慎小心且殷实饶裕，李卫认为蒋此次经手钱粮工程谅必顾惜身家不敢草率，况其获罪非系有心，情尚可原。[3]

雍正七年闰七月以来的海岸变化、塘工决策及其关系，值得把玩。从自然地理学与河口海岸动力学角度来看，当年九月初二大潮后北岸护沙被冲，临近塘角出现二三十丈深槽，与东北风加连日大雨密切相关。海宁—澉浦区段的冲淤变化基本上是洪淤潮冲的方式。洪水季节上游冲刷的物质在本区段落淤，秋季强潮便见显著的冲刷，潮差愈大冲刷量也愈大。冲刷槽的冲淤变化基本服从于河槽的冲淤变化，但存在一定差异。总的来讲，钱塘江河口冲淤有洪季上冲下淤、枯季上淤下冲的规律，在一定程度上反映了冲刷槽周期变化，但大洪水仍可使海宁—尖山间的落潮冲刷槽加深。这是当时北岸出现二三十丈潮沟的原因。雍正八年底潮势变化，此潮沟逐渐被填平，是上年大水后出现小水之年而导致原有河段主槽南摆的缘故。[4]

但是，这种大水加潮汐所导致的海岸环境的变化，在当时特定政治环境下却非同寻常。不仅雍正在得知原有潮沟逐渐消失时拍手称快，更重要的是臣工开始大规模修筑石塘工程，真正开启了石塘工程追求一劳永逸的序幕。李卫和性桂决定在荆煦庙至草庵改建石塘，更大程度上是明哲保身。

1　《浙江总督李卫奏报海塘近日沙涨稳固情形折》（雍正八年十二月初四日），见中国第一历史档案馆编《雍正朝汉文朱批奏折汇编》，江苏古籍出版社1988年，第19册，第585页。

2　陈吉余等：《钱塘江河口段的泥沙移动与河槽变形》，见陈吉余《陈吉余（伊石）2000——从事河口海岸研究五十五年论文选》，华东师范大学出版社2000年，第129—146页。

3　《浙江总督李卫奏请令在籍革职知府蒋杲替代王坦监督海神庙工效力赎罪折》（雍正八年七月二十五日），见中国第一历史档案馆《雍正朝汉文朱批奏折汇编》，江苏古籍出版社1988年，第18册，第1077—1078页。

4　陈吉余等：《钱塘江河口段的泥沙移动与河槽变形》，见陈吉余《陈吉余（伊石）2000——从事河口海岸研究五十五年论文选》，华东师范大学出版社2000年，第129—146页。

正如前述，李卫和性桂决定改修草塘为石塘的地方位于翁家埠边滩，紧邻以往朱轼修筑的鱼鳞大石塘，接筑石塘可免因草塘坍塌而被皇帝问责。需注意的是，勉强推出的石塘计划并未执行。雍正八年在添建老盐仓、戴家石桥和杨家庄三座盘头大坝时，虽然强调草塘改建大石塘必不可少，但需暂宽工期，陆续代办。[1] 宽限改建石塘工期只是李卫写奏折时不触怒皇帝的艺术。后来该工程未果[2]，主要原因在于施工技术和现实条件不成熟，当时布政使程元章也看到此点。在活土浮沙地方下桩修塘技术尚不成熟，即使勉强修塘，也难免因为潮汐淘洗根脚而导致海塘坍塌。原有块石塘工"松薄不坚、此修彼坍"，全部拆修鱼鳞大石塘不仅经费浩繁，且因海潮冲击塘根而难以贸然动工。[3]

虽然李卫把抢修看得异常重要，并且当年抢修比岁修花费了更多银两，但是抢修作为海塘工程中一项制度的建立却颇费周折。工程全凭预估经费，如果预估之后任意增添，则动用钱粮无所凭据，工部据此认为雍正六年修筑老盐仓西面三官堂一带草塘以及加修盘头等工所用银两不符合报销惯例。另外，当年修筑续坍最险 70 余丈工程，系用未筑盘头 75 丈之物料，不可能经费正好相抵。因而，工部四次进行驳斥。

面对此情此景，李卫于雍正八年（1730）九月初六上折，说明塘工中抢修制度的重要性。"从来海塘照河工之例有估修、抢修、岁修之分，而与别项工程之一定者不可一概而论也。"如果是预算确定后不再更动的大型工程，自然应该以预算为依据并且批准后方敢动用。可是，海塘潮汐靡常，东坍西涨，顷刻变幻，当年已在修筑 660 丈之原疏内声明，再有坍裂，随坍随修。原估议筑盘头 75 丈，因赶筑之际潮势纾缓且有新涨沙涂，再按照原计划施工则糜费钱粮。夏秋之间潮势西冲，有 70 余丈海塘因塘外沙涂被刷、潮头直射塘身而成最险，因而将原提案内估筑盘头 75 丈工料移为续修塘内添筑盘头之用。此工如果等工部回复，会需要数月时间，而险工随时可能出现更大的问题。因为两者长度相同，故工料刚好相符。此实移缓就

1　《督臣李卫请添筑盘头大坝增设兵弁疏》（雍正八年五月），见方观承纂《两浙海塘通志》卷 4《本朝建筑一》，《钱塘江海塘史料》（三），杭州出版社 2014 年，第 76 页。

2　翟均廉纂：《海塘录》卷 4《建筑二》，见《钱塘江海塘史料》（二），杭州出版社 2014 年，第 98 页。

3　《浙江布政使程元章奏报赶筑坍矬海塘工程情形折》，见中国第一历史档案馆编《雍正朝汉文朱批奏折汇编》，江苏古籍出版社 1988 年，第 33 册，第 145—146 页。

急、因时制宜、不得不然之势。雍正对此批示说，知道了事情真相，自有安排。[1] 不难想象，正是在雍正授意下，工部同意报销抢修银两，抢修制度正式形成。

抢修制度的形成，与李卫对塘工特性的认识和当时特定的历史背景密不可分。岁修制度的主要功能是防微杜渐，而且由于受各种因素的限制，每年岁修多安排在当年十一月至次年四月，很难顾及每年夏秋大汛时出现的特殊险情。[2] 李卫从几年的塘工管理中体会到抢修的重要性，"江海塘工原以保护民生，而潮汐冲击月异岁迁，若不逐年预为抢修培筑，瞬息即成大险之工，费多劳倍"。[3] 雍正七年八月十一日，李卫奏称海宁塘工"务须先事预筹备料积土，以应不时抢修之需。若平日轻忽泛视，小则次工变为最险，大则溃决不可收拾。此臣数年以来，每岁几次亲往查勘，逐段修筑防范，预购料物，准备不虞"。[4]

仅仅李卫对抢修重要性的认识还不足以使其制度化，重要的是要得到雍正支持。雍正认识到抢修对维护海塘安全的重要作用，便于七年七月大汛时谕令署理督抚多备物料，随时抢修（见下文）。由于政治斗争和维护社会稳定的需要，雍正把海塘和吏治看作浙江两大要务，抢修虽"治标不治本"，但对维护塘工安全异常重要。再加上宠臣李卫实心办事和上折请求，雍正把抢修变为制度顺理成章。

雍正九年二月二十日，李卫在土塘低薄处添筑石工。[5] 潮水改走中小门趋势明显。五月份，西塘南沙已徙，潮归中流。东塘因蜀山外复有新涨南沙，潮涌北岸，正抢修。据当地老人说，历来潮汐迭为消长，春汛潮小则夏秋必大，今年春潮较盛，乃夏秋潮平佳兆。[6] 十一月，岁修北岸海塘。岁修用银

1　《浙江总督李卫奏陈报销地方工程钱粮工部非理搜求无案不驳案难完结折》（雍正八年九月初六日），见中国第一历史档案馆编《雍正朝汉文朱批奏折汇编》，江苏古籍出版社1988年，第19册，第133—135页。

2　海塘岁修日期的确定，受自然因素、塘工技术和取土等多种因素的限制。详见王大学《明清"江南海塘"的建设与环境》，第十章《善后》，上海人民出版社2008年。

3　雍正《浙江通志》卷65《海塘四》，台湾华文书局1967年，第1143页。

4　《浙江总督李卫奏报海宁塘工情形并动项备料抢修折》（雍正七年八月十一日），见中国第一历史档案馆编《雍正朝汉文朱批奏折汇编》，江苏古籍出版社1988年，第16册，第342页。

5　《浙江总督李卫奏报巡阅乍浦水师满营官兵并查勘平（湖）海盐等地塘工折》（雍正九年二月二十日），见中国第一历史档案馆编《雍正朝汉文朱批奏折汇编》，江苏古籍出版社1988年，第19册，第1053—1054页。

6　《浙江总督李卫奏报海宁县海神殿上梁及查阅塘工等情折》（雍正九年五月初六日），见中国第一历史档案馆编《雍正朝汉文朱批奏折汇编》，江苏古籍出版社1988年，第20册，第486—487页。

53 330 两，抢修用银 11 448 两，修筑钱塘江塘用银 3 706 两。[1] 这充分说明了日常维护的重要性，每日两潮致海塘不同程度损坏，维护要经常进行。海宁与海盐自然环境不同，两者不可能均处安澜，岁修需宏观视野。岁修带来的最大问题是取土困难，距海塘较近地方无土可取，向更远地方取土不仅劳动量增大，更重要的是这些土地已属民地，如何赔偿和减免赋税较为棘手。

皇帝对两浙海塘的重视和强调，使地方官员把塘工放在首位。雍正十年正月十六，署理巡抚王国栋尚未到衙门报到就来查勘北岸海塘。老盐仓大石塘至海宁县城南门原系桩板块石塘，雍正六年至今改修大小条石塘约千丈；海宁城南门起至念里亭从前系旧块石塘，改修大条石塘身及坦水约五六百丈。念里亭至尖山等处旧块石塘历有坍卸，随时抢修。海盐三涧寨塘工最险，开工修筑李卫请示的各类工程；米公亭寨等处附土石塘 1 300 余丈，照原题酌量加筑石工。平湖县乍浦至独山东数百丈旧石塘正拆修。办石颇艰，湖州府武康县等处采石不敷，遂在绍兴府各县开采。令工员趁春和潮小抓紧岁修。朱批：海塘事务不可懈怠迟误，如改变塘工实施办法，需先与李卫商量。[2] 海宁西首草塘因春初积雨致有坍损，无脚旧草塘一带因涨沙渐徙、回流冲刷亦有坍损，四月底抢修完毕。海盐三涧寨等处石塘预计五月完工。[3]

御制海神庙工程自雍正八年三月开始，到雍正九年十一月完成。庙里集中了朝廷祀典认可的比较重要的潮神和水神：正典供奉武肃王钱镠、吴英卫公伍子胥；左右配殿供奉越国上大夫文种，汉代忠烈公霍光，晋横山公周凯，唐代潮王石瑰和升平将军胡暹，宋代宣灵王周雄、平浪侯卷帘使大将军曹春、护国宏佑公朱彝、广陵厚陆圭、静安公张夏、转运使判官黄恕，元代平浪侯晏戌仔、护国佑民永固土地彭文骥和乌守忠，明代宁江伯汤绍恩、茶槽

1　海宁镇海塔前帮阔增高 1043 丈，念里亭等处 155 丈筑大条石坦水一层、旧块石坦水 35 丈筑大条石坦水二层。西草塘盘头矬坍 1031.8 丈。东塘七里庙等处 500 余丈用中条石筑塘身、大条石坦水，顶险处塘身用大条石砌筑。普济庵以东梁家地等处 220 余丈和西塘唐子千门前 5 丈用块石修筑。海盐三涧寨为石塘尽头，当海中韮黄门潮汐对冲。雍正四年在此塘矬石塘 100 丈，今大塘矬下沙土被刷，桩木露出，照原基接建 40 丈。培高加阔矬石塘及附石土塘。北首天字号塘尽头海潮直逼土塘，遇东北风高波浪汹涌，加筑石塘 1365 丈、小陡门 1 座。抢修 11 丈闸，余二号夏汛裂缝石塘。三涧寨塘尽头附石土塘抢修 418 丈，加高帮阔刘王庙等处老塘 1030 丈。平湖独山拆修石塘 90.1 丈，加高帮阔土塘 1291.8 丈。乍浦城西井街等处加高土塘 1140 丈。钱塘徐村、梵村修筑坍裂土塘 353.6 丈。见《督臣李卫续修海宁等四县塘工疏》（雍正九年十一月），方观承纂《两浙海塘通志》卷 4《本朝建置一》，《钱塘江海塘史料》（三），杭州出版社 2014 年，第 78—79 页。
2　《署浙江巡抚王国栋奏报前往海宁等处查勘海塘情形折》（雍正十年正月二十四日），见中国第一历史档案馆编《雍正朝汉文朱批奏折汇编》，江苏古籍出版社 1988 年，第 21 册，第 720—721 页。
3　《浙江巡抚王国栋等奏报春花收成分数及飞饬抢堵宁邑塘工等事折》（雍正十年五月十八日），见中国第一历史档案馆编《雍正朝汉文朱批奏折汇编》，江苏古籍出版社 1988 年，第 22 册，第 307 页。

土地陈旭。[1] 庙中祭祀的诸神考虑到了钱塘江南北两岸的情况,宁江伯汤绍恩最主要的贡献是修建三江闸。

雍正十年六月初一日,由雍正撰文、果亲王允礼手书的御制海神庙碑文完成:

> 国家虔修祀典,以承上下神祇。岳渎海镇之神,秩祀惟谨,视前代为加隆。朕临御以来,夙夜以敬天勤民为念,明神之受职于天,而功德被于生民者,昭格荐歆,敬礼尤至。其为民御大灾、捍大患,合于祭法所载,则尊崇庙貌,以昭德报功。盖所以遂斯民瞻仰之愿,而动其敬畏祗肃之心,使无敢慢易为非,以得永荷明神之嘉贶,意至远也。皇舆东南际大海,而浙江海宁居濒海之冲,龛山、赭山列峙其南,飓风怒涛,潮汐震荡,县治去海不数百步,资石塘以为捍蔽。雍正二年,潮涌堤溃,有司以闻。朕卒遣大臣察视修筑,且念小民居恒罔知敬畏,慢神亵天,召灾有自,爰切谕以修省感应之道,命所司家喻户晓,警觉众庶。比年以来,徼明神庥,佑塘工完固,长澜不惊,民乐其生,闾井蕃息。越七年,秋汛盛长,几至泛溢,吏民震恐。已而,风息波恬,堤防无恙,远近欢呼相庆,谓惟大海之神昭灵默佑,惠我烝黎,以克济此。朕惟沧海含纳百川,际天无极,功用盛大,神实司之。海宁为海壖剧邑,障卫吴越诸大郡,海潮内溢则昏垫斥卤,咸有可虞。神之御患捍灾,莫此为大。特发内帑金十万两,敕督臣李卫度地鸠工,建立海神之庙,以崇报享。经始于雍正八年春三月,洎雍正九年冬十有一月告成。门庑整秩,殿宇深严,丹艧辉煌,宏壮巨丽,时展明禋,典礼斯称,爰允督臣之请,勒文穹碑,垂示久远,俾斯民忻悚瞻诵,共喻朕钦崇天道,祗迓神庥,怀保兆民之至意,相与向道迁善,服教畏神,则神明之日监在兹,顾答歆飨。其炳灵协顺,保护群生,奠安疆宇,与造物相为终始,有永弗替,朕实嘉赖焉。[2]

在文中,雍正声称:继位以来把敬天为民放在心上,那些接受上天职责为百姓抵御大灾大难的神灵,应受高规格祭祀,满足百姓瞻仰神灵的心愿,

---

1　翟均廉纂:《海塘录》卷11《祠祀一》,见《钱塘江海塘史料》(二),杭州出版社2014年,第181页。
2　方观承纂:《两浙海塘通志》卷15《祠庙上》,见《钱塘江海塘史料》(三),杭州出版社2014年,第236—237页。

让民众敬畏神灵,不敢做坏事,永沐神灵赐福。雍正二年大潮灾后,委派大臣勘筑海塘,谕令百姓知道天神感应。神灵保佑下,近年来海塘坚固完好。七年,秋潮几乎成灾,官民惊恐万分,旋即风平浪静,堤防完好,这是神灵保佑而绝非人力能起到的作用。此文目的是让百姓永久诵读,明白皇帝尊崇天道、祈求神明保佑、爱护黎民的至诚之意,共同向往道义、归向善良、服从教化、敬畏神灵。神灵每日在庙内督查世间一切,虔诚祭祀神灵会得到神佑,众生安乐,国家安定。

雍正此文与当年上谕修筑海神庙的内容有不少重复,目的是把海塘安稳与天人感应、臣民忠君联系在一起,让黎民忠于皇帝。但是,此举也有一个潜在危险,海塘工程出现问题就说明皇帝为政需要深刻反省,他也就失去了要求臣民忠于自己的象征符号与资本。令雍正遗憾与头疼的是,大自然并没有给他足够面子来宣扬天人感应。

第六节　大潮灾后的塘工计划及争论

雍正十年(1732)上半年,钱塘江流域洪水暴涨的同时潮势猛烈,海岸变化与海塘工程均出现了新特点。

该年春夏,淫雨连绵,山水骤发加上潮势猛烈,海宁海塘护沙冲卸,多有蛰损。闰五月十三、十四等日,上游山水骤发,汇注钱塘江,搏击顶冲,华家卫以西之翁家埠接仁和沈家埠以西至万家闸一带旧沙日被坍进。王国栋派人将上述旧土塘加培高阔,于华家卫、西新仓、周家坝、翁家埠等处外筑土堤以护庐舍。但土堤单薄且海塘形势迁徙靡常,需随时防护,于是在华家卫草塘至仁和沈家埠以西之潮神庙东首,接筑柴草塘2 220余丈并建盘头下埽。海宁蛰陷草塘721.7丈,无脚草塘260余丈开底拆筑,草庵前建贴心盘头一座。华岳庙、钱家阪、小文前盘头雁翅、浦儿兜盘头坍塌19丈,西南八图孙家亭后坍塘20丈,用草柴抢堵。东塘沈月明、西塘月明庵等处坍196.6丈,筑一至四层坦水。坍卸东塘西新庵等处旧块石塘217.7丈,西塘浦儿兜盘头东塘身6丈修补坦水并筑白墙门、秧田庙盘头,加梅、伏二汛坍蛰各段草塘,共726.5丈。平湖独山字号旧石塘蛰裂14丈。钱塘江塘定北四图俞士品地前坍塘41丈,应添桩加层。自徐、梵二村并诸桥起至狮子塘头,塘身间有翻倒盖石、拔去石块之举。[1]

本年上半年的海岸变化与海塘工程均出现了新特点,这与钱塘江流域洪水暴涨的同时潮势猛烈密切相关。决定杭州湾地貌形态和泥沙运动的最重要条件是水动力,其中风、波浪、潮汐、潮流以及江流等动力情况均极为重要。江流的作用除供给泥沙外,供给量的多少和主泓的摆荡亦可影响杭州湾的地貌变形。钱塘江和曹娥江均属山溪性河流,水位和流量变率很大,大水年份和洪水季节水位暴涨,比降和流量增大,钱塘江口受到强烈冲刷,杭州湾亦就承受较多淡水和泥沙。海宁—尖山之间,江海交会,江流与潮流消长不定,主泓经常摆荡,直接影响两岸动态和曹娥江发育。[2] 七格—海宁段冲淤变化,基本上表现为洪水冲刷、枯水落淤。不过,小于3 000立方米每秒流量的洪水对本河段不起冲刷作用,较大洪水才见显著冲刷,但冲刷作用向下游减弱。在一般水文年中,河段被冲物质当年便可恢复,大水年份则需要较长时间才能恢复。因此,本次洪水造成华家卫以西之翁家埠接仁和沈家埠以西至万家闸一带旧沙被严重冲刷。此次海塘施工主要位于翁家埠边滩,此处河段动力结构复杂,大洪水之年导致滩地面积显著缩小,需要2—3年才能恢复平衡。同时,滩地也会出现平面摆荡,洪水时槽线东移,枯水时西摆,使得两侧滩地洪水期东坍西涨,枯水时西坍东涨。

每年第二季度以后的闰月,都会给塘工带来更大麻烦。钱塘江河口动力条件在阳历4—10月份结构复杂,潮汐一般6月渐大、7—10月最强。[3] 这个时间段的闰月意味着海岸受冲击时间更长,塘工数量和难度增加。七月十五日夜陡发狂飓,海潮泛溢,直至十七日卯刻。飓风影响甚广:鄞县至镇海沿江田禾遭风雨而未被冲没,民房有被吹损者;定海受灾较重,城垣和房屋俱有坍塌;温、台二府无飓风;宁波各县沿海有飓风而无损伤;江南崇明县于十六日狂飓异常,洪潮泛溢,城内水深四五尺,房屋坍塌,溺毙甚多;南汇下砂场和青村场民房悉被冲坍,多有溺毙,灶舍被冲。署理浙江总督李璨令动支盐务备公银两,派人勘灾赈济。[4]

1 《抚臣王国栋请增筑草塘及报塘工疏》(雍正十年七月),见《两浙海塘通志》卷5《本朝建筑二》,《钱塘江海塘史料》(三),杭州出版社2014年,第80—81页。
2 陈吉余、恽才兴、虞志英:《杭州湾的动力地貌》,见《上海市科技论文选》,上海科学技术出版社1961年。
3 陈吉余等:《钱塘江河口段的泥沙移动与河槽变形》,见陈吉余《陈吉余(伊石)2000—从事河口海岸研究五十五年论文选》,华东师范大学出版社2000年,第129—146页。
4 《署浙江总督李璨奏报查明宁波府及崇明遭受飓风灾情折》(雍正十年八月初二日),见中国第一历史档案馆编《雍正朝汉文朱批奏折汇编》,江苏古籍出版社1988年,第23册,第66—67页。

青村场赈灾效果不好，八月十八日杭州副都统隆昇参奏李璨不作为。下砂场居民由江南查赈、灶丁由两浙盐场负责，除灶户湮没外，坍房 2.8 万余间，受灾人口 3.8 万余。有人申请将商捐盐义仓及上年商捐嘉兴贮米动支赈恤，盐商数次请愿捐米赈救，但总督李璨、盐道江承玠观望 20 余日方分两次共发银 400 两。于是在八月初，青村灾民哄抢盐商钱铺及米粮铺。隆昇劝李璨、江承玠速为料理，密折请抓紧赈济。朱批："此奏可嘉之至，有旨谕矣。得汝之奏，密之又密，倘少有作威福宣露，则汝祸不旋踵也。慎之！"[1] 隆昇借此获皇帝青睐。但李璨声称，动备公银两赈恤并借帑给灶户修灶舍、备办煎盐，已拨盐义仓米 3 500 石运往各场。[2]

八月十七、十八日大汛，潮头较七月更大，督抚预饬多备料物，昼夜防守，随坍随筑，加上新筑单塘将成，幸保无虞。九月初汛已过，霜降后将立冬，潮汛可平稳，但海中涨有涂沙，退潮大溜紧贴塘身，饬令加紧防护。原任总督已失皇帝信任，程元章接替李璨职位。[3] 江承玠被革职并发配到浙江塘工效力，但其不谙塘工，出银 4 万两捐修后回籍。[4]

新上任的浙江总督程元章知道雍正把此时的海塘工程看成两浙第一要务，上任伊始就上折汇报夏秋间海塘平稳的情形。尽管入夏以来潮势更大，但是在原署理巡抚王国栋指挥调度下，海宁、仁和一带险工在七月十六、十七等日大汛中均安然无恙。程元章向雍正禀报说，待政务稍有头绪，就前往查勘海塘。雍正对程元章的态度尚满意，但是再次强调海塘的重要性。朱批：

> 海塘一事，惟饬在事人员以公忠之心对越神明为要，再加以勤慎从事，以尽人力，未有不获安澜之理，非徒以人力而可能胜者。浙省海塘工程乃第一要务，时刻不可释诸怀。万不可因省小费而有误大事，应时刻留心，多方护防。凡事预为筹划，免致临期失措者。敬慎为之。[5]

1 《杭州右翼副都统隆昇请敕下浙江盐臣设法赈救沿海遭灾灶户盐丁折》（雍正十年八月十八日），见中国第一历史档案馆编《雍正朝汉文朱批奏折汇编》，江苏古籍出版社 1988 年，第 23 册，第 159 页。

2 《署浙江总督李璨奏报拨发义仓米石赈恤松江各场被灾灶户情形折》（雍正十年八月二十一日），见中国第一历史档案馆编《雍正朝汉文朱批奏折汇编》，江苏古籍出版社 1988 年，第 23 册，第 173 页。

3 《署浙江总督李璨等奏报海塘秋汛平稳及田禾情形折》（雍正十年九月十五日），见中国第一历史档案馆编《雍正朝汉文朱批奏折汇编》，江苏古籍出版社 1988 年，第 23 册，第 288—289 页。

4 《浙江总督程元章奏报参革盐驿道江承玠缴完赎罪银两呈请回籍折》（雍正十二年四月十七日），见中国第一历史档案馆编《雍正朝汉文朱批奏折汇编》，江苏古籍出版社 1988 年，第 26 册，第 180 页。

5 《浙江总督程元章奏报夏秋风潮沿海海塘平稳情形折》，见中国第一历史档案馆编《雍正朝汉文朱批奏折汇编》，江苏古籍出版社 1988 年，第 33 册，第 206—207 页。

从这道批谕中可以看到，雍正强调的是臣工的公忠敬神之心，并不相信单纯发挥人的主观能动性便可以解决这个问题。他再次强调的浙江海塘乃第一要务的精髓仍然在于政治方面。

不过，程元章仍然面临两浙塘工中很大的难题，本年两浙海塘先后经历春夏洪水和海潮同时冲击以及七月飓风、八月大汛等自然条件的严峻考验，海塘形势比以往更为危险。"今年夏秋潮势自东而西，竟侵入仁和县界二十里"，"宁邑东、西两塘潮势危险，有倍往昔"。

塘工中遇到了技术难题。海宁、仁和最险，沙活土浮，潮头从根脚下横逼深刷，来去荡摇，昼夜两次；快水回溜专搜塘脚，即使大石铺砌塘身，根脚一松则上重下虚，最易倾侧。土性坚实处尚可筑石塘，沙土浮松处暂筑草塘。石塘苦于办石艰难、河海转运旷日持久；土塘苦于取土处远、工费浩繁、近则塘身单薄且多农桑庐舍无土可采；草塘只能堵御一时，每年必须加镶，潮汐咸水和雨水致其数年后易腐烂。需因时设法，分别缓急，趁春潮小时将应修工段动正项钱粮修筑，并多备物料。另一问题是经费困难。本年塘工用帑十五六万，库存捐项用完并动支历年备公银两，建议重开塘捐。大工尤须熟练干员，命杭捕同知李飞鲲专管西塘，分拨佐杂和千把总等临时委调，从在工数员中拣选熟练人员发工效力。

雍正十年十二月，新任总督程元章上折就海塘中的技术、经费困难，请派钦差大臣勘查定议。此举显示出程元章老成练达，担任过侍读的他知道皇帝的脾气和喜好。不据实禀报两浙海塘实际情况，若塘工出现问题，程元章将承担失职责任；而钦差大臣来查明情况并商定对策后，责任就不在程元章一人身上。

雍正命大学士鄂尔泰、张廷玉、朱轼，会同总督李卫、尹继善商议此事。雍正十一年正月，鄂尔泰等人认同程元章关于石塘、土塘和草塘各有难处却必不可少的说法，但指出程元章未说明应修工段，议定派钦差大臣赴浙勘查海塘。同意重开塘捐，允许闽浙就近赴捐，于贡监外增添封典、加级记录及杂职吏员即用等项。不许各省均开海塘捐纳，是怕影响军前事例。藩库先动正项钱粮兴工，以捐纳抵补。总督程元章监督指挥，塘工管理和监察人员听其调用。雍正立派内大臣海望、直隶总督李卫赴浙会同程元章商量，修筑事宜由大理寺卿汪漋、原内阁学士张坦麟承办。[1]

1　《大学士鄂尔泰海塘疏》（雍正十一年正月），见方观承纂《两浙海塘通志》卷5《本朝建筑二》，《钱塘江海塘史料》（三），杭州出版社2014年，第81—82页。

把李卫重新派回浙江筹划塘务，说明雍正对海塘极度重视和李卫在浙时措施得力。派内大臣海望前往，说明雍正更依靠内务府的人，关键时刻种族认同差异凸显。[1] 陪同前去的还有内务府的监工。两人赴浙前奉面谕：如果此次塘工可保永固、可卫民生，则不必计较经费。[2] 雍正追求塘工一劳永逸的愿望，再次显露无遗。

雍正十一年二月初八，海望、李卫和程元章由杭州南门外至海宁沿塘履勘。翁家埠、万家闸等处险工已抢修。海盐自澉浦至乍浦靠近县城一段旧筑鱼鳞大石塘最坚，塘脚下微露桩头处添补坦石。上下两头新筑石塘的石块小而整齐，遂加高培阔附塘之土。塘内相去数十丈，有一土备塘需增修，其他地方补筑土备塘。上年海盐与平湖两县遭虫灾，秋收不丰，二三月间青黄不接，于是以工代赈从事塘工，接济民食。工价约两万两。夫役毕集，拨永济仓米以控制米价。[3]

三月，海望和李卫等到萧山、河庄山等处查勘，发现江海门户不同、水性各异、水道迁徙靡常，有人力能为者和不能为者。江海门户有三，海潮走中小门最理想。南大门早淤为平陆，数十年前尚有中小门出入，嗣后渐至北大门，人力很难使海潮重归中小门。尖山和塔山相距百余丈，水底根脚相连，两山间原有石坝。北岸护沙时坍时涨，后被误取其石修补塘工，致北岸有坍无涨。现江水大溜紧贴北塘，直趋两山间，海潮冲激，护沙日卸。冬初水落，照旧修筑石坝，水道有望南徙。海宁、仁和海塘，需修筑的工程甚多。华家卫以东、尖山以西一带，朱轼任巡抚时修筑的 500 丈石塘完好无损，新建条石塘无须修补，其余地方需改建大石塘。程元章奏准开捐，根据每年收银情况逐渐修筑。堵塞尖山水口，若有沙涨护塘则石塘不必改建，否则再建。翁家埠塘脚活土浮沙，仍建草塘。塘内地势低洼及塘背附土单薄处需培土，沿塘无官地挖取，照河工例购民田并豁免钱粮。

仁和至乍浦海塘不下 300 里，杭嘉湖道带管工员而非专任，杭嘉海防同知 2 员，千、把总各 1 员，兵 200 名，恐照料难周。请专设道员 1 员、同知 1 员、守备 2 员、千总 3 员、把总 7 员、兵 800 名，巡查照看，随时修补。以往管

1　王钟翰点校：《清史列传》卷 16《海望》，中华书局 1987 年，第 1220—1225 页。

2　翟均廉纂：《海塘录》卷首一《诏谕》，见《钱塘江海塘史料》（二），杭州出版社 2014 年，第 10 页。

3　《内大臣海望题明增修土备塘疏》（雍正十一年二月二十八日），见中国第一历史档案馆编《雍正朝汉文朱批奏折汇编》，江苏古籍出版社 1988 年，第 24 册，第 45—47 页。

工佐杂各有差遣,选用本地废员及绅衿子弟情愿自备资斧效力者,工竣议叙。动银数万两采买粮食,以免夫匠云集致米价上扬。新设海防兵备道专管海塘,官兵听其调用,兼辖沿海州县等官。新设守备2员,将此前之千总4员、把总8员、外委16员、兵1 000名分隶左、右营。海防道王敛福驻海宁,海盐、乍浦塘工同知卢承纶驻乍浦,原设杭州海防同知吴宏曾驻海宁,添设同知李飞鲲驻仁和。两营守备分驻海宁东、西,千把总等官各驻要地汛防,兵丁派驻于海塘附近。

为防雍正二年潮灾重演,秋汛前添建土备塘,比旧塘高五六尺,以御异常风潮。尖山至万家闸筑大石塘约1万丈,龟山至李家村筑土备塘1.4万余丈,建闸4座、涵洞和木桥各6座。用石块堵塞尖山水口120丈。尖山至万家闸海塘背后附土加宽增高,附塘加宽增高,买民地取土。抢修、粘补旧塘及万家闸外修筑冲卸水口所用钱粮,在本年岁修案内核销。尖山水口约需银6.3万余两,新筑土备塘约13.5万余两,培补旧塘土约2万余两,添设官弁每年约俸饷银1.3万余两并米2 880石,共估银192万余两。[1]

针对此折,雍正十一年四月初一,上谕:

> 此所议俱属妥协,著交部照所奏行。朕思尖塔两山之间建立石坝以堵水势,似类挑水坝之意,所见固是。若再于中小门开挖引河一道,分江流入海,以减水势,似更有益。从前虽经开挖旋复壅塞者,皆因惜费省工之故。今若倍加工力开挖,两工并举,更觉妥备。石坝建后即有涨沙,而石塘亦当渐次改建,以为永久之利。其开挖引河之处,著程元章会同汪漋、张坦麟等相度地势,酌量办理。该部知道。[2]

从这道上谕中不难看出,雍正赞同建设尖山石坝、改建大石塘,但认为以往中小门引河旋挖旋淤是因节省经费,因而命令程元章、汪漋和张坦麟开挖并举,重开中小门引河。雍正强调,即使尖山石坝建成后北岸沙涨,石塘仍应依次改建,以期永久。雍正无视引河非人力能为的说法,不尊重自然规

---

1 《内大臣海望请尖塔两山建立石坝增设官弁疏》(雍正十一年三月)、《工部覆海望塘工修筑事宜议》(雍正十一年四月),见方观承纂《两浙海塘通志》卷5《本朝建筑二》,《钱塘江海塘史料》(三),杭州出版社2014年,第83—87页。

2 中国第一历史档案馆编:《雍正朝汉文谕旨汇编》,广西师范大学出版社2000年,第8册,第279页。

律而强调主观愿望的做法，将带来系列副作用。

根据上述计划，三月初三起海盐、平湖土塘培筑，四月底告竣。海宁、仁和应筑土备塘五月初六开工，因上年潮灾后民众靠春花度日，待菜豆二麦收获后方开始。程元章奏请将尖山坝工等冬初兴工，中小门引河适当推迟。[1] 五月梅雨连绵，六月以来需庤水灌田，人夫无多，进展缓慢。六月二十日晚，潮势汹涌，浪高丈余。次日，风浪加早潮使潮水扑上塘面，旧塘坍矬 1 000 余丈；尖山附近去年由坍卸块石塘改为大条石塘处坍陷 36 丈；塘前涨沙与塘后民地坍成环月形，深 2 丈，遂抢筑弯月土塘一道。朱批："朕实代汝忧之，但朕之忧未知谁体量（谅）也。"[2]

雍正对程元章的担心成了现实，此事引发了满汉管理权之争。八月份，海望认为塘工又坍是因从前工未坚固、监修人员草率，但带往监修海塘的内务府御史偏武、员外郎讷青额因不服水土将随海望回京，只剩员外郎穆克登额在浙。若再派内务府人员监工，会因路遥误事，故建议让浙江将军阿里衮、副都统隆昇选派旗员参与监修，将军、副都统协同稽查。[3] 海望的指责可能有一定可信度，但不排除为自己作为主要决策者的修筑计划推脱。他建议由满族将领负责监工，这说明对汉族大臣不信任，关键时刻对同族认同更多。

旗人很快积极介入监修，五月初六土备塘开工时委派承修官 7 名和佐杂官 50 多名分段负责，九月初四开始，阿里衮不时稽查并派监修旗人 9 名、兵弁 40 多名协同催赶。土备塘于十二月完工。[4]

雍正认为塘工进展太慢，十二月二十三日，怒斥程元章、阿里衮与隆昇办事不力，责问尖山石坝与中小门引河工程半年内为何迟不动工。他令程元章、阿里衮、隆昇、张坦麟、汪漋、穆克登额等速将各工及时修筑。该谕旨

1　"至于尖塔两山之间建立石坝，以堵水势，缘此时潮汐较之二月内臣等会勘时尤为更大，工力难施，应请仍照原奏，俟冬初水落时然后举行，似属妥便。再，中小门开挖引河之处，臣会同大理寺卿汪漋、原任内阁学士臣张坦麟前往详加会勘，相度地势，共同筹酌，另行请旨遵行。"见《浙江总督程元章奏报会勘兴修海宁塘工情形折》（雍正十一年五月初六日），中国第一历史档案馆编《雍正朝汉文朱批奏折汇编》，江苏古籍出版社 1988 年，第 24 册，第 469 页。

2　《浙江总督程元章奏报亲赴海宁会勘坍矬各段塘工情形折》（雍正十一年七月十三日），见中国第一历史档案馆编《雍正朝汉文朱批奏折汇编》，江苏古籍出版社 1988 年，第 24 册，第 801—802 页。

3　《内大臣海望请拣发旗员协办塘工疏》（雍正十一年八月），见方观承纂《两浙海塘通志》卷 5《本朝建筑二》，《钱塘江海塘史料》（三），杭州出版社 2014 年，第 87 页。

4　《浙江总督程元章等奏报土塘工程完竣情形折》（雍正十二年正月二十八日），见中国第一历史档案馆编《雍正朝汉文朱批奏折汇编》，江苏古籍出版社 1988 年，第 30 册，第 705—706 页。

的具体内容如下：

> 朕因浙省海塘关系紧要，是以特命大臣前往，会同该督等相度形势，定议兴修。又恐在工人员或怠缓稽迟，不能实时建筑，特令将军阿里衮、副都统隆昇会同该督等督催办理。近闻堵塞尖山、开挖引河已经该督等查勘数次，尚欲再勘再商，但以行文闽省调取善水之人试探为辞，议论纷纭，终无定议。全不思海水潮汐有时，若迟至潮水长盛之时，如何施工？且采办石料又互相推诿，舍近求远，致稽时日。该督等既不努力办工，而阿里衮、隆昇亦俱袖手旁观，不上紧催办。若各工内实有难以施工、应奏闻请旨之事，亦应及早奏明，何得半年以来尚无头绪？著传谕程元章、阿里衮、隆昇、张坦麟、汪漋、穆克登额等，速将各项工程及时修筑，毋得仍前怠忽。[1]

塘工进展缓慢，除经费和管理因素外，潮汛冲击因素不可忽视。截至本年十二月，海塘大面积坍损。[2] 这再次说明岁修的重要性。每年大汛会对海岸造成不同程度的冲击，岁修不可荒废的说法乃不易之论。

可是，雍正十二年正月二十八日，程元章、汪漋、张坦麟上折称尖山石坝难筑、中小门难开。尖山水口估石 6 万万方，海口宽 200 丈、深 2 丈，块石抛下旋被冲走。海潮自东而西、江水自西而东由此出入，堵塞水口也不免尖山一带泛溢。中小门及其东、西两侧不适合挖引河。引河须分江之大溜以引入，中间沙土坚实、两边立岸，方不致两岸坍塌淤塞河道，江流出口处冲力大于潮水才不致泥沙淤积。中小门以西下严加湾江流湾势看似可用，但终非大溜，疏通后江水不能一气贯通入海。江溜迁徙靡常，将来可能仍在南岸或转北岸。中小门开挖未及五尺即为水沙，随挖随聚，易淤塞。中小门以东至党山港为江流入海处，每月大潮携带泥沙势压江水，入河身十余里，引河可能被堵塞。北大门内

1　中国第一历史档案馆编：《雍正朝汉文谕旨汇编》，广西师范大学出版社 2000 年，第 8 册，第 312 页。
2　海防同知吴宏曾员下：春季至九月底坍竣草塘 4680 余丈，盘头雁翅 370 余丈，块石塘坍竣 1250 余丈，泼坏坦水 770 余丈，盘头 80 余丈；艾家庙东至邢家门前加筑防风堤 370 余丈，筑土堤 240 余丈；平陷许凤其门等处中条石塘改筑草坝 220 余丈。杭州府通判张伟辖下：万家闸冲卸水口接筑柴埽至俞尔英竹园 130 余丈。西塘海防同知季飞鲲员下：六月二十一至九月底，坍竣草塘 7100 余丈，盘头雁翅 50 余丈，接筑俞尔英竹园至李家村草塘 250 余丈，坍石塘 350 余丈；平湖修石塘 15 丈，益山脚至独山司城加培土塘 780 余丈；六月二十等日风潮，冲损独山土塘 300 余丈。岁修内报销，仁和总管庙前坍江塘 10 余丈，钱塘梵村、午山地前各坍江塘 70 余丈。见《督臣程元章请筑仁钱海平江海塘疏》（雍正十一年十二月），方观承纂《两浙海塘通志》卷 5《本朝建筑二》，《钱塘江海塘史料》（三），杭州出版社 2014 年，第 87—88 页。

原有南港河,从前江海相通,后江流转北,此河不能御潮,雍正十年被淤。现江水逐渐向南,此处渐被冲击,东首潮水所到处尚为深沟,可通舟楫,由西而东相隔十五里。根据地形,似可疏通,但淤塞时间过短,沙土比中小门更松浮,施工困难。此处仍在北大门之中,即使设法疏浚开通,江海河流潮势仍趋东北汇入尖山,再冲塘身。因而,南港引河起不到分流作用。[1]

雍正对明显违抗圣意的这一奏折极为不满,但并未直接训斥程元章,而是将折交与鄂尔泰、海望等人商议。鄂尔泰等秉承圣意,痛斥程元章:第一,尖山水口不堵,则江溜、海潮直冲塘身,海宁难以改建石塘,即使建成,塘脚也会因海潮搜刷难以稳固,不塞水口而讨论建塘则是本末倒置;第二,原估石料不足,可申请加增;第三,块石散抛恐随波漂荡,可制造木笼、竹篓或购买旧船,内贮石块,外用铁链,连成一片;第四,尖山至塔山不过百余丈,外面即大洋,堵塞此口,大溜将归中道,水去沙留,石坝可固。延议:程元章在九月前备齐物料于冬日潮小时开工筑坝,重勘并筹划疏浚中小门。为证明尖山石坝的必要性,鄂尔泰声称不独内大臣海望及御史偏武、翁藻等亲勘形势后以为应塞,地方绅民亦持同样看法。[2] 鄂尔泰与海望驳斥程元章,除明知皇帝开挖中小门引河心意不可拂外,还因海望作为钦差勘查后决定修筑石坝、开挖引河。程元章此折明显与之相悖。鄂尔泰和海望乃儿女亲家,鄂尔泰之子鄂宁娶海望之女为妻。[3] 两人不会为程元章辩护。

据此,上谕:

> 浙省海塘关系重大,固须详慎,尤戒迟疑。若总理者不肯担承,将分任者愈多瞻顾,则因循草率,迄无远图,其何以谋奠安而垂永久?看程元章毫无确见,今将海塘一应工程著隆昇总理,令偏武前往协办,所需文武官员俱听拣调。其运办物料、预备人夫及给发钱粮等项,仍著程元章料理应付,毋得推诿,毋得稽迟。[4]

---

1 《浙江总督程元章等奏报尖山难以堵塞引河未能开通等情折》(雍正十二年正月二十八日),见中国第一历史档案馆编《雍正朝汉文朱批奏折汇编》,江苏古籍出版社 1988 年,第 30 册,第 703—704 页。

2 《大学士鄂尔泰查看海塘议》(雍正十二年四月),见方观承纂《两浙海塘通志》卷 5《本朝建筑二》,《钱塘江海塘史料》(三),杭州出版社 2014 年,第 85—87 页。

3 《襄勤伯鄂文端公年谱》,见《清史资料》第 2 辑,中华书局 1981 年。

4 翟均廉纂:《海塘录》卷首一《诏谕》,见《钱塘江海塘史料》(二),杭州出版社 2014 年,第 11 页。

上述史料透露出,雍正认为程元章对塘工没主见,命副都统隆昇总理、御史偏武协办,所需文武官员俱听拣调,运办物料、预备人夫及给发钱粮等仍令程元章料理。[1] 雍正此举反映了他对尖山石坝与开挖引河工程的急不可待和坚定决心。程元章仅仅因为提出不同意见就被撤职,这也让继任者隆昇感到责任重大,围绕皇帝喜好的工程来做工作无疑成为不二选择。但是,这一举动使得塘工管理与行政级别出现了错位,副都统为塘工总负责人,总督和将军成了配角。这种管理体制带来的行政运作弊端,在此后的实践中暴露无遗。

第七节　隆昇总理塘工

雍正十二年(1734)三月十二日,隆昇会同汪隆、张坦麟、阿里衮、穆克登额查勘中小门地形。[2] 河庄山东首旧有南港河,柴卤船只不时往来;西首沙淤仅十五里,易挑浚且花费小。程元章对此犹豫不定,隆昇传章京齐固山等商酌,旗员兵丁踊跃异常。隆昇称引河开挖成功就报销钱粮,否则自行出资。鄂尔泰不赞成动用驻防兵力,建议雇夫挑挖,令将军阿里衮拨弁兵督查。[3] 隆昇完全迎合雍正,此处勘查的南港河,只是此前程元章提到的一条难以开挖的河道。

隆昇和张坦麟于三月二十日重勘中小门故道,在党山、凫山与南港河交叉水口审视江水出入情形,远出水口外十五六里海口两岸沙涨高昂,入海水路宽大,西头淡水埠大溜紧贴土岸。二人决定开挖南港河故道,分泄中小门余溜,以防海宁海塘受损更重。为防五月梅雨连绵,隆昇不等偏武到来,就于四月初四开工。[4] 先浚中小门中段,二十日抽调部分人夫到南港河,同时兴工。四月二十五日夜雨,二十七日午时江溜、海潮直入中小门,乘势令盐船、渡船和渔船用太平耙、混江龙刷洗河道。中小门水归故道,南港河贯通。

1　中国第一历史档案馆编:《雍正朝汉文谕旨汇编》,广西师范大学出版社 2008 年,第 8 册,第 316 页。

2　《总理浙江海塘副都统隆昇奏报中小坦工程开工日期等事折》(雍正十二年四月初一日),见中国第一历史档案馆编《雍正朝汉文朱批奏折汇编》,江苏古籍出版社 1988 年,第 26 册,第 96 页。

3　《大学士鄂尔泰覆副都统隆昇开挖河港议》(雍正十二年三月),见方观承纂《两浙海塘通志》卷 5《本朝修筑二》,《钱塘江海塘史料》(三),杭州出版社 2014 年,第 89 页。

4　《总理浙江海塘副都统隆昇奏报中小门工程开工日期等事折》,(雍正十二年四月初一日),见中国第一历史档案馆编《雍正朝汉文朱批奏折汇编》,江苏古籍出版社 1988 年,第 26 册,第 97—99 页。

引河工程在短期内成功，与人力、物力调配密不可分。每日雇人夫 1.9万至 2.5 万名，分段施工，并调文武现任、候选、试用、废员及浙江绅矜、军中将校 80 余员，派拨号段巡查或监督物料转运。棚厂 600 多座供休息，购药材防瘟疫。引河开挖正值农忙养蚕、戽水灌溉，挑挖土方按日给夫价银六分、阴雨停工半给工价，此乃农忙夫价而非成例。

中小门引河起到一定作用。万家闸一带被春潮冲洗的涨沙，五月初一日重涨，直接塘脚往南十余里，东接潮神庙。潮神庙至翁家埠中间亦涨有沙脚，大溜趋南。隆昇奏报引河全图与新涨沙形，雍正非常满意但从图上认识到重淤可能性大，要求随时报告最新情形。[1]

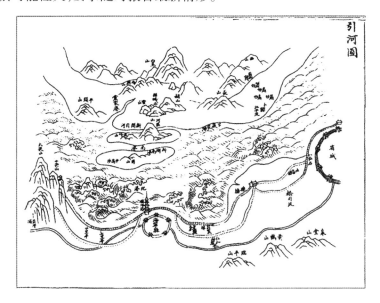

图 4 中小门引河图

（翟均廉纂：《海塘录》卷 1《图说》，见《钱塘江海塘史料（二）》，杭州出版社 2014 年，第 43 页）

引河完竣后，西塘自万家闸、翁家埠、老盐仓至杨家庄一带险工贴塘沙涨 50 余里。梅汛以来，西塘平稳，尖山水口水势稍分。今冬尖山坝工开始前，紧贴尖山外口筑鸡嘴挑水浮坝，阻挡潮水进入，在文武庵筑坝挡江水出。此前曾修草盘头十余座，每遇大汛，大溜反遏水流使冲力更大，盘头附近海塘坍陷更多。隆昇建议修筑能御潮的盘头，对塘工无益的不予加镶，以省经

---

1 《总理海塘副都统隆昇等奏报中小坦南港两处引河工竣折》（雍正十二年五月初一日），见中国第一历史档案馆编《雍正朝汉文朱批奏折汇编》，江苏古籍出版社 1988 年，第 26 册，第 245 页。

费。雍正称赞办理妥善,勉励隆昇努力工作,强调尖山石坝要一举成功。他借此强调,办理工程有公忠之心就会得到神灵保佑,事半功倍,还说平庸愚蠢之辈不懂天人感应的道理。[1] 这明显是在批评声称中小门引河工程不可行的程元章和张坦麟等人。

获皇帝肯定后,隆昇报销引河经费。调用民船由地方官给价,器具、物料和医药费从原估中开支,水桶、长木和新置引河器具从织造项内垫付,将来在引河案内报销。[2] 引河用银 5 万余两。造混江龙、铁篦子等器具,用人夫捞浅,陆续疏刷。八月,添海防通判,驻河庄山专司疏浚,拨外委千总 1 员、马步兵 24 名,轮流防守疏浚。十二月十五日,闽浙总督郝玉麟请派拨 400 名兵丁归引河通判管理,负责疏浚。[3]

报销引河经费的同时,隆昇处理塘工中的人事问题,参奏海防道王敛福等行为不法。工程中贪腐,雍正十二年初就引起关注。二月初一日,监察御史沈喻参海防同知吴弘曾、海防道王敛福偷拆塘工和虚报经费。去年十一月十八日,吴弘曾将陈文港蛀陷附石土塘两头未开裂块石塘拆开八九尺,挖深 9 尺,留 16 丈作坍塌抢修用,这是明显冒销。本年正月清查浮冒时,发现王敛福、吴弘曾朋比为奸,在应改建鱼鳞大石塘处增坦水。[4] 吴弘曾主持的塘工缺土 9 万余方,饬令赔补时王敛福推脱给夫头,多次追缴仅赔银 2 800两。吴多次擅改经费用途、更动工程规格。四月,海宁西新仓一带加土时需在塘内较远地方挖土,王敛福授意在坦水下挖沙土、掺黄土,修筑 148 丈。五月初大汛,乍浦蛀陷 30 余丈,剥蛀三四寸到一二尺,王敛福说蛀陷 1 047 丈、均深四五尺,经驳斥说险工 11 丈。[5] 四月,王敛福推诿不办堵塞尖山水口物料,多次催促仍办事不力。七月,程元章雇募石匠采石并安排船运,估 8 万万斤,三个月后仅采办 1 万万斤。[6]

1　《总理海塘副都统隆昇等奏报遵查海塘流刷等情折》(雍正十二年七月初一日),见中国第一历史档案馆编《雍正朝汉文朱批奏折汇编》,江苏古籍出版社 1988 年,第 26 册,第 638 页。

2　《总理海塘副都统隆昇奏报备办疏浚引河器具所用银两暂于织造项内垫用情形折》(雍正十二年五月初一日),见中国第一历史档案馆编《雍正朝汉文朱批奏折汇编》,江苏古籍出版社 1988 年,第 26 册,第 248 页。

3　《浙闽总督郝玉麟等奏报酌拨海塘额兵四百名挑浚引河新工折》(雍正十二年十二月十五日),见中国第一历史档案馆编《雍正朝汉文朱批奏折汇编》,江苏古籍出版社 1988 年,第 27 册,第 444 页。

4　《监察御史沈喻奏报偷拆塘工捏造抢修稀图冒销事》(雍正十二年二月初一日),见中国第一历史档案馆编《雍正朝汉文朱批奏折汇编》,江苏古籍出版社 1988 年,第 30 册,第 706—707 页。

5　《总理海塘副都统隆昇等奏参浙江新设海防兵备道王钦福纵容庇误折》(雍正十二年七月初一日),见中国第一历史档案馆编《雍正朝汉文朱批奏折汇编》,江苏古籍出版社 1988 年,第 26 册,第 640—643 页。

6　《总理海塘副都统隆昇等奏报堵塞海宁县尖山水口开工日期折》(雍正十二年十月十三日),见中国第一历史档案馆编《雍正朝汉文朱批奏折汇编》,江苏古籍出版社 1988 年,第 27 册,第 120 页。

隆昇所说问题可能不虚。九月二十一日，布政使张若震奏报修护海塘五条建议：钱粮俱宜分案具领，不许通融办料；保固宜分别定限；估计册籍宜令承修官会同估造；抢修宜令大员确核兴工；紧要处所宜酌量速备物料。[1] 这说明，以往工程中存在偷工减料、浮冒钱粮、徇私舞弊等不良行为，但备办物料和采石、运石均乃极其复杂的系统工程，会受到原料产地、运送过程中水路交通等多种因素的影响，非短期内可以完成，需循序渐进，无法贪功冒进。[2]

隆昇当时主要关注了中小门引河与塔山石坝工程，协调管理可能非其所长。副都统总理塘工、总督和都统给其做副手的管理体制，会带来运转不灵的问题。更重要的是，程元章、汪漋和张坦麟对工程的怀疑态度虽被强行压制但内心不悦，隆昇绕开他们转而依靠旗人，这使双方裂痕更大，不合作现象可想而知。另外，张若震的建议中也提到抢修和准备物料以备不测，这从反面说明隆昇主持塘工以来对抢修并不在意。很可惜，此时隆昇和雍正没有注意到该问题，为将来海塘在没有特大潮汛情况下发生溃决埋下了伏笔。

九月二十二日尖山石坝开工，将军、总督等一起到工，选派满汉文武员弁分工执事。尖山脚下至塔山满潮丈量长 182 丈。石宕俱在沿海，雇船随潮装运，晚潮不能驾驶，日潮各船乘潮而进，潮平船到工。先用石料堵塞，内山水口竖插标竿于水中，用船下石于尖山脚下，用块石或竹篓盛石挨砌堆垫，急溜处用铁锚、铁鏫角挂绳酌量安放。[3] 十一月上谕：坝工结束后在尖山盖庙供观音。隆昇决定在旧瞭望台基址建庙。此前，谕令隆昇建报恩、崇恩、海会、圆照、觉海五庙。[4] 至十二月二十六日，堵塞水口 72 丈。往日海潮湍急、深六七丈处，两边贴坝随堵随起涨沙，沙上水浅二三尺。朱批："欣悦览

1　《浙江布政使张若震奏陈修护海塘事宜五条及清厘核销承修各员支过钱粮折》（雍正十二年九月二十一日），见中国第一历史档案馆编《雍正朝汉文朱批奏折汇编》，江苏古籍出版社 1988 年，第 27 册，第 3—5 页。
2　石料是石塘工程中必不可缺的原材料，但是石料价格、运输难度、采石和禁山之间的矛盾冲突等，均影响石料采运速度。详见王大学《明清"江南海塘"的建设与环境》，第七章《石料的采运》、第八章《采石与禁山》，上海人民出版社 2008 年。
3　《总理海塘副都统隆昇等奏报堵塞海宁县尖山水口开工日期折》（雍正十二年十月十三日），见中国第一历史档案馆编《雍正朝汉文朱批奏折汇编》，江苏古籍出版社 1988 年，第 27 册，第 120 页。
4　《总理海塘副都统隆昇等奏请动支建造报恩等处庙工余银兴造尖山观音庙工折》（雍正十三年三月初一日），见中国第一历史档案馆编《雍正朝汉文朱批奏折汇编》，江苏古籍出版社 1988 年，第 27 册，第 790 页。

之,大有可望就绪也,勉力为之。"[1]

隆昇在主持中小门引河与尖山石坝过程中,赶工过急且为捞取政绩,出现苛政。雍正听说督工之员不恤人情,夫役多有怨言、躲避逃匿,200里外的竹匠要服劳役,附近居民以塘工为苦。雍正十三年三月十六日,上谕查勘有无此情形,要求注意民生。隆昇回奏,准时发工钱,搭棚厂让民夫休息,请医发药膏,冬备姜汤、茶水,石匠发棉袄,遣返征用石匠中混充的泥水匠、灰匠。采石中碎石向被抛弃,现令装篓填砌,石匠感激。三联印单分发督采工员、船户与工所验收人员,防收取以少报多。运石船逢大汛停歇,小汛海面常遇风雨,船户水手系临时雇募操作不熟,调乍浦水师满、绿营官兵押运。去年九月、十月间,茶山旱路运石人夫七八百名,后用小车代人工扛抬,现用二三百名。谕工匠每名加至五分,块石每方加至六分。此时水口堵塞92丈,西阻江流,东阻海潮,水势逐渐向南。念里亭至尖山之东随新筑石坝涨起新沙,潮退露沙面三百至千余丈、宽二百丈至七八百丈。雍正并未完全相信隆昇的辩解,也没有深究此事,强调日后要注意工程不可扰民。"朕既闻,岂无因? 或汝等差派属员奉行不善处必有,向后可勤加察访。此举原图安民生理,岂可因此而劳百姓也。"[2]

其实,除工程中苛政扰民外,隆昇忽视塘工岁修、抢修工作并由此与程元章等人产生的矛盾也非常严重。三月,总督程元章上折奏报去年仁和、海宁等县石草塘工坍塌情形。程元章多次察看海宁、仁和海塘,命令及时抢修。根据署理东塘同知张伟和杭州知府秦玠报告,此前两年两县坍塌石草塘工及盘头雁翅等6 280余丈。工部同意抓紧抢修并造册工料细数,以便核销。[3]

五月,程元章结合布政使张若震的条陈,筹划制定四条塘工条例。

第一,钱粮要分案具领。塘工钱粮关系国帑,工程段落长短和远近不同,如果承办人员将负责数段工程钱粮全领,往往东挪西借。此后承修工程各段要专门到布政司领款,不能将数段工程款全领走,也不得通融办料、任

---

1 《总理海塘副都统隆昇等奏报填筑尖山水口情形折》(雍正十三年正月初一日),见中国第一历史档案馆编《雍正朝汉文朱批奏折汇编》,江苏古籍出版社1988年,第27册,第499页。

2 《总理海塘副都统隆昇等奏报料理浙江海塘修筑工程及尖山石塌按次堵塞情形折》(雍正十三年四月初一日),见中国第一历史档案馆编《雍正朝汉文朱批奏折汇编》,江苏古籍出版社1988年,第28册,第3—5页。

3 《总督衔兼管巡抚事程元章题报十二年仁和海宁等县石草塘工陆续坍塌段落情形疏》(雍正十三年三月),见方观承纂《两浙海塘通志》卷5《本朝建筑二》,《钱塘江海塘史料》(三),杭州出版社2014年,第91—92页。

意挪动。承办人员要及时汇报款项使用情况,加强监督。

第二,海塘保固宜分别定限。海宁、仁和成险工,海塘有土、石和草之别,需逐一详细分析,不能以平稳、险工确定二年或一年保固。土备塘在石塘里面,不处御潮第一线,照不险工例保三年。新筑条石塘和块石塘系塘身坍塌后改筑且面临海潮江溜日夜冲击,应按原议各保固一年。草塘易朽烂,附石土塘因紧靠塘身,夏秋易被潮水冲击,按险工保固半年。加镶草塘乃在顶冲处抢修,应按最险例保固三个月。如遇异常大汛或风潮,查明工程坚固且经费使用合乎情理,则可免赔补。

第三,请承修官员参与册籍估计,以免推卸责任。以往海塘物料预算由地方正印官估算,由海防同知领银办料后发给承修人员,目的是为防止承修人员浮冒,但部分不良承修人员在因修筑不合规定或未按期完成工程而遭工部驳斥时,往往推脱预算有误或地方官造册太迟。今后册籍核算请承修人员参与,由兵备道详核,以免日后推卸责任或浮冒钱粮。

第四,海塘紧要处所应酌量储备料物。海塘绵延数百里,需在险要地方储备物料,遇险立即抢修,以免措手不及。同知两员办理塘工,难以腾出精力办理此事,可拨付银两向产柴各县购买,然后交塘工委员验收存储,由兵备道不时稽查。海宁塘工遇到大汛时,坦水作用极大,需不时勘查抢修。[1]

程元章上此折是因为海塘被破坏,已经不能再缓,需要抓紧日常维修,以防夏秋大汛时海塘大面积坍塌。但是,令雍正与臣民都没想到的是,此折之后未满一个月,两浙海塘在平常潮汛中就出现了大面积溃决的现象。

> 宁塘自雍正以来岁有冲陷,历任督抚随坍随修,虽大工未兴而修补以时,不致大溃。自副都统隆公总理以来,专意堵塞尖山水口、开挑中小门引河,而于塘身任其坍陷、坦水任其倾欹,并岁修工程亦复停止,故程公有此奏尔。时隆、程二公意见龃龉,至海塘破坏情形已见始具疏,入告未一月而三邑报坍矣。[2]

雍正十三年六月初二夜,正值大汛,霖雨如注,潮水涨满,西南飓风陡

1　《总督衔兼管巡抚事程元章题请海塘事宜定例疏》(雍正十三年五月),见方观承纂《两浙海塘通志》卷5《本朝建筑二》,《钱塘江海塘史料》(三),杭州出版社2014年,第91—92页。

2　乾隆《海宁县志》卷4《海塘》,中国方志丛书·华中地方第516号,台北成文出版社1984年,第480页。

起,寅卯时转东南风,海塘坍卸十之八九,倾卸草盘头数处。初三日午后,风止水息,海水未漫塘面。200 余只运石船受损十之八九,8 只失踪。[1] 仁和、海宁坍草塘 3 951 丈、盘头 124 丈、石塘 5 656 丈;海盐坍附石土塘 2 560 丈,冲卸大石塘面并里外拦水石 248 块,土备塘坍涵洞 1 个,小坍 25 丈;仁和、钱塘江塘间有坍卸。两县自正月至六月初二日,坍矬草塘和盘头雁翅 2 388 丈、石塘 567 丈、潮沟作坝 3.3 丈。地方大员派委佐杂 20 余,相度形势,帮筑高阔并多备物料。[2]

六月十八日,布政使张若震建议按照河工例,派大臣专管塘工,处理料物钱粮。除已经题销和引河、尖山二项工程另案报销外,雍正九至十三年六月共用银 68.8 万余两,只有土备塘可御潮。从前未销的钱粮奉命多次勘查,延迟数年。现工程坍矬,无法查勘。此次风潮后维修意见不一,公文辗转推诿。海防道成贵去秋患疟疾后办事勉强,东塘同知张伟处事软弱,西塘同知李飞鲲遇事巧滑。[3]

雍正就此掀起了问责风暴,也牵出了施工中的更多黑幕。

六月二十九日,谕责本月初三冲坍西塘、尖山附近海塘受损严重,这是针对隆昇数次上折说尖山石坝可保海塘平稳、西塘万家闸一带已有涨沙而言的。隆昇称坝工开始后尖山左右涨沙 20 多里,尖山至海宁县城海塘弯环曲抱,涨沙到东塘念里亭,距西塘尚远。西塘万家闸一带从去年五六月间有涨沙五六十里,秋汛渐被洗刷,本年春夏以来接涨 20 余里,中间六七十里阴沙未涨。东塘陈文港沙中水汉因潮击而将涨沙拦截在外,新涨之沙原不高厚,小汛沙露,大汛潮仍泛过。东、西两头之沙系初涨,中间有未涨处,须通塘全涨高厚,塘身方可无虞。坝工已完 116 丈,六月初二风潮后,调拨运船石匠抢修,坝工估计年内难完。[4] 隆昇明显是为指挥失误辩护,不要说尖山石坝没有全部修筑完毕,即使坝工完成,也不能保护通塘涨沙。如前所述,海宁与海盐自然环境的不同决定了两地此坍彼涨。

1 《闽浙总督郝玉麟等奏报浙省海塘被风及抢修保护情形折》(雍正十三年六月初七日),见中国第一历史档案馆编《雍正朝汉文朱批奏折汇编》,江苏古籍出版社 1988 年,第 28 册,第 534 页。
2 《工部覆抚臣程元章请修石草塘议》(雍正十三年三月),见方观承纂《两浙海塘通志》卷 5《本朝建筑二》,《钱塘江海塘史料》(三),杭州出版社 2014 年,第 91 页。
3 《浙江布政使张若震陈署海防道成贵等办事不力请将海塘照河工例派大臣专管折》(雍正十三年六月十八日),见中国第一历史档案馆《雍正朝汉文朱批奏折汇编》,江苏古籍出版社 1988 年,第 28 册,第 622 页。
4 《总理海塘副都统隆昇等奏覆查明尖山工程督筑情形并饬属赶修坍塌石塘折》(雍正十三年八月初一日),见中国第一历史档案馆编《雍正朝汉文朱批奏折汇编》,江苏古籍出版社 1988 年,第 28 册,第 882 页。

郝玉麟更多是把此次海塘溃决归于隆昇所导致的人祸。郝玉麟在雍正十三年四月就任闽浙总督,后赴浙处理吏治、营伍和地方庶务,发现塘工中尖山石坝工程完成十分之六,海底出现些许涨沙,但沿线海塘除条石塘坚固屹立外,块石塘不如条石塘坚固,条石塘坍卸处暂用柴薪抢修甚不坚固,数千丈草塘仅用柴土堆砌抵御潮汐,更应该加紧抢修。以上各塘在十一、十二两年虽然随时抢修,但冬日却未进行岁修。郝玉麟告诉将军傅森、巡抚程元章、副都统隆昇、钦差大臣大理寺卿汪漋和内阁学士张坦麟,如此险要工程,抢修不过是权宜之计,各塘应该加紧补筑修整,以防风潮不测,不可把此前两年并未加修而侥幸安全视为常态。郝玉麟命令布政使张若震给发银两采办料物,命令海防同知抓紧丈量工段、勘估造册,但是还未来得及动工就出现了六月初二日的风潮溃塘现象。海塘此前两年因督修意见不合而未岁修,虽节省一定经费,但此次坍塌后维修费更多。现届伏秋大汛,修补刻不容缓,但石料短期内不能运到,只能照旧暂用块石、柴草抢修。

郝玉麟声称除前任巡抚朱轼所筑 500 丈石塘坚固外,其余条石塘的塘身亦坚固,剩余工程已由巡抚程元章饬令采办石料,分段修筑。如果地方大吏和塘工总理大臣秉公无私、同舟共济,塘工并不难办理,可惜众人意见不合。郝玉麟明显同情程元章,认为:程元章政务颇勤,操守亦好,心存公心但魄力不够;隆昇办事甚勤但性情偏执、刚愎自用,办事苛责,在工人员多有怨言,人皆畏惧而不敢进言。郝玉麟恳请另派大员负责塘工,拣选家道殷实人员20 名,负责具体事务。[1]

了解了塘工管理的种种乱象后,七月十一日雍正发布谕令:第一,六月初二日风潮不过是风大水涌,与往昔海啸不可同日而语且持续时间不长,如平日注意维修,溃决之处就不可能这么多。主要原因是,数年来经管官员未对旧工随时修补,且连岁修也不进行,导致根脚空虚,处处危险。第二,海防兵备道乃特设专管塘工官员,从前隆昇、程元章奏请由成贵担任时,雍正觉得成贵没有经历过河工恐不能胜任,并且若其由乍浦同知升任道员,则升职幅度过大,因而暂时让其署理海防道。听说成贵并不熟悉塘工且患疟疾不能办事,东塘同知张伟为人软弱安坐海宁,西塘同知李飞鲲心存狡猾且整日

---

1 《浙闽总督郝玉麟奏报查勘浙江海塘及尖山工程情形并诣另行委员总理海塘工程折》(雍正十三年七月初一日),见中国第一历史档案馆编《雍正朝汉文朱批奏折汇编》,江苏古籍出版社 1988 年,第 28 册,第 716—718 页。

在省城奔走,均非实心办事之人。这是雍正把用人失察责任推脱给臣下,没有他首肯,新设海防道如此重要的职务能给一个毫无工作经验而且越级提拔的人吗?第三,隆昇与程元章等人意见不合,汪漋、张坦麟只知道随声附和而不顾国家公事。此前因为虐待民夫、克扣石料,经降旨斥责后略有收敛,但是石料收取中每万斤折减六七折不等,为符合原估6万两石料银,导致宕户石匠因不堪包赔而逃亡。平时人事松弛若此,终致上天警示!第四,闽浙总督郝玉麟在浙江却对上述事情视而不见,负有连带责任。在责骂完列位臣工后,雍正强调雇佣招募人夫、采办料物务必公平给价,让民众踊跃积极从事而不可强制扰民。[1]

七月十五日,谕责隆昇、程元章、汪漋、张坦麟等不和衷共济,而是互相争斗、暗怀私心,交部严查,并调刚结束江南海塘事务的王柔任海防道。

> 浙江海塘工程,原在平日随时补苴,防护谨密,始可御猝然之风浪。乃近年以来,经理官员将旧日工程以为非已身经手者,视同膜外,不加修补,以致今年六月初二日风大水涌,遂溃决塘工如此之多。此朕访闻最确者。朕为浙省海塘宵旰焦劳,无时或释,且不惜多费帑金,登斯民于衽席,年来所降谕旨不下数十百次矣。隆昇、程元章、汪漋、张坦麟,皆朕特简之大员,委以防川之重任,且训谕谆谆,望其实力奉行,勉以和衷共济。岂料伊等私心蔽锢,意见参差,但分彼此之形,全无公忠之念,安有身在地方,目睹堤岸空虚,而不督率属员先事预防急为修补者?隆昇、程元章、汪漋、张坦麟,俱著交部严察议奏。目今江南塘工告竣,王柔著补授浙江海防兵备道,速赴新任。[2]

七月十六日,郝玉麟、程元章上奏改建鱼鳞大石塘的经费问题。此前在雍正十一年,海望与李卫设计石塘需银170余万两,两年来海塘情形有变,需重勘。自程元章奏请开捐至今,收银36.4万余两,抢修用库银39万两,差额由地丁银暂垫。捐纳不兴是因捐纳仅限闽浙,途径过窄,请将褒奖途径扩至

---

1 方观承纂:《两浙海塘通志》首卷《诏谕》,见《钱塘江海塘史料》(三),杭州出版社2014年,第15页。
2 方观承纂:《两浙海塘通志》首卷《诏谕》,见《钱塘江海塘史料》(三),杭州出版社2014年,第15—16页。

江南、江西。[1] 七月十九日，谕内阁：

> 浙江海塘工程关系民生，最为紧要。朕宵旰焦劳，不惜多费帑金，为亿万生灵谋久远乂安之计，所以告诫在事臣工者，已至再至三矣。不料经理诸臣各怀私意，彼此参差，以致乖戾之气上干天和，有今年六月风浪溃堤之事。今虽勉力抢修，尚不知能捍御秋潮否。至于建筑石塘，工程浩大，若诸臣陋习不改，仍似从前，则大工何所倚赖。朕再四思维，大学士朱轼廉慎持躬，昔曾巡抚浙江，谙练塘工。今虽年逾七旬，精神不逮，而董率指示，似尚能为。朕以此询问朱轼，自称情愿效力。著由水路乘船前往，令该部给与水程勘合，并令沿途拨兵护送，伊子朱必阶著随伊父去。朱轼到浙之日，稽察指受，总理大纲。至一切工程事务，仍著隆昇、程元章、汪漋、张坦麟等照前办理，俱听朱轼节制。若大臣中有怀私龃龉者，著朱轼据实参奏，朕必严加处分。若文武官员等有营私作弊或怠玩因循者，朱轼即行纠参，从重治罪。朱轼未到之先，所有应办工程物料，著隆昇、程元章等上紧办理，毋得借口等候钦差，徘徊观望，以致稽迟。[2]

这道谕令的重点是让朱轼重主塘工大政方针，节制隆昇、程元章、汪漋、张坦麟，文武员弁玩忽职守或不听调遣则严惩不贷。这应该是雍正对以往海塘工程管理体制的反思，需要一个总负责人来协调一切，避免以往各自为政或者互相拆台的局面。当然，让已经垂垂老矣的花甲之人不辞辛苦重新负责两浙塘工，这本身更说明专业技术型官僚的缺乏。

七月二十一日，雍正再次谕责隆昇、程元章等人，把用人失察责任推脱给臣下。其实，乾刚独断使程元章等被边缘化，欺君罔上的引河工程赢得皇帝全力支持，这使隆昇更丝毫不顾与同僚之间的矛盾，导致满汉臣工之间矛盾加深而不合作的态度不断增强。海塘大面积溃决是人祸，雍正应负全责。

正因雍正撑腰，隆昇奏折中丝毫没提及海塘大面积坍塌，而是大谈尖山坝工进度以及引河、坝工在促使涨沙方面的作用。虽痛斥臣工办事不力并

1　《闽浙总督郝玉麟浙江巡抚程元章奏报筹改石塘经费折》（雍正十三年七月十六日），见中国第一历史档案馆编《雍正朝汉文朱批奏折汇编》，江苏古籍出版社1988年，第33册，第865—866页。

2　中国第一历史档案馆编：《雍正朝汉文谕旨汇编》，广西师范大学出版社2000年，第8册，第377页。

委派朱轼重新负责此事，但塘工惨状毕竟使雍正灰头土脸，他觉得引河工程毕竟为自己挽回了颜面。七月二十二日，上谕说隆昇好久没有奏报中小门引河情形了。八月二十日，隆昇回奏：引河 3 790 余丈、宽 12 丈，西口江溜冲洗去 300 余丈、宽三四十丈、深丈余，中段宽十二丈至十三四丈、深八九尺，东口宽 12 丈、深八九尺；南港河 2 700 丈、宽 5 丈，西口江溜冲洗去 100 余丈、宽 50 余丈、深 1 丈，中段宽五至十二三丈、深七八尺。凡遇小汛，饬令疏浚。[1]

　　隆昇继续开脱自己在海塘坍损中的责任。隆昇说仁和、海宁海塘 140 多里，只有朱轼任巡抚时修筑的 500 丈条石塘稳固，其余塘工自雍正元年至十一年岁修、抢修海塘用银 90.9 万余两，但雍正二年海啸、六年风潮、十年山水冲卸、十一年风大水漫，沿海多有冲溃，因而钦差海望和李卫决定筑万丈大石塘。这样在无形之中就把本年海塘溃决的责任推给前任，因为他们修筑的质量不好。隆昇把自己接手以来的塘工质量不佳问题的责任推给前任海防道王敛福和同知吴宏曾，说他们朋比为奸、侵冒 39 万两白银，导致工程随修随坍。

　　针对平日不注意海塘维修的说法，隆昇强调凡夏秋梅汛、伏汛遇到海塘坍矬泼卸者，均督率属员照旧例用柴签桩镶补，六月初二日风潮前抢修过草塘和石塘共 9 120 余丈。隆昇宣称以往塘工中的岁修、抢修其实均为随时补筑而已，去年开始按段抢补防护。本年春堵塞尖山石坝工程过半后，在新沙渐涨、与督抚会商改建大石塘之际，六月初二日风潮来临。此次被风潮损坏的海塘，均在改建鱼鳞大石塘范围内。水落石出，发现石料狭薄碎小、桩木违式短细。以往一经泼卸，捡起落石照旧堆砌，高、宽不过五六尺，上用层柴层土添筑，旧桩有长短不过五六尺至一丈者。塘身背后多建塘取土时贴塘刨挖的坑泺。

　　隆昇声称成贵去年接替王敛福后工作努力，患疟疾尚能办事。隆昇认为自己与督抚意见不合的症结在于，郝玉麟和程元章决定由粮道朱伦瀚任海防道，准备用稻草、毛竹抢修海塘并筑桩板塘。稻草入卤水即烂，毛竹见泥土不黏，不如照例用柴桩坚实。

　　关于收石折减问题，隆昇解释说，是因石匠说各山零碎块石乱堆影响运石道路，情愿装在竹篓里打折给价，折石收方是给小民更多好处。为防秤收

1 《总理海塘副都统隆昇奏报查勘钱塘江岸六合塔与引河塘工情形折》（雍正十三年八月二十日），见中国第一历史档案馆编《雍正朝汉文朱批奏折汇编》，江苏古籍出版社 1988 年，第 29 册，第 12 页。

不实,在大中小各船只上装石时刻订记号。雇佣的石匠中不能开采的,听其回家。[1]

隆昇此处开脱责任的手段并不高明。雍正十一年李卫与海望勘查塘工时就声明,先筑块石塘,石块虽小但坚固。这些工程是自雍正六年以来进行的,与时任总督李卫有很大关系。隆昇此举树敌更多。更关键的是,隆昇隐瞒了塘工中某些举措不可告人的目的,以及引河与石坝工程中给官民带来的痛苦。海塘之坏并非塘工难治。隆昇通过诋毁认真做事之人而获得总理塘工的权力,又希望通过损下益上捞取政绩,受到阻拦时又刻意陷害别人,最终导致官民不堪受累。

雍正十一年前的塘工由督抚司道暨海防厅管理,自成体系,上下有效沟通,历经雍正七年和十年飓风潮涨亦得保平安。自雍正十一年夏秋间,海望建议八旗官弁介入塘工监督后,隆昇借塘工邀功。隆昇接替程元章总理海塘工程后,上违督抚,下凌司道,偏执己见,处处掣肘,导致公事难办。隆昇上折参奏不顺从的海防道王敛福和海防厅吴宏曾,制造冤狱。

隆昇将雍正十一年之前岁修和抢修说成糜费钱粮,此后办理塘工不得不刻意节省经费,无可再省就苟且塞责。雍正十二、十三年间,石塘坦水未加一桩一石,草塘仅用浮土压盖柴草掩饰。这样做的目的险恶歹毒之极:海塘出现坍塌,说明此前工程质量不行;海塘稳固,说明雍正十一年后岁修用费比此前节省数倍,更证明从前浮冒钱粮。无论如何,都对前任官员进行了栽赃陷害。令隆昇没有想到的是,雍正十三年六月初二、初三日猝遇风潮,连续两年未曾认真岁修,加上未准备充分,海塘几乎全面倒塌。

中小门引河工程扰民严重。雍正十二年四月初开工时正值农蚕两忙,棚厂未盖,器具未备,骤然勒派民夫数万,官民彷徨不知所措。经司道再三请求,决定每日用民夫2.6万名。初夏以来时雨时晴,暑湿熏蒸,瘟疫出现,但不许民夫更替休息,导致多人毙命。后来各县挪用库银搭盖棚厂,备办器具,但至今未能报销。引河旋挖旋淤,隆昇却谎称成功收效,为防止引河重淤而申请设立引河通判,专门疏浚。[2]

---

1 《总理海塘副都统隆昇奏覆浙省各处海塘情形折》(雍正十三年八月二十日),见中国第一历史档案馆编《雍正朝汉文朱批奏折汇编》,江苏古籍出版社1988年,第29册,第13—16页。
2 李绂:《与大学(士)兼管浙江巡抚稽公书》,见贺长龄编《清经世文编》卷120《工政》,中华书局1992年,第2924页。

中小门引河工程在当时并不被下属官员看好,时任杭州知府蒋林就劝说隆昇此举极有可能劳民伤财,可惜隆昇固执己见。隆昇在当年三月二十五日夜命令杭州府出民夫 1.5 万人,但是蒋林因为当时正处两忙时节而坚持到四月初才让民夫到工。此举本已引起隆昇不满,再加上蒋林面诘隆昇,如果工程不成该如何,隆昇恼羞成怒,于是让蒋林留塘效力。隆昇为了赶工,还鞭笞和辱骂民夫。[1]

尖山坝工石料办理中问题最多,明扣石价,暗扣斤两,万斤之石仅作三四千斤,以致人心涣散。自雍正十二年十月开工以来,扰累官民一年有余,仅在山边浅水堵塞百余丈,中间宽深处随堵随卸,无法合龙,以致工员病故数人、船户伤残苦累、夫匠逃亡无算。各县暗地里补贴石匠安家路费,夫工不敷口粮,多的数千两白银,少的亦有数百两,无处报销,也无处可诉,民怨沸腾。

土备塘工程中弊端重重。在完工之前,隆昇勒令工员节省经费,在估报之内扣银万两,奏明节省充公,显示施工中节省工料,也反衬此前塘工管理者浮冒经费。工程坍塌后,工员无力赔修,隆昇又命令支销此前节省的经费,以公完公,这需上报户部。为避免被斥此前所奏不实,便勒令工员赔出这万两白银,但工员无力赔偿。隆昇多次让巡抚参奏工员并追回白银,程元章知道工员冤枉而不参奏,隆昇坚持不报销。

柴薪办料看似容易,但杭州附近无山,必须从宁波、绍兴等地山上肩扛数十里,才能由小木筏转运到大船入江,数次辗转方能达到杭州。原定柴薪价格相当于打折四五成,樵夫怨声载道。[2]

隆昇在塘工中的任意指挥和急功近利,引起其他官员借机反弹。八月二十一日,布政使张若震奏报查访塘工情形。六月初二日坍焴之处,七月十六日抢修工竣。此次抢修块石塘和柴土塘多半不能持久,八月以来多西北风,大汛已过,霜降后潮势平稳。堵筑尖山仅可捍御近山之塘,念里亭以东历海宁至华家卫等处五六十里,尖山堵筑后南岸潮水转折向北,成顶冲。现海宁潮水逼近城脚,中流积沙横亘,水势直逼塘岸。从前拟于旧塘坍卸后逐段改建,现全塘冲坍,根脚松浮,难钉桩砌石,最好的办法是按上谕修条石大

1　《清史稿》卷 477《循吏传二》,中华书局 1977 年,第 13006—13007 页。
2　李绂:《与大学(士)兼管浙江巡抚稽公书》,见贺长龄编《清经世文编》卷 120《工政》,中华书局 1992 年,第 2924 页。

塘。此地面临大海，每汛早晚两潮，已坍塘脚不敢轻拆，只能加砌坦水、增修盘头，平稳坚固后修筑石塘。工程太大，本省产石不敷，需多备经费到外省购买。捐纳条款需酌量变通，分办之员或照南河高家堰成例由工部派人监督。[1] 张若震的设计是一种新方案，在海塘背后避潮之地新筑鱼鳞大石塘将是一浩大工程。请求工部派人监督海塘工程，是为摆脱八旗官弁参与工程监督而带来的冲突，这明显是把隆升排除在外。

第八节 嵇曾筠的全新塘工策略

雍正对朱轼去收拾两浙塘工的残局寄予厚望。雍正十三年（1735）八月初八日，他对赴浙前的朱轼说，以往塘工因隆升与程元章意见不合而耽误，此次先把旧塘修筑完固，不可因塘身临水而内挪；鱼鳞大石塘系一劳永逸之计，不可因塘外沙涨而停。[2] 然而，八月二十三日，雍正驾崩，乾隆命朱轼回京办事，以大学士、江南总河嵇曾筠总理两浙塘工。[3] 这在某种程度上呼应了张若震的请求。此处主要解决满汉大臣的矛盾，隆升的飞扬跋扈和一意孤行已激起程元章等人不满，他们的不配合态度很明显。

嵇曾筠修正了雍正十一年的修塘策略，采纳了张若震的建议，即不在旧塘坍塌处逐段改建鱼鳞石塘，而建议坚持岁修、修补坍塌处，然后在旧塘后筑鱼鳞大石塘。旧塘是修筑鱼鳞大石塘的保障，日后可作外护屏障。

海宁浦儿兜至念里亭一带顶冲须塘身宽厚。雍正十一年加高附土，此后两年风雨淋漓致渐次塌卸，今被风潮冲漫，塘身需帮筑土戗。沿塘现无官地取土且多系坑洼，应照河工例，在离塘数十丈外购民地取土。间接护岸工程如坦水等，急需施工。海宁塘工多属活土浮沙，潮水洗刷脚根，易空虚。从前在塘外每岁补钉排桩，修砌坦水二至五层，年久桩木损折、石块泼卸，近今又乏岁修，猝遇风浪撞击，残圮殆尽，需购粗大桩石逐段修补。所需木石等料，命巡抚多募夫匠船只，公平给价，赴各山采运。

1　《浙江布政使张若震奏报八月以来潮汛平稳及察访海塘修筑情形折》（雍正十三年八月二十一日），见中国第一历史档案馆编《雍正朝汉文朱批奏折汇编》，江苏古籍出版社1988年，第29册，第22页。

2　乾隆《海宁县志》卷4《海塘》，中国方志丛书·华中地方第516号，台北成文出版社1984年，第485页。

3　《清高宗实录》卷1，"雍正十三年八月"条，中华书局1986年，第9册，第143页。

用大条石代替块石和碎石。以往塘工灌砌后锭锔钩联，多用零星碎石逐层堆垛，雨水淋漓后渗漏胀裂，风潮抽击后通身矬塌。现多方购运条块大石，将顶冲坍卸塘工分段改砌。石工坍裂后常用柴镶，层土层柴但难压实，容易漏缝，下有石、土未便签桩，亟须择险拆修，仍用大石块逐层铺砌。

翁家埠一带塘根沙土虚浮，从前修埽用柴堵御，随修随垫。潮平时埽工出水一二尺，遇伏秋大汛势必漫扫溃塘。购运柴料加镶与附土塘身高平，外用长桩签钉，险要处多贮柴束、土方以备抢修。县南门外首险塘工 500 余丈先筑鱼鳞石塘，此处受全海之冲，工程残缺，现三冬水减，亟宜及时建筑。[1]

初登大宝的乾隆对两浙塘工问题的处理凸显了帝王心术，尤不忘维护先皇英明。九月十三日，上谕：

> 今年六月间浙江海塘冲决之处甚多，皇考圣心焦劳，曾降谕旨："今岁风潮不过风大水涌，并非昔年海啸可比，总因隆昇与程元章意见不合，堤防无术，且闻采办石料折减甚多，以致工匠包赔，逃亡误事。"皇考谕旨至圣至明，今隆昇具折回奏前来，多有支吾掩饰之处。凡修建工程，固不可糜费钱粮，亦不可有心核减。若意在节省以致工程不能坚固，则前功委于无用，而后此之糜费更多。况波涛不测，戕害民命，又岂多费钱粮之可比乎？隆昇等采办石料折减过多，则识见庸鄙、经理之不善可知矣。据隆昇奏称，海塘绵亘百余里，内除大学士朱轼所建五百丈至今稳固，其他坍卸之处水落石出，始见以前石料狭薄碎小、桩木违式，通塘比比皆然等语。朕览隆昇此奏，揣其情势，大约后来续修之工程，不能如大学士朱轼从前所修之坚固亦是实情。若云近来保护不谨以致溃决，则何以一同被水完固者自完固、坍卸者自坍卸，迥然不同，有如此乎？其中情由，著大学士嵇曾筠虚衷秉公，不可少存意见，将历任之督抚等官确查明白，应参奏者即行题参。朕侍皇考左右，屡闻谕旨，以隆昇不胜海塘之任，原欲俟秋汛后定其功过。今已过霜降矣，隆昇能办理海塘与否，著大学士嵇曾筠据实奏闻，毋得隐讳。程元章身为封疆大臣，此系伊之职任，张坦麟、汪漋乃奉皇考特旨命往专司此事者，今塘工贻误若此，三人皆不得辞其责，亦应分别查参。此事关系重大，总在大

1　《总理浙江海塘事务嵇曾筠奏报查勘江海情形并陈亟应修筑旧塘以资保障折》（雍正十三年十月十七日），见中国第一历史档案馆编《雍正朝汉文朱批奏折汇编》，江苏古籍出版社 1988 年，第 30 册，第 890—894 页。

学士嵇曾筠秉公办理，务期有裨钜工。道员成贵，已奉皇考谕旨解退，若有应参之处，亦著题参。[1]

在这道上谕中，乾隆首先说此前雍正已经指出问题的关键所在，并且准备处理办事不力的隆昇，这样就把所有责任都推卸给了办事的臣民，后面指示嵇曾筠调查当时主管官员的责任就顺理成章了。

深思之后不难发现，乾隆的态度透露出明显的满汉双规制。从前面程元章、郝玉麟与张若震的奏折中，明显看到隆昇在溃塘中负有不可推卸的责任，但乾隆通过赞扬朱轼以往塘工质量牢固来反衬雍正朝历次塘工质量不好，坍塘责任由隆昇和其他臣工共同负责，以减少隆昇罪责。乾隆对嵇曾筠讲海防道成贵有不法之事尽管参奏，看似严惩属员却暗含政治运作中满汉分异。成贵在雍正十二年七月接替王敛福海防道一职，这是隆昇组建的以旗人为主的施工班子。成贵乃满洲镶白旗人，此前任乍浦同知。[2] 没有皇帝命令，汉臣嵇曾筠不敢轻易处理满洲官员。嵇曾筠既要处理隆昇在此次事故中的责任，又要顾及他满洲八旗的身份以及乾隆的微妙态度。

乾隆深知办理塘工会遇到很多困难，九月二十九日，谕令闽浙总督郝玉麟就近和嵇曾筠书信商议、协同规划，塘工务必一劳永逸。[3]

新皇登基后，为了表示怜悯苍生，十月二十三日上谕停止海塘捐纳而动用正项钱粮修筑。"浙江修理海塘工程，该督郝玉麟等奏增添捐纳条款，经九卿会议准行。朕思捐纳一事原为一时权宜，无益于吏治，并无益于国帑，朕知之甚悉。浙省增捐之处不必行，海塘工程著动正项钱粮办理。"[4]

根据皇帝的谕令，嵇曾筠先对隆昇、程元章等人加以批评：

副都统隆昇不谙工程，因堵筑尖山，遂将旧塘视同膜外。查内大臣海望、督臣李卫等奏称，尖山水口既堵之后，果能沙涨护塘，则石塘可以不必改建。原指堵后沙涨而言，并无现在旧塘可以不必修理之语。况尖山坝口水深溜涌，合龙甚属艰难，附近山脚虽有微沙时长时消，不能

1 《清高宗实录》卷2，"雍正十三年九月"条，中华书局1986年，第9册，第176—177页。
2 乾隆《海宁州志》卷4《海塘》，中国方志丛书·华中地方第591号，台北成文出版社1983年，第1070页。
3 《清高宗实录》卷2，"雍正十三年九月"条，中华书局1986年，第9册，第199—200页。
4 方观承纂：《两浙海塘通志》首卷《诏谕》，见《钱塘江海塘史料》（三），杭州出版社2014年，第16—17页。

蔽护通塘。海潮江溜昼夜冲刷，宁邑一带惟赖旧塘为之捍御，而隆昇偏执己见，未曾题请岁修，塘坦石工日就废弛，且办事过于苛刻，派委属员催工收料奉行不善，未能体恤民情，以致扰累，夫匠多有怨言。巡抚程元章身为封疆大吏，塘工是其职任要务，既经奏称塌（塔）山势难堵截，引河艰于开挖，是明知旧塘关系吃紧，即应上紧筹划，设法保固，何以因隆昇总理遂不实力查办，因循观望，无术堤防？张坦麟、汪滩等随声附和，两处调停，迄无定见，总乏未雨绸缪之计，失缓急先后之宜，遂使旧塘工程委于无用。本年六月间猝遇风潮撞击，坍卸万有余丈，是隆昇、程元章等平日经理乖谬之咎，实系百喙奚辞。

从嵇曾筠的这段文字中不难看出，当年海望与李卫奏称尖山水口堵塞后新沙外涨可不建石塘，未说不修旧塘。尖山附近水深潮涌，水坝合龙甚难，山脚微有涨沙但涨消不断，海宁海岸全靠旧塘抵御。顺着乾隆的口气，嵇曾筠批评程元章除奏称石坝难筑、引河难开之外，在与隆昇斗争中没有坚持岁修，张坦麟与汪隆在程、隆意见相左时只知和稀泥。建议：第一，彻查条石塘、块石塘和柴塘坍塌情况，追查当时督抚和筑塘委员责任；第二，历次工程致塘身背后坑沟遍地、塘根空虚，要追究责任；第三，调查成贵管工时是否虚冒钱粮；第四，请隆昇、程元章、汪隆与张坦麟留任，不可因意见不合再起事端。[1]

据此，雍正十三年十二月二十一日，乾隆谕令：

> 隆昇刚愎自用，怙过不悛，若仍留浙江，于塘工无益，著解任来京。其副都统、织造二缺，候朕另降谕旨。程元章身为巡抚，不能和衷共济，乃怀挟私心，贻误公事，亦不应留于浙省，著解任来京。其巡抚印务，即著大学士嵇曾筠兼管，俾地方管辖与海塘工程并归一手，自无掣肘牵制之患。张坦麟、汪滩俱照司道例，听嵇曾筠节制委用。隆昇所管关税事务，著嵇曾筠委员暂行管理。嵇曾筠折内所参骁骑校常禄，巡检黄国标、蒋文暹，通判叶齐，俱著革职。黄国标、蒋文暹、叶齐仍著留工效力，倘怠忽贻误，著嵇曾筠即行严参治罪。江南总督赵宏恩驻扎江宁，难以

1　《总理浙江海塘事务嵇曾筠奏覆密查隆昇程元章等不谐工程经理乖谬缘由折》（雍正十三年十月十七日），见中国第一历史档案馆编《雍正朝汉文朱批奏折汇编》，江苏古籍出版社 1988 年，第 29 册，第 565—568 页。

兼管河务，江南总河员缺著高斌补授，其管理两淮盐政，候朕另降谕旨。[1]

上引史料中，乾隆谕令将隆昇、程元章、汪溁与张坦麟各降一级，督工效力赎罪。需要重点指出的是，乾隆和嵇曾筠对程元章、汪溁与张坦麟的指责失之偏颇。雍正追求两浙塘工一劳永逸，皇权意志代替了理性思维和决策。他强调工程速度并坚持筑塔山石坝，把海塘御潮效果不彰归于臣工不尽心尽力，从未注意海望、程元章等从自然条件对中小门引河工程所做的分析。程元章在奏请禁止塔山石坝和引河后被隆昇代替总理塘工重任，这足以使戴罪立功的汪溁、张坦麟噤若寒蝉。程元章还算敢说真话，他与隆昇合作中出现分歧的原因在于怀疑尖山石坝和中小门引河的功效。如前所述，当年五月程元章曾专门上折强调岁修，可惜尚未来得及引起足够重视，次月初海塘就出现了大问题。

另外，早在雍正十二年七月，布政使张若震在给皇帝的奏折里也强调岁修和抢修的重要性，但皇帝仅仅批"览"。雍正当时仅支持隆昇主持的塔山石坝与中小门引河工程，其他事宜均不在视野之内。最典型的例子是，雍正十二年十一月，上谕坝工结束后在尖山盖庙供观音。中小门引河与尖山石坝工程，成为雍正宣扬天人感应和强调臣工忠君的重要载体。[2] 当然，嵇曾筠秉承圣意对程元章的指责只是例行公事，毕竟臣子要遵从圣意。

正当乾隆借助批评程元章和隆昇等人为先皇开脱时，程元章上折强调尖山坝工绝不可行，这明显触动了乾隆的敏感神经。他不允许别人损害先皇的英明神武，所以学父皇不直接批评程元章而转交大臣处理。尚书海望批驳程元章当年曾会同勘查尖山水口工程，意见不合应在当时提出，当日附和今日反对乃自相矛盾。其实，海望对程元章的批评完全是从维护个人角度出发。当年，程元章上折反对尖山坝工，只是违背了雍正本意而被鄂尔泰、海望驳斥。

程元章恳求回避审理海防道王敛福失职贪腐案，因两人乃同榜进士。他认为隆昇性情暴躁，也不适合会审，请专交嵇曾筠审理。乾隆认为王敛福

1　《清高宗实录》卷5，"雍正十三年十月"条，中华书局1986年，第9册，第251—252页。

2　《总理海塘副都统隆昇等奏请动支建造报恩等处庙工余银兴造尖山观音庙工折》（雍正十三年三月初一日），见中国第一历史档案馆编《雍正朝汉文朱批奏折汇编》，江苏古籍出版社1988年，第27册，第790页。

包庇吴宏曾侵冒帑银案乃先皇谕令程、隆审理,不可因同年之谊回避。如另有隐情,也应当时向先皇汇报,不应事隔两年方提出。乾隆声称:海望、隆昇与程元章都是先皇任用的大臣,自己并非有所偏颇;根据前后情节,海望或有固执己见处,程元章怀有私心、说法前后各异,显系卑鄙小人,谕令王大臣等传旨严斥。

乾隆将尖山石坝和引河疏浚等事务交嵇曾筠处理,相信他原来乃局外人不会偏袒,到工数月应熟悉情形、有所定见。他命人将程元章和海望的奏折交嵇曾筠翻阅,秉公办理,并和程元章会审王敛福。[1]

程元章按惯例回避,却被乾隆认为是推脱。如前所述,海防道王敛福和海防同知吴宏曾因不顺从隆昇而被参奏,本身即为冤狱。他奏请不让隆昇参与审理,主要是害怕隆昇借机迫害王敛福。仗义执言且遵官箴的程元章,尽管从在雍正身边担任翰林侍读起家,但对官场权术和伴君之道仍欠火候。

乾隆的充分信任,使嵇曾筠深感重任在肩,他努力解决海塘中人事纠纷和工程策略问题。嵇曾筠让隆昇降级留任督工,是觉得他虽不熟悉塘工技术但办事尚努力,期望借此消除其乖戾之气并激励其他工员。但两个多月以来,隆昇刚愎如故,中小门引河随浚随淤,可欺瞒先皇说引河成功。嵇曾筠已经停止引河工程,但隆昇仍令引河通判李宗典请帑疏浚,以文过饰非。旧塘坦水与尖山坝工中石料运送以少报多,与隆昇有直接关系。嵇曾筠在十一月二十八日会同隆昇、汪隆和张坦麟查验船户张林的运石船,验票填注重量和实际相差四成。海防道王柔就此追查在山员工和管工通判责任,隆昇信告王柔说张林运石系骁骑校常禄经手,推脱黄昏装船时错估,隆昇再三央求嵇曾筠不上报此事。隆昇是借常禄内务府身份压制新任海防道王柔,希望把运石中的违规行为化于无形。雍正曾恩准增加石价,但隆昇不认真管理石料运输且延误十几天。隆昇管理南北两关税务时,纵容下属对过往客商无度索取。办理尖山坝工时,先为符合原估而过于苛刻、收多报少,现纵属员以少报多。他建议严惩隆昇,将办理尖山工程估发石料的骁骑校常禄、虚填发票的藩司巡检王国栋、大钱司巡检蒋文进和经管宕务的宁波府通

1 《清高宗实录》卷8,"雍正十三年十二月"条,中华书局1986年,第9册,第299—300页。

判叶齐等革职查办,暂留效力。[1]

据此,乾隆谕令:第一,隆昇和程元章解职来京,隆昇副都统和杭州制造之缺找人替补,嵇曾筠暂代关税和巡抚,地方事务和塘工统一管理以免掣肘;第二,张坦麟和汪漋按司道品阶使用,受嵇节制;第三,常禄、王国栋、蒋文进和叶齐革职,除常禄外均留工效力。[2] 乾隆恢复了当年雍正让李卫统管地方事务和海塘工程的情形。大规模修建海塘涉及各方协调和调动,政出多门往往互相推诿。被参人员都被革职但常禄被调回京,说明满汉之员待遇有别。

雍正十三年底,嵇曾筠对塘工提出了全面计划,涉及开挖新涨沙洲、采石、购木、运柴、取土和管理等。

塘工重点在海宁,南岸新涨沙滩绵亘百里且沙嘴挑溜致江海水势全部向北。中小门引河与地势不合,两年来无实际效果。现用河工以水攻沙之法,利用混江龙等挑挖沙洲根脚,趁冬季西北风多潮汐往来时自动冲刷,已初见成效,沙洲坍塌数十里。塘工所需条石要在江浙广为采办,运石路程远近不一,从前定价过低致宕户逃亡。山阴、武康离海宁尚近,苏州洞庭山等处相距较远,山价水脚需酌量增减。修坦水的大块石在尖山采办,命塘兵和雇募人打捞塘外坍石。尖山采办块石应给工价银两,扣除杂费后夫匠工食不能糊口,匠役闻风逃避。派拨商、灶船户运石,脚价不敷舵工水手日用,两年来沿海船户拖累难支。夫匠工价照库平纹银实数支发,增船只雇佣费,海潮大汛各船载卤烧盐,小汛赴各山运石。

以往桩木分等定价但围圆不循则例,奸商胥吏囤积居奇。现定修理坦水用桩自一尺二寸至一尺六寸,循例给价,二尺以下围圆不得高下其手。巡抚支帑交仁和、钱塘县于江口内河一带计照围圆星速运工,分头到严州、衢州、苏州、常州、江宁等处购办,可得桩木20余万株,足修塘坦。翁家埠草塘需加镶柴束,于富阳、分水、建德、桐庐四县购办。向例责成沿塘股户经管收支,既非经制人役,又无额给工食。守法者包赔,顽诈者舞弊贩柴。县胥串通股户朋比作奸,任意短少斤两、侵蚀价银或掺杂嫩干青枝,仅存零星数堆。巡抚支帑令各县实力办运,革管柴股户,挑选旗汉干员秉公查收,建板房30

1　《总理浙江海塘事务嵇曾筠奏陈密查隆昇欺罔徇私各情请将其严加处分折》(雍正十三年十二月初八日),见中国第一历史档案馆编《雍正朝汉文朱批奏折汇编》,江苏古籍出版社1988年,第30册,第214页。

2　《清高宗实录》卷9,"雍正十三年十二月"条,中华书局1986年,第9册,第326页。

余间并派塘兵看管。现今运柴船只衔尾到塘,根据平险分别堆垛,有备无患。塘身帮筑里戗 1.3 万余丈需土浩繁,旧塘外遍系坑潦,从土塘河以北平衍壤地取土较远,每方价银自一钱三分五厘至一钱八分不等,调仁和、萧山、诸暨、海宁等县印官承修。

勤加训练专门修塘的海防官兵。从前道员不实力整顿,弊窦丛生,备弁不谙修防,兵丁不事畚锸,厅营岐视,呼应不灵。由兵备道裁汰老弱,募补壮丁,令营守备会同海防同知督率,照管料物,巡防险工。兵丁捞捞石块百方赏银十两,办事不力者降革。修筑旧塘及坦水须遴选干员,调本省同知、通判、知县等官,选松江海塘谙习工员、浙江本地殷实绅士在工效力者,分段承修,于江南河工内挑选熟谙工务河官三十名监工。兵备道经管料物、钱粮事务殷繁,调嘉湖道、金衢道协同办理。南河学习侍郎完颜伟随带到海宁催攒工程,巡抚程元章、都统隆昇分管东、西两塘不时赴工督催。[1] 乾隆对嵇曾筠的规划极满意:"以上数条可谓措置咸宜,朕实庆海疆得人,从此永庆宁谧、安澜底绩,卿功可垂诸竹帛矣。"[2]

同日,嵇曾筠请暂停尖山坝工和中小门引河。据河工经验,挑水坝 1 丈,挑溜 10 丈。如尖山坝工堵塞可挑溜 2 000 多丈,附近二十多里海岸有望涨出新沙,对塘工有益。石坝完工后沙涨不必修塘的说法不可取,坝工致塘工受累的观点也不符合事实。坝工自雍正十二年九月迄今筑 100 余丈,尚余 70 余丈。潮汐往来溜势日湍,难以合龙,所抛掷块石多被冲。修旧塘坦水乃急务,就近分拨坝工块石,乘冬季水落潮平、底滩毕露时抢修坦水,然后继续坝工。[3] 引河通判裁撤后调海宁,管华家卫至浦儿兜以西柴塘,撤引河塘兵 400 名,仍在塘工服务。[4]

嵇曾筠和李卫一样重视岁修,说明程元章对坝工看法正确。嵇曾筠停止坝工和引河,可能受好友李绂的影响。"昔人谓身在堂上乃可以辨堂下之是非,老先生今日所处之地是也,宜无俟旁参末议。然昔人又谓旁观者清,

---

1 《总理浙江海塘事务嵇曾筠奏陈现在办理塘工事宜章程并江海水势条顺情形折》(雍正十三年十二月初八日),见中国第一历史档案馆编《雍正朝汉文朱批奏折汇编》,江苏古籍出版社 1988 年,第 30 册,第 217—221 页。

2 《清高宗实录》卷 9,"雍正十三年十二月"条,中华书局 1986 年,第 9 册,第 355 页。

3 《总理浙江海塘事务嵇曾筠奏请暂缓尖山壩工以便攒修坦水工程折》(雍正十三年十二月初八日),见中国第一历史档案馆编《雍正朝汉文朱批奏折汇编》,江苏古籍出版社 1988 年,第 30 册,第 221—222 页。

4 《总理浙江海塘事务嵇曾筠奏请停止疏浚引河工程折》(雍正十三年十二月初八日),见中国第一历史档案馆编《雍正朝汉文朱批奏折汇编》,江苏古籍出版社 1988 年,第 30 册,第 222—223 页。

则询于刍荛不可无采,此又某昔日同僚之谊,不敢以自外者也。"嵇曾筠对坝工作用的客观分析,其实是在帮隆昇圆场。如前所述,布政使张若震在八月份奏折中已明确提出尖山坝工仅捍御附近海塘,反致念里亭到华家卫等处成顶冲。另外,儒林领袖李绂在给嵇曾筠的书信里,对隆昇主持的尖山坝工进行了猛烈批判,认为即使堵塞尖山水口,也只能保证尖山附近 20 里塘身,不能保护通塘百余里稳固,利少害多。[1]

如果不全面分析尖山石坝的效用,李绂可能带领其他言官参奏隆昇。但是,雍正朝曾严厉打击科甲朋党,李绂在与田文镜互参中被雍正皇帝严惩。[2] 嵇曾筠对此事应该非常清楚,李绂对乾隆明确暗示保护的隆昇大肆参奏,无疑触犯了新皇敏感的神经。乾隆有可能认为李绂和嵇曾筠不遵从圣意,臣工下场可想而知。事实证明,嵇曾筠的政治嗅觉极敏感。尽管隆昇犯有大罪,但被革职回京后未受太大责罚。[3]

土戗于乾隆元年(1736)四月完竣,五六月梅雨连绵,上游山水骤涨,海潮汹涌,但维修后的旧塘稳固。筑土戗用银 8.7 万余两,修坦水用银 7.1 万余两,抢筑石塘用银 5.7 万两。伏秋大汛来临,督饬海塘同知和在工人员分段防护,随时修补。[4] 兴工中仍有渎职。雍正十三年十二月十三日,嵇曾筠参奏绍兴府同知潘铨、金华府通判戴鹏。当年八月潘铨领银 2 000 两采办山阴条石,三个多月运石无几。戴鹏负责接收桩木,但仁和、钱塘县从江口、内河运桩木延误 20 天后,勉强接收一万根,不足原定七分之一。两人被革职,留塘效力。[5]

---

1 李绂:《与大学(士)兼管浙江巡抚嵇公书》,见贺长龄编《清经世文编》卷 120《工政》,中华书局 1992 年,第 2924 页。

2 冯尔康、许盛恒、阎爱民:《雍正皇帝全传》,学苑出版社 1994 年,第 120—131 页。

3 乾隆二年年,谢济世上折:"臣今所言者有二:一曰去邪勿疑,一曰出令勿贰。有罪而复用,如程元章、哈元生者,舆论犹有恕词;至於隆昇,国人皆曰不可,犹未罢斥。"《清史稿》卷 293《列传八十》,中华书局 1977 年,第 10327—10331 页。

4 《工部覆大学士嵇曾筠奏明修筑土戗坦水议》(乾隆元年八月),见方观承纂《两浙海塘通志》卷 6《本朝建筑三》,《钱塘江海塘史料》(三),杭州出版社 2014 年,第 99—100 页。

5 《总理浙江海塘事务嵇曾筠奏请将怠玩塘工之绍兴府同知潘铨等革职折》(雍正十三年十二月十三日),见中国第一历史档案馆编《雍正朝汉文朱批奏折汇编》,江苏古籍出版社 1988 年,第 30 册,第 270 页。

第四章

『天赐神佑』：

『潮归中门』的过程及其政治意义

第一节 嵇曾筠与刘统勋的塘工政策之争

嵇曾筠临危受命,被乾隆委派到浙江负责塘工。他认为塘工重点在北岸,但根源是南岸新涨沙滩,沙嘴挑溜,江海水势全部向北。因而,他停止中小门引河工程,借水攻沙,南岸沙洲用铁器具梳挖陡崖,使沙岸根脚空虚,趁冬季西北风多、海潮往来,冲刷南岸沙滩。乾隆元年(1736)春,南岸沙滩坍塌数十里。[1] 四五月份水势日向南趋,加上南岸挑切沙嘴,水势直逼山根。北岸沙滩日渐宽厚,东、西两塘护沙淤涨首尾相连,大潮而水至塘根不过数尺,小潮可见纵横数十里平沙。[2]

安然度过夏秋大汛后,七月,嵇曾筠计划兴修鱼鳞大石塘。今春以来,江海形势渐向南趋,海宁塘根又涨护沙,应在旧塘基清槽钉桩建塘,预期三年内改建 6 000 余丈。紧要工程在临水一层,背后土戗宽厚便可久远巩固,然后可将临水一面险要处改建鱼鳞石塘。这主要是从节省经费和施工相对容易角度考虑的,但老练的嵇曾筠声称乃"谨遵世宗宪皇帝不可挪移寸步之谕旨,以成一劳永逸之巨工,实为万全无虞"。[3] 为培养水利技术官僚,十月,上谕刘统勋跟随嵇曾筠学习海塘、河道工程技术。[4]

乾隆二年正月二十一日,大理寺卿汪漋、内阁学士张坦麟回京。[5] 三月,嵇曾筠以千字文编立海塘字号,每 20 丈为一号,建竖碑碣。以往海塘坍塌多以某家东、西起至某家东、西止开报,沿海居民疏密不齐,每多弊混。[6] 六月,鱼鳞大石塘工程实施,自浦儿兜大石工尾起至尖山段塘头建鱼鳞大石塘5 930.2 丈,先修险工 2 974.1 丈,其余等以后兴举。刘统勋反对:当时过于追求工程速度,出现因石料短缺而停工的现象;现在护沙已涨,塘内新筑土堤高厚平整,石工应宽以时日,慎重料理。乾隆告诉刘统勋"虚心和衷,以乞大

1 《大学士总理浙江海塘事务嵇曾筠奏报桃汛水势塘工平稳情形折》(乾隆元年三月十三日),见《御批两浙名臣奏议·海塘卷》,华宝斋书社 2001 年,第 114—120 页。
2 《奏报旧塘工程告竣江海水势安澜事》(乾隆元年五月初一日浙江总督嵇曾筠),中国第一历史档案馆,档号:04 - 01 - 01 - 0008 - 026。
3 《奏为详审江海情形酌建鱼鳞石塘事》(乾隆元年七月二十四日浙江总督嵇曾筠),中国第一历史档案馆,档号:04 - 01 - 01 - 0008 - 015。《清高宗实录》卷 23,"乾隆元年七月"条,中华书局 1986 年,第 9 册,第 544 页。
4 王钟翰点校:《清史列传》卷 18《大臣画一传档正编十五》,中华书局 1987 年,第 1384 页。
5 《清高宗实录》卷 35,"乾隆二年正月"条,中华书局 1986 年,第 9 册,第 657 页。
6 乾隆《海宁州志》卷 5《海塘》,中国方志丛书·华中地方第 591 号,台北成文出版社 1983 年,第 704 页。

学士指示可也"。[1] 两人的矛盾冲突并未消除。嵇曾筠将刘统勋不服从指示情形上奏，乾隆命嵇曾筠教导刘统勋，如分歧过大，可奏明调离刘统勋。[2] 次年四月，刘统勋被调回京城。[3]

刘统勋反对事出有因，是由于当时经费紧张。[4] 这种塘工经费紧张的局面，是因新登基的乾隆为表示自己革故鼎新而停止捐纳制度。早在乾隆元年正月，上谕就明确停止京师及各省各项捐纳："西北两路用兵以来，一应军需皆取给于公帑，不肯丝毫累民。而费用繁多，不得不资借捐纳，以补国用之不足，此中外所共知者。当日皇考圣意，原欲俟军需告竣即行停止。今大兵渐撤，军需减省，著将京师及各省现开捐纳事例一概停止。"[5] 这个命令使得海塘捐消弭于无形，大型海塘工程根本无法实施。更雪上加霜的是，两个月之后，三月初，乾隆命令钱塘江南岸宁绍等地原来由民间自行修筑的沿江海塘也由公项支出：

> 朕闻浙江绍兴府属山阴、会稽、萧山、余姚、上虞五县，有沿江、沿海堤岸工程，向系附近里民按照田亩派费修筑，而地棍衙役于中包揽分肥，用少报多，甚为民累。嗣经督臣李卫檄行府县定议，每亩捐钱二文至五文不等，合计五县共捐钱二千九百六十余千，计值银三千余两。民累较前减轻，而胥吏等仍不免有借端苛索之事。朕以爱养百姓为心，欲使闾阎毫无科扰，著将按亩派钱之例即行停止；其堤岸工程遇有应修段落，著地方大员委员确估，于存公项内动支银两兴修，报部核销，永著为例。[6]

这道上谕表面是钱塘江南岸沿江海塘有了公帑支撑，但地方公项数目有限，势必使得地方竭力缩减工程预算。制度的客观效果，超出了设计者的

1 《刑部左侍郎刘统勋奏陈海塘平稳工程次第兴修情形折》，见《御批两浙名臣奏议·海塘卷》，华宝斋书社 2001 年，第 140—145 页。

2 《奏为遵旨教导侍郎刘统勋留意海塘工程事》（乾隆二年十月十八日浙江总督嵇曾筠），中国第一历史档案馆，档号：04-01-12-0009-012。

3 《奏报刑部左侍郎刘统勋起程回部日期事》（乾隆三年四月二十六日浙江总督嵇曾筠），中国第一历史档案馆，档号：04-01-12-0010-006。

4 《奏报上年引费节存银两拨充海塘公用事》（乾隆二年九月二十六日浙江总督嵇曾筠），中国第一历史档案馆，档号：04-01-35-0442-052。

5 《乾隆朝上谕档》，档案出版社 1986 年，第 1 册，第 5 页。

6 《清高宗实录》卷 14，"乾隆元年三月"条，中华书局 1986 年，第 9 册，第 394 页。

本意。

钱塘江沙水情形继续向有利于北岸的方向发展。九月上旬,自仁和直接海宁,长 150 余里,宽四五十里,平沙绵亘。[1] 乾隆登基以来钱塘江北岸边滩多有涨沙,与河口海岸动力密切相关。决定杭州湾地貌形态和泥沙运动的最重要条件是水动力,其中风、波浪、潮汐、潮流、江流等动力情况均极重要。江流作用除供给泥沙外,供给量多少和主泓摆荡可影响杭州湾地貌变形。钱塘江和曹娥江均属山溪性河流,水位和流量变率很大,大水年份和洪水季节水位暴涨,比降和流量增大,钱塘江口受强烈冲刷,杭州湾亦承受较多淡水和泥沙。海宁—尖山间江海交会,江流与潮流消长不定,主泓经常摆荡,直接影响两岸动态和曹娥江发育。[2] 七格—海宁段冲淤变化基本上为洪水冲刷、枯水落淤,小于 3 000 立方米每秒流量的洪水对本河段不起冲刷作用,较大洪水才显著冲刷,但冲刷作用向下游减弱。在一般水文年中,河段被冲物质当年便可恢复,大水年份则需较长时间恢复。翁家埠河段动力结构复杂,大洪水之年滩地面积显著缩小,需 2—3 年恢复平衡。同时,滩地平面摆荡,洪水时槽线东移,枯水时西摆,两侧滩地洪水期东坍西涨,枯水时西坍东涨。[3] 不难理解,雍正十年(1732)大洪水造成华家卫以西至翁家埠接仁和沈家埠以西至万家闸一带旧沙被刷严重,主要在翁家埠边滩施工。乾隆朝以来北岸边滩不断外涨,是这一自然地理过程的延续。

钱塘江北岸涨滩的持续出现,使得塘工任务顿时减轻。乾隆三年底,巡抚卢焯奏停柴草塘岁修。[4] 次年四月,申请停岁修柴盘头。两年前改建石塘时潮水尚激塘身,犹借草盘头挑溜。草盘头原设十座,除一座已抢筑石塘外,其余九座一律改建为石塘。[5] 十月,续筑尖山石坝。石坝未竣者仅 80 丈,原深九丈至一十二三丈,今中深一丈九尺、近坝头深一丈六尺、近塔山深一丈三尺。以块石装入竹篓,由浅至深可免漂流,筑高五丈即可。[6] 乾隆五

1　《工科题本——水利工程》,乾隆三年九月十一日嵇曾筠题,中国第一历史档案馆,档号:487。

2　陈吉余等:《杭州湾的动力地貌》,见《上海市科技论文选》,上海科学技术出版社 1961 年。

3　陈吉余等:《钱塘江河口段的泥沙移动与河槽变形》,见陈吉余《陈吉余(伊石)2000——从事河口海岸研究五十五年论文选》,华东师范大学出版社 2000 年,第 129—146 页。

4　《浙江巡抚卢焯奏请暂停停草堂岁修以免虚靡钱粮折》(乾隆三年十二月十六日),见《御批两浙名臣奏议·海塘卷》,华宝斋书社 2001 年,第 178—183 页。

5　乾隆《海宁州志》卷 5《海塘》,中国方志丛书·华中地方第 591 号,台北成文出版社 1983 年,第 718 页。

6　《浙江巡抚卢焯奏陈堵塞尖山为海塘第一善后事宜缘由折》(乾隆四年九月二十日),见《御批两浙名臣奏议·海塘卷》,华宝斋书社 2001 年,第 208—217 页。

年闰六月,尖山坝工完竣[1],乾隆龙颜大悦,为此事撰写《塔山坝工告竣碑文》:

> 浙之海宁县东南滨海之境有尖、塔二山,相去百有余丈,临流耸峙,根基毗连,为江海门户。海潮之自三门入者为最大。二山其首冲也,旧有石坝捍御洪潮,积久渐毁。我皇考世宗宪皇帝廑念濒海生灵,特命重加修筑。厥后,以湍激暂停。朕仰承先世,勤恤民依,谆谕封疆大吏尽心筹划。迩年以来,沙之坍者日以涨,潮之北者日以南,度可兴工,爰命抚臣及时完整。兹乾隆五年夏,抚臣奏:"自二月间庀徒兴役,子来云集,踊跃争先,兼以风日晴和,程功倍速,届今闰月之初,工已告竣。一望崇墉,屹如磐石。向之惴惴恐惧,虑为波臣者,安耕作而符平成,恭请勒石纪载,垂诸无穷。"夫御灾捍患,贵先事而为之防。海波浩瀚际天,潮汐出入,高如连山,疾如风霆,瞬息数百千里,非人仓猝所可御。居民恃石塘以为安,石塘恃二山以为障,而联络二山之势,延袤横亘,若户之有闑,关之有键,紧坝工。是系今者,堤岸坚完,沙涂高阜,藩篱既固,石塘可保无虞,庐舍桑麻,绮分绣错,东南七郡,咸登衽席之安,非特宁邑偏隅而已。是役也,施力于烟涛不测之区,奏功速而民力不劳,良用嘉慰。继自今守土之臣,其益恪勤奉职,共体此事事有备之意,以保吾烝黎海疆,其永有赖诸。[2]

这道御制碑文的重点在于,乾隆强调塔山石坝竣工是完成了先皇的遗愿,并且在岸滩新沙不断涨出的背景下,海塘安稳,民众安居乐业,自然是政通人和的最佳状态。按照道理来说,北岸新涨滩地的不断出现本已经减缓了塘工压力,但随之而来的塘工计划却激起大波澜。

第二节　柴塘改建石塘的争论

乾隆五年(1740)十月,总督德沛、巡抚卢焯奏请将海宁老盐仓以西至仁

1　方观承纂:《两浙海塘通志》卷6《本朝建筑三》,见《钱塘江海塘史料》(三),杭州出版社2014年,第106页。
2　翟均廉纂:《海塘录》卷首二《圣制》,见《钱塘江海塘史料》(二),杭州出版社2014年,第21—22页。

和章家庵4 200余丈柴塘改建为鱼鳞大石塘。此处因康熙五十六七年间潮水冲刷，巡抚朱轼用柴抢筑1 000余丈。雍正十年(1732)、十三年及乾隆元年均风潮大泛，经抢堵始获平安。今沿塘沙涨，人力易施，诚修筑良机。因石料供应有限，分五年完成，约需银90余万两。浙江盐课除正课外尚有公费，每引输银二钱五分，每年约征解20余万两，可拨充改筑石塘。工部认为，近年水势南涨，淤沙绵亘，去年正月卢焯奏请暂停仁和、海宁交界地方草塘岁修，可见石工改建尤非急务。内大臣海望勘估之石塘万余丈尚未完工，各山采石量并不宽裕。俟已估应建石塘完竣后，再做打算。[1]

但是，德沛并没有就此罢休，他再次上折解释修筑石塘的必要性：

> 宁邑之老盐仓迤西、仁邑之章家庵一带塘堤，前因被潮冲刷，异常危险，斯时欲建石工缓不可待。随经升任抚臣朱轼用柴抢筑，原为保护一时，并非一劳永逸之计。年来仰荷皇上敬诚昭格，海不扬波，通塘涨沙绵亘数千里，石、草各塘悉属平稳。是以抚臣卢焯奏请暂停修草塘，盖就目前情形而论也。但海潮南北不常，浮沙坍涨无定，臣悉心相度，必得一律改建石塘方可垂诸永久。又虑土性虚浮，难于钉桩鏊石，先将险要之地遴员试筑样塘二十丈，完工数月，坚固特立。随共同集议，应自老盐仓起至章家庵止改建石塘四千二百余丈，约估工料银九十余万两，动支盐务公费银两，分限五年从容办理。会折具奏，延议以应俟现今估建石塘各工修筑完竣再行勘议。伏思浙省海塘攸关七郡生民，东、西两塘俱经改建石工，不因涨沙停止，独草塘仍循其旧，万一风潮不测，冲去护沙，水势由此直趋，浸灌内地，不但临时抢堵不及，为患匪浅，即使费尽周章，恐所费更无算矣。前此抚臣卢焯但请暂停岁修，乃一时之节省。臣请改建石工，实万世之利赖。臣因目击柴塘之岁修，固应暂停，石土之改建断不宜缓。今不支正项而动盐务公费，于国帑无损。现在东、西两塘鱼鳞大工渐次兴筑，陆续报竣，石料日见充裕。况原议分年办理，已分别缓急，并行无碍。乘此沙涨，则人力易施，早为经营，则

1 《闽浙总督德沛等奏请将仁宁二县境内柴塘改为石塘折》(乾隆五年十月初五日)，见《御批两浙名臣奏议·海塘卷》，华宝斋书社2001年，第232—241页。

事半功倍。[1]

从这道奏折中可以发现，德沛强调暂停草塘岁修是就目前情形而论，海潮南北不常、浮沙坍涨无定，必须一律改建石塘，方可垂诸永久；万一护沙被冲，水势将由草塘浸灌内地，到时所费更多；动用盐务公费，于国帑无损；东、西两塘鱼鳞大工陆续报竣，石料日见充裕；原议分年办理已分别缓急，乘此沙涨人力易施之际，应早为经营。

德沛的奏折说动了乾隆。乾隆六年四月，皇帝同意改建，由福森、依拉齐监造。[2] 听闻此事，刘统勋上折反对：柴塘是当年南涨北坍产物，北岸涨沙后已停岁修，可见堤岸平稳；本地居民相传此处土性虚浮、难以钉桩，如果涨沙时多费帑金、分年告竣，数年后恐逐渐趁矬；虽然沙涂坍涨靡常，但根据土著经验，大溜或南或北数十年一变，水势向北之日再筹备防御为时不晚。当时两浙塘工重点：第一，北岸海盐大石塘自明代修建以来御潮效果明显，但天长日久渐现坍卸；第二，仁和与钱塘江塘逼近省城城垣，每年增修，蠹役奸匠将塘身石料拆旧为新或凿大为小，朦胧造册，彼此分肥，需详查维修；第三，若水势南迁，南岸山阴、会稽、萧山、上虞等县的防御刻不容缓。上述诸县当年均由民间修筑小塘，自嵇曾筠奏请归官修后费用不敷。刘统勋提出塘工建设应因时因地制宜，没必要将此款项缓处而忽视未雨绸缪的工作。请乾隆敕令督抚各员查勘塘工，将如何修补、堵筑搞清楚。大体来看，五年之内动用70万两白银可保通塘安全。草塘工段，可用20万两白银购买长桩在江干存贮，塘后堆积土方，以备将来不时之需。

刘统勋还批驳塘工中的弊端。“臣观历来论工程者，欲图兴事必曰一劳永逸，然伏睹寰宇之内，凡系海塘、河道从无大工一建不烦再计之事，是一劳永逸等语不过纸上之虚文也。”监工大臣希望建筑塘工，则所属工员必强调工程急不可待，工程报销可借机中饱私囊，议叙可借机晋升功名。此前尖山石坝和中小门引河工程难收实效，近来屡次议请在仁和与海宁两县间建筑石塘，未免专注于一隅而失全局。海宁石塘将竣，在工员役或有亏折之项，害怕水落石出后暴露真相，必怂恿当事大臣再兴大工，移东补西。雍正十三

---

1 《工部覆督臣德沛请建石工不必俟鱼鳞石塘完工后举行议》（乾隆五年），见翟均廉纂《海塘录》卷16《奏议四》，《钱塘江海塘史料》（二），杭州出版社2014年，第237—238页。

2 《清高宗实录》卷140，“乾隆六年四月”条，中华书局1986年，第10册，第1022页。

年风潮之日全塘坍陷,可江海之水并未尺寸漫过塘身,"岂真在塘之吏卒能使百余里之潮水点滴不入手乎？盖江直下而不留,海一潮而即退,盛于子者衰于丑,旺于朔望者休于晦魄。江海既有消长之性,则工程亦应相缓急之宜也"。[1]

刘统勋强调北岸边滩稳固且有新涨沙滩,不必费力建造海塘。虽不动用国帑,但民众很害怕劳役。康熙年间塘工每里出夫100名,海宁县每日用3.6万余名。[2] 此时兴建大工,民众未必乐意。刘统勋的计划正中要害,远非德沛等人执着于改建石塘的计划可比。另外,刘统勋的意见没有人敢忽视。当年刘统勋升为左都御史,建议三年内不提升张廷玉家族之人,削减讷亲过大的权力。虽然乾隆表面上说不相信张廷玉和讷亲拥权自重,但公开刘统勋奏折本身就是告诫群臣要把握好分寸、低调做人。加上刘统勋在浙江学习过海塘工程,技术型官僚的意见远非一般廷臣可比。乾隆重派刘统勋去查勘塘工。[3]

乾隆七年三月初四,左都御史刘统勋、闽浙总督德沛、杭州将军福森与新任巡抚常安联名上折汇报查勘结果:刘统勋话锋转变,认为柴塘只能保护一时,经常维修靡费资源,改建石塘方能长治久安。活土浮沙难以钉桩的传闻不可信,但改建石塘并非首要任务,不便急于求成。石塘需维护塘基,现试桩艰涩,夫价势必加增且钉桩繁难,偷减难免,需宽以时日预备物料,等水缓沙停后每年建300丈。开槽建石在于柴塘后身尚有柴工,不必急于刨挖加筑坦水,可添马牙关石桩一道。老盐仓到观音堂一带护沙坍塌无存,观音堂以西涨沙仅存数丈至数百丈不等,与此前涨沙绵亘、塘堤平稳的情况迥然不同。柴塘应多备料物,先事预防。筑塘所需柴价应照实价九分报销。从前工部则例柴薪每百斤六分,但因实价九分,100斤向工部报告说150斤,此中弊端太多。[4] 该折透露着睿智,每年只修300丈石塘对地方影响不大,否则一味把柴塘改建为并非必不可少的石塘会激起民愤。刘统勋策略改变,并不说明他认为石塘改建势在必行,只是官场智慧。他前折中谈到塘工各种

1 《工科题本——水利工程》,乾隆六年十二月初五日鄂尔泰题,中国第一历史档案馆,档号:547。
2 杨雍建:《与观察熊雪岩免筑备塘书》,见翟均廉纂《海塘录》卷19《艺文二》,《钱塘江海塘史料》(二),杭州出版社2014年,第276—277页。
3 《清史稿》卷302《列传八十九》,中华书局1977年,第10463—10465页。
4 《奏为遵旨会勘浙江海宁等处海塘情形事》(乾隆七年三月初四日都察院左都御史刘统勋等),中国第一历史档案馆,档号:04-01-01-0084-027。

弊端仍在,只不过是不想得罪更多官员罢了。

四月初二日,新任巡抚常安单折反对改建石塘。第一,伏、秋二汛潮汐冲激水头高至数丈,加上狂风暴雨漫溢海塘,潮汐立时即退并无大患,加高加厚草塘是首要任务。第二,无知小民往往联名呈词夸大塘工,地方官只为向百姓邀誉。[1] 常安此举与施政理念有关。常安在被委任为浙抚的谢折中写道:"属吏贤否视上司为表率,惟有身先砥砺,共励清操。"朱批:"廉固人臣之本,然封疆大臣非仅廉所能胜任。为国家计安全,为生民谋衣食,其事正多。"[2] 可见,乾隆的告诫并未引起常安重视,他忽视了为官圆滑之道。

乾隆质问刘统勋等四位大员:如果改建石工可垂永久,多费帑金在所不惜,但听闻分年修筑、次第兴工者只是试验而非切实之举,可能因沿海淤沙虽说艰涩但究竟是沙而非土,难资巩固。改建石塘有无利益、能否垂之久远与现在海塘情形如何,实在不知。大学士、九卿会议后,命新任闽浙总督那苏图据实奏闻[3],如意见相同则可改建。[4] 常安明显得罪了此前联名上折的其他大员。这样的行事风格,为后来他遭诬而死埋下了伏笔。两江总督那苏图与闽浙总督德沛对调[5],原因在于柴塘是否改建石塘方面德沛与刘统勋的分歧。

五月二十五日,那苏图上折谈了两件事。第一,对刘统勋改变初衷极不理解。海宁老盐仓以西至仁和章家庵一带4 200余丈柴塘势居险要,塘外淤沙坍涨靡常,每年用柴抢筑仅可保护一时,岁岁加修转多靡费。德沛请改建石塘,刘统勋先主张石塘可缓,到浙江会勘后又公奏待水缓沙停后分年兴筑。在工人员对此莫衷一是。柴塘自观音堂以东春间沙坍无存、海水直逼塘根者,现塘外涨沙数丈或百丈不等;将来大汛涨沙不移、渐逼溜南趋,水势直走中小门由蜀山以南而下,北岸更加巩固、柴塘无虞,即使改建石塘也易于施工,秋汛后方能审定全局。第二,国家动用大量帑金建设的必须是目前必不可缓的项目,不可草率行事。现改筑石塘虽官民无不愿为,但石塘是否

1 《奏为亲查海塘以定缓急办理塘工事》(乾隆七年四月初二日浙江巡抚常安),中国第一历史档案馆,档号:04-01-01-0084-019。
2 《清史稿》卷338《列传一百二十五》,中华书局1977年,第11064—11065页。
3 《清高宗实录》卷165,"乾隆七年四月"条,中华书局1986年,第11册,第87页。
4 《清高宗实录》卷167,"乾隆七年五月"条,中华书局1986年,第11册,第118—119页。
5 《乾隆朝上谕档》,档案出版社1986年,第1册,第772页。

可成,建成后能否垂之久远,需伏秋大汛后再与常安勘查确定。[1] 可见,在工人员并非他们没有看法,而是此前德沛和刘统勋意见相悖,下面的小人物怎么表态都不合适,故选择沉默。在决定不大规模改柴塘为石塘的情况下,海塘险工段修补以间接性护岸工程为主。

常安自乾隆七年五月具折奏事后,将近两个月无折上奏。六月二十六日,上谕:常安此举并不说明浙江无事可奏,比如海塘情形随时变迁,听说春天坍塌的沙地在近来淤涨数丈至数十丈不等,水势南趋,与此前迥然不同。乾隆询问常安为何不上奏此等重要事件,旋即,常安奏称老盐仓各塘工正值伏汛,未免汕刷,正饬令工员分段积柴,随时修补。乾隆训斥常安奏折迟缓,责问为何不汇报近来塘外沙地复涨及水势南趋情况,"以慰朕怀"。皇帝认为浙江颇有造作浮言之风,去年卢焯一案和李捷三一案群言沸腾,甚至有罢市者,这主要是因为风俗不淳,亟须整顿。[2]

此事的背景是,乾隆六年左都御史刘吴龙弹劾卢焯营私受贿,经查实后,夺官审讯。这牵涉到嘉湖道吕守会和嘉兴知府杨景震,已升任山西布政使的吕守会被逮到浙后自杀身亡。数百名杭州百姓为卢焯喊冤,毁坏副都统厅前鼓亭。龙颜大怒,准备绞杀卢焯、杨景震。次年,卢焯因缴纳赃款被发配军前。[3] 乾隆恼怒的不仅仅是官贪,更是因为有百姓为卢焯喊冤而公然对抗朝廷。此前乾隆批评卢焯一味迎合地方而博取清名,此时得到了验证。这一细节再次说明常安为官奉君方面的不足,他没揣透乾隆真正关心和担心的事情,还要求汇报海塘沙水变化,难怪后来会被冤死。

九月,闽浙总督那苏图奏请到浙江与常安再次会勘柴塘改建石工是否有益,乾隆叮嘱他与常安密切协商。"常安颇有见解,不似德沛违道干誉之流。卿到浙与彼和衷详酌为之,亦不可存惜费省事之心也。"[4] 十一月十六日,那苏图会同杭州将军福森、巡抚常安上折否定改建石塘。旧筑柴塘外涨沙绵亘数里,居民在上面播种棉花菜蔬,毋庸改建石塘。如按原议每年修筑

1 《奏为海塘形势靡常改建石塘事宜谨慎现将查勘情形奏明事》(乾隆七年五月二十五日闽浙总督那苏图),中国第一历史档案馆,档号:04-01-01-0084-049。

2 《浙江巡抚常安奏覆查看塘工情形折》(乾隆五年七月二十日),见《御批两浙名臣奏议·海塘卷》,华宝斋书社2001年,第251—259页。

3 《清史稿》卷337《列传一百二十四》,中华书局1977年,第11047—11048页。

4 《奏为遵旨亲赴浙省勘查海塘情形事》(乾隆七年九月二十八日闽浙总督那苏图),中国第一历史档案馆,档号:04-01-01-0084-010。

鱼鳞石塘300丈,沙性艰涩难以钉桩,塘底之沙虽坚但根脚虚松,勉强钉桩后难以承载巨石。在柴塘外临水处仿河工竹络坝法,用竹篓盛放碎石,层层排筑,形同坦水。待石篓根脚坚实,水去沙停,涨滩淤积后再按原议建筑石塘。石塘花费巨大而石篓工费有限,用数十丈石塘预算即可将四五百丈险工堵筑。石塘建设未便遽然停止,但地方兴修大工重点在于持之久远而非速成。先筑石篓坝,待工程稳固后再相机料理。[1]

当日,那苏图单折说明先筑石篓坝真相。

> 浙省海塘为七郡之民田庐舍所关,若能一律普建石塘,永为苞桑之固,在前人应早竭力为之。乃自康熙五十六年前大学士朱轼抚浙之日即议修筑海塘,迄今二十余年,督抚已历数任,其间百计筹划,建议筑塘,思为一劳永逸之计者已不遗余力。然东、西两塘虽已陆续兴筑,而中间独留此四千二百余丈,止以塘工捍御潮水,不能普筑石塘者,非人力有不及,实亦势有不能,已属彰明较著。然臣此时又未便遽执海塘必不可筑之议者,缘愚民但知筑塘为美事,而不思久远之规。效力闲员数十人经年一无所事,群思兴起大工,幸而告竣,可以议叙得官,经手钱粮又可稍沾余润,遂各持应建石工之说。今若遽议停止,必致大拂人情。况此项石工特阻于势之难成,并非不应建筑。臣是以先为堵筑石篓之议,以徐观事势。……臣又念江海之迁徙本自靡常,人事之修防贵在审势,必须综揽全局,然后能因时制宜。……中小门介峙中流,吐纳江海,乃天造地设之形势,惟通塞各有其时,故通于昔而塞于今。然塞者何尝不可复通,从前两次开挑,原系修复故道,并非创始工程。况雍正十二年开浚引河之举,出自世宗宪皇帝睿谟指示,非由诸臣奏请。惟因当日开挖河头之处,未能直迎大溜,以致随浚随淤,迄无成效,但中小门引河开通实为江海永奠安澜之一大机会。[2]

从这道奏折可以看出,那苏图清醒地认识到近二十年来这段柴塘无法

---

1 《闽浙总督那苏图等奏为遵旨会勘海塘情形折》(乾隆七年十一月十六日),见《御批两浙名臣奏议·海塘卷》,华宝斋书社2001年,第274—279页。

2 《闽浙总督那苏图奏陈勘过海塘全局形势及次第施工缘由折》(乾隆七年十一月十六日),见《御批两浙名臣奏议·海塘卷》,华宝斋书社2001年,第260—268页。

改建是因为自然条件不允许,但受社会因素的影响,不便遽然奏停石塘工程。地方民众借助修筑海塘从中渔利而不会考虑长久规划,效力闲员希望兴筑大工从而得到晋升机会和从经手钱粮中获利。那苏图奏请先堵筑石篓以观形势发展,建议重开中小门引河,他认为此为大溜最好选择。那苏图的处理策略明显高明和婉转了许多,既考虑自然条件又考虑现实情况及实际运作。从这个细节可以看出,那苏图具有与刘统勋一样的官场智慧和为官艺术,两个人都是在初次接触到海塘问题时极力反对海塘工程,而实际接触具体问题很短一段时间后就马上转变态度并采取了更为实际可行的措施。这种处事和解决问题的能力是一个成熟官员干练务实的充分体现,也凸显了海塘建设中的政治因素。

乾隆九年二月,自雍正十一年开始的海宁鱼鳞塘工最终完成。[1]

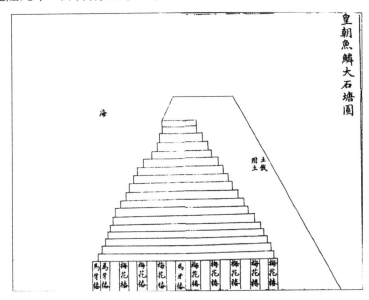

图 5　清代鱼鳞大石塘图

（翟均廉纂:《海塘录》卷1《图说》,见《钱塘江海塘史料》(二),杭州出版社 2014 年,第 46 页）

1　方观承纂:《两浙海塘通志》卷7《本朝建筑四》,见《钱塘江海塘史料》(三),杭州出版社 2014 年,第 111 页。

第三节　潮走中小门的实现及其政治意义

乾隆九年(1744)正月二十日,上谕讷亲从河南到上下江、淮徐山东一带查阅营伍并看验河工。[1] 次日,命讷亲就近前往勘查海塘。[1] 三月,乾隆对河南、江南营伍废弛极为不满,"可见外省大吏无一不欺朕者,不可不惩一儆百"。[2] 九月,根据讷亲奏疏,以开浚中小门引河和在老盐仓建柴塘为主。当时尖山以西至杭州一律沙护塘根、溜远沙外,各工安稳。将中小门故道开浚深通,潮水江流循轨出入则塘工安稳;即使中小门不能遽行开通,趁潮退时也可在险要处多建坦坡木石戗坝。老盐仓至华家弄以西一带江面狭窄,一日潮汐再至,南有河庄、葛岙等逼临江岸,若北岸建筑石塘,两厢加峙,益加激荡;柴塘性柔软,不致与水相激,北岸建坝挂沙,即有冲损也易临时抢护;议用竹篓盛贮石块,间段排筑以资抵御。[3] 这个策略其实与那苏图和常安此前议定的相同,老盐仓一带修筑石塘之事遂寝。

乾隆十一年挑挖河道 1 247.5 丈,面宽 3—6 丈、底宽 2—4 丈、深六七尺。[4] 蜀山以北向有积沙宽四五百丈,巡抚常安先就沙嘴开坎形沟四道,以引潮水攻刷,嗣后不时疏通。春、伏汛过后,南沙坍卸殆尽,蜀山已在水中,如果秋汛不复涌沙,则大溜将归中小门。乾隆对此谨慎乐观,朱批"此言安可轻出,亦再看三五年后何如耳。如果全行中小门,固可喜之事也"。[5] 次年春汛,再次疏浚引河。十一月,中小门引河中以往隆昇开浚复淤工段以及常安疏浚挑切之处现冲刷畅流,装载柴卤船只均由中小门往来。北岸涨沙弥广,十数年未就之工终于见效,官民欢腾。[6] 为确保引河畅通,动支引费银两逐年疏浚。[7]

中小门引河成功,在两浙塘工中绝无仅有。"自乾隆十二年始由中小门

1　《乾隆朝上谕档》,档案出版社 1986 年,第 1 册,第 898 页。
2　《清史稿》卷 10《本纪十》,中华书局 1977 年,第 380 页。
3　《清高宗实录》卷 224,"乾隆九年九月"条,中华书局 1986 年,第 11 册,第 899—900 页。
4　乾隆《海宁州志》卷 5《海塘》,中国方志丛书·华中地方第 591 号,台北成文出版社 1983 年,第 721 页。
5　《清高宗实录》卷 269,"乾隆十一年六月"条,中华书局 1986 年,第 12 册,第 508—509 页。
6　方观承纂:《两浙海塘通志》卷 7《本朝建筑四》,见《钱塘江海塘史料》(三),杭州出版社 2014 年,第 114 页。
7　乾隆《海宁州志》卷 5《海塘》,中国方志丛书·华中地方第 591 号,台北成文出版社 1983 年,第 723 页。

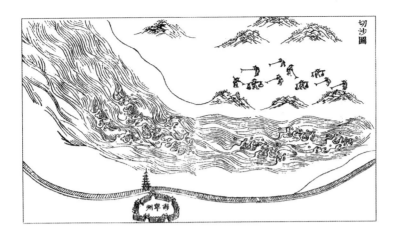

图6　中小门引河切沙图

（翟均廉纂：《海塘录》卷1《图说》，见《钱塘江海塘史料》（二），杭州出版社2014年，第43页。说明：人工开挖中小门，借鉴了黄运交界地方的引河技术。自大学士嵇曾筠总理两浙塘工之后，吸取隆昇引河失败的教训，改用借水攻沙的方法，即利用铁器随势挑挖南岸沙洲，主要是顺溜截根或者迎潮挑沟，以便江水、海潮昼夜往来，自行冲刷，江溜日趋向南岸，北岸涨沙自然日渐增涨。巡抚常安此时仍然沿用此法，时人认为此次中小门引河成功与切沙方法的运用有关）

而行，实为百年中仅有之事。"[1]这与塔山石坝合龙有密切关系。诚如嵇曾筠所说，尖山坝工堵塞可挑溜2 000多丈，附近20多里海岸有望涨出新沙。现代河口海岸学者也认为尖山石坝工程是我国海塘工程中向海进攻所取得的第一次胜利，逼使水流离岸，确保依山一二十里沿岸免受秋潮大汛冲刷。[2]尖山石坝客观上推动了主泓道向中小门引河转移，加上反复疏浚故道，潮走中门暂时实现。由于中小门地脉相连，中门只维持了十数年，后又重归北大门。不过，潮归中小门在乾隆十三年特定背景下更值得玩味。

乾隆十三年正月，大学士高斌赴浙勘查海塘，建议从省城仁和江塘沿江到尖山石坝处各种石、柴、草，塘顶上及后边一律加筑土堰，分两年于农隙筑成。大学士讷亲同巡抚顾琮于本月初查勘南岸海塘。江水大溜悉归中小门畅流直下，北大门涨沙已成平陆，南大门老沙绵亘。南岸文堂山脚现已落水，其势南趋。文堂、禅机山以南应相机利导，使两山全落水中。如此，则中

1　《奏为海宁县北塘现属要工请酌复官兵以资防护等事》（乾隆二十四年四月初四日闽浙总督杨应琚），中国第一历史档案馆，档号：04－01－03－0024－003。

2　陈吉余：《海塘——中国海岸变迁和海塘工程》，人民出版社2000年，第84页。

门宽展,大汛时可分北岸潮水。钱江大溜难行葛岙山以南,逼近山脚之水复从山后漫流。江溜初向南行,当防其仍复故道,可设一竹篓碎石滚坝。蜀山至尖山一带中有堰沟数道,亦不便任潮水冲刷深长,应酌看形势,于水口或中段沟尾稍加堵御,以期潮退沙淤渐成滩地。会稽县宋家溇,东有曹娥江,西有三江闸,水俱汇归,北流入海。海潮汛发,阻遏江流,江水改由中门,遇潮水长发遏抑,曹娥、江水并长,堤岸应加意防护。[1] 在同一年内,先后有两名钦差大臣勘查两浙海塘,除说明塘工重要性外,关键是与政治形势变化有关,勘查海塘只是他们去办理巡抚常安贪腐案的顺道行为。[2]

九月,新任巡抚方观承的塘工计划在上述基础上有所发展。北塘外涨出老嫩沙涂直接河庄、岩峰、蜀山,乃江海经由北大门旧道。河庄山后有沙南北横亘如脊,江身正溜由引河直下,深五尺有余,设竹篓碎石滚坝以杀汛势。北塘三里桥塘外潮沟 2 200 丈,口门宽 180 丈,于口门进内扼要处设竹篓碎石滚坝 40 丈。掇转庙塘外潮沟 2 100 丈,口门宽衍远出大尖山外顺迎潮汐,沟尾仍宽十五六丈、深二三尺。在口门进内 700 丈之小尖山潮神庙前,就其地势垄起处建竹篓碎石滚坝以防水内灌,并可为尖山石坝外护。坝长 230 丈,内 130 丈应筑土坝,两面用柴镶垫,上加顶土,迎水签桩,横截沟身之 100 丈,用柴垫高后排筑竹篓碎石滚坝。小尖山至大尖山、大尖山至石宕山处逼近海滨,各有一道民筑土堤,共 1 156 丈。议于潮神庙前接筑竹篓滚坝,在两处各建碎石塘一道。此处原属民修,如民力实有不敷,给发半价,就近交尖山汛弁员稽管;如有残缺,令民灶随时修补。南塘地势较高于北,江海全溜正由中门东南掠近雷山过三江口会曹娥江,潮遏江流致虞漫溢,山阴、会稽石、土各工一律加高培厚。[3]

乾隆十四年三月,方观承奏请编辑《两浙海塘通志》,极力称颂清代,尤其是乾隆登基以来修筑海塘的努力:

> 我皇上御极之初,即蒙厪念大发帑金,补旧创新,成两塘屹立之势,为一劳永逸之图。统计先后动发大府金钱何止千百余万,支销悉属正

---

1 方观承纂:《两浙海塘通志》卷7《本朝建筑四》,见《钱塘江海塘史料》(三),杭州出版社 2014 年,第 114—115 页。
2 《清史稿》卷 338《列传一百二十五》,中华书局 1977 年,第 11064—11067 页。
3 方观承纂:《两浙海塘通志》卷 7《本朝建筑四》,见《钱塘江海塘史料》(三),杭州出版社 2014 年,第 117—120 页。

项,丝毫无累小民。……现在仁、宁北岸之沙涂绵亘,中门之江海畅流,
化险工为平土……皆仰赖列圣之吁谟广远,我皇上之睿算精详。

乾隆只批"知道了",但其内心惊喜自不待言。[1] 七月,火速提拔担任巡
抚仅一年的方观承为直隶总督。当时乾隆眼中尽是不如意,如养民政策受
挫,金川用兵不利,群臣针对粮政展开大讨论。[2] 这使他隐隐感到统治危机,
于是大开杀戒,震慑群臣。恰在此时,钱塘江塘工终于实现了康熙末年以来
他追求未果的主泓道重归中小门的愿望,这对讲究"敬天法祖"的乾隆而
言[3],无疑是一剂证明施政有方的良药。客观来讲,方观承的海塘治理措施
与此前讷亲、高斌等人的规划并无太大差别,但他在关键时刻获得了这一任
务,可谓典型的"时势造英雄"。

---

1 《浙江巡抚方观承奏请纂辑〈两浙海塘通志〉折》,见《御批两浙名臣奏议·海塘卷》,华宝斋出版社 2001 年,第
  385—390 页。
2 高王凌:《活着的传统——十八世纪中国的经济发展和政府政策》,北京大学出版社 2005 年,第 114—121 页。
3 常建华:《敬天法祖、勤政爱民:清代政治纲领研究》,《明清论丛》第 5 辑,紫禁城出版社 2004 年,第 399—413
  页。

第五章
力缮柴塘、补偏救弊：
柴塘与引河的交替使用

第一节　南北两岸险情易位

乾隆十三年(1748)是皇帝极其不顺心的一年,但钱塘江潮归中小门是其自认为的统治中的一抹亮色。为解除皇帝心中的愁闷忧郁,次年十月二十日,闽浙总督喀尔吉善、署理浙江巡抚永贵上折奏请乾隆南巡。在奏折中,两人分析了钱塘江三门变化的简单过程及两年前忽然潮走中小门之后南北两岸安居乐业的祥和情形。"两浙群黎咸望皇上临幸浙省,阅视海塘,俾海若效灵,安流顺轨,两浙民生从此永享安澜之福。"[1]

这道奏折正中乾隆下怀,两天后(十月二十二日),上谕:

> 浙闽总督喀尔吉善、署理浙江巡抚永贵奏请临幸浙省阅视海塘一折,前因江南督抚等奏请南巡,特命大学士、九卿会议询谋佥同,业经降旨俞允。江浙邻封接壤,均系圣祖屡经临幸之地,且海塘亦重务也。今既据该省士民感恩望幸,群情踊跃,督抚合词代奏,宜允所请,于辛未春南巡,便道前至浙省临视塘工,慰黎庶瞻依之意。所至不烦供亿,勿尚华靡,已详具前旨,其共喻焉。[2]

该道上谕准备于辛未年春南巡时到浙江视察海塘,这是他声称的首次南巡的主要契机。其实,在当时潮走中小门的情况下,海塘根本不需要通过视察来解决问题,此时的视察是为了给南巡锦上添花。

十二月初八日,谕令尚书舒赫德在江南审讯事毕后赴浙江会同督抚查勘海塘情形,为南巡作准备。十二日,上谕:交给舒赫德一张内廷海塘图,将海塘应由何处行走于图内签明。[3] 二十日,重申此谕。[4]

1　《闽浙总督喀尔吉善署浙江巡抚永贵奏请南巡浙省海塘》,见高晋纂《南巡盛典》卷56,文渊阁《四库全书》本,第1—3页。

2　高晋纂:《南巡盛典》卷55,文渊阁《四库全书》本,第1—2页。

3　《兵部尚书舒赫德闽浙总督喀尔吉善署浙江巡抚永贵奏报两浙海塘情形折》(乾隆十六年正月二十一日),见高晋纂《南巡盛典》卷56,文渊阁《四库全书》本,第1—3页。

4　乾隆十五年十二月十二日,上谕内阁曰:"浙江海塘为捍卫民生要务,朕明春巡幸浙省,意欲亲临阅视,著尚书舒赫德于江南审讯事毕之日,即赴浙江会同该督抚等查看,预备奏闻。钦此!"见《乾隆朝上谕档》,档案出版社1986年,第2册,第498页。

乾隆十六年正月十六日，舒赫德会同督抚先赴海宁一带阅看海塘，复渡江至赭山阅看中小门等。康、雍年间水行北大门，从省城到海宁尖山一带海塘均属至险。后塘外渐涨沙滩，潮汐江流日徙而南。自从乾隆十二年水归中小门之后，北岸涨沙一望无际，非秋汛异涨水不到塘。中小门居北岸，河庄、葛岙二山在南岸，文堂、赭山、禅机诸山之中天然门户现深通畅衍。面对海塘安澜局面，臣工大肆吹捧圣恩：

> 臣等恭阅之下，咸仰我皇上敬天勤民、至德感孚，故能致此安澜顺轨之麻征。南北两岸不特塘工毫无受险之处，抑且塘之内外桑麻遍野，尺土寸壤无非膏腴，新涨沙滩或耕犁布种或刮卤煎盐，无处非安居乐业景象。

御道经行之处，自省城至尖山一百数十余里，往来就塘上行走，至县城方可驻跸。塘内遍地桑麻，水田竞鲜，平旷高壤，塘外新涨沙滩地气斥卤。海宁城至尖山往返 90 里，更属濒海沙碛，无法设立大营地盘，须仍回海宁驻跸。所经道路如遇天晴土干，塘上尚属可行；若一遇春雨，南方土性胶黏，泥泞难走。尖山登陟路径极窄，至山顶眺望江海形势，又为大尖山壅蔽，不能穷高极远，毋庸阅视。自省至尖山往回三日道路甚长，沿途无法设立大营。阅看中小门须回省城渡钱塘江，由转塘村大营至赭山，往回 70 余里，需要两日。海塘工程稳固，中小门畅行无滞，江海安澜，民灶乐业。"揆之现在情形，海塘竟可无庸亲临阅视。"杭城候潮门外预备临幸之观潮楼地踞江海上游，潮汐之往来，塘工之捍御，沿江滨海情形可见其大概。[1] 因此，乾隆首次南巡并未到海宁等地现场勘查海塘。

乾隆十六年第一次南巡时，有三天的活动与两浙海塘有关。三月初三日，皇帝临幸海滨观潮楼并检阅水师。次日，派遣官员祭祀钱塘江神庙，御书匾额"云依素练"。初六日，祭钱塘江。初九日，渡钱塘江至杭州，驻跸圣因寺行宫。初十日，阅兵。[2] 虽然首次南巡没有具体视察海塘，但因海塘安稳而喜悦自得的心情仍然从乾隆的诗文中流露出来。在钱塘江观潮时，乾

1　《兵部尚书舒赫德闽浙总督喀尔吉善署浙江巡抚永贵奏报两浙海塘情形折》（乾隆十六年正月二十一日），见高晋纂《南巡盛典》卷 56，文澜阁《四库全书》本，第 1—3 页。

2　《清高宗实录》卷 384，"乾隆十六年三月"条，中华书局 1986 年，第 14 册，第 39—53 页。

隆诗兴大发,写下了《钱塘江潮歌》:

> 向闻钱塘潮最奇,江楼凭几今观之。更闻秋壮春弗壮,弗壮已匪夷
> 所思。两山夹江黿与赭,门束长流逼东泻。海潮应月向西来,恰与江波
> 风牛马。江波毕竟让海波,回澜退舍如求和。洪涛拗怒犹未已,却数百
> 里时无何。于今信识海无敌,苞乾括坤浴渊魄。何处无潮此处雄,雄在
> 奔腾旋荡激。莫苗三叶及落三,皆最胜日期无淹。我来正值上巳节,晴
> 明遥见尖山尖。须臾黯黮云容作,似是丰隆助海若。天水遥连色暗昏,
> 倏见空际横练索。旁人道是潮应来,一弹指顷堆银堆。疾于风樯白于
> 雪,寒胜冰山响胜雷。砰硠礌硍礴磅磕,纮纮嘻嘻吼唠唠。流离顿挫无
> 不兼,回斡旁喷极滂沛。地维天轴震撼掀,天吴阳侯挟飞廉。蛟龙鼓势
> 鱼蟹遁,长鲸昂首嘘其髯。榜人弄潮偏得意,金支翠旗箫鼓沸。忽出忽
> 入安其危,但过潮头寂无事。因悟万理在人为,持志不定颠患随。迟疑
> 避祸反遭祸,多应见笑于舟师。[1]

在上引诗作中,乾隆除谈到中小门大溜中江潮与海潮的相互搏击外,更
多是谈到了晴空万里下遥望尖山所看到的上巳节钱塘江潮头盛况,以及所
悟到的事在人为、办事果断的处事哲学和理念。当然,海塘安稳给乾隆带来
的自豪感,在下面这首《渡钱塘江》中表露无遗:

> 斛土千钱诡就塘,风恬日暖彩舟方。一江吴越分疆界,三月烟花正
> 艳阳。航苇谁曾见神异,射潮未免话荒唐。涨沙南徙民居奠(海潮向逼北
> 岸,海宁、仁和二邑塘工颇以为患。近年来,北岸涨沙,潮汐南徙,遂庆安澜),永赖
> 神庥敬倍常。[2]

在这首诗中,潮走中小门所导致的钱塘江两岸海塘安稳的局面,使得乾
隆自信满满并借此来怀疑和嘲笑当年钱王射潮的传说。他把涨沙南徙、民

---

1 弘历:《钱塘江潮歌(乾隆十六年)》,见翟均廉纂《海塘录》卷首二《圣制》,《钱塘江海塘史料》(二),杭州出版
   社 2014 年,第 25—26 页。
2 弘历:《渡钱塘江(乾隆十六年)》,见翟均廉纂《海塘录》卷首二《圣制》,《钱塘江海塘史料》(二),杭州出版社
   2014 年,第 26 页。

众安居乐业的太平景象，归结于神灵的护佑。当然，在清代"天人感应"的政治传统理念中，这自然是皇帝施政得当的具体表现。

乾隆的这种兴奋心情，在这几天的诗文中不断出现，登六和塔时所作《登开化寺六和塔记》表现得尤其明显：

> 杭州月轮峰六和塔，宋开宝中创建，以镇江潮。开化寺，其塔院也。自宋以来，屡毁屡复，毁则有惊浪之虞，复则有安澜之庆。是以雍正十三年，我皇考世宗宪皇帝特发帑金，命有司鸠工庀材，是轮是奂，越二年而告成。又十有四年，而朕以南巡之便，亲涉其顶，且为之记焉。盖浙之潮人所共知为雄巨，浙之塘人所共知为要害，然非目击，终为耳食。且沿江以来，亦不辨其曲折之形也。造塔颠而后审其所以称浙江者，潮流东晞，又悉其门龛、赭径溟渤，顿挫渟蓄，迭荡掀激，斯所以为广陵之潮者。我皇考居九重之穆清，运万宇于几席，留意海塘，福被苍赤，葺斯穹塔，资厥佑相。予小子景仰前烈，深惟爱民之心既诚，故为民之虑无所不至而必中其綮。夫必待身患而后图之，斯不已迟乎！是皇考之圣神，而予小子瞠乎其后者也。故勒贞珉以识之。乾隆十有六年，岁在辛未，三月之吉，御制并书。[1]

在这篇文章中，乾隆借助六和塔镇江潮的往事，谈到浙江大潮的汹涌和海塘的重要性，进而赞扬了其父皇以及他本人在海塘方面的功劳。

虽然乾隆并没有巡阅海塘，但是臣工非常明白海塘安稳在皇帝心中的分量。地方官员清楚大溜走中小门的重要性，六月，浙江巡抚雅尔哈善上折重申开挖中小门工程。当年春夏雨多，海潮汹涌，海宁县石塘外积沙间被冲卸，将军殿的柴盘头坍焢，多亏蜀山一带涨有新沙，塘工无恙。浙江海塘情形，若溜趋南大门，则绍兴府属山阴、会稽和上虞被其患；潮走北大门，则杭州府属海宁、仁和受其侵；潮经中小门，则两岸田庐俱享安澜。中门山势仅宽六里，潮汐往来，浮沙易淤，且南岸文堂山脚涨有沙嘴300余丈挑溜北趋，北岸河庄山外亦有沙嘴50余丈，颇妨碍中门大溜。现将两处涨沙挑切疏通，再迅速修补将军殿柴盘头，以保护塘根。乾隆称赞"所见颇得要领"。[2]

1　翟均廉纂：《海塘录》卷首二《圣制》，见《钱塘江海塘史料》(二)，杭州出版社2014年，第22页。
2　《清高宗实录》卷417，"乾隆十六年六月"条，中华书局1986年，第14册，第469—470页。

当时海潮主泓道走中小门,皇帝认为,开挖中小门以保证其畅通是首要任务,而维修柴盘头等间接护岸工程只是不得已时偶尔为之。因而,对于钱塘江南岸宁绍平原上的海塘工程,恢复到原有的民捐民办状态。绍兴所属山阴、会稽、萧山、上虞、余姚等五县沿海一带土塘,旧系民间按亩捐输修补。乾隆元年上谕,遇应修段落,官于存公项下动支办理。[1] 乾隆十六年五月初三日,工部批准署理巡抚永贵的请求,把绍兴府山阴县宋家溇地方改建为石塘并加筑坦水,因为尽管此处原有土塘,但今年水性南趋屡遭冲刷。[2] 内阁学士钱维城认为浙省萧山等县之江海塘工应该恢复民间岁输修理之例,乾隆十八年四月二十九日,上谕同意如此办理。谕令一到,地方官员马上执行:"臣体察民情,所有五县土塘,除大工费繁另行酌办外,其每岁小有坍损之处仍听民修为便。"[3] 八月初六,工部批准浙江巡抚雅尔哈善所请:山阴宋家溇处塘工因潮汐交汇、冲坍摧裂,急需修复,先动项进行抢堵柴埽工程。[4]

除将一般塘工修筑任务交给地方外,还压缩海塘管理机构和人员。乾隆十九年,裁汰海防道。当时北岸塘外涨沙不断,每日两潮并不到塘,不需要道员专管。南岸土石各塘去潮溜更远,只有山西、三江二闸以及宋家溇石工潮汐尚有到塘之处,但波及范围极其有限。因而,裁撤海防道,北岸仁和、海宁、海盐和平湖四县海塘归并杭嘉湖道兼管,南岸萧山、山阴和会稽三县塘工由宁绍台道兼管。各道员加养廉银500两,在裁撤的海防道养廉银内动给。[5] 这样的机构改革没有注意到各地自然环境的不同,作为险工地段的海宁就认为塘兵被裁撤的过多。[6]

当时海塘修筑的整体策略在退缩。乾隆二十年三月,巡抚周人骥奏请在海塘险要处仿照河工预备物料。乾隆认为此举多余。得旨:"莫若仍旧惯,何必开此冒销之端。若数年不用岂不靡费?且向亦未因不备料而误事也!"[7]

虽然当时钱塘江北岸也有一些塘工,但自潮走中小门后,两浙塘工重点在南岸。乾隆十二年潮归中小门后,水势南趋,南岸山阴县属之宋家溇大池

1 《清高宗实录》卷437,"乾隆十八年四月"条,中华书局1986年,第14册,第700—701页。
2 《清高宗实录》卷388,"乾隆十六年五月"条,中华书局1986年,第14册,第93页。
3 《清高宗实录》卷437,"乾隆十八年四月"条,中华书局1986年,第14册,第700—701页。
4 《清高宗实录》卷444,"乾隆十八年五月"条,中华书局1986年,第14册,第785页。
5 《清高宗实录》卷463,"乾隆十九年闰四月"条,中华书局1986年,第14册,第1005页。
6 乾隆《海宁州志》卷4《海塘》,中国方志丛书·华中地方第591号,台北成文出版社1983年,第731页。
7 《清高宗实录》卷485,"乾隆二十年三月"条,中华书局1986年,第15册,第80页。

头一带为海潮入口顶冲之地，又东有曹娥江水，西有三江闸流，均由此处交会入海，情形最为险要。乾隆十八年之后，南岸工程规模最大者当属宋家溇等处的四百丈鱼鳞石塘。[1] 杨树下、宋家溇等处塘身拱凸，绕出大池，下系浮沙，根不坚实，单薄塘堤实难抵御。从前此处塘外老沙尚远，乾隆十九年秋至次年五月连汛大潮，沙地逐渐被刷完尽。二十一年三月，准备在宋家溇、杨树下一带，自大池后真武殿东首田内竖土处所起，跨河以南至陈金声盐舍后止，仿照海宁鱼鳞大石塘排桩建 400 丈，西首平稳处接筑土塘 20 丈，筑土戗于后，以护塘身。其原有土塘和柴塘可作外护，即使坍损也与新增工程无碍，无须再修，山阴、会稽等县由此可以捍卫。估计修筑费用比岁修土塘更少，以工代赈可救济灾民。[2]

虽然自第一次南巡以后钱塘江南岸有少许塘工，但自乾隆十二年后潮归中小门，总体趋势是海波不扬。乾隆二十二年春，第二次南巡时亲临八仙石等处海塘。面对潮走中门所带来的两岸海塘安稳的理想局面，乾隆诗兴大发，作《阅海塘作》诗一首：

> 骑度钱塘阅海塘，闾阎本计圣谟长（雍正年间，海潮直逼北岸，大为杭、嘉、湖郡县之患。皇考特命大臣鸠工筑塘以捍之，潮头遂渐徙南岸，海宁一带沙涨数十里，迄今二十余年，钱塘永固，民安其业）。长江已辑风兮浪，万户都安耕与桑。南北由中赖神佑，生灵永奠为民庆。涨沙百里诚无事，莫颂惟增敬不遑。[3]

在该诗中，乾隆把潮走中门归于神佑，尽管声称民众不要把涨沙百里的原因归于自己的英明，但是他内心的喜悦仍在诗中喷薄而出。同样的心情，在下面的这首《观江潮作歌》中表现得更为明显：

> 楼名望潮江岸傍，既到弗登有底忙。登矣不俟潮一望，杀风景事诚何当。哉生魄为潮盛候，因缘恰值聊相徉。是日未刻潮应至，历申那见

---

1 《御批两浙名臣奏议·海塘卷》，华宝斋书社 2001 年，第 392 页。

2 《清高宗实录》卷 508，"乾隆二十一年三月"条，中华书局 1986 年，第 15 册，第 416 页；《宫中档乾隆朝奏折》，台北"故宫博物院"1982 年，第 13 辑，第 757 页。

3 翟均廉纂：《海塘录》卷首二《圣制》，见《钱塘江海塘史料》（二），杭州出版社 2014 年，第 26—27 页。

涛乘江。驾山张盖徒想象，诗消醀退真荒唐。江山小船迎潮惯（船名出江山县，地方吏备迎潮者用之），解嘲略仿羯鼓腔。金支翠旗光错落，挝金击革声铿锽。俄顷江面潮亦至，恬风辑浪非礧硌。惟觉两岸隐增溜，贾舶好趁轻帆扬。阳侯静敛沧波细，一霅依旧天水苍。昔闻崒沓战藉藉，欺人惯是文人长。或云乘舆百灵护，伍胥文种心早降（土人谓潮头奋振者为伍胥潮，其后如绵絮而少弱者为文种潮云）。或云江走中门后，潮汐非比曩时强。其然岂然付一笑，涨沙惟喜资耕桑。[1]

这首诗虽然没有描写大潮奔涌而来的壮观景象，但是重点是当时两岸均有涨沙，船舶行走中门安稳无恙，碧水长天，令人神往。乾隆最得意的是，就连坐轿也好像有神灵护佑，相比之下，潮神伍子胥、文种都相形见绌了。

这种情形让乾隆龙颜大悦，三月二十日，上谕在杭州观潮楼建海神庙：

> 浙海之神自雍正八年海塘告成时特加褒封，敕于海宁县地方建庙崇祀。迩年以来，海波不扬，塘工巩固。朕省方浙中亲临履视，见大溜直趋中小门，两岸沙滩自为捍御，滨海诸邑得庆安澜，利及民生，实资神明显佑。应于杭州省城之观潮楼敬建海神之庙，以昭崇德答佑至意，应行事宜该部查例具奏。[2]

在当时两岸塘工安稳的情况下，基本没有大的工程，只是本年末在钱塘江南岸有小规模的新修工程。十一月，闽浙总督杨应琚查勘海塘，发现山阴宋家溇外大池头一带为海潮入口顶冲，东有曹娥江，西有三江闸，皆由此交会入海。去年总督喀尔吉善曾奏请在此处施工，但土塘难以经久，奏请添筑石塘。因潮汐冲激而塘身矬卸，需一起加镶坚固，可与新塘唇齿相依。[3]

乾隆二十三年，两浙海塘工程的重点仍然在南岸。[4] 另外，在潮走中小

1 翟均廉纂：《海塘录》卷首二《圣制》，见《钱塘江海塘史料》（二），杭州出版社 2014 年，第 26 页。
2 《清高宗实录》卷 535，"乾隆二十二年三月"条，中华书局 1986 年，第 15 册，第 744 页。《海塘录》卷六《建筑四国朝》："二十二年春二月，上南巡阅海塘，幸观潮楼，视江水趋涸，命建海神庙。上以海塘为浙重务，特允臣民之请，亲临阅视。二月，幸八仙石诸塘，至观潮楼，察江水趋南北之势，知大溜直趋中门，两岸沙滩自为捍御，降旨建海神庙于城南观潮楼。明年，庙成，御制碑文勒石。"见翟均廉纂《海塘录》卷 6《国朝建筑四》，《钱塘江海塘史料》（二），杭州出版社 2014 年，第 113 页。
3 《清高宗实录》卷 551，"乾隆二十二年十一月"条，中华书局 1986 年，第 15 册，第 1044 页。
4 翟均廉纂：《海塘录》卷六《国朝建筑四》，见《钱塘江海塘史料》（二），杭州出版社 2014 年，第 113 页。

门的背景下，主要是加强了对海塘的日常防护。三月，巡抚杨廷璋奏请在仁和、钱塘和萧山三县设立堡夫。海塘每里设堡夫一名、江塘每二里设堡夫一名，随时粘补坍损。[1] 这是加强南岸海塘的日常防护。镇海县海塘遵照成规一律增高[2]，加固镇海县海塘的塘基[3]。绍兴府通判兼管海防，换给关防，从外拣调人选。[4] 去年谕令在观潮楼建筑的海神庙落成，乾隆撰写了纪念碑文，其中与雍正和乾隆修筑海塘有关的文字如下：

> 雍正八年，我皇考世宗宪皇帝以海塘告成，维神效灵助顺，特敕建庙海宁，褒封秩祀，用申昭报。近海州县，不知有水患者二十余年于兹，然其时潮尚循北门也。乾隆辛未、丁丑，朕两巡浙水，登观潮楼，乃悉所为趋北门而有轶，则仁、钱迤西害不可言；趋南门则萧、会诸邑之戴山者，藩篱略具，犹间有随啮之虞。比年来，大溜直趋中门，两岸沙滩鳞起如左右，引从民居其间，川原膏沃可耕、可桑，曾不知白马胥涛足以动心而骇目。夫人之情，久则忘，而逸则淫。今之居乐土、安作息者，非昔之日夜怵惕、惧为鱼之民也耶？则我皇考之深宫宵旰，谋建塘以卫生灵，与明神之胼胝垂鍪，嘉佑是邦，其何可以弗纪？观潮楼当钱塘都会之地，东瞻中门为尤悉，爰视海宁祠宇之例，命守臣鸠工庀材，崇像设而展时事。[5]

在省城杭州观潮楼建海神庙，是在大溜走中小门情况下的得意之举，这与雍正当年在海宁建设海神庙时的背景迥然不同。

但是，海潮大溜的变化速度远远超出人的想象。在钱塘江南岸海塘被各种措施加以保护的同时，中小门的海潮已有北趋迹象，两浙海塘工程的建设工作旋即又要忙碌起来了。

---

1 《清高宗实录》卷 559，"乾隆二十三年三月"条，中华书局 1986 年，第 16 册，第 90 页。

2 《清高宗实录》卷 563，"乾隆二十三年五月"条，中华书局 1986 年，第 16 册，第 142 页。

3 《清高宗实录》卷 571，"乾隆二十三年九月"条，中华书局 1986 年，第 16 册，第 260 页。

4 《清高宗实录》卷 576，"乾隆二十三年十二月"条，中华书局 1986 年，第 16 册，第 346—347 页。

5 弘历：《浙海神庙碑文（乾隆二十三年）》，见翟均廉纂《海塘录》卷首二《圣制》，《钱塘江海塘史料》（二），杭州出版社 2014 年，第 22—23 页。

第二节　大溜重归北岸后的应对措施：第三次南巡

乾隆二十四年(1759)四月初,闽浙总督杨应琚奏称:中小门之下口门因雷山和蜀山涨沙相连,水势仍致北趋。北大门河庄山后已经冲开港道,大溜由中门和北门各半分流;再经一年后,如果中小门涨沙日渐高涨、水势仍归北大门,则北岸海宁一带将仍为全塘重点所在。[1]

鉴于此,乾隆旋即命令熟悉江南水利的江苏巡抚庄有恭调任浙江巡抚,预筹妥办一切应办之事。四月十九日,谕军机大臣等:

> 浙江巡抚已降旨令庄有恭调补。现在总督杨廷璋应赴闽省,而布政使明山甫经莅任,顷杨应琚来京陛见,询知浙江海塘渐又有改趋北大门之势,一切均须预筹妥办。庄有恭向在江南曾究心水利,著即传谕令其将任内经手事件交与硕色经理,速赴浙江新任。所有杨应琚奏现在海塘情形略节,一并抄寄阅看。[2]

乾隆皇帝调任庄有恭到两浙负责海塘工程,主要是因庄有恭在江苏巡抚任内时,曾支持太仓州知州宋楚望于乾隆十八年主持完成了太仓、镇洋的海塘工程。[3]

新任巡抚庄有恭知道自己被派到浙江的首要任务是确保海塘安全。五月十九日,折报大溜将走北大门的情况,并建议注意北岸堤防、准备柴塘修防物料。海宁大小尖山一带为海潮西来之路,石坝工程成功后涨沙日远,海宁城外以东数十里工程平稳20多年,现塘外涨沙一千四五百丈。海宁东门外大石桥、西门外曹将军庙等处老沙四百三四十丈不等,南门塘外仅存330余丈。此处乃关系紧要之地,嵇曾筠曾在此修石塘、建坦水。中小门引河在四月初大溜尚有十之四五,现全部走北大门与雷山、蜀山之间,下口门涨沙

1　《宫中朱批——水利》,乾隆二十四年四月初四日闽浙总督杨应琚奏,中国第一历史档案馆,档号:04-01-03-0024-003。

2　《清高宗实录》卷585,"乾隆二十四年四月"条,中华书局1986年,第16册,第486—487页。

3　当时太、镇塘工建设的详细情况,见王大学《政令、时令与江南海塘的北段工程》,《史林》2008年第5期。

接连。即使大汛潮水，漫沙也不过二三尺，不通舟楫，均系嫩沙而人力难施工。北大门水流宽1 150余丈，葛岙山与河庄山北面宽720余丈。当地居民说大溜虽行经北大门，但水势已非昔比，将来秋潮大汛时注意堤防即可。虽然大溜刚移到北大门，北岸石、土塘均平稳，但柴塘停修十四年，塘身矬蛰，需预备物料、未雨绸缪。朱批"甚是"。[1]

闰六月，庄有恭上折全面评估海塘现状并筹划工程。塘工以石塘而坚固，这已经是海塘工程的极致。自康熙五十四年后于旧条块石塘外陆续改建石塘7 600余丈后，海宁、仁和塘工险要处已经修筑完毕。老盐仓至章家庵的柴塘，当年也曾建议接建石塘，但先因活土浮沙难施桩石而止，继以塘外护沙接涨广远又止。华家卫、翁家埠等处正在河庄、严峰两山之间，江溜海潮俱经北大门，水面约宽七八百丈。水势靡常，设遇江溜汛发、秋潮盛满加上风力互相撞击，可能会横冲成堰、逼临塘脚。柴塘停修十四年，现多矬蛰，底柴霉朽。应先购柴，俟秋汛过后，审量溜势决定应否拆修。海宁县石塘近城一带护沙日见坍卸，仅存90余丈至二三百丈不等，秋潮大汛必逼临塘脚。南门外绕城石塘500余丈因逼近城垣，无地可建备塘。东至七里庙西至小荆场，虽有备塘但石塘内田庐鳞次，倘遇异常风汛，泼塘之水可虞。该处于现存矬蛰旧土上加高三尺，以六尺为准。旧堰底原宽一丈二尺、面宽八尺，于堰底帮宽二尺，上至堰顶仍宽八尺。雍正十三年（1735）嵇曾筠曾修砌仁和、海宁石塘坦水8 400余丈。待大汛过后，如有逼临顶冲处未建坦水，另行添建；如系旧有坦水或因年久桩朽石敧，亦即补修。[2]

乾隆非常重视，不待工部议覆就谕令庄有恭先行施工，以防秋汛，保证海塘安全。闰六月十六日，上命军机大臣传谕巡抚庄有恭：

> 庄有恭奏东、西海塘柴石塘工预备事宜一折，已批该部速议具奏矣。江溜、海潮全势既趋北大门，则一切应行备筑事宜正关紧要。现在时届立秋，防汛不宜迟缓，而部臣议覆不无尚需时日，且定议谅亦无可驳诘。著传谕该抚速就勘明筹办之处，一面即行发帑兴工上紧赶筑，无

1　《宫中朱批——水利》，乾隆二十四年五月十九日浙江巡抚庄有恭奏，中国第一历史档案馆，档号：04 - 01 - 05 - 0023 - 039。

2　《浙江巡抚臣庄有恭奏为海塘防护事》（乾隆二十四年闰六月十六日），见高晋纂《南巡盛典》卷56《海塘》，文渊阁《四库全书》本；《宫中朱批——水利》，乾隆二十四年闰六月初一日浙江巡抚庄有恭奏，中国第一历史档案馆，档号：04 - 01 - 05 - 0023 - 038。

庸听候部覆迟误要工。[1]

九月，随着江海大溜明显全趋北大门，翁家埠至老盐仓柴塘、韩家池柴塘均需准备维修，分拨 60 万斤柴薪以备不时之需。乾隆一概批准。[2]

乾隆二十五年正月至二月朔汛，北岸老沙仍有汕刷，坦基塘脚复多呈露。海宁南门外戴家石桥、陈文港等处加镶或者修筑坦水，韩家池柴塘临水者一律拆镶。海盐抢修鱼鳞大石塘 770 余丈。[3] 当时，工程的重点在于尖山石坝。海宁尖山石坝自乾隆五年工竣后，掣溜南趋，北岸塘堤安稳二十年。上年江海骤迁，北沙日刷，海潮江溜不能挟其全力，径薄塘根，仍多因此坝挑溜外行。二月，石坝近西连属塔山数十丈贴坝老沙所存无几，潮溜俱由塔山之麓旋绕而过，大溜至此为山麓所逼，盘涡激旋，回注坝根。三月望汛后，石坝南面护沙刷去 52 丈，北面刷去 20 丈，除南面贴近塔山之 22 丈、外有山脚抱护毋庸筹办外，其余 50 丈现有剥落绽纹，用块石竹篓三层迭砌，每篓长一丈四尺、高宽各五尺，共需银 1 459 两。该坝为全塘关键，桩木难施，只有选用宽长竹篓填贮块石，兼用篾缆联络顺贴坝身，挡浪护根莫善于此。[4]

海潮大溜重归北大门后导致的北岸各处塘工的出现，无疑让乾隆忧心忡忡。庆幸的是，三月初北岸涨沙重新出现。截至四月，海宁胡家兜以东海塘外涨沙渐盛，自胡家兜至南门外长 18 里，南北宽 1 200 多丈，其势长狭，向东约 900 余丈，宽五六十丈不等。五月以来，涨沙更多，水底凝实。东塘塘脚有护沙拥护，可资巩固。见此情形，乾隆下旨："此实佳兆也，应虔诚往观海楼、海神祠致祭，并绘图奏来。"[5] 庄有恭于六月二十七日在海宁海神庙暨天后宫致祭，七月初一日率省文武官员恭赴观潮楼、海神祠祭拜。

经过七月大汛，北塘一带涨沙形势加宽，呈露之处沙形较高、沙色比前较老，经此大汛，不遭汕刷且渐加增。尖山石坝东南有护沙被刷，已安置块石竹篓，竹篓以东刷去护沙 40 余丈，底沙犹存，未便径用竹篓安置。先将坝

1　《清高宗实录》卷 591，"乾隆二十四年闰六月"条，中华书局 1986 年，第 16 册，第 565 页。

2　《宫中朱批——水利》，乾隆二十四年九月二十八日浙江巡抚庄有恭奏，中国第一历史档案馆，档号：04－01－05－0024－027；《清高宗实录》卷 597，"乾隆二十四年九月"条，中华书局 1986 年，第 16 册，第 670—671 页。

3　《闽浙总督杨廷璋浙江巡抚庄有恭奏言查勘海塘及塘工情形折》（乾隆二十五年三月二十七日），见高晋纂《南巡盛典》卷 56《海塘》，文渊阁《四库全书》本，第 17—22 页。

4　《宫中朱批——水利》，乾隆二十五年四月初九日浙江巡抚庄有恭奏，中国第一历史档案馆，档号：04－01－05－0219－004；《清高宗实录》卷 611，"乾隆二十五年四月"条，中华书局 1986 年，第 16 册，第 868 页。

5　《清高宗实录》卷 613，"乾隆二十五年五月"条，中华书局 1986 年，第 16 册，第 899—900 页。

石坡陀整砌,再备块石数十方,以防底沙游动,填筑篓工。乾隆指示,要重点关注尖山石坝的情形。上谕:"此处朕明岁应往叩谒,尔等预备否?"[1] 但是,八月初九日上谕暂停南巡徐州石堤及海宁塘工,让两江督抚尽力赈济徐淮水灾,待壬午春再南巡。[2]

乾隆的这道命令使得两浙臣工对海塘特别上心,尤其是皇帝命令即将视察的塔山石坝。自从海潮大溜重新回归北大门之后,北岸边滩的常规变化受到江流强弱的季节性影响。自上年霜降后,江流弱小,不能冲刷南沙,以致逼溜北趋,将北岸涨沙大半刷卸。北岸与岩峰斜对之老盐仓为柴、石两塘交接之区,大潮由海宁城外逼于蜀山脚下堰沟,东北新涨阴沙潮头由曹殿盘头折向西北,老盐仓实为潮溜顶冲。南岸涨沙自蜀山西至文堂山脚沙宽500丈至970丈不等。岩峰山脚除涨沙之外,复起200余丈中沙一道。文堂山西脚中沙一道,长宽比去年冬季加增,逼溜日益向北。[3] 海宁县西塘境内老盐仓一带,本年先后拆镶300丈,又有堰沟一道贴临塘脚,潮溜往来长落致将护沙推刷,旧塘柴头间段呈露,急宜接续加镶以御春汛。东塘境内韩家池柴塘应拆底镶筑。西塘境内自秧田庙起至普儿兜止,均有应建应修坦水。[4]

对于尖山石坝,地方臣工花费的心思尤其多。尖、塔两山坝身底面约高五丈,此坝本缘沙涨,始得合龙,五丈之下即系积沙,非纯用篓石筑成。上年三月望汛,刷去南北两面护沙70余丈,坝边即有蹲烖剥落之处,用宽长竹篓填贮块石,三层叠砌以挡浪护根。建筑之后旋有新沙涨护,安然度过伏秋大汛。五月雨多,潮溜盛大。塔山对岸涨有中沙一道,大溜为中沙所逼,径薄大尖山下,回溜由尖山之麓盘旋迅激,还薄坝根,外沙被刷,即底沙亦渐遭搜

1　《庄有恭奏言海塘涨沙情形》(乾隆二十五年八月初五日),见高晋纂《南巡盛典》卷56《海塘》,文渊阁《四库全书》本,第23—25页。

2　乾隆二十五年八月初九日,军机处抄出奉上谕:"献岁恭逢皇太后七旬万寿,拟于新春敬奉安舆时巡南,服俯士民颙祝之忱,并顺道阅视徐州石堤及海宁塘工,因降旨令该省地方官修整道路桥梁,照例预备。今岁大江以南在在丰收,惟夏间雨水稍多,河湖盛涨,高宝兴泉一带低注处所颇有漫溢。前因河臣等先后折奏,特传谕尹继善查明下游被水之区,预筹抚绥。复恐地方有司承办南巡差务转于赈恤事宜不能尽心经理,是以谕令该督将实在情形确查具奏,候朕降旨酌改巡幸。今据奏到高、宝等处被水较重,该处既现已成灾亟宜以赈务为切要,南巡一事不妨他量改期。该督身任封疆,自当权其缓急早为奏请,何必待朕询及始行入告耶?所有南巡应办差务暂行停撤,改于壬午春恭奉慈辇以慰舆情,仍可揽民风而昭盛典。大差既经停止,自可专心办理赈务。该督等务宜仰体朕怀,董率僚属确按灾情形实力妥办,勿使穷黎稍有失所,以负朕痌瘝在抱至意,该部即遵谕行。钦此。"见翟均廉纂《海塘录》卷首一《诏谕》,《钱塘江海塘史料》(二),杭州出版社2014年,第15页。

3　《浙江巡抚庄有恭为查勘东西两塘沙势情形折》(乾隆二十六年四月初六日),见高晋纂《南巡盛典》卷57《海塘》,文渊阁《四库全书》本,第2—4页。

4　《宫中朱批——水利,乾隆二十六年十一月十九日浙江巡抚庄有恭奏,中国第一历史档案馆,档号:04-01-05-0028-001;《江苏巡抚庄有恭续镶北岸柴塘折》(乾隆二十六年十二月二十六日),见高晋纂《南巡盛典》卷57《海塘》,文渊阁《四库全书》本,第7—9页。

啮。六月二十日上下，将面篓63个蹲矬四、五、六尺不等，添做新篓，鸠工填筑。自七月初一至初四日新筑竹篓俱有蹲矬，坝之边石亦多坍落。上年安置面篓187个，又加盖新篓53个，势渐外护。内外新旧竹篓150余个蹲矬下陷，自数尺至丈余不等。所有坝旁边石本系紧贴篓头陂陀斜筑，竹篓外游下陷，边石坍矬100余丈。该坝挑溜外行，为通塘障卫，今坝外竹篓因底沙搜刷游动低矬，坝身不致摇动，尚借此数层竹篓拥护根脚。现以蹲矬旧篓为基，仍照前用长方竹篓式，不计层数逐层加筑，高出水面紧贴坝身。现矬陷处有深有浅，需将极大块石先一律填平，遽将竹篓施放易致倾侧。原块石400方，大多添做新篓。堆填盛贮以及修整坝边并存工备用，约需块石3 000方，就近遴员饬令分头采办，限日运解。[1]

乾隆二十六年十二月，上谕：此前南巡，问俗省方，均关心民事，河工、海塘尤与民生密切相关。多次临视淮、徐一带，只是尖山塘工"跸路稍纡"，没能亲勘。近年来中门潮势渐次北移，牵挂异常，准备明年春天到浙时详察情形，与地方大吏讲求规划。但是，必须注意的是，该道上谕批评了浙江巡抚庄有恭在奏折中请皇帝西湖巡阅之后再去考察海塘的说法：

> 适览庄有恭现在攒办工程、俟来年临阅请训一折，意似待朕巡浙已届回銮，始于该处预备者然。果称，则是朕于西湖左右游览既毕乃旋旆及之，于勤民之义谓何？在该抚昕夕侍朕断断不设是想，即江浙士庶亦皆不好生议论者，然此既非朕心所能安，即非巡典所宜有。今定于初抵杭州行宫次日，朕即前往阅塘。[2]

该上谕说，西湖游览之后再去视察海塘的建议不符合皇帝南巡爱民的宗旨，即使江浙士民不这样想，皇帝也不会心安理得，因此决定在抵达杭州行宫的第二天就去视察海塘。真实的原因在于，当时皇帝面临一系列舆论压力。以往南巡中江南迎驾过于奢华，随从多次扰民。[3] 即使这并非乾隆本意且其多次加以训诫，但客观上让他不得不有所顾忌，所谓"俯顺舆情"，的

1　《闽浙总督杨廷璋浙江巡抚庄有恭奏为查勘尖塔两山石坝情形折》（乾隆二十六年八月二十五日），见高晋纂《南巡盛典》卷57《海塘》，文渊阁《四库全书》本，第5—7页。
2　《清高宗实录》卷651，"乾隆二十六年十二月"条，中华书局1986年，第17册，第290—291页。
3　张勉治著，董建中译：《马背上的朝廷：巡幸与清朝统治的建构（1680—1785）》，江苏人民出版社2019年，第114页。

确必要。因而,海塘在接下来的南巡中成为皇帝关心国计民生的重要载体。

乾隆二十七年正月十二日,第三次南巡开始。尚未进入浙江境内,乾隆即提出将老盐仓一带改筑鱼鳞石塘,命大学士刘统勋、河道总督高晋、巡抚庄有恭先到老盐仓一带签试桩木。尽管刘统勋等声称"改建石塘诚为巩固",但试验证明,此时不允许改建石塘。先在贴近塘后开槽二处,签桩试验,此地偏东一槽沙性比平常艰涩十倍。一副桩架一日签桩不过三根,钉桩丈余摇动时仍觉浮活,不能稳固。这就是此前史志记载的地方居民所谓的活土浮沙的情况。试验之地偏西的地方乃青沙,签桩也很艰涩,施工难度与此处相仿。以往屡次建议在柴塘旧址建设石塘均没有实施的原因,就在于沙性艰涩,无法钉桩。

在柴塘之后、土备塘之前中间位置开槽钉桩尚可,土性无青沙夹杂,桩架一副可钉桩二十四五根,容易上手。可是,自柴塘与石塘交界地方斜签取势,中间民田、庐舍交错,改建石塘则老盐仓一个村庄就需迁徙民居数百间。改筑石塘后兼顾柴塘则费用增加,弃柴塘于不顾则外护可惜,很难遽然决定改筑石塘。柴塘蛰卸可随时加镶,历年保护无虞。自乾隆四年涨沙广阔而停止岁修后,现在老盐仓以西一带外沙已经被刷,必须先事预防。"我皇上念切民生亲临阅视,若石塘可以改建,即多费帑项断所不惜;然因地制宜保护柴塘,使永远不致蛰卸,即为捍卫民生长计。"[1]

面对这样的试验结果,乾隆二十七年三月初二日,皇帝非常遗憾地决定暂停在老盐仓继续改建石塘的决定,改而采取暂时缮修柴塘的策略,但是他认为这只是权宜之计。

> 朕稽典时巡念海塘为越中第一保障,比岁潮势渐趋北大门,实关海宁、钱塘诸邑利害,计于老盐仓一带柴塘改建石工。即多费帑金为民间永远御灾捍患,良所弗惜,而议者率以施工难易,彼此所见纷歧。昨于行在,先命大学士刘统勋、河道总督高晋、巡抚庄有恭前往工所签试桩木,朕抵浙次日简从临勘,则柴塘沙性涩汕,一桩甫下,始多捍格,卒复动摇,石工断难措手。若旧塘迤内数十丈许土即宜桩,而地皆田庐聚落,将移换石工毁拆必多。欲卫民而先殃民,其病甚于医疮剜肉。朕心

---

[1] 《奏为遵旨查勘海宁相度塘基签试桩木情形事》(乾隆二十七年二月二十七日大学士刘统勋、河道总督高晋、浙江巡抚庄有恭),中国第一历史档案馆,档号:03-1120-030。

不忍!且并外塘而弃之乎?抑两存而赘疣可乎?以兹蒿目熟筹,所可为吾民善后者,惟有力缮柴塘得补偏救弊之一策耳。地方大吏其明体朕意悉心经理,定岁修以固塘根、增坦水石篓以资拥护,庶几尽人事而荷神庥,是朕所宵旰廑怀不能刻置者。至缮工欲固,购料不得不周。现在采办柴薪非河工秫苇之比,向为额定官价所限,未免拮据,应酌量议加,俾民乐运售而官易集事。其令行在户部会同该督抚详加定议以闻。朕为浙省往复咨度之苦心,其详具见志事一诗。督抚等可并将此旨于工次,勒石一通,永志遵守。毋忽。[1]

仔细阅读该道上谕,可以发现皇帝对老盐仓一带改建石塘的迫切心情,因为这是他兑现此次南巡爱民政策的最直接表现,但是客观原因导致的只能暂时以维修柴塘为主的遗憾也表露无遗。因此,他在尖山视察海塘时,特意作《阅海塘叠旧作韵(乾隆二十七年)》诗一首,说明自己南巡并非为了游山玩水:

今日海塘殊昔塘(丁丑南巡时,海塘大溜尚走中门。己卯以来,潮势复趋北门,现饬大吏相度修缮,以为民卫),补偏而已策无良。北坍南涨嗟烧草,水占田区竟变桑。父老常谈宁可诿(土人以三门海潮之行不南即北,此因任之论与河徙天数语同,非治水者所宜出也),明神显佑讵孤庆(雍正七年,敕建海神庙。近复命钱塘崇饰祠宇,以昭灵贶)。尖山跋马非探胜,万井安全虑不遑。[2]

同样的心情,还在他视察海塘时所作的《塘上四首(乾隆二十七年)》诗作中流露出来。

西塘尚有沙涂护,既至东塘沙总无。石不能为柴欲朽,防秋要计可徐图。

盐官从不晓迎銮,古朴民风致可观。却胜杭嘉多饰礼,彩棚鼓乐满河干。

苇庐灶户日煎盐,辛苦蝇头觅润沾。嘘敹胼胝耐燥湿,厚资原是富

---

1 翟均廉纂:《海塘录》卷首一《诏谕》,见《钱塘江海塘史料》(二),杭州出版社2014年,第15—16页。
2 翟均廉纂:《海塘录》卷首二《圣制》,见《钱塘江海塘史料》(二),杭州出版社2014年,第29页。

商兼。

　　堤柳青青畦菜黄，村梅遮坞远闻香。徐行咨度周防计，懒惰无心问景光。[1]

在这四首诗中，乾隆简要交代了东、西两塘涨沙变化情况，以及不能易柴为石的遗憾。乾隆一再强调维修柴塘只是权宜之计，将来还要寻求一劳永逸的解决办法。所谓的"无心问景光"，是乾隆再一次对外宣称南巡与游山玩水无关。当然，令乾隆比较欣慰的是，他首次进入浙北实地巡视海塘时，海宁地方迎驾的各种准备尚不至于过于奢华。这些都从侧面说明他面临的社会舆论压力比较大。

即使只能维修柴塘，皇帝也表现出了异常大度，命令增加柴薪采运经费。海宁柴塘工程，从前柴价每百斤部定则例准销六分。乾隆七年，钦差刘统勋会同前督臣德沛等，因柴价不敷、购办恐贻误要工，奏请加银三分，每百斤统以九分报销。该处料价业已较前加增。"今蒙圣恩，念及迩日柴价稍昂，恐小民购办装运，或为额定官价所限，不无拮据。"刘统勋等人合议后奏请于原定九分之数再加一分，每百斤统以一钱报销。发价运料全在承办之员经理得宜，要让办运柴薪的百姓真正得到实惠，以免他们运料时的守候、扰累之烦，杜绝给价接收时的吏胥借机盘剥勒索。如果柴薪采运协调不周，即使价格增加，也恐不能悉归实用，需要严惩浮收短价等弊。这次加增柴价是特事特办，若果将来柴薪价格下跌，督抚要随时酌减，核实报销，勿致稍有浮收。[2] 柴薪价格的上涨，是因当时黄运、海塘等大型公共水利工程用料所导致的柴薪危机，以及受环境变化的直接影响。[3] 上谕中也谈到了海塘柴薪采运与运河的差别，毋宁说是因为皇帝需借助海塘树立亲民形象而格外施恩。

乾隆对于这次南巡中没有办法改建石塘感到很遗憾，也非常在意海塘工程政策的转变。除上述上谕之外，还专门作诗一首来表明心迹。御制《观海塘志事示总督杨廷璋巡抚庄有恭》主要内容如下：

1　翟均廉纂：《海塘录》卷首二《圣制》，见《钱塘江海塘史料》（二），杭州出版社 2014 年，第 29 页。
2　高晋纂：《南巡盛典》卷 57《海塘》，文渊阁《四库全书》本，第 11—13 页；《清高宗实录》卷 656，"乾隆二十七年三月"条，中华书局 1986 年，第 17 册，第 342 页。
3　李德楠：《清代河工物料的采办及其社会影响》，《中州学刊》2010 年第 5 期；贾国静：《水之政治：清代黄河治理的制度史考察》，中国社会科学出版社 2019 年，第 168—174 页。

　　明发出庆春，驾言指海宁。海宁往何为？欲观海塘形。浙海沙无常，南北屡变更。北坍危海宁，南坍危绍兴。惟趋中小门，南北两获平。然苦中门窄，其势难必恒。绍兴故有山，为害犹差轻。海宁陆且低，所恃塘为屏。先是常趋南，涨沙率可耕。两度曾未临，额手谢神灵。庚辰忽转北，海近石塘行。接石为柴塘，易石自久经。费帑所弗惜，无非为民生。或云下活沙，石堤艰致擎。或云量移内，接筑庶可能。切忌道旁论，不如目击凭。活沙说信然，尺寸不可争（塘边试下木桩，始苦沙涩，用二百余斤之硪一筑，率不及寸许，待桩下既深，又苦沙散不能啮木，桩摇摇无着也）。移内似可为，闾阎栉比并（柴塘向内数十丈，其土似宜桩，可以即工，然所在皆田庐，此处为塘，必致毁弃田庐，患未至而先殃民，心复有所不忍）。其无室庐处，又复多池坑。固云举大事，弗愿小害应。然以卫民心，忍先使民惊？且如内石建，宁听外柴倾。是将两堤间，生灵躏沧瀛！如仍护外当，奚必劳内营？以此吾意决，致力柴塘成。坦水篓石置，可固堤根撑。柴艰酌加价，毋俾司农程（命行在户部及该督抚详议加柴价）。补苴示大端，推行宜殚诚。[1]

　　该诗与上谕一样，主要谈到了现在改建石塘的两大困难：新建石塘位置的确定，石塘建设后原有柴塘的处理方式。同样的内容和意思，在乾隆特意撰写的《阅海塘记》中再一次表露无遗。在讲述了钱塘江改建石塘所遭遇到的两大困难之后，皇帝为自己决定暂时维修柴塘的政策选择作了解释：柴塘改建石塘必须是在边滩遭到威胁时才行；如果柴塘仍然能够抵御潮水，就不能冒天下大不韪来仓促改建，以免"善政"变成"暴政"。[2]

　　在决定以维修柴塘为主的同时，乾隆强调了土备塘和尖山石坝的重要性。此次巡视海塘，乾隆为土备塘作诗一首："土备塘云海望修，意存未雨早绸缪。石柴诚赖斯重障，是谓忘唇守齿谋。"[3] 这是强调土备塘作为海塘内护的重要性，以免海潮漫过头道海塘而使内地田庐受灾。尖山石坝是此次南巡前就强调要重点视察的地方。乾隆视察后指示：该坝"横截海中直逼大溜，犹河工之挑水大坝，实海塘扼要关键，波涛冲激中不易保护。但就目下

1　弘历：《清高宗御制诗文全集》，中国人民大学出版社1993年，第4册，第541—542页。
2　翟均廉纂：《海塘录》卷首二《圣制》，见《钱塘江海塘史料》（二），杭州出版社2014年，第24页。
3　翟均廉纂：《海塘录》卷首二《圣制》，见《钱塘江海塘史料》（二），杭州出版社2014年，第28页。

形势而论，或多用竹篓加镶，或改用木柜排砌，固宜随时经理，加意防修。如将来涨沙渐远，宜即改筑条石坝工，俾屹然成砥柱之形势，庶于北岸海塘永资保障。该督抚可兴工时，一面奏请一面动帑攒办，并勒石塔山，以志永久"。[1]

乾隆查勘尖山石坝，地方报告尖山石坝涨沙情形，此后数天涨沙又增，谕令都统努三、额附福隆安在尖山石坝石篓上设标记三处，以检验涨沙尺寸；命巡抚按月绘图专折奏报，形成了正式沙水奏报制度。[2] 针对此事，乾隆专门作《视塔山志事(乾隆二十七年)》诗，来说明此举的来龙去脉。

> 尖山实捍海，塔山舒右翼。翟村当兜湾，赖此雄潮逼。条石未可筑，块石先救急。其下有石篓，射溜图根立。策马视篓痕，云沙涨数尺(浙抚臣言竹篓贮石，下护坝基。数日来，沙涨掩篓四尺许。遂命立标以验增涨尺寸)。是为转旋机，其然谈何易？讵当恃天佑，而弗尽予责。丁宁示方伯，吾意知应悉。斯时工难施，沙远当易石。鱼鳞一例接，方为经久策。[3]

在这次南巡中，确立把维修柴塘作为主要方针，同时把设立塔山奏报制度作为了解沙水变化的主要手段，以此弥补没有办法改建石塘的遗憾。这种遗憾的心情，在三月初九日乾隆登临观潮楼并视察福建水师时所作的《观潮楼纪事(乾隆二十七年)》中表露无遗：

> 跋马万松岭，言寻观潮楼。楼祀江潮神，緊吾禋典修。前两度临兹，江从楼下流。今番乃涨沙，郡咸颂神庥。然吾别有思，无非为民谋。迤东利沙涨，庶望桑麻稠。迤西本弗藉，石塘巩金瓯。从古楼临江，涛观八月秋。观涛固非要，况昨畅吟眸。利者乃致败，柴石捍御筹。弗藉者反然，泥涂艰行舟。试看西来薪，转运以车牛。合郡供爨薪，弗属宁免愁。谓此为昭假，实益吾怀羞。[4]

1　琅玕纂：《海塘新志》卷1《天章》，见《钱塘江海塘史料》(一)，杭州出版社2014年，第120页。
2　翟均廉纂：《海塘录》卷6《国朝建筑四》，见《钱塘江海塘史料》(二)，杭州出版社2014年，第115—116页。
3　翟均廉纂：《海塘录》卷首二《圣制》，见《钱塘江海塘史料》(二)，杭州出版社2014年，第29页。
4　翟均廉纂：《海塘录》卷首二《圣制》，见《钱塘江海塘史料》(二)，杭州出版社2014年，第27—28页。

海塘的这些举措一再说明，乾隆需借助它来树立自己为两浙臣民考虑的光辉形象，因而也就不难理解这首《恭依皇祖巡幸杭州诗三叠韵》了。诗云："三度南巡侍大安，江山介祉奉徽观。风轻日丽临雄郡，踵接肩摩迓御銮。跸馆暂居几有敕，海塘言念志难宽。修防要欲筹全善，那觉西湖景助欢。"[1]在尖山视察石坝并观海时，乾隆作诗一首，以表示自己对海塘的关心。"舆图早已识尖山，地设天开障海关。东北冈峦捍犹易，西南柴石御为艰。虔心所祝资坍涨，蒿目无方计剔鬟。大吏载咨补偏策，尽吾诚耳敢云闲。"[2]在视察海塘而驻跸海宁陈氏安澜园时，乾隆作诗一首："名园陈氏业，题额曰安澜。至此缘观海，居停暂解鞍。金堤筑筹固，沙渚涨希宽。总厪万民戚，非寻一己欢。"[3]在这首诗中，乾隆再一次解释说，南巡是为了视察海塘，而非游山玩水。

很明显，乾隆是希望用海塘方面的努力来消除民间对他南巡游山玩水的误解。这个目的在三月初九日的上谕中得到了进一步验证：

> 朕奉皇太后安舆，莅兹南服，所以省方观民，勤求治理，其各处旧有行宫清跸，所驻为期不过数日，但须扫除洁净以供憩宿足矣，固无取乎靡丽饰观也。而名山胜迹尤以存其旧规，为各得自然之趣，从前屡降谕旨至为明晰。乃今自渡淮而南，凡所经过悉多重加修建，意存竞胜。即如浙江之龙井，山水自佳，何必更兴土木？虽成事不说，而似此踵事增华，伊于何底？转非朕稽古时巡本意。且河工、海塘为东南民生攸系，朕厪怀宵旰，时切纡筹，地方大吏果加意修防，永资捍御，则兹之亲临阅视，其欣慰当何如者。而田畴丰润，井里熙恬，即所以博朕愉览不在彼而在此也。嗣后每届巡幸之年，江浙等处行宫及名胜处所均无庸再事增葺，徒滋靡费。即圬墁裱饰不致年久剥落，亦可悉仍其旧。此实不仅为爱惜物力起见也。该督抚等其各善体朕谕，敬相遵守。[4]

1　弘历：《清高宗御制诗文全集》，中国人民大学出版社1993年，第4册，第540—541页。

2　弘历：《登尖山观海作（乾隆二十七年）》，见翟均廉纂《海塘录》卷首二《圣制》，《钱塘江海塘史料》（二），杭州出版社2014年，第29页。

3　弘历：《驻陈氏安澜园即为杂咏六首》，见翟均廉纂《海塘录》卷首二《圣制》，《钱塘江海塘史料》（二），杭州出版社2014年，第30页。

4　《清高宗实录》卷656，"乾隆二十七年三月"条，中华书局1986年，第17册，第343—344页。

第五章　力缮柴塘、补偏救弊：柴塘与引河的交替使用

151

从该道上谕可以看到,南巡队伍进入淮扬以后,各地的建筑和装饰日趋豪华,各处行宫均进行了大规模修葺,这影响了乾隆所声称的巡察河工、海塘的主题。为减少各处豪华准备带来的地方财政压力,三月十四日上谕在此前减歇漕粮基础上,对各省因灾减歇漕船应给口粮之外赏给十分之一。此类漕船向例只给一半月粮,但乾隆认为这"与该丁等生计未免拮据,故著加恩"。[1] 三月二十七日,上谕:豁免江南之江宁、苏州与浙江杭州之附郭县本年应征地丁银两,"用昭行庆,施惠省方勤民之至意"。[2]

乾隆第三次南巡的队伍离开浙江后,巡抚庄有恭就根据上谕重点关注尖山石坝附近的竹篓涨沙情况,并根据当时沙水奏报制度,五日一报沙水情况并绘制舆图。但这么频繁的汇报,工作量太大,先是在年底改为十日一报,次年五月又改为清单每月一次、舆图两月一张。[3]

此外,庄有恭主要是根据上谕来维修柴塘并增减坦水。三月,主要进行的工程如下:老盐仓一带柴塘修至观音堂,共应拆修柴塘675丈;柴塘之下活土浮沙,无法修筑条块石坦水,以竹篓作坦水,相水势之浅深,或二层或三层四层;前抚臣朱轼所修之旧大石塘460丈亦增条块石坦水。[4]

由于刚结束南巡,乾隆异常关注两浙海塘的任何风吹草动。七月初七日风大潮涌,海宁缓修、抢修石塘内有揭落面石并间段坍卸处。接到庄有恭奏折后,上谕火速奏报从前冲卸堤岸有无接续加坍、抢修处所是否足资抵御以及现在秋汛情形。庄有恭寻奏:各塘抢修处所镶筑坚实,并无接续加坍之处。得旨"览奏稍慰"。[5]

本年度乾隆对两浙海塘的关注超乎寻常,内在的秘密均包含在其所写的《阅海塘记》中。

> 夫柴塘之下不可施工,以其实系活沙,桩橛弗牢,讫不可以擎石也。柴塘之内可施工,而仓卒不可为,以其拆人庐墓桑麻填坑堑,未受害而先惊吾民也。即云成大利者不顾小害,然使石塘成而废柴塘,是弃石塘

1　《清高宗实录》卷656,"乾隆二十七年三月"条,中华书局1986年,第17册,第345页。

2　《清高宗实录》卷657,"乾隆二十七年三月"条,中华书局1986年,第17册,第356—357页。

3　王大学:《清代两浙海塘的沙水奏报及其作用》,《史林》2021年第4期。

4　《录副奏折》,乾隆二十七年三月十九日浙江巡抚庄有恭奏,中国第一历史档案馆,档号:03－0999－019。《清高宗实录》卷659,"乾隆二十七年四月"条,中华书局1986年,第17册,第383页。按:实录中记载的是闽浙总督杨廷璋的奏折,此折与盛典中所录庄有恭的奏折内容几乎相同,估计是督抚对同一问题各自上折。

5　《清高宗实录》卷668,"乾隆二十七年八月"条,中华书局1986年,第17册,第469—470页。

以外之人矣。如仍保柴塘，则徒费帑项为此无益而有害之举，滋弗当也。于是，定议修柴塘、增坦水、加柴价，一经指示而海塘大端已具，守土之臣有所遵循，即随时入告，亦已成竹素具，便于进止也。议者或曰：所损者少而全者众，柴固不如石坚，何为是姑息之论？然吾闻古人云：井田善政，行于乱之后是求治，行于治之时是求乱。吾将以是为折中，而不肯冒昧以举者此也。踏勘尖山之日，守塘者以涨沙闻，后数日沙涨又增，命御前大臣志石篓以验之果然。自初三日亲临阅塘后，即命都统努三、额驸福隆安立标于石篓之上以验增长。今复遣注视，回奏云：十日以来沙涨至三尺余，土人以为神佑，斯诚海神之佑耶？但丁丑以前已趋中门者尚不可保，而况今数尺之涨沙乎？然此诚转旋之机，是吾所以默识灵贶，益励敬天勤民之心也。是吾所以望神禹而怵然以惧，惭无奠定之良策也。[1]

乾隆的这段文字提到了柴塘改建的客观限制以及其他选择性方式的难题，表明了乾隆选择中的两难。从本质上来讲，乾隆非常希望可以把柴塘改建为石塘，以此来建立自己的丰功伟业，但是目前他只能维持现状，以维护柴塘为主。但是，柴塘改建石塘成了乾隆在南巡上的最大心结，他在等待时机。

在第三次南巡和乾隆三十年展开第四次南巡之前的数年塘工建设中，主要围绕镶筑柴塘、把原有缓修石塘改建鱼鳞大石塘以及修筑坦水、盘头等间接护岸工程来展开工作。在此期间，用于购买柴薪的经费分别是白银1万两和5 000两[2]，共拆镶、接筑柴塘1 925丈并改建石塘412.7丈[3]。为保证柴塘维修质量，规定：加镶柴塘保固三个月，拆筑柴塘保固半年，加镶、拆筑一律保固半年，塘外竹篓与塘身一律保固；限内损坏之工令原办工员赔修，限外工段即时核实估计，每年霜降后汇造清册报销；所有银两在引费内动支，报明户部。[4] 当然，乾隆对这段时期的工程，采取的原则是"但期工固，毋致

1　弘历：《阅海塘记》，见翟均廉纂《海塘录》卷首二《圣制》，《钱塘江海塘史料》（二），杭州出版社2014年，第24页。
2　杨鑅辑：《海塘揽要》卷7《国朝修筑》，见《钱塘江海塘史料》（四），杭州出版社2014年，第184、186页。
3　和卫国：《治水政治：清代国家与钱塘江海塘工程研究》，中国社会科学出版社2015年，第171—175页。
4　杨鑅辑：《海塘揽要》卷7《国朝修筑》，见《钱塘江海塘史料》（四），杭州出版社2014年，第185页。

浮冒可也"。[1]

需要注意的是，在这段时期内，乾隆对熟悉河工、海塘事务的抚臣庄有恭异常信赖。乾隆二十七年十月初二日，上命军机大臣传谕已经调补江苏巡抚的庄有恭：第一，庄有恭对于海塘工程筹办甚属尽心，且目前浙江查办灾赈事情紧要，庄有恭调任之后可将浙江巡抚印务暂交索琳护理并接办日行事件，塘工、赈务仍由庄有恭专门负责。第二，新任巡抚熊学鹏到达浙江后接办赈灾事宜，海塘工程仍然由轻车熟路的庄有恭负责。苏州与杭州相距不远，案牍往返方便，熊学鹏与庄有恭携手处理浙江海塘事宜，不可"稍分畛域也"。[2] 次日，上谕嘉奖庄有恭，认为他在执行第三次南巡时的海塘决策方面非常到位，各项工程陆续完竣，海塘稳固。"庄有恭著交部议叙，所有在工勤事各员并著查明分别咨部议叙，以示奖励。"[3]

在调任熊学鹏由广西巡抚到浙江巡抚时，上谕告诫熊学鹏到浙江后要事事留心，在海塘事务上要与庄有恭同心协力，要多支持庄有恭的工作。[4] 其实，对庄有恭、熊学鹏反复告诫，是因为乾隆意识到目前的这种海塘管理体制容易导致两位巡抚意见分歧或者争夺管理权。

乾隆的这种担心不无道理。熊学鹏抵任浙江后更希望自己在海塘工程规划管理方面能发挥作用。尽管主管海塘的江苏巡抚庄有恭来札内称海塘汛期已过、尚无应办事宜，俟来年春汛将临时与熊学鹏一起勘查海塘，但急不可待的熊学鹏十一月初四日就自杭州起程查勘海塘各工，并将勘验过海塘各工并坍涨沙水情形分缮清单、绘具图说进呈。除了介绍各地海塘的基本情况外，熊学鹏主要谈到了海塘石料、中小门引河的问题。当时柴塘改建鱼鳞石塘的工作在零星进行，但是石料短缺问题比较严重。所需石料有采自江南洞庭等山者，有采自浙省羊山、大山等山者，因船只运送石料未齐，是以迟缓。熊学鹏严令多雇船只，加紧办齐物料，务于春汛前工竣。中小门沙势较南大门低三四尺不等。北大门河庄、岩峰、蜀山之北老沙日就坍刷，水势渐向南趋，翁家埠至马牧港新涨出嫩沙宽约三四里不等。倘明年春汛前后渐涨渐坚，则中小门可望复通。上谕曰："汝二人和衷共济，

1　《清高宗实录》卷 669，"乾隆二十七年八月"条，中华书局 1986 年，第 17 册，第 481 页。
2　《清高宗实录》卷 672，"乾隆二十七年十月"条，中华书局 1986 年，第 17 册，第 508 页。
3　《清高宗实录》卷 672，"乾隆二十七年十月"条，中华书局 1986 年，第 17 册，第 510 页。
4　《清高宗实录》卷 673，"乾隆二十七年十月"条，中华书局 1986 年，第 17 册，第 613 页。

自当仰邀天佑复归中门故道。"[1] 熊学鹏的这些文字不无皮相之见，中小门引河已经没有可能再次复开，所谓的北岸涨沙只是每年冬天水枯时的自然变化，与河口海岸动力有关，次年随着大水就会再次被冲坍。熟悉海塘工程的官员都不会如此向皇帝表态。乾隆借题发挥，告诉熊学鹏要与庄有恭同舟共济。

乾隆对两浙海塘异乎寻常的关注和热情，是因为他很快就要进行新一轮的南巡。乾隆二十八年十二月十七日，上谕：根据两江总督尹继善等合词具奏，准备在乾隆乙酉再次南巡。"朕惟江浙地广民殷，一切吏治农功均关要计，且襟江带河、滨湖边海之区筹划泽国田庐，无一不重紫宵旰。"上次南巡时，自己曾经关注了淮河志桩的设立、洪泽湖各闸坝的启闭以及两浙塘工等方面的决策，以期有利于民生。近年来地方督抚多次禀报说里下河各处水情平稳，"惟是浙中海潮涨沙虽有起机，大溜尚未趋赴中门，是深所厪念，而新修柴、石诸塘亦当亲阅其工，以便随时指示"。又在今日派遣大臣督修水利，如睢河荆山桥等处亦为数省灌输吃紧关键，需验收工程效果。东南五谷丰登，皇太后福履康宁，准备于乙酉之春南巡，河工、海塘等需要先期预备。同时，乾隆告诫此次南巡要低调行事，不可过多扰乱经行之地，装饰不可过于奢靡。"至前次灯彩繁文暨扈从人员雇觅巨舟籤占公馆诸禁，已屡颁谕旨。即朕所过行宫、道路，距上届为日匪遥，只须洒扫洁蠲，足供顿憩，不得稍事增华劳费，负朕仰承慈谕、俯顺舆情之至意。"[2]

在乾隆声明一年后再次南巡并重点视察海塘工程之后，负责塘工的江苏巡抚庄有恭与浙江巡抚熊学鹏对两浙海塘更为重视。乾隆二十九年正月，江苏巡抚庄有恭会同浙江巡抚熊学鹏查勘海塘情形。除海宁城东念里亭汛内建坦水 177.7 丈外，一切安稳。[3] 二月，工部议准萧山境内孔家埠、渔浦街二处仿照海宁塘工，用竹篓贮石堆叠。两处地当上游山水顶冲且遇海

1　高晋纂：《南巡盛典》卷56《海塘》，见沈云龙主编《近代中国史料丛刊》（第一编，0641），台北文海出版社 1966 年，第 1017—1019 页；《奏办浙江观音堂迆西再行续镶柴塘事》（乾隆二十七年十二月二十二日江苏巡抚庄有恭、浙江巡抚熊学鹏），中国第一历史档案馆，档号：04－01－05－0032－040。

2　《清高宗实录》卷 701，"乾隆二十八年十二月"条，中华书局 1986 年，第 17 册，第 837—838 页。

3　高晋纂：《南巡盛典》卷 58《海塘》，见沈云龙主编《近代中国史料丛刊》（第一编，0641），台北文海出版社 1966 年，第 1033—1034 页。

潮逆流湍激,塘外涨沙日坍,水逼塘根。[1] 本年度其余时间是备柴防护柴塘[2],念里亭缓修石塘 29 丈改建为鱼鳞石塘。[3]

第三节　以中小门引河为主：第四次南巡之后

乾隆三十年(1765)正月,第四次南巡开始。循惯例,上谕:蠲免浙江乾隆二十六至二十八年因灾未完的地丁银两、二十七年屯饷沙地公租、二十六至二十七年未完漕粮等银 13.2 万余两以及二十八年借给的籽本谷 1.3 万余石。[4] 由于皇帝要视察两浙海塘,鉴于主管海塘工程与海防的杭嘉湖道工作量大,二月初四日,军机大臣奏请增加该道的养廉银。杭嘉湖道的养廉银为 2 500 两,仅为粮道和盐道的一半,请从此两道内各拨 500 两增为海防道养廉银。[5]

与以往南巡先到杭州然后去视察海塘不同,这次乾隆御舟进入浙江的第一站就是到海宁视察海塘工程。这种急迫的心情和此举主要目的,都蕴含在他从石门县出发去海宁安澜园时所作的诗中。

　　舣舟跋马度由拳,心喜观民缓着鞭。更有阅塘予正务,遂循溪路易轻船。

　　夹溪万姓喜迎銮,桑柘盈郊入画看。廿四桨过风帆(去声)驶,片时新坝到长安(即坝名)。

　　坝隔高低换彩舟,彩舟致重橹声柔。仍图迅利策予马,蓄眼韶光面面酬。

　　盐官三载重经临,两字安澜实厪心。驻辇春风弃清暇,果然城市有

1　《清高宗实录》卷 705,"乾隆二十九年二月"条,中华书局 1986 年,第 17 册,第 873 页。

2　高晋纂:《南巡盛典》卷 58《海塘》,见沈云龙主编《近代中国史料丛刊》(第一编,0641),台北文海出版社 1966 年,第 1034—1035 页;《清高宗实录》卷 717,中华书局 1986 年,第 17 册,第 1000 页。

3　高晋纂:《南巡盛典》卷 58《海塘》,见沈云龙主编《近代中国史料丛刊》(第一编,0641),台北文海出版社 1966 年,第 1035—1036 页;《宫中档乾隆朝奏折》,台北"故宫博物院"1982 年,第 22 辑,第 490 页。

4　《清高宗实录》卷 726,"乾隆三十年正月"条,中华书局 1986 年,第 18 册,第 1—2 页。

5　《清高宗实录》卷 730,"乾隆三十年闰二月"条,中华书局 1986 年,第 18 册,第 35 页。

山林。[1]

同样的心境,在其甫入驻安澜园所作六首诗中也有明显表现,尤其是以下三首更值得重视:

> 如杭第一要,筹奠海塘澜。水路便方舸(前巡抵杭城,由陆路赴海宁阅塘。今年舟次石门,即从别港水道前进,先驻是园,取便程,急先务也),江城此税鞍。汐潮仍似旧,宵旰那能宽。增我因心惧,惭其载道欢。
>
> 隔园城角边,新额与重悬。意在安江海,心非耽石泉。乔柯皆入画,好鸟自调弦。有暇诗言志,雕虫不尚妍。
>
> 溪泛橹声柔,溪涯有竹修。獭时看伏翼(是园水中有獭),鱼并育槎头。似此真佳处,无过信宿留。观塘吾本意,讵可恣遨游。[2]

这两组诗歌中,乾隆急于利用一入浙就视察海塘的形式来树立自己的形象,同时对沿途迎驾的豪华表示担忧。当然,与上次南巡相比,海宁境内迎驾的工作已经非常奢华了。"楚王爱细腰,宫中多饿死",短短数年,地方的举动明显受到了某种氛围的影响。

乾隆急于向天下表明自己南巡并非巡游作乐是有原因的。历次南巡接驾,奢华程度越来越高,这自然引起天下臣民的怨言,乾隆也不会没有警觉。早在此次南巡的前一年,乾隆二十九年二月中旬,就上谕山东巡抚崔应阶在准备明年南巡时不必添建行宫。在此之前,江苏巡抚庄有恭曾经奏陈说,准备整理寒山别墅来为南巡作准备,乾隆曾经谕令说"不必多此一番布置,仍旧惯可也"。但是,崔应阶很快回奏说,为了迎接明年南巡,准备在万松山尖营、禹城县晏子祠、泰安县四贤祠等地方进行扩建。针对此,乾隆有旨:"屡有不必修建之旨,而汝竟已措办,所谓成事不说耳。"[3]

初五日,上谕:添加海宁绕城石塘坦水。这段石塘乃全城保障,塘下坦水向来只有两层,现潮势似觉顶冲,乾隆二十九年此处最险的64丈地方加建

---

1 弘历《自石门县跋马度城易轻舟至陈氏安澜园即景杂咏(乾隆三十年)》,见翟均廉纂《海塘录》卷首二《圣制》,《钱塘江海塘史料》(二),杭州出版社2014年,第30页。

2 弘历:《驻陈氏安澜园叠旧作即事杂咏六首韵(乾隆三十年)》,见翟均廉纂《海塘录》卷首二《圣制》,《钱塘江海塘史料》(二),杭州出版社2014年,第31页。

3 戴逸、李文海主编:《清通鉴》,山西人民出版社1999年,第9册,第3952—3953页。

坦水三层，现令把剩余的 460 多丈一律添建为三层坦水。二层旧坦水内有桩残石缺者，也查明补换。次日，乾隆阅海塘[1]，诗兴大发，先作《塘上三首（乾隆三十年）》：

尖山将往阅潮淤，塘上清晨发步舆。一带堤根皆啮水，抚斯安得暂心纾。

鱼鳞诚赖此重堤，堤里人家屋脊齐。土备却称守重障（土备塘，海望所修，欲以为重关保障。夫石塘外如果可为重障尚可，今为之塘内，且置人家于外，岂有土更坚于石之理。譬之防盗者，舍墙门而扃屋扉，甚无足取也），一行遥见柳烟底。

灶户资生釜海存，刮沙煎卤事牢盆。茅棚苹窦何妨览，欲悉吾民衣食源。[2]

此外，乾隆又作《阅海塘再叠旧作韵（乾隆三十年）》：

依旧潮头近逼塘，贻谟昔日计深良（自乾隆戊寅后，潮势复渐趋北门，恃鱼鳞大石塘及坦水、竹络坝为巩护，益仰皇考定制，实为万世永赖）。成规敬守修柴石（先是，建议者拟易柴塘为石工，壬午亲临相度，塘下活沙既汕涩不受桩而内徙，又妨田庐因命专修柴塘且增料值，其条石各工随宜加礧，俾资捍御），古语诚符变海桑（南坍北涨，北坍南涨，惟浙省为然，盖无百年不易之事）。思复中门亦过（平声）望，便由故道敢私庆。尽人事俟神麻耳，蒿目一劳念未遑。[3]

从上述诗作中可以发现，乾隆对于此次南巡仍然无法改建鱼鳞石塘是很遗憾的，因此只能依靠原有的土备塘和柴塘；同时，他渴望海潮大溜能够重走中小门，以便保证钱塘江两岸海塘安稳。

既然无法改建鱼鳞石塘，就只能让向导大臣努三在塔山石坝周围设置

---

1 《清高宗实录》卷 726，"乾隆三十年正月"条，中华书局 1986 年，第 18 册，第 1—2 页。
2 翟均廉纂：《海塘录》卷首二《圣制》，见《钱塘江海塘史料》（二），杭州出版社 2014 年，第 32 页。
3 翟均廉纂：《海塘录》卷首二《圣制》，见《钱塘江海塘史料》（二），杭州出版社 2014 年，第 32 页。

更多的竹篓作为标记，以便及时了解沙水涨坍情况。[1] 为了此事，乾隆专门作诗一首《登尖山观海（乾隆三十年）》："岩峣净土普门凭，观海因之栈道登。愧我敢云希绩底，奠兹惟是赖仁能。台临上下空无际，舟织往来波不兴。俯视塔山资射浪，漫言沙涨有明征。"[2]

针对此次视察海塘的经过及所做决策，乾隆有两首相关的诗文。其中一首是《命添建海宁县城石塘前坦水诗以志事（乾隆三十年）》：

> 柴石两塘工，前巡大端定（前巡阅视海塘时，有以老盐仓一带柴塘恐难经久请易柴为石者，及亲临度试，则塘内沙活不可下桩，再移内数十丈，虽工作可施，势必毁弃田庐。未弭患而先殃民，又岂保卫之道。因决意修筑柴塘，敕部议增薪值，俾采购裕足，并命添置坦水、篓石，捍护堤根）。兹来重相视，事无不用敬。念兹古县城，万民所托命。城南即石塘，鱼鳞固绵亘。但潮今北趋，已近塘根迎。坦水纵两层，潮来惟一剩。设使久荡激，塘根将致病。去岁虽添建，六十丈而竟。尚欠久安策，俾增一律称（去岁抚臣请建坦水六十余丈，止就险要而言，于全塘形势尚未筹及。因命增建四百六十余丈，并视二层旧坦之桩残石缺者，令补益缮完，使护塘根，永资巩固）。杀（去声）势护石工，费帑吾宁听。何当复中门，额手斯诚庆。[3]

另一首《视塔山志事叠旧作韵并示地方督抚及司事者（乾隆三十年）》：

> 壬午视察后，沙涨伸如翼。不久复致坍，溜仍塘根逼。自兹月据报（坝基下有护根石篓，前巡临阅时，沙涨掩篓痕四尺许，因命标志其处，验增涨尺寸，浙抚每月奏报），时缓亦时急。即今石篓下，又见涨沙立。较之昔立标，乃更增五尺（沙涨时有赢缩，兹亲临看验，较旧志复增五尺）。大吏皆谓江海效灵，然坍涨靡常，实不敢即以为慰也）。效灵谩致颂，安保无更易。夫惟君与臣，均有安民责。为民筹保障，可弗此心悉。何时沙坂坚，鱼鳞易条石。惟俟

1　杨鑅辑：《海塘揽要》卷4《沙水》，见《钱塘江海塘史料》（四），杭州出版社2014年，第107页。沙水奏报是乾隆南巡以来建立的正式而系统的两浙海塘沙水变化情形的汇报制度，虽然汇报频率和沙水测量的范围有所变化，但是该制度一直持续到清朝结束。清代两浙沙水奏报制度的具体情况，参见王大学《清代两浙海塘的沙水奏报及其作用》，《史林》2021年第4期。

2　翟均廉纂：《海塘录》卷首二《圣制》，见《钱塘江海塘史料》（二），杭州出版社2014年，第32页。

3　翟均廉纂：《海塘录》卷首二《圣制》，见《钱塘江海塘史料》（二），杭州出版社2014年，第31—32页。

天默佑,斯实乏良策。[1]

这两首诗中透露出乾隆对目前两浙塘工的认识,仍然是以上次南巡所确定的维修柴塘和加强坦水等间接性护岸工程为主,他渴望将来有机会大规模改筑鱼鳞石塘,仍然念念不忘乾隆十二年潮走中小门的理想状态。乾隆对中小门引河的渴望,在以下这首《谒海神庙瞻礼叠旧作韵(乾隆三十年)》诗中更是直白迫切:"庚辰之岁潮趋北,柴石塘工重(去声)事修。吁咈施仁斯益切,不更(平声)为患仰贻麻。涨沙虽纵闻增渚,汛水无过幸晏秋。庙貌钦崇缅皇考,中门未复只怀愁。"[2]当然,乾隆的这种理想与渴望被臣工敏锐地捕捉到并迅速实施,因为与环境不允许大规模改建鱼鳞石塘相比,挑挖中小门引河的难度要小得多。

在此次南巡仍维修现有北岸海塘的背景下,南岸的海塘也循着这样的策略进行维修。闰二月十三日,根据巡抚熊学鹏的奏疏,工部议准会稽县海沥所一带年久坍矬的旧石塘加高四尺。[3]从三月份开始,熊学鹏根据塔山奏报的要求汇报仁和、海宁两县海塘及海岸变化情况,并根据皇帝指示,在三月初旬动工添建海宁县绕城石塘外三层坦水工程,预计四月完成。[4]

本年北岸塘工安稳,除增建海宁东塘坦水外,比较大的工程是改建海宁戴家石桥鱼鳞大石塘29.8丈并增修坦水。[5]当年八月大汛,翁家埠外及陈家坞以东相近塔山处,增涨新沙较前更为绵亘。尖山坝外沙形日高,坝工益资巩固。"北岸沙势自开北门以来,未有增涨至此者。"乾隆对此深感欣慰。[6]

此后四年时间内,两浙塘工的主要工作仍然是维修柴塘及其竹篓、盘头等间接护岸工程,也有零星在海宁改建鱼鳞大石塘及增建坦水的行为。[7]当然,在这期间最值得注意的是,乾隆三十三年四月二十五日上谕熊学鹏和高晋负责编纂《南巡盛典》事宜。[8]《南巡盛典》的编纂对于乾隆南巡具有重要意义,它是要向外界展示皇帝南巡中爱民如子的表现和措施,其中清口等地

1 翟均廉纂:《海塘录》卷首二《圣制》,见《钱塘江海塘史料》(二),杭州出版社2014年,第32页。

2 翟均廉纂:《海塘录》卷首二《圣制》,见《钱塘江海塘史料》(二),杭州出版社2014年,第31页。

3 《清高宗实录》卷730,"乾隆三十年闰二月"条,中华书局1986年,第18册,第40页。

4 《清高宗实录》卷733,"乾隆三十年三月"条,中华书局1986年,第18册,第78—79页。

5 杨鏋辑:《海塘揽要》卷7《国朝修筑》,见《钱塘江海塘史料》(四),杭州出版社2014年,第187页。

6 《清高宗实录》卷743,"乾隆三十年八月"条,中华书局1986年,第18册,第182页。

7 杨鏋辑:《海塘揽要》卷7《国朝修筑》,见《钱塘江海塘史料》(四),杭州出版社2014年,第187—188页。

8 《清高宗实录》卷809,"乾隆三十三年四月"条,中华书局1986年,第18册,第940页。

的河工与两浙海塘是显示度极高的工程。因此，两浙地方官员对于海塘工程的关注度无疑会更高。

乾隆三十五年两浙海塘总体平稳，九月份北岸河势日渐涨宽，南岸蜀山沙之外日渐坍卸，似乎有渐开中门之势。高宗认为这是好消息。[1] 因为如果将来出现大溜，就可能通过人工开挖中小门引河的方式来减轻北岸海塘的压力。但是，熊学鹏对于钱塘江南岸海塘的工程规划引起了乾隆不满。当时，南岸萧山、山阴、会稽等县猝被风潮，外临大海，内逼深河，仅赖塘堤一线堵御，塘口冲决，地最险要，署理巡抚熊学鹏请求将乱石堵塞者按海宁塘工规制改建鱼鳞石塘。[2]

十月初五日，上谕批斥熊学鹏奏请在萧山、山阴、会稽一带改建鱼鳞大石塘和条块石塘坦水的做法。乾隆声称自己南巡时曾屡次阅视海塘，对浙江海塘情形了解得非常清楚。

> 熊学鹏奏请于萧山、山阴、会稽一带改建鱼鳞大石塘及条块石塘坦水之处，所奏非是。浙省海塘情形，朕南巡时屡经亲临阅视，知之甚悉。海潮大势趋北门之时居多，是以北岸塘工不得不加修护。其趋中小门已属罕见，数十年来惟乾隆十六年一至中门，彼时南塘并不闻有碍。目今潮势正趋北门，即中小门，潮尚未到，与南岸渺不相涉，何必如此鳃鳃过计乎？况现在潮势常趋北塘已不得不时加培护，若于潮势未到之南塘亦创议兴筑，殊属无谓。且南北两塘同时并修，于理既觉非宜，于事更为无益，而国家经费亦岂可不悉心筹划无端糜烂乎？若因今岁萧山等处偶被风潮起见，其事本不常有，但当视旧时塘工间被冲塌者量为修复，何必援照海宁之例兴举大工？总由本朝工作与前代不同，前代遇有力役一切派自里下，小民自皆闻风裹足，即有司亦多视为畏途。至于本朝办工物料照时值购买，口粮并按日支给，间阎多借以赡其身家，即地方官经手承办并不无资其余润，且有不肖官吏借端浮冒者皆所不免，是以利于兴工并有从而怂恿亦未可定。而封疆大臣则宜持以慎重，不应遽为浮论所惑也。朕勤求民隐，凡关系民生必应修举之事，即工费浩繁

1　《清高宗实录》卷869，"乾隆三十五年九月"条，中华书局1986年，第19册，第656页。
2　《奏为勘明绍兴府属南塘应修塘工分别酌议请旨事》（乾隆三十五年九月十七日署浙江巡抚熊学鹏），中国第一历史档案馆，档号：04－01－05－0043－026。

亦所不靳。似此无俾实济妄费工作，徒使墨夹炉胥借为开销地步，则断不能为所蒙混。熊学鹏尚属晓事之人，何竟未筹度及此？所奏不准行，将此传谕知之。[1]

十月十二日，熊学鹏上折检讨自己的行为，朱批："此事照实大错矣。"[2]熊学鹏的这个规划，无疑意味着钱塘江两岸的工程永无结束之日。北岸刚刚有安定的趋势，怎么能接着在南岸大兴鱼鳞石塘工程呢？不懂帝王心术的他被皇帝训斥，也是情理之中的。

经过这个计划大规模修筑钱塘江南岸海塘却被否定的小插曲，两浙塘工仍然以北岸工程的维护为主。去年下半年出现的海潮大溜渐趋中门的趋势，被浙江巡抚富勒浑及时捕捉到，他迅速指挥手下挑挖中小门引河。乾隆三十六年正月望汛后，自西塘老盐仓起至海宁县城东四里桥一带，塘外涨沙较前增高。蜀山南面之沙因冬月潮水甚微而坍势稍缓，经相机挑切后共坍740余丈，若再向岩峰山西南坍宽300余丈，则中门有望复开。正督饬海防道派兵尽力挑切，乘此春潮之际，冀有成效。得旨：好，应致祭海神，以祈显佑。[3]

此后，仁和、海宁两县海塘边的涨沙持续增加。自小文前西起至尖山脚下一带涨沙渐高，导致海潮大溜南趋，蜀山南面沙塍日渐坍宽。五月朔、望两汛，大溜直抵蜀山南面第一段沙尖，与中门东口相近。将中门内挖水一道，大雨冲成引河，宽十丈至十二三丈、深四五尺至六七尺。但是，富勒浑深知海沙坍涨非人力所施，今有机可乘，人事宜尽，将冲开之引河不致再有淤垫，可冀复还故道。得旨：知道了。又批：八月大汛或可望喜信也。[4]

八月，大溜果然继续向南，蜀山南岸沙塍与中门引河涨沙较前坍卸倍多。引河河身自东口门至岩峰山西脚长500余丈、宽100丈、深一丈二三尺不等，自岩峰山西脚至西口门长800余丈、宽10余丈至30余丈、深六七尺至一丈不等。岩峰山以西沙势稍高、河身稍浅窄，潮头东进至东口门，抵岩峰山脚西路分流，一由岩峰山西脚斜绕河庄山北面而行，一由引河西口而出。

1　《清高宗实录》卷 870，"乾隆三十五年十月"条，中华书局 1986 年，第 19 册，第 663 页。
2　《奏为奉上谕南塘不必改建鱼鳞石塘稍滋靡费遵旨复奏事》（乾隆三十五年十月十二日署浙江巡抚熊学鹏），中国第一历史档案馆，档号：04‑01‑05‑0045‑022。
3　《清高宗实录》卷 877，"乾隆三十六年正月"条，中华书局 1986 年，第 19 册，第 751 页。
4　《清高宗实录》卷 885，"乾隆三十六年五月"条，中华书局 1986 年，第 19 册，第 863—864 页。

八月二十一日,大溜全势直趋中门。但是,中门引河东口仅宽百余丈,不能容纳全溜,但现在已经分流进口,且潮头所至引河两岸坍卸迅速,大溜可逐渐全归中门。在东口门外南岸沙礁再次挑挖深沟,迎对潮头展开口门,并在岩峰山以西引河南岸弓背处逐段疏浚,多开堰沟分导潮势,以备潮溜全归中门。一切塘坝各工平稳。得旨:欣慰览之,专候佳音。[1]

持续挑挖引河收效显著,自八月至十一月底,引河的河面逐渐冲宽。东口门至岩峰山一段约长 240 余丈,一片汪洋,已成海面。岩峰山西脚至西口门约长 840 余丈,最宽处 200 余丈。挑切东口门沙坎的同时,在引河中段板沙处挑挖堰沟,以待潮水冲刷。乾隆对富勒浑的举动非常满意,连连叫好。[2]十二月底,除东口门至岩峰山一带仍成海面外,其余河身坍卸无多,两岸涨沙与上月相比微有增减。[3]

但是,对于钱塘江两岸来讲,海潮走向对各自海塘工程的影响是此消彼长的。一旦海潮大溜南趋,在减轻北岸海塘压力的同时,也意味着南岸边滩的吃紧。这次中小门引河工程导致南岸萧山、山阴等县的海塘工程出现。海潮趋中小门,萧山长山、富家池、芦束河以及井亭一带塘外沙地和马、备二塘坍塌无存,仅剩一线土塘。乾隆三十六年,萧山县绅士呈称:上年海水冲决,塘内受灾,情愿按亩出资,不假官吏之手,在芦束河等处公建石塘,其余水势稍缓之处一律增高培厚。从直桥至芦束河、富家池等地建石塘 350 丈,富家池旧塘拆砌加高 50 丈,增筑井亭至东大浦、直桥,自富家池至长山头一带土塘 410 丈。瓜沥塘按亩捐资修石塘 960 丈,自杭坞山脚至山阴交接的三祇庵。[4] 山阴宋家溇修筑十八层石塘 181 丈、十四层石塘 90 丈。[5]

对于两浙海塘的大局来讲,钱塘江南岸的民修工程并非主流,君臣关注的重点仍在中小门引河方面。乾隆三十七年正月十八日,富勒浑亲赴河庄山勘查中门引河情形。时值潮长,潮头大溜一由蜀山直趋引河,一由岩峰山

1　《奏为勘办中小门引河情形事》(乾隆三十六年八月二十四日浙江巡抚富勒浑),中国第一历史档案馆,档号:04-01-05-0046-035;《清高宗实录》卷 891,"乾隆三十六年八月"条,中华书局 1986 年,第 19 册,第 954 页。

2　《奏为查勘九月份引河渐次宽深并现在塘工沙水平稳事》(乾隆三十六年九月二十五日浙江巡抚富勒浑),中国第一历史档案馆,档号:04-01-05-0239-029;《奏为查勘十月份引河塘工沙水情形事》(乾隆三十六年十月二十四日浙江巡抚富勒浑),中国第一历史档案馆,档号:04-01-05-0239-036。

3　《奏为查勘十二月份引河沙水情形事》(乾隆三十六年十一月二十六日浙江巡抚富勒浑),中国第一历史档案馆,档号:04-01-05-0240-037。

4　乾隆《绍兴府志》卷 16《水利》,中国地方志集成·浙江府县志辑,上海书店出版社 1993 年,第 431 页。

5　嘉庆《山阴县志》卷 20《水利》,中国方志丛书·华中地方 581,台北成文出版社 1983 年,第 799 页。

西脚下斜入引河，前者潮溜比后者稍缓，至河庄山中段汇合，互相撞击，水漫引河两岸。中段至西口门外多板沙，地势淤高，潮流至此势难容泄，遂于中段汇合后仍分两路，一归引河直出西口，一回岩峰山西脚下旧路向西而行。自引河中段至西口门外，凡板沙及沙墈弯曲处挑挖堰沟二十余，导引潮流，俾大汛时复中门故道。得旨："可谓留心。"[1]

二月初，潮溜一股仍由蜀山南岸分入中门引河，另外一路从河庄山北面分溜西行，潮势较急。[2] 新涨沙痕以北分行水流自东南斜趋西北，至大石桥靠塘行至杨家庄，复折向西南行，直趋岩峰山西脚下，半入引河，半由河庄山北面西行，湍流甚急。大石桥一带潮溜逼近之处，涨沙间被刷低，坦水亦有显露。引河宽深程度基本未变，水溜仍由西口和岩峰山西脚下两路分行。富勒浑声称，"海沙潮汐往来迁徙本属无常，虽一时情形较前稍异，仍当竭力办理，以尽人事"。[3]

正当浙江巡抚专注于开挖堰沟以保证潮势经中门引河畅行无滞时，乾隆对于两浙塘工的政策忽然急剧收缩，强调听天命而不可以自作聪明。二月二十四日，上谕：浙江省海潮溜水趋向靡常，两次亲临海塘阅视后，命将海宁一带柴塘、坦水加以修护，同时根据沙水奏报来了解尖山等处每月涨沙形势。潮汛迁移乃其嘘吸自然之势，非人力可争，更不可施工于此无用之地。近年渐循赴中门固然可喜，现在重新趋向北岸也因溜逼使然，最重要的是要勤加修护北岸塘工。开挖引河虽寻常补苴之策，但大溜形势不能挽回，挑挖引河徒劳无益。"况浙潮灵奇非他处可比，必有神默司其契，岂宜强施人事妄与争衡？"命令富勒浑实力保护塘堤，以待潮汐自循旧轨，不必执意开挖中小门引河。[4] 遵照圣谕，富勒浑将挑挖引河的弁兵撤回，加强对海塘的维护。[5]

自决定收缩两浙塘工的政策后，乾隆再次为自己的决策寻求证据支持。乾隆把一、二两月的沙水情形折新旧两图比较，发现上月南门外涨沙已被全

1　《清高宗实录》卷902，"乾隆三十七年二月"条，中华书局1986年，第20册，第30页。
2　《奏为海宁县南门外东西一带潮溜分行及沙水情形事》(乾隆三十七年二月初六日浙江巡抚富勒浑)，中国第一历史档案馆，档号：04-01-05-0049-002。
3　《奏报查勘过二月望汛北塘及中门引河情形事》(乾隆三十七年二月二十七日浙江巡抚富勒浑)，中国第一历史档案馆，档号：04-01-05-0049-003。
4　《清高宗实录》卷903，"乾隆三十七年二月"条，中华书局1986年，第20册，第59—60页。
5　《浙江巡抚富勒浑奏为遵旨停止开沟引溜实力保卫堤塘折》(乾隆三十七年三月二十四日)，见《御批两浙名臣奏议·海塘卷》，华宝斋书社2001年，第484页。

部刷去,相距不过一月而形势天壤之别,可见海潮往来靡定,非人力所能争。

三月十二日,上谕批驳列位臣工关于钱塘江南岸海塘工程的意见。刑部侍郎周煌声称,南岸井亭至庐河、庐河至富家池两段塘工沙地距海甚近,为最险之处;富家池至长山头土塘为次险,宜建石塘。对于钱塘江南岸塘工,乾隆一直没有兴趣。前年熊学鹏奏请在南岸改建石塘时被乾隆批斥,自钱镠建塘以来主要防护重点一直在北岸,南岸主要是土塘,也没有听说其不时被冲啮,且水势所趋贵因势利导,用石塘约束潮势也非所宜。皇帝声称对关系民生之事虽费百万帑金亦所不惜,只是害怕徒使更张、行之无益,不得不慎重。塘身距海渐近,不一定必须修塘,潮趋南门则萧山一带必当其冲,数百年来虽有潮势南趋之时但未闻萧山受害;海潮由中小门出入则距南岸较近,现在潮趋北门,中门尚未到,不必担心萧山海岸;至于周煌声称萧山建立石塘的提议来自民间,如果民间自愿捐修,听其自便,不会因以前驳斥熊学鹏而存成见。[1] 尽管如此,乾隆仍认为"此段工程非实在险要,似可毋庸更张"。[2]

七月,针对潮水到河庄山仍绕出东北而行致中门未能即开的报告,朱批:"此不可以人力争者,毋作聪明也。"[3]

乾隆这一系列的动作说明,他不愿在两浙塘工中花费过多的金钱,而强调以守成和维持现状为主。放开历史的视野,可以看到此时塘工政策转变的深层背景在于,乾隆正在举全国之力支持西北用兵。乾隆三十六年到四十一年的金川战争,是清代除了雍正七年到十二年(1729—1734)针对噶尔丹策零的战争之外,最为昂贵的用兵,五年之内年均耗费 1 200 万两白银。此前,乾隆三十二年到三十四年对缅甸用兵耗费 1 300 万两白银,年均 433 万两。[4] 可以想见,连年用兵已耗费很多人力、财力和物力。现在,乾隆把主要精力都放在了西部边陲,耗费财力甚多的塘工暂被搁置。

尽管乾隆强调两浙海塘工程的政策以守成为主,但是不代表他不再重视塘工本身。乾隆三十八年八月,吏部将海疆要地、赋重差繁且有塘工修筑

---

1 《清高宗实录》卷904,"乾隆三十七年三月"条,中华书局1986年,第20册,第81—82页。

2 《清高宗实录》卷907,"乾隆三十七年四月"条,中华书局1986年,第20册,第148页。

3 《奏报勘过仁和海宁一带海塘南北两岸沙水情形事》(乾隆三十七年七月二十四日署浙江巡抚熊学鹏),中国第一历史档案馆,档号:04-01-05-0051-002。

4 李怀印:《全球视野下清朝国家的形成及性质问题——以地缘战略和财政构造为中心》,《历史研究》2019年第2期;陈锋:《清代军费研究》,武汉大学出版社1992年版,第275页。

的海宁县升为州,将事简的湖州府安吉州降为县。[1] 在随后的四年里,两浙海塘工程主要以维修海宁柴塘及修建竹篓为主,并且所用柴薪数量巨大,以至于乾隆四十二年十月浙江布政使孙含中奏请自本年开始把柴薪用量单独造册报销,以免出现核销问题。[2] 以往柴薪报销只写明用柴数目而没有说明具体系某年某次采买案内动拨,现仿照塘工经费银两报销的办法,在正册外另造动用柴款细册,以归核实。[3]

正当列位臣工都认为今后仍然以维修柴塘为主时,乾隆针对两浙海塘的政策又将有巨大变化。乾隆四十三年三月份,潮势逼近北岸,塘外不复有涨沙。皇帝重新想起开挖中小门引河的事情,他认为虽然老盐仓一带因沙性松浮不能下桩砌石,只能建设柴塘,但柴塘毕竟不如石塘坚固,需预先防备新出险情。海潮大溜很久不流经中小门,阴沙积久坚硬,恐非急切所能冲刷。"阅图中相近蜀山一带阴沙潮退始见,似其处涨沙尚嫩。因用朱笔点志两处,若照朱点起讫自东南至西北宽开引河一道,似可令潮势改趋。久之或可冀渐刷老沙,虽不能复中门之旧而令潮渐南趋,冀可北涨亦未可知,自属补偏救弊之一法。"乾隆对这个计划急不可耐,传谕高晋速赴浙江,会同王亶望勘查,如果可行,即一面奏闻一面施工赶办,以待秋时大潮通行。即使工程稍大,需费较多,也不会顾惜。"况柴塘终不足恃,倘有冲损必致侵碍田庐,所费当更不止此。且民生利病所关,其轻重尤较然可见,又岂得不为权度乎?"[4]

乾隆的这道谕旨值得注意,他忽然间改变了以往不准进行中小门引河工程的命令,而且否定了已实行近20年的以柴塘为主的缮修政策,开始以更加进取的态度对待海塘工程。关键原因在于,西北用兵结束,志得意满的皇帝重新考虑南巡并关注海塘。他想追迈先祖。

高晋和王亶望的试验证明,开挖引河不可行,原因在于活土浮沙且无吸溜河头。岩峰山东口门外涨沙两道约长40余里,内为老沙,外系嫩沙。工员和地方居民声称:三月望汛以后外沙阴沙渐见刷塌,岔口以内河泓亦逐渐短浅。朱笔点志处涨沙虽嫩但势甚绵亘,挑挖丈余即活土浮沙,嫩软浮腻,随

1 《清高宗实录》卷940,"乾隆三十八年八月"条,中华书局1986年,第20册,第709页。
2 杨鑅辑:《海塘揽要》卷7《国朝修筑》,见《钱塘江海塘史料》(四),杭州出版社2014年,第190—192页。
3 《清高宗实录》卷1047,"乾隆四十二年十二月"条,中华书局1986年,第21册,第1032—1033页。
4 杨鑅辑:《海塘揽要》卷7《国朝修筑》,见《钱塘江海塘史料》(四),杭州出版社2014年,第192页。

挖随有水出。蜀山较嫩沙开至三四尺亦现活沙，挑挖难以施工，海潮大溜趋向西北，南边涨沙形势不定，并无河头可以吸流导引。即使开挖宽阔，潮过即淤，也根本无法引溜畅注。阴沙坍涨无定，形势绵长，又无河头吸川，即使开宽，也会潮过即淤，多费帑金，难收功效。

考虑到现在无法开挖引河和改建石塘，高晋与王亶望建议仍然以保护柴塘为首要策略。章家庵一带为江流撞击，新筑柴工 500 丈，潮神庙前赶筑柴塘 300 丈，均添设竹篓。原来安设竹篓只用石块摆砌并无桩木关拦，后有承办人员捐添桩木后甚为得力。但桩木不能深钉，为了保证篓不动摇，请在竹篓外排列两层桩木，签钉到底。乾隆夸奖此议甚好，应该速行。面对当时的客观情况，朱批：既无法，只可尽力保护柴塘耳。

当然，王亶望仍然把查勘发现蜀山东头沙尖刷动的情况汇报给了皇帝。北塘自掇转庙起到七里庙新涨一道 4 400 余丈新沙，宽十余丈到百余丈不等，潮落时已经露出嫩滩。王亶望逢迎乾隆说，此处忽然新生嫩滩是皇帝挂念海塘而导致海神灵佑的结果。根据南坍北涨的原理，"从此循塘以下接连生滩，实为转机之佳兆"。这种说辞，乾隆自然受用，朱批说这种现象正是自己期盼的。[1]

乾隆对海塘工程的重视，还表现在增加了沙水奏报频率，并对沙水奏报中海塘图的绘制质量提出了更高要求。以往每两月奏报一次海塘情形，现处于紧要转折关头，命令王亶望下个月再奏报一次。以往奏报时进呈的地图，塘内用深绿，中泓用深蓝，阴沙用水墨，各色绘画分明，但这次呈报的地图仅用浅色勾描，不分深浅，不能一目了然。要求此后呈报的地图按照原有式样，分别颜色绘画。[2]

另外，他重新肯定坦水工程的效果。五月份镇海汛篯、规二字号内鱼鳞石工塘外请建坦水二层。乾隆认为坦水保护塘工的效果很好，但是他开始根据以往塔山等处坦水用竹篓成效显著的经验来直接插手工程技术问题，认为此处添建坦水似亦应用竹篓。至于岔口外面阴沙渐见坍塌，七里庙一带新涨阴沙，这是极好机会，说不定潮势会日渐南趋。[3]

由于乾隆强调新修海塘的坦水改用竹篓，臣工就赶快制定政策来加强

1　《清高宗实录》卷 1054，"乾隆四十三年四月"条，中华书局 1986 年，第 22 册，第 84—85 页。
2　杨鑅辑：《海塘揽要》卷 7《国朝修筑》，见《钱塘江海塘史料》（四），杭州出版社 2014 年，第 193 页。
3　《清高宗实录》卷 1058，"乾隆四十三年六月"条，中华书局 1986 年，第 22 册，第 145 页。

柴塘竹篓保固年限。以往柴塘竹篓没有保固期限要求，闰六月，王亶望奏请嗣后承修的柴塘和竹篓自勘验收工之日算起，要经历春、伏、秋三大汛，在此期间矬陷损坏需赔修。[1] 九月，海宁境内被潮冲刷的鱼鳞石塘添筑两层坦水。[2]

在对两浙塘工情况有了初步了解之后，乾隆在时隔十四年后重新启动南巡计划。十月初三日，上谕决定于乾隆四十五年正月巡幸江浙并亲阅河工、海塘。该道上谕非常值得玩味，表面上是说因大学士、署理两江总督高晋与闽浙总督杨景素等合奏，江浙臣民翘首以盼皇帝重新巡幸，且河工、海塘也需亲临指示。乾隆还说，上次南巡后曾说会再来江南，但因皇太后年事已高、不能长途跋涉而传谕江浙大吏不必以南巡为请，但十四年来常把江浙士庶的爱戴之情挂记心间。上次南巡，阅定五坝水志、展拓清口以减少下河水灾，但导致黄河倒漾为害深重；改挑陶庄引河为清黄交界处，移远清口，尽管不复有倒灌之患，但下游尚有停淤需解决。这些善后事宜，只有亲临阅视，才能熟悉其实在情形。对近年来潮势渐趋北岸的浙江海塘深为挂念，需相度机宜。[3]

浙江巡抚等地方官员敏锐地捕捉到皇帝将要重视海塘且有开展大工的趋势，巡抚王亶望认为浙江巡抚每年养廉银 1 万两已经够用，奏请裁减巡抚衙门因兼管盐政而在引费项下的养廉银 4 800 两以及掣盐路费、赏赍等项公费银 5 000 两，拨充海塘经费。十一月十一日，上谕军机大臣批准该奏请，高度赞扬王亶望的高风亮节和对塘工的重视与积极表现。乾隆趁机批评历任浙江巡抚因兼管盐政而养廉银丰厚，经常将金珠镶嵌之如意陈设等项进贡，自己不喜欢这种耗费财力且庸俗的东西，"向来不多赏收"；现该抚裁撤盐政养廉等项，更不必复为此无益之费，此后不得呈献金珠镶嵌的器玩。[4]

除自己捐出部分养廉银作为塘工经费外，王亶望还让手下也作出同样的姿态。乾隆四十四年五月，王亶望奏请每年从宁绍、嘉松分司的万两养廉银和公费银内扣除 6 000 两作为海塘经费。此前两分司每员额设养廉银 800 两，又因经管永济、大有两仓，每年在引费项下各给公费银 4 200 两。两分司

1 《清高宗实录》卷 1061，"乾隆四十三年闰六月"条，中华书局 1986 年，第 22 册，第 189 页。
2 《清高宗实录》卷 1067，"乾隆四十三年九月"条，中华书局 1986 年，第 22 册，第 282 页。
3 《清高宗实录》卷 1068，"乾隆四十三年十月"条，中华书局 1986 年，第 22 册，第 294 页。
4 《清高宗实录》卷 1070，"乾隆四十三年十一月"条，中华书局 1986 年，第 22 册，第 357 页。

公务不多,所得过于优厚,加上两仓已归地方管理,故每年每员给银2 000 两。[1]

王亶望是乾隆四十二年刚从甘肃布政使升任浙江巡抚的,他对两浙塘工以及即将到来的乾隆第五次南巡超乎寻常的热情,暗含着他在仕途上还想再进一步。当然,也许他深知自己在甘肃任上赈捐问题中的种种不法行为,企图通过讨皇帝欢心来预防或减轻有朝一日东窗事发时的惩罚。

自从声称在即将到来的南巡中重点关注海塘工程后,乾隆主要通过每月两浙海塘沙水情形奏报中的文字和海塘图来及时了解海塘的相关情况。乾隆四十三年十二月西塘老沙减少至 20 余丈,东塘老沙减至 700 余丈;乾隆四十四年正月西塘章家庵至潮神庙老沙现长 580 余丈,东塘韩家池以西至陈文港之东德阴沙长 3 960 余丈,岩峰山东口门外阴沙前有岔口之处已经连成一片。乾隆认为,海塘附近阴沙一月之内变化如此之大,或许是因海塘沙水情形偶有涨落。三月初八日,四百里加急命令王亶望将二月内海塘沙水是否有涨落的情况具奏。王亶望寻奏:海塘沙水情形涨落无常,逢大汛多冲刷,二月情形较正月不同,三月望汛后东塘韩家池一带阴沙较二月又刷低数百丈。乾隆得此奏后批示"此可虑也,一切应留心"。[2] 按照以往沙水奏报的惯例,二月份的海塘沙水奏报一般在三月二十日后才缮折上奏,到达北京基本上到三月底或四月初。乾隆对此事急不可待的心情,由此可见一斑。

乾隆四十四年的塘工仍然主要以日常维修为主,但是皇帝已经开始重新表现出不惜代价修护海塘的心迹。八月增置尖山石坝竹篓并加砌面篓一层,购置石坝备用块石。朱批:"甚是。即将来沙涨亦属有益,不可惜费。"[3] 九月,修东塘韩家池柴塘 280 丈。[4]

1　《清高宗实录》卷 1083,"乾隆四十四年五月"条,中华书局 1986 年,第 22 册,第 558—559 页。
2　《清高宗实录》卷 1078,"乾隆四十四年三月"条,中华书局 1986 年,第 22 册,第 483 页。
3　《清高宗实录》卷 1089,"乾隆四十四年八月"条,中华书局 1986 年,第 22 册,第 638—639 页。
4　杨鑅辑:《海塘揽要》卷 7《国朝修筑》,见《钱塘江海塘史料》(四),杭州出版社 2014 年,第 194 页。

第六章

鱼鳞大石塘改建的过程及其后果

第一节　圣裁柴塘大规模改建石塘：第五次南巡

乾隆四十五年（1780）正月十二日，车驾发京师，第五次南巡开始。[1] 三月初二日，乾隆在海宁观潮，遣官祭海神庙，作《谒海神庙瞻礼再叠旧作韵（乾隆四十五年）》诗一首："阅十六年重巡狩，虔瞻庙貌洁禋修。况逢坍北方南涨，益切竭诚仰吁庥。遍地耕桑艰让水，御潮堤堰愿安秋。御碑拱读增钦慕，一例勤民不解愁。"[2] 当晚，乾隆入驻安澜园之后，又作了一组五言律诗。其中以下三首与海塘有关：

> 观海较前异，石塘贴近澜。州临因系舫，城入更乘鞍。熟路原相识，名园颇觉宽。就瞻任民便，雷动夹途欢。
>
> 沙坍逮北边，数岁为心悬（塘外涨沙，南北坍涨靡常，北涨则塘工巩固。壬午阅视，篓志情形，命抚臣每月勘验，具图奏报。自壬辰春以来，沙痕渐觉北坍，实为厪念不置）。到此蒿增目，惨其言涌泉。急筹塘与堰，懒听管和弦。对景惟惕息，摛辞那复妍。
>
> 拂岸柳丝柔，出檐竹个修。重来亦觉耳，昔事忆从头。南北涨坍屡（自乾隆戊寅后，潮势渐趋北门，恃鱼鳞大石塘及坦水、竹络坝为之巩护。丁丑南巡，时值南坍北涨，大溜已向南。己卯以后，潮复趋北。壬午、乙酉，两经亲阅，溜势或南或北，迁改不常，随时指示大吏添用坦水、竹篓防护，并有诗纪事），愁欣诗句留（北涨则为之欣，南坍则为之愁，亦经屡矣）。即今值愁际，那得惬情游。[3]

上述诗歌中，乾隆的核心意思是，此次南巡与以往一样，不是游山玩水，而是为了民众生计和塘工安稳。乾隆在诗文中对沿途民众的夹道欢迎并不在意，其担心的是海塘工程的安危。

次日，上尖山，赐扈从大臣及浙江官员等食，并作诗《观塔山志事再叠旧韵（乾隆四十五年）》一首：

1　《清高宗实录》卷 1098，"乾隆四十五年正月"条，中华书局 1986 年，第 22 册，第 721 页。

2　翟均廉纂：《海塘录》卷首二《圣制》，见《钱塘江海塘史料》（二），杭州出版社 2014 年，第 33 页。

3　弘历：《驻跸安澜园再叠前韵六首（乾隆四十五年）》，见翟均廉纂《海塘录》卷首二《圣制》，《钱塘江海塘史料》（二），杭州出版社 2014 年，第 33—34 页。

塔山塘入江，竹篓以为翼。壬午视之次，沙涨略弗逼。乙酉诗志幸，其后势渐急。兹阅三层篓，一层已露立(壬午阅视塔山坝工，有竹篓贮石，下护坝基。其时，沙涨掩篓四尺，许遂命立标以验增涨尺寸，谕抚臣按月绘图奏报。乙酉临阅，沙涨增至五尺，众皆欣颂，但坍涨靡常，实不敢即以为慰，并有诗纪事。兹复亲临相视，不但所增之五尺涨沙尽坍，且三层竹篓之上层已经显露。因竹篓年久朽敝，抚藩诸臣另筹换砌，于保护虽属有益，然切望涨沙之渐增长耳)。其何御三秋，不啻减五尺。前巡所庆幸，兹番顿变易。扼腕民之艰，抚膺吾之责。于无可如何，敢不筹详悉。欲图安垫居，遑吝增巩石。补偏救弊耳，愧无永逸策。[1]

这首诗回顾了在尖山和塔山添设竹篓的目的及原有政策的无奈。因而，他上谕：

海宁州石塘工程，所以保卫沿海城郭田庐，民生攸系。从前四次亲临指授机宜，筑塘保护，连年潮汛安澜，各工俱为稳固。今朕巡幸浙江，入疆伊始，即亲往阅视。石塘工程尚多完好，惟绕海宁城之鱼鳞石塘内有工二十余丈，外系修石作墙，内填块石，历年久远，为潮汐冲刷，底桩霉朽，兼有裂缝蹲挫之处。又城东八里之将字号至陈文港密字号止，有石塘工七段，约共长一百五六十丈，地当险要，塘身单薄，亦微有裂缝。此塘为全城保障，塘下坦水所以捍护塘工，皆不可不预为筹办。著将两处塘工均改建鱼鳞石工，一律坚稳，并添建坦水以垂永久。该督抚即派妥员，确勘估计具奏。又石塘迤上，前经筑有柴塘四千二百余丈，现尚完整，究不如石塘之巩固。虽老盐仓有不可下桩为石塘之处，经朕亲见，然不可下桩处未必四千余丈皆然。朕于民瘼所系从不惜帑省工，俾资保护，著该督抚即将该工内柴塘可以改建石塘之处，一并派委诚妥大员，据实逐段勘估，奏闻办理。如计今岁秋间可以办竣，即拨帑赶紧兴修。若秋间不能完竣，则竟俟秋后办理。该督抚其董率所属，悉心经画，以期工坚料实，无滥无浮，务期滨海群黎永享安恬之福，以副朕先事预筹至意。[2]

---

1 翟均廉纂：《海塘录》卷首二《圣制》，见《钱塘江海塘史料》(二)，杭州出版社2014年，第34—35页。
2 《清高宗实录》卷1102，"乾隆四十五年三月"条，中华书局1986年，第22册，第749页。

从这道上谕中可看出：乾隆此时想到的主要是继续完善海宁的鱼鳞石塘。绕城石塘为全城保障，但因为当年是从条块石塘中逐渐改建的，遂谕令将其中条石作墙、内填块石的20余丈，以及地处险要的陈文港附近塘身单薄且微有裂缝的七段石塘，共一百五十六丈，改建为鱼鳞石塘并添建坦水。另外，乾隆念念不忘此前一直不能改建石塘的柴塘。现在柴塘完整但毕竟不如石塘坚固，即使老盐仓附近柴塘不可改，他亦命督抚勘估4 200多丈柴塘内是否有可改建石塘处。如果有改建石塘之处并计划在今秋前办竣，即拨帑金赶紧兴筑；如秋前不能办竣，则待秋后办理。

针对此事，乾隆专门作诗《命老盐仓上下相地仍建石塘诗以志事（乾隆四十五年）》来加以解释：

> 壬午视海塘，长言曾志事。尔时虽北坍，塘外尚沙地。未若此时甚，水竟塘根至。老盐仓一带，惟赖柴塘峙。向亦经亲临，下桩目所视。沙散弗啮桩，条石艰鳞砌（海宁恃塘工为屏蔽，因潮近石塘，复接石为柴塘，然柴不如石之完固。壬午亲临老盐仓一带，拟易以石，试下木桩，苦沙活不能啮木桩，难于砌石。其柴塘向内数十丈，似可下桩，又皆民田，弗忍毁弃，因罢石塘之议，移内又弗可，遂罢石塘议。兹来细周阅，未可前言必叶）。柴塘四千丈，岂尽活沙寄。不无受桩处，石终可恃（石塘迤上柴塘四千二百余丈，未必概系活沙，难以受桩，因复饬该督抚派委诚妥大员据实逐段勘估。凡柴塘可以改建石塘之处，悉今易石，毋惜工费，俾滨海群黎永享安恬之福）。申命重相（去声）勘，莫虑国帑费。庶几永安澜，为民吁天庇。[1]

这首诗中，乾隆强调了柴塘改建石塘的必要性和自己的具体考虑。不过，他背后最真实的想法仍没有吐露出来。当然，列位相关臣工已经明白了乾隆最关键的要求。在两浙海塘即将掀起建设高潮时，身为巡抚的王亶望自然不愿错过这道工程盛宴。本来王亶望应该为母守孝，但是在十三日，当乾隆自杭州回銮时，他通过军机大臣代奏称：自己因丁母忧，本应解任回籍，但世代蒙受国恩，海塘工程紧要而自己奉旨督办，恳请治丧百日后自备斧资在塘专办工程。此举博得皇帝青睐，乾隆认为王亶望此举甚为可嘉，同意该

1　翟均廉纂：《海塘录》卷首二《圣制》，见《钱塘江海塘史料》（二），杭州出版社2014年，第35页。

请求。乾隆强调关切民生，不惜数十万帑金建筑石塘，庶浙民得沾实惠。此举并非王亶望迷恋位子，也并非开在任守制之例。"实属伊具有天良，能以公事为急，大臣居心自应如此，君臣之间均可以令天下人共晓。"乾隆命令新任巡抚李质颖到浙江后专理一切巡抚应办之事，塘工由王亶望专办，以免互相掣肘。[1]

十四日，在回銮途中，乾隆对此次南巡中南方各地迎驾的奢华表示了不满和担忧，强调南巡途经各省督抚以后务必黜奢崇俭，实心经理地方大政而不要徒事繁华。自乾隆三十年南巡以后，东南士俗民风日趋华靡，江南陶庄清口和浙江海宁海塘关系民生，此次南巡也是应两省督抚吁请。直隶、江南一切行营供顿乃遵谕就旧有规模略加修葺，但从山东开始逐渐浮华，至浙江尤为明显，"朕心深所不取"。此时的乾隆面临一定的统治难题，南巡口号是视察民情并检查运河、海塘工程以造福民众，但实际上各地的奢靡和浪费的人力、财力、物力使乾隆担心民众不满与哀怨。因而，他更需要把运河、海塘工程做好，也算是对天下苍生的一个交代。乾隆强调，陶庄及海塘各工乃亲临指示，特命颁发帑金交与督抚悉心妥办，将来工竣后还要亲临阅视。[2]

四月初七日，乾隆针对柴塘改建石塘中原有柴塘需要保护的问题，下达了最新指示：

> 朕巡幸浙江，由海宁阅视塘工至杭州。老盐仓一带有柴塘四千二百余丈，虽因其处不可下桩为石塘，然柴塘究不如石塘之坚固，业经降旨，可以建筑石塘之处一律改建石塘，以资永久保障。兹忽忆及该地方官及沿塘居民，见该处欲建石塘，或视柴塘为可废之工，不但不加防护，甚或任居民拆毁窃用，致有损坏，则石塘未蒇工之前，于该处城郭田庐甚有关系。且改建石塘原为保卫地方之计，若留此柴塘以为重关保障，俾石塘愈资巩固，岂不更为有益？况当石工未竣以前，设使潮水大至而柴塘损坏，无可抵御，不几为开门揖盗乎？著该督抚即严饬地方文武官弁，将现有柴塘仍照前加意保固，勿任居民拆损窃用。将来石工告竣，迟之数年，或亲临阅视，尔时柴工倘有损坏，惟该督抚是问。[3]

---

1 《清高宗实录》卷1102，"乾隆四十五年三月"条，中华书局1986年，第22册，第756页。
2 《清高宗实录》卷1102，"乾隆四十五年三月"条，中华书局1986年，第22册，第757—758页。
3 《清高宗实录》卷1104，"乾隆四十五年四月"条，中华书局1986年，第22册，第777页。

这段上谕的主要意思是,乾隆忽忆起三月初下旨在柴塘内合适地方改建石塘后,地方官及沿塘居民把柴塘视为可废之工,听任居民拆毁窃用。改建石塘原为保护地方,保留柴塘可为石塘保障。在施工完成之前,如果潮水奔涌而至而柴塘已经损坏,无疑是开门揖盗。谕令将现有柴塘按惯例加以保固,不允许居民拆损窃用。将来石工告竣后将亲临阅视,到时若柴塘损坏,拿督抚是问。

该谕旨下发后,闽浙总督三宝未复奏。他在奏折中只是说要在紧靠柴塘之处下桩筑砌石工,既可为柴塘外护又可使捍卫更得力,柴塘后的民居也将得以保全。准备秋汛后择吉日动工。[1] 乾隆唯恐地方臣工没有按照自己的谕旨保护柴塘,五月初六日上谕:三宝此折符合前降谕旨,但折内并无遵旨筹办字样,问其是否接到前旨,令其据实复奏。[2] 三宝解释说:此前因石塘工巨,饬令该管厅备悉心筹划,从柴塘退后数丈建筑石塘,需拆迁民房800余间,这不符合皇上保护田庐的意思,应该紧靠柴塘内砌筑石工。随后于五月间恭读谕旨,杭州老盐仓一带改筑石塘仍留柴塘以资保障,自当遵命饬令地方保护柴塘。[3]

六月二十八日,专门负责海塘工程的王亶望奏称:紧靠柴塘修筑石塘,不仅以柴塘为外护保障,且易于施工并免潮汐冲刷。"诚如圣明先几之烛,以为重关保障,于海塘愈资巩固。"因工段绵长,无法同时并举,王亶望与总督商议后,决定除仁和境内天字号以东200丈柴塘因塘外尚有沙涂拥护可暂缓外,从辰字号起至伏字号止先估办2 000丈,此后照估接筑。此工段已经海防道王燧间断开槽签试,可以下桩。估计工料脚价银33.6万余两。[4] 可以看出,乾隆在柴塘中合适地方改建石塘的命令在执行中已经变形,臣工为了满足皇帝改建石塘的梦想而在柴塘后面新修石塘,而这种做法是乾隆初期所严加禁止的。

虽然乾隆命令王亶望专门负责新的塘工建设,但海塘日常维修属于巡抚管理事务,这就难免使新任巡抚李质颖介入两浙塘工。对尚未纳入改建计划的柴塘,李质颖进行了日常维修。七月初,大雨之后上游山水旺发,潮溜湍激逼近范家埠一带,仁和、海宁海塘接筑柴塘100丈、竹篓65个。调字

1　王钟翰点校:《清史列传》卷21《大臣画一传档正编十八》,中华书局1987年,第1590—1591页。
2　《清高宗实录》卷1106,"乾隆四十五年五月"条,中华书局1986年,第22册,第799页。
3　王钟翰点校:《清史列传》卷21《大臣画一传档正编十八》,中华书局1987年,第1591页。
4　《奏为敬陈勘办改建塘工情形事》(乾隆四十五年六月二十八日原任浙江巡抚王亶望),中国第一历史档案馆,档号:04-01-05-0061-034。

号至藏字号 153 丈柴塘内在柴塘边口内用大桩密排深钉,每根约长三丈,内外不等,将底柴压实后再在上面加镶柴薪。此段地方此前由总督三宝奏请修建竹篓作为外护,但水大溜急不能施工,致柴塘埕陷。[1]

首期规划 2 000 丈被批准后,浙江各地分头行动,山阴等县所采办石料 1.6 万余丈陆续运到工所,金华等府运解桩木 5 万余根。[2] 石塘在八月二十八日开工。原任巡抚、留办海塘工程王亶望督率监工各员分定界址负责。打桩最重要但难度也最大,潮神庙、翁家埠一带多系沙土,下桩微觉涩滞,必须加工签钉。如稍有苟简,则虽然筑砌紧严、钩灌紧密,但根底松浮,塘身难以坚固。此时的乾隆对于改建石塘的问题尚为清醒,认为此举断不可行,需要谨慎。如果因浮沙而不能下桩,就要把实情上报,不可因此前谕旨而贸然行事。到工桩木虽然照径围尺寸量收,但钉桩时因工匠希图省力或工员防范疏忽,有私自削截之弊。王亶望严加查察,命监委各员亲身量记,点验入槽,目睹如式签钉,寸木必皆入土。朱批:“总以亲身往来查看为要,莫图安逸,且汝今更有何别事耶?”[3]

乾隆让王亶望专心负责海塘时的语气,透露出对他以往行径的些许不满和不信任。柴塘改建石塘是乾隆最为关注的显示度很高的工程。当然,他仍希望在此次改建工程最困难的下桩工作中使用一些民间玄幻的方法,使工程变得容易一些。七月,时任闽浙总督、曾任浙江巡抚的三宝起程进京时分别送给王亶望、李质颖一份关于下药促使涨沙以利钉桩的方子,这类似于药方,需于晴明的丙丁日午时在洼下处钉桩。八月下旬,乾隆问李质颖是否试行三宝所称涨沙之法,为何总未奏及。[4] 这无疑使李质颖介入海塘工程,并越来越深。十月初一日,王亶望奏称,依方购办药料并择日配合,但并无效果。很明显,乾隆对王亶望的这种对待此药方的态度以及试验结果都不满。得旨:“早应奏闻,究属不经心而疑信各半也。夫此为民之事,即略属

---

1 《清高宗实录》卷 1111,“乾隆四十五年七月”条,中华书局 1986 年,第 22 册,第 862 页。

2 《奏报海塘改建工程开工日期事》(乾隆四十五年九月十一日原任浙江巡抚王亶望),中国第一历史档案馆,档号:04 - 01 - 05 - 0063 - 003。

3 《清高宗实录》卷 1115,“乾隆四十五年九月”条,中华书局 1986 年,第 22 册,第 909—910 页;《奏报海塘改建工程开工日期事》(乾隆四十五年九月十一日原任浙江巡抚王亶望),档号:04 - 01 - 05 - 0063 - 003。

4 《清高宗实录》卷 1113,“乾隆四十五年八月”条,中华书局 1986 年,第 22 册,第 885 页。三宝回京前给王亶望等人此方的背景是,当年六月,任闽浙总督的三宝接到谕旨要奏入阁办事。三宝在乾隆三十八年正月到四十三年迁任湖广总督之前,一直担任浙江巡抚。有关三宝的履历,见朱彭寿著,朱鳌、宋苓珠整理《清代大学士部院大臣总督巡抚全录》,国家图书馆出版社 2010 年,第 623 页。

偏方何妨行之?" [1]乾隆认为应该早点汇报试验结果,偏方无效是因为试验的人心不诚。

当时,除柴塘改建外,其他地方海塘的维护措施是柴塘修建盘头、石塘修护坦水。由于范公塘是民间自筑土塘,塘身低薄且系活水流沙,十月,巡抚李质颖补筑宿字号至天字号柴塘 220 丈,天字号以西老土塘添筑柴塘 500 丈。海宁西塘潮神庙以西调字号至往字号柴塘之外原准备建竹篓为外护,现塘外水势湍激,需改建木柜。这些地方均修筑木柜,共 1 080 余丈。[2]

改建石塘关键的打桩问题,逐渐被解决了。辰字等号所开各槽土性涩滞但不浮松,只需多用人力。十月下旬已签桩 3 000 多根,均寸节筑打入土,根脚坚固。为防止下桩时私自消截,王亶望往来察看,海防道王燧、候补道蒋全迪往来监视,"自无从稍滋弊端"。[3] 同时,精明的从乾隆南巡捐献中获利甚多的浙江商人又声称愿意为海塘工程捐银 20 万两。乾隆认为"此系有益彼桑梓之事",可行。[4]

揣摩到乾隆急切将柴塘全部改建为石塘的王亶望,十一月初二日上折强调柴塘改筑石工刻不容缓。他首先利用乾隆五六年间总督德沛两次奏请将柴塘改建石塘并筑样塘 20 丈的事实,说明老盐仓至章家庵一带柴塘 4 200 余丈的改建从前已有章程,并非不可办之工。后多次派钦差大臣勘查工程,或缓或停,当时因塘外护沙宽广并未举行。现形势险要,与昔日情形迥异,不可迟缓。十月下旬以来章家庵一带对面阴沙逐渐宽阔,距塘身仅两里许。以西头围新涨阴沙一块,潮水转成湾势,直射塘身,回流搜刷根脚。水深两丈余,木柜恐难巩固。此前天字号以东因塘外尚有涨沙而缓修的 200 丈柴塘,塘外涨沙被冲刷殆尽,水刷塘根。需从天字号柴塘内先赶办石工,天字号以西添筑石塘数十丈。[5]

王亶望此处的行为反映出他对历史的曲解或者误用。当年德沛的确准备在并非急务的柴塘中改建石塘,但是这个计划因为刘统勋的反对而暂时

1　《奏为试行三宝录交涨沙之法情形事》(乾隆四十五年十月初一日原任浙江巡抚王亶望、浙江巡抚李质颖),中国第一历史档案馆,档号:04－01－05－0062－014。

2　琅玕纂:《海塘新志》卷 5《修筑二》,见《钱塘江海塘史料》(一),杭州出版社 2014 年,第 184 页。

3　《奏为奉旨陈明塘工实在情形事》(乾隆四十五年十月二十一日原任浙江巡抚王亶望),中国第一历史档案馆,档号:04－01－05－0062－016。

4　《清高宗实录》卷 1117,"乾隆四十五年十月"条,中华书局 1986 年,第 22 册,第 930 页。

5　《奏报筹办浙省海塘石工情形事》(乾隆四十五年十一月初二日原任浙江巡抚王亶望),中国第一历史档案馆,档号:04－01－05－0062－034。

搁置，后来因为涨沙持续加增与中小门引河重开十年而作罢。[1] 此时所谓的新涨阴沙导致章家庵出现险情的描述，是历次夏秋之间山水小而新沙导致大溜转向的必然情况，这种险情也很快会因次年山水涨发而改变。柴塘改建并非刻不容缓，否则也就没有必要强行在柴塘后新修石塘了。王亶望此举纯粹是为了满足乾隆个人建立丰功伟业的愿望。

不可否认的是，王亶望和富勒浑、李质颖一样都是政务官僚而非专门的技术官僚，更非嵇曾筠和刘统勋这样的政务与技术俱佳的综合型人才。他们不了解钱塘江北岸边滩变化的规律和河口动力对两岸塘工的重要影响，一遇到类似于边滩坍塌这样的风吹草动就大惊失色，反应过度。

就在王亶望上折强调柴塘改建刻不容缓的第二天，也就是十一月初三日，顶冲新筑柴工复有冲刷矬陷。顶冲处水深3丈有余，比前面又深丈余，回流湍急，加筑的竹篓、木柜被冲，赶筑下埽后才平稳。次日，闽浙总督富勒浑会同原任浙江巡抚王亶望、浙江巡抚李质颖联合上折重申：现乃冬天，防护无虞，转瞬即交春汛，恐难抵御，需在柴塘后修筑石工。但是，工程石料短缺。鱼鳞石塘每丈需用条石113丈，现运抵工所的仅4 000余丈，只可修建30余丈鱼鳞石塘。抢修石塘的地方土性涩滞，每丈下桩150根，需要时日。现在并非修筑鱼鳞大石塘的最好时机，建议仿照嵇曾筠的抢险之法，在柴塘以内天字号至辰字号之间赶砌条块石塘二百数十丈，天字号以西添砌数十丈，共300丈作为后护。乾隆元年，大学士嵇曾筠建抢险石工，外用条石叠砌，内用块石填堵，每丈桩木相当于鱼鳞石塘一半。

为使抢险块石塘起到鱼鳞石塘的作用，富勒浑等建议改进做法。当年嵇曾筠办理抢险石工时下筑长桩40或60余根，用石14层筑成，外系条石叠砌，内用块石填堵，每层各留收分，底宽八尺，顶宽四尺五寸，每丈用条石26丈。此次改筑块石塘，在塘底外打排桩40根，里用散桩40根，空处用块石添筑，后接筑块石六尺，使一律平坦。第一层加砌石板二路，进深八尺，后砌块石六尺。第二层顺砌条石四路，其余各层分别条石丁顺收分成砌，后逐层用块石镶砌，灌灰浆，斗缝紧密，面盖条石一路。上下17层，底宽一丈四尺，顶宽四尺，较前办条块石塘加高三层，底加高六尺，每丈用条石35丈，然后再于后面加培土戗。

1　王大学：《"天赐神佑"：乾隆十三年"潮归中门"的过程及其政治意义》，《社会科学》2019年第9期。

但是,令王亶望等人头疼的是,此处条块石塘施工再次遇到下桩困难的问题。工员按照上述设计开槽打桩,每塘一丈仅能安装桩架一副。土性滞涩,每日桩架一副打桩二三根。此前因柴塘锉陷抢筑,并补筑添建柴塘700余丈,当将桩夫移筑柴工。现抓紧添雇,务必满足300副桩架。抢险塘脚300丈需底桩24 000根。按每日每副下桩,统计约需四十日,加上阴雨暂停日期,大约两个月可打桩完毕。随时夯筑,逐层砌石,计至开春三月办竣。[1]

遇到下桩困难的问题时,无论是王亶望还是乾隆,都会不自觉地想起三宝的那个所谓涨沙之法。自从上次乾隆批评王亶望等人使用此偏方不够心诚之后,十月份王亶望、李质颖就再次进行了试验并奏称涨沙之法依然无效。可能该法在河流顺溜之处有效,对于沿海潮汛往来冲击无效。当年海防道王柔跟随嵇曾筠办理海塘时曾用此法。据此,十一月初九日上谕:此法以往灵验而现在无效的原因在于,治病偏方必须信则灵,疑信参半则配试药物时不能尽诚如法,自然不会灵验,督抚在此事上存有成见;谕令王亶望、李质颖和富勒浑虔诚配药钉桩:"冀其于公事有济,安见偏方不可以治病乎?"[2]

乾隆一面命令臣工继续试验涨沙之法,一面强调加紧办理石料以推进石塘建设速度。同日,谕令江浙两省巡抚抓紧采办石料。运石速度过慢,是因王亶望并非现任巡抚,令其督工,呼应不灵;运石乃巡抚李质颖专责,不可推诿,要抓紧时间办理。如果李质颖已经起程到京陛见,则令闽浙总督富勒浑遵照速办。江苏洞庭等山分办太湖石料113 700余丈,由江苏巡抚闵鹗元抓紧办理。[3]

乾隆对两浙海塘工程进行了系列安排,他强调继续实行涨沙之法并让臣工抓紧运送石料,是因为他极为认同王亶望的石塘计划和安排。针对王亶望再次汇报抢修条块石塘计划、赶办抢险情形并附以海塘图说的奏折,朱批:"诸凡用心为之,以实可也。"[4]谕令军机大臣:从前王亶望奏请从辰字号办起,今章家庵一带成为险工,自应先从天字号开始,此乃急则治标之法。

1　《奏报办理海塘石工情形事》(乾隆四十五年十一月初四日闽浙总督富勒浑、原任浙江巡抚王亶望、浙江巡抚李质颖),中国第一历史档案馆,档号:04-01-05-0062-033。

2　《奏为试行三宝推荐涨沙之法并无效验事》(乾隆四十五年十月二十一日原任浙江巡抚王亶望、浙江巡抚李质颖),中国第一历史档案馆,档号:04-01-05-0062-020;《清高宗实录》卷1118,"乾隆四十五年十一月"条,中华书局1986年,第22册,第936页。

3　《清高宗实录》卷1118,"乾隆四十五年十一月"条,中华书局1986年,第22册,第935—936页。

4　《奏为现在赶办抢险石塘情形并绘具图说恭呈御览事》(乾隆四十五年十一月十九日闽浙总督富勒浑、原任浙江巡抚王亶望、浙江巡抚李质颖),中国第一历史档案馆,档号:04-01-05-0062-036;《清高宗实录》卷1119,"乾隆四十五年十一月"条,中华书局1986年,第22册,第952页。

命迅速购置石料，星夜赶工，以防来年春汛。

同时，乾隆重新动了通过人工挑挖引河来引导海潮大溜的念头。他看到王亶望此次呈报的海塘图中章家庵对面新涨阴沙距海塘仅两里许，认为如果该阴沙能再向北涨与塘相连后逼溜南行，则为不幸中之万幸，但此全赖海神嘉佑而非人力所能勉强。他建议从南岸港边一带涨沙施工，切去沙头，使溜势南泻，也不失为引溜之一法。此时的乾隆清醒地认识到自己虽然在地图中圈出引河之处，但不能决定是否可行，传谕富勒浑、王亶望悉心筹划后迅速复奏，不必因为有此谕旨而强行迁就引溜，仍具图贴说奏来。

富勒浑和王亶望寻奏：勘定春汛前天字号以西筑石塘 100 丈、以东筑 200 丈作为柴塘后护；新涨阴沙嫩软浮腻难以施工，潮挟沙行随切随淤，浪费金钱也难收效；目前最好办法是内筑石塘、外护柴塘，在顶冲处添柴盘头一座以挑水势，使大溜离塘根稍远。乾隆同意："勉力坚筑石塘，目今要务也。"[1]

在确定海塘工程的各项重大方针后，乾隆旋即处理塘工管理中的人事问题。尽管此前乾隆多次提到专管塘工的王亶望和身为浙江巡抚的李质颖要精诚合作，但他还是很快就意识到了督抚等地方高级官员在海塘工程方面的人事矛盾与斗争。十一月二十二日，谕令在海塘工程方面督抚要和衷共济，海防道员施工应尽职尽责。当日，乾隆接到富勒浑、王亶望和李质颖会奏海塘情形一折，与本月十四日之折相同，既然海塘水势比此前又深丈余且成顶冲，就应迅速修筑条块石塘。道员王燧、蒋全迪以及工员等要实心出力，工竣后自可加恩鼓励，倘若存心邀功，草率行事，致工程质量受损，则拿富勒浑、王亶望与李质颖是问。本月初二日，王亶望、富勒浑会奏，没有提及李质颖，乾隆以为李质颖已启程来京陛见；但两日后的奏折又系三人联合奏请，说明此前李质颖尚未起程。乾隆由此联想到可能是王亶望和李质颖意见不合，强调说海塘工程乃国家大事，封疆大吏为国家督办大工，不应各存畛域。六百里加急传谕督抚，日后再有此等事情定严惩不贷，并命令迅速复奏。三人寻奏：赶办石塘，率员随时查勘，不敢丝毫马虎；筹办章程均与巡抚

1　《奏为遵旨公同筹办海塘工程及现在办理情形事》(乾隆四十五年十一月二十五日闽浙总督富勒浑等)，中国第一历史档案馆，档号：04－01－05－0062－037；《清高宗实录》卷 1119，"乾隆四十五年十一月"条，中华书局 1986 年，第 22 册，第 942—943 页。

李质颖会商,不敢稍存歧视。朱批:"有则改之,无则加勉可也!"[1]

大规模石塘建设中除了钉桩困难之外,还有石料采运的难题。在前现代社会,没有机械化操作设备,石料的采凿、打磨和运输均主要依靠人工,尤其是石料从山中采凿后要经过水路运到工地,速度很慢。此次江苏省分办浙省石料数量甚巨,太湖厅、吴县经按日计算发现,一年只可出石5万余丈,尚不及经办数量的一半。江苏巡抚闵鹗元与署理闽浙总督陈辉祖会商后,决定在江苏省内广泛开采。闵鹗元上折说,太湖石料开凿并运送到工7 000余丈,此后将源源运送;常州府宜兴、荆溪二县山石石质松脆、线纹碎裂,难以见方成丈,未能适用。

十一月二十七日上谕的主要内容为:闵鹗元此奏未见实心,敷衍塞责,已在折内批示;自南巡降旨修筑海塘后,议定江苏分办石料后就应预先筹办,直到九月份陈辉祖署理闽浙总督后方奏明催办,可见前任江苏巡抚萨载延缓石料,现今闵鹗元又虚文塞责,实属不该;虽然宜兴、荆溪石料松脆不可使用,但附近产石地方尚多,南巡途经无锡时望见惠山北首一带俱有采石旧窝,其余未见地方更多,江苏并未筹及一处,是因承办隔省事件不肯实心实力,闵鹗元再不抓紧采运则难辞其咎。[2]

尽管强令江苏抓紧协济两浙塘工石料,乾隆仍明白石料采运的难度,因而他开始面对现实来降低条块石塘的石料使用标准,以便快速完成工程。十二月初三日,上谕:塘工所用石料有里外层之分,顶冲处塘工用坚细石料,潮平水缓处里层酌量间用宜兴、荆溪石料;其余吴县、太湖所采以及在浙江所购石料中也会有一些石质松脆者,可酌量掺搭配用,以便要工速竣。[3] 两日后,上谕强调不能仅靠江苏运石,浙江也需就近设法采办,命富勒浑、王亶望等务必通盘筹划,实心经理,以期要工速竣,不可稍存观望。[4]

闵鹗元在被乾隆严斥后抓紧办理海塘石料采运工作,迅速寻找石匠并命令藩司瑞龄驰赴惠山北首查看旧采石宕各处是否有石可采。十二月十一日,上谕:肯定闵鹗元派人到惠山探访石宕,重申闵鹗元到任后就应筹办塘工石料,多方试采。江苏产石地方很多,闵鹗元对无锡惠山的情况应有耳

1 《清高宗实录》卷1119,"乾隆四十五年十一月"条,中华书局1986年,第22册,第945页。
2 《清高宗实录》卷1119,"乾隆四十五年十一月"条,中华书局1986年,第22册,第950—951页。
3 《清高宗实录》卷1120,"乾隆四十五年十二月"条,中华书局1986年,第22册,第954页。
4 《清高宗实录》卷1120,"乾隆四十五年十二月"条,中华书局1986年,第22册,第954—955页。

闻，接到谕旨后方令人查勘，明显是从前未实心办理；如果惠山周围石料不可用，即当据实奏闻，闵鹗元并不切实引咎而徒以文笔支辞、掩饰其过，此等虚文逃脱不了自己的眼睛；闵鹗元平日办事尚属认真，应抓紧办理石料采运事宜。闵鹗元寻奏：惠山北首沙石零星，无可采用，只因土色带黄，居民挖土以培工作，遥望似系旧开石宕；无锡县西羊山石与宜兴、荆溪二县的相仿，可采作里石，并令一体开采。[1]

正当江浙两省努力扩大采石范围的同时，江海形势的发展使得北岸海塘形势更为严峻。十二月上旬，范家埠对面水底阴沙日渐宽阔，大溜逐渐西移，由天字号以上数十丈刷成兜湾，逼塘而下，自天字号到辰字号沿塘溜势湍急，原计划赶筑的 300 丈抢险条块石塘不足以应付目前险情。富勒浑与王亶望认为，需要在天字号东、西两面各添筑 100 丈，这样 500 丈抢险石塘方足以抵御塘外水势。朱批：此处既然已经成为兜湾，自然应增加抢险工程，两人要抓紧办理，不可草率懈怠。但是，富勒浑、王亶望在柴塘后修筑石塘基础上又提出修建坦水，以保护石塘。原任总督三宝奏请紧靠柴塘修筑石塘，是为避免拆迁民居；现筑石塘的塘脚距柴塘土戗二三丈不等，此处偶有民居，不过是板屋土房，可给费迁移；纳粮民地，可等大工结束后按当年稽曾筑筑塘成例办理。[2]

另外，臣工还加强了对于北岸其他顶冲地方的维修。十一月，由于章家庵外中沙阻隔，在添字号以西添建柴盘头一座，添字号柴塘后建筑抢险条块石塘以西 100 丈、以东 200 丈。木字号柴塘间段拆镶 280 丈。十二月，在添字号柴塘增建抢险条块石塘的东、西两侧各增建柴塘 100 丈。[3] 此处所谓的柴盘头挑溜技术来自河工。柴盘头名为磨盘埽，又称丁厢，主要运用在正溜、回溜交注的地方。这种埽工大多是半圆式的，上水迎正溜，下水抵回溜，一工两用；主要运用在深水大溜处，难做难守，多用绳桩、多压大工、坏坏追实才能稳固。该埽体积比其他埽工大好几倍，"费料颇巨"。

如前所述，新涨阴沙出现后，北岸边滩在秋冬时节的临时坍涨均为河口动力变化的自然反应，次年春天就会重新淤积，不值得大惊小怪。但是，对

1　《清高宗实录》卷 1120，"乾隆四十五年十二月"条，中华书局 1986 年，第 22 册，第 961—962 页。

2　《奏为浙省海塘石工现办抢险情形事》（乾隆四十五年十二月十一日闽浙总督富勒浑、原任浙江巡抚王亶望），中国第一历史档案馆，档号：04－01－05－0060－025。

3　杨镰辑：《海塘揽要》卷 7《国朝修筑》，见《钱塘江海塘史料》（四），杭州出版社 2014 年，第 195—196 页。

于塘工技术几乎一无所知的两位行政官员却一再头疼医头、脚疼医脚式地增加工程。从整体情况来看,当时柴塘大规模改建鱼鳞石塘的计划尚无法按时进行,首先是要完成抢险的条块石塘。石料短缺的问题还没有完全解决,乾隆在两浙塘工方面遇到了涉及工程规划根本的大问题。本次南巡时乾隆指示石塘新建后以柴塘为外护,这就意味着新修石塘不用建设石坦水等间接护岸工程。

上面这道奏折明显触动了乾隆敏感的神经,若果真如此,就意味着他此前的命令是错误的。因而在十二月二十七日,六百里加急传谕钦差阿桂和闽浙总督富勒浑:现在柴塘比坦水更得力,不必留修筑坦水的地方而将柴塘弃之无用;该处民居虽仅为板屋土房,但小民安土重迁,即使酌量给费也不一定乐意迁徙;此事并非刻不容缓,待阿桂与富勒浑详细勘查酌议后再行办理。[1]

乾隆之所以强调一切与海塘工程有关的事务均等钦差大臣阿桂到浙江后再做决定,是因为此时的两浙官场因为海塘问题出现了地震。此事起因于王亶望和李质颖在海塘管理方面的人事冲突,直接导火索仍然和新修石塘是否需要间接护岸工程的技术性要素有关。因王亶望与李质颖意见不合,乾隆召李质颖进京陛见,李质颖声称改建石塘后柴塘、土塘仍需岁修以资保护,此话让皇帝很吃惊。第五次南巡亲临塘工阅视后,乾隆下令在柴塘可以下桩的地方改修石塘,是为了一劳永逸。十二月二十三日,谕令大学士阿桂会同李质颖驰驿前往,会同富勒浑,将王亶望和李质颖意见不同之处秉公确勘,据实复奏。

李质颖参奏王亶望的家眷仍在杭州而未回原籍为其母守孝,这引起乾隆勃然大怒。王亶望乃丁忧之人,本应回乡守制,因两浙塘工重要,命其回籍治丧完毕后重回浙江办理塘工,这是公务,他的家人应自动回籍守制以尽私情。王亶望并非无力令其家属回籍之人,此举明显大节有亏。身为大臣如此,何以表率属员、维持风教?王亶望的父亲王师品行端正,不应有此等忘亲越礼之子。乾隆根据自己念念不忘的皇祖关于孝为百行之首、不孝之人断不可用的圣训,命王亶望革职后自备斧资在塘工效力赎罪;若再不知自咎、心怀怨望而不实心办事,则将被治以重罪。

---

1 《清高宗实录》卷1121,"乾隆四十五年十二月"条,中华书局1986年,第22册,第971页。

乾隆申斥督抚、科道：三宝以大学士管理总督，为维持风化之首，当被问及此事时乃称知道此事而不以为怪，富勒浑身为总督而未据实参奏此等有乖名义之事，均交部严加议处；李质颖到浙江担任巡抚的时间已久，直到降旨询问时方据实具陈，亦交部议处；科道言官往往奏报寻常琐事，对此等关系名教的事情却缄默不言，假设遇到贪酷擅权者，将噤若寒蝉，命浙江省科道言官明白回奏。[1]

十二月二十四日，乾隆对两浙塘工的具体负责人员进行了大规模调整。因为海塘工程需要专门的技术官僚负责，谕令南河总督陈辉祖参与塘工督理，待清江浦与阿桂会合后即同往海塘，与富勒浑等共同履勘筹酌。[2] 六百里加急谕令闽浙总督富勒浑兼署理巡抚，督办海塘工程，阿桂未到前密查李质颖所奏王亶望欲将留工各员派署地方印务以及欲令商人造办海船之事，不能有掩饰，待阿桂到浙江后会同办理。如果阿桂查出富勒浑有掩饰王亶望之行为，则严惩不贷。[3]

乾隆此时大发雷霆之怒并彻底更换负责塘工的主要官员，是因为李质颖在京面圣时直接说改筑石塘"徒费无益，不若于现在柴塘外一律改建坦水"。[4] 这直接否定了乾隆的柴塘改建计划，并且比此前富勒浑、王亶望奏请在新修石塘前面修筑坦水的说法更为直接。这种意见和看法，明显与皇帝的思路相悖，乾隆走马换将并统一思想就不难理解了。

针对乾隆有关富勒浑在王亶望问题上不作为的申斥，战战兢兢的富勒浑迅速复奏。很显然，此奏并未能完全消除皇帝的怒气。乾隆四十六年正月初三日，皇帝发出谕令。第一，批评富勒浑的自我批评不深刻。此前本来是要交部严办三宝和富勒浑，富勒浑应自知感悔。但是，富勒浑仅仅声称待阿桂到浙后会同办理王亶望革职留工效力之事而毫无惶恐引咎之语，此举非是。第二，同意委派县丞佐杂在工管束人夫、经手钱粮。王亶望欲将留工各员派署地方印务的做法错误，但总督富勒浑不应该对此从未上奏。第三，王亶望有亏大义，尤应自我醒悟，虽革职后不能具折上奏，但应呈请富勒浑转奏谢恩，怎可如此蒙昧。第四，富勒浑声称石塘之外必须另筑坦水，否则

1　《清高宗实录》卷1121，"乾隆四十五年十二月"条，中华书局1986年，第22册，第966—968页。
2　《清高宗实录》卷1121，"乾隆四十五年十二月"条，中华书局1986年，第22册，第968页。
3　《清高宗实录》卷1121，"乾隆四十五年十二月"条，中华书局1986年，第22册，第968页。
4　那彦成编，王昶勘定，卢荫溥增修：《阿文成公年谱》卷22，见北京图书馆编《北京图书馆藏珍本年谱丛刊》，北京图书馆出版社1999年，第102册，第365页。

以柴塘为坦水需年年岁修,可此前李质颖面奏改筑石塘后柴塘仍需岁修。乾隆据此下旨以柴塘为坦水更得力,富勒浑与李质颖的说法矛盾。六百里传谕阿桂,到工后共同详查两人所说孰是孰非,据实具奏。[1]

乾隆的这道上谕,最关键的仍然是新修石塘是否需要有间接护岸工程的问题。按照一般的技术要求,石塘必须依靠坦水来保证安全,无论是新修坦水或者以柴塘作为外护,均需要岁修。若新修坦水,需要大笔经费,但是岁修较为容易;若以柴塘为坦水,则需要花大力气进行岁修。无论是王亶望和富勒浑主张新修坦水,抑或李质颖所谓的岁修柴塘,其所依据的技术原理是相同的。但是,这两种方法都与乾隆以往的主张有分歧,乾隆故意说此两折互相矛盾,再次命令钦差阿桂详查。

富勒浑由闽浙总督兼任浙江巡抚后,集中上折回奏李质颖在京面圣时所说王亶望的各种问题。此前李质颖在京面奏说,浙江南巡办差经费俱系王燧在总局支销,王亶望对其言听计从,有借名浮开的经费,差竣后各自分肥;譬如铜火盆一项所费无几,却开销至数百两,可知冒开者不少,但不便以南巡办差之事将承办各员参劾,需查明后通融办理。富勒浑声称报销办差经费钱粮用银 19.8 万余两,均系实用实销。但是,乾隆显然不相信富勒浑的这些说辞,认为富勒浑在包庇王亶望。

正月初五日,上谕:当时李质颖口说无凭,应查明后再办理,但李质颖在浙半年有余而尚未查清,富勒浑到杭州不久即将此案造册报销。如果不是李质颖从前办理迟延,就是富勒浑有意替王亶望周旋,趁李质颖尚未到任,急将此案办出,其间恐系富勒浑希图速结之意为多。六百里加急谕令阿桂就近勘查差费报销之事,并查办李质颖如何办理此事。[2] 同日,又谕令阿桂查明添设的 50 艘运石船究竟系用公帑还是从 20 万商捐中支出。因为富勒浑等奏称这些船只需要借项添造,但乾隆记得李质颖说王亶望欲令商人造办船只,乃从商捐中支出。[3]

富勒浑一方面要处理海塘工程中的人事问题,一方面要关注沙水变化引起的抢修石塘工程计划和施工事宜。当时,范家埠塘外阴沙一块中冲水沟,大溜逼近塘根,富勒浑在顶冲处添筑一座柴盘头,接筑护沙埽牛 30 丈并

---

1 《清高宗实录》卷 1122,"乾隆四十六年正月"条,中华书局 1986 年,第 23 册,第 7—8 页。
2 《清高宗实录》卷 1122,"乾隆四十六年正月"条,中华书局 1986 年,第 23 册,第 10—11 页。
3 《清高宗实录》卷 1122,"乾隆四十六年正月"条,中华书局 1986 年,第 23 册,第 11 页。

添筑挑水坝；还拟于万嘉庙塘外添建盘头一座，俾上下帮助以挑来回大溜，使之回向南趋。但是，乾隆详阅图内两座盘头顶冲形势发现没有章家庵的严重，他认为该处施工似未十分得力，不如于天字号章家庵处赶筑盘头一座，使溜势向外挑开，不致复逼塘根，于图内用朱笔圈识。正月二十六日，上谕：六百里加急将此图交给阿桂等阅看，共同商定是否应如此办理并迅速复奏。[1]

据此，二月份，富勒浑在石塘盘头以西建挑水石坝一座，于黄字号赶筑盘头一座、章家庵盘头以西 70 丈添筑盘头一座，俾上下挑溜，使潮势日渐南趋，刷汕阴沙。这两座盘头起到了效果。三月份，章家庵东首新建盘头以来，溜势渐向南开。范家埠对面旧涨阴沙两块，北面小的一块已刷尽，南首大的阴沙刷低，潮退时不甚见，盘头外渐有嫩沙。[2]

此处需要注意的是，与以往主要运用柴塘和盘头相比，富勒浑借用了挑水石坝这一种更高级、更有效但是也更费钱的间接护岸技术。挑水坝是河工中的一种重要挑溜技术，又名顺水坝、鸡嘴坝或者马头，原来主要用在黄河迎溜处。挑水坝长十余丈至二三十丈不等，伸至河心，能够挑溜，溜以下堤脚可免冲刷并能挂淤，即使对面嫩滩老坎，也可借挑出之溜刷卸。如果险工太长，应做挑水坝数道，将空档排开，使上坝挑溜接住中坝，中坝挑溜接住下坝，以保证堤岸安全。[3] 富勒浑选择采用挑水坝，主要是因为范公塘附近海岸坍塌难以处理，在皇帝重视海塘并将借助塘工来建设自己不朽基业的情况下，务必用各种办法来保证塘工安全。当然，也可以看到，尽管开始出现挑水坝，范公塘附近仍更多采用柴盘头挑溜。

阿桂到浙江后，迅速查明王亶望想将留工人员委任地方印务的事情。原来阿桂认为王亶望此举是受了留工人员的蛊惑，但询问后发现，留工效力的这 16 名人员本身就是县丞、典史等佐贰官员，在海塘工地上自备斧资且无胥役夫匠，呼应不灵；王亶望是让这些官员回到地方继续担任佐贰官员而并非正印官，这些佐贰在地方每年收入才几十两白银，王亶望还不至于想从他们身上捞取好处。至于李质颖所谓王亶望勒令商捐造船运石的问题，此事乃王亶望到浙江之前灶户等呈请令商人造办并由李质颖批饬盐道办理，王

1　《清高宗实录》卷 1123，"乾隆四十六年正月"条，中华书局 1986 年，第 23 册，第 16 页。
2　杨鑅辑：《海塘揽要》卷 7《国朝修筑》，见《钱塘江海塘史料四》，杭州出版社 2014 年，第 357 页。
3　《中国河工辞源》，见《中国水利史典》（黄河卷三），中国水利水电出版社 2015 年，第 640—641 页。

亶望针对此事的批示显示他没有从中作弊,只是因李质颖与王亶望意见龃龉,故而李质颖面奏时将此事专诿于他。

就海塘工程本身,阿桂声称:现在赶筑抢险条块石塘五百丈乃急则治标之计,刻不容缓;李质颖前在工所目击钉桩甚难,每日钉桩仅二三根,而自十一、十二两月以来打桩至数万根;根据监督等官的说法,先将尖竹签试后再钉桩木,施工会相对容易;唯恐夫匠有削锯桩木、偷减尺寸等弊,再俟赴工刨验;富勒浑欲预留坦水,李质颖仍欲岁修柴塘,俟李质颖到工后一并勘实另奏。[1]

针对阿桂的这些奏疏内容,正月二十九日,上谕:

> 阿桂等奏勘海塘工程情形一折,据称现在赶筑之抢险条块石塘五百丈,所谓急则治标之计,实为刻不容缓。至察看工程,钉桩三万四千余根,砌石二百五十余丈,一切做法尚为紧密,惟有严饬各员上紧筑砌等语,此时亦只得如此办理。惟折内所称,李质颖前在工所目击钉桩甚难,每日打桩止二三根,而自十一二两月以来打桩至数万根,何以难易迥殊。询之监督等官,据云先将尖竹签试,再钉桩木,施工较易。犹恐夫匠有削锯桩木、偷减尺寸情弊,再俟赴工刨验各等语。阿桂等既恐有此等弊端,自当立行刨验,岂可俟再赴工所始行刨验,已于折内批示。此时阿桂等谅已验明,应即据实速奏。又奏称富勒浑欲豫留坦水地步,李质颖仍欲岁修柴塘,俟李质颖到工一并勘实另行具奏一节。看来富勒浑与李质颖于海塘一事均不能确有定见,切中机宜。而李质颖尤不肯用心出力,即如商捐银二十万两,李质颖因与王亶望意见龃龉,即称王亶望欲令商人造船。今据阿桂等查案,系在王亶望未到浙省之先,灶户等呈请令商人造办,经李质颖批饬盐道办理。今何以转将造船一事,专诿之王亶望。此处应问李质颖,从前因何如此陈奏,自蹈面欺之罪,令其明白回奏。看来李质颖竟属全无天良。[2]

这道上谕的核心内容是:既然阿桂意识到要防止此等弊端,就应立即刨

---

1 那彦成编,王昶勘定,卢荫溥增修:《阿文成公年谱》卷22,见北京图书馆编《北京图书馆藏珍本年谱丛刊》,北京图书馆出版社1999年,第102册,第329—331页。
2 《清高宗实录》卷1123,"乾隆四十六年正月"条,中华书局1986年,第23册,第18—19页。

验,岂可俟再赴工所? 此时阿桂等人谅已验明,应该据实速奏;富勒浑和李质颖对海塘均不能确有定见、切中机宜,尤其李质颖不肯用心出力;李质颖全无天良,令其明白回奏。

阿桂责任重大,除实地踏查海塘问题外,还要处理与海塘有关的贪腐、人事问题。当天,阿桂还参奏杭嘉湖道王燧骄纵不法、形同市侩、民怨沸腾,乾隆降旨将王燧革职并交阿桂等严审。正月三十日上谕:严斥富勒浑和李质颖身为督抚却对此毫无见闻且未据实劾奏,没有尽到整饬吏治的责任,对海塘事务茫无确见,来京候旨;陈辉祖对河工事务尚能留心讲习,海塘修筑机宜大略相同,被任命为闽浙总督;富纲在福建已年余,陈辉祖即在浙江督办塘工并兼管浙江巡抚,俟海塘工竣后再往福建,李奉翰调补江南河道总督。[1]

令乾隆不满的是,钦差阿桂和新任总督陈辉祖认为柴塘暂时不用改筑鱼鳞大石塘,改为条块石塘即可。阿桂和陈辉祖声称,海塘当然以石塘为最坚固,鱼鳞大石塘不仅工料坚实且可以永久捍卫,但建筑十八层鱼鳞大石塘会受到石料短缺的影响。十八层鱼鳞石塘每丈需要用条石 113 丈、下桩 150根,"江浙两省办石艰难,河海转运旷日持久"。乾隆初年修筑石塘 5 900 丈,持续七年之久。现在准备改建的柴塘,从老盐仓以西到章家庵共 4 200 多丈,正在赶办抢险石塘 500 丈,天字号以西的 200 丈不包含在内,仍然剩余柴塘 3 900 余丈;除了老盐仓一带 1 700 多丈因为沙性涩滞无法下桩砌石外,应该改建石塘的有 2 200 丈。如果将这些地方全部改建为鱼鳞大石塘,将要动用很多夫役、木石和运送船只。即使抓紧赶办,也要到乾隆四十八年底才能完成。

阿桂等人建议,可以把这 2 000 多丈柴塘改建为条块石塘。条块石塘原办每丈钉桩 60 多根,用石 14 层,其总体费用不过是鱼鳞石塘的三分之一。现在正在动工的抢险石塘钉桩 80 根,用石 17 层,底宽一丈四尺,顶宽 4 尺,每丈用条石 35 丈,这是改进加固之后的情况,比原来加高三层。如果建造原办条块石塘,大约在乾隆四十七年即可办竣。条块石塘虽然不如鱼鳞石塘坚固,但是从前嵇曾筠办理的东塘抢险石工现在仍然巩固,只需要酌量修补

1　《清高宗实录》卷 1123,"乾隆四十六年正月"条,中华书局 1986 年,第 23 册,第 20 页。

即可。当然,他们声称会前往尖山一带勘查后再上折奏请训示。[1]

乾隆同意了两人的意见,二月初九日,上谕:

> 据阿桂等筹议海塘工程,除老盐仓一带一千七百丈沙性涩汕、难以下桩砌石外,所有应建石塘共二千二百丈。若一律改建鱼鳞石塘,所用夫役木石及运送船只甚多。若做条块石塘,比鱼鳞不过三分之一,施工易而成事速,约计四十七年内可以蒇工。从前嵇曾筠所办东塘抢险石工尚属巩固,则酌增工料、加添丈尺,亦仍可垂诸远久等语。所奏是,已于折内详悉批示矣。老盐仓一带沙性涩汕,难以下桩,从前朕本亲经试验。所有该处塘工一千七百余丈,只可仍存其旧。王亶望欲一律建筑,自属固执己见,然其意出于要好,尚其过之小者。至此外应建之二千二百丈,既可仿照条块石塘做法,较鱼鳞塘工易而成速,则现在办法亦大约不出于此。著传谕阿桂等,一俟履勘确实,众议佥同,即速上紧兴工办理。将此由六百里传谕阿桂等知之。[2]

这道上谕中乾隆的主要意思为:六百里加急传谕阿桂,按条块石塘做法赶紧兴工,说明乾隆急于完成这段海塘的改建;就当年老盐仓一带柴塘改建的问题为王亶望开脱,声称王亶望欲一律建筑鱼鳞石塘属固执己见,但其出于好意,只不过是小过错。此处毋宁说是乾隆借助王亶望的问题为自己开脱,因为这一工程决策的最终拍板者是乾隆自己。所谓嵇曾筠抢险石工的稳定性问题,其实是一个美丽的错误。这与此前乾隆朝臣工宣称朱轼所筑条块石塘坚固耐用的道理是一样的,并不是这种简易石塘御潮的功能比鱼鳞大石塘还要好,而是因为自然环境的变化导致原来的险工地段已经不再成为顶冲,所以原有的这些简易石塘就被保留了下来。这种石塘的价值和作用的神话,就是这样逐渐形成的。此处乾隆同意修筑这种简易的条块石塘并强调这种塘型的作用,其实也是为了给自己一个台阶。

在确定柴塘主要改建为鱼鳞石塘后,对于范公塘附近的水沙变化,主要采用建柴盘头的方式来挑溜护岸。正月以来北岸范公塘一带老沙不再坍

---

1 《奏为勘办浙省塘工情形事》(乾隆四十六年正月三十日大学士阿桂、总督陈辉祖),中国第一历史档案馆,档号:04-01-0387-015。

2 《清高宗实录》卷1124,"乾隆四十六年二月"条,中华书局1986年,第23册,第28页。

卸,水势稍为南趋,地面近北阴沙日见刷低,逼塘大溜亦稍平缓,实乃转机佳兆;除从前所筑上下两座盘头外,现于黄字号赶筑盘头一座、章家庵盘头以西七十丈添筑盘头一座,俾上下挑溜,使潮势日渐南趋,刷泑阴沙。二月十三日,上谕:新建盘头设计很好;今水势逐渐南趋,北岸老沙不复坍卸,此乃潮神显佑;赶筑护沙柴埽二百丈;从前所钉桩木现已结实,不必复行刨验;将此谕旨六百里发往,命阿桂将现在筹办塘工情形迅速由驿驰奏。[1]

同日,根据阿桂的奏折,谕令富勒浑和李质颖来京候旨。富勒浑和李质颖俱不必留在海塘工所。李质颖血气已衰;富勒浑于塘工一事才力尚属勤勉,并未心存漠视,但恐离任后呼应不灵。[2] 阿桂当时明显是在贬斥李质颖而褒扬富勒浑,让两人同时回京是因此前乾隆命令陈辉祖为闽浙总督兼管浙江巡抚,陈辉祖督办塘工可使地方管辖与海塘工程并归一手,更容易办事。现有王亶望查催照料,即使陈辉祖有地方应办事务而常川不能驻工督办,也不致贻误。况外省情形,地方官事权已去,虽有虚衔,呼应不灵,徒致掣肘,于塘工无益。[3]

将塘工管理人员关系理顺后,阿桂遵从圣意,否定在柴塘之外再筑坦水,只用竹篓、木柜防御潮汐。塘根临水二三丈,一日两潮,难以钉桩砌石。塘根和坦水互靠方才坚固,以石镶柴,表里浮松。阿桂和陈辉祖主张保护石塘的塘根,根据从前办理鱼鳞石塘经验,无论用条石二三层修砌坦水或竹篓、木柜做坦水,均应酌留余地。目前有柴塘作为外护保障,工费浩繁,很难同时兴工。待工程完竣后,因地制宜采用间接护塘措施。新工未竣前仍要保护柴塘,石塘、坦水完竣后停止柴塘岁修,以节省经费。[4] 不难发现,阿桂和陈辉祖偷换了概念。此前关于此问题争论的焦点是石塘完竣后是否修筑间接护岸工程,原来皇帝主张以原有柴塘作为外护即可。乾隆命令阿桂等重新勘查并讨论此问题的用意,就是要洗脱上谕错误嫌疑。阿桂用答非所问、移花接木的方式,很好地完成了任务。

饶有兴趣的是,就在乾隆同意柴塘改建为条块石塘的半月之后,阿桂和

1　《清高宗实录》卷1124,"乾隆四十六年二月"条,中华书局1986年,第23册,第31—32页。

2　《清高宗实录》卷1124,"乾隆四十六年二月"条,中华书局1986年,第23册,第32页。

3　那彦成编,王昶勘定,卢荫溥增修:《阿文成公年谱》卷22,见北京图书馆编《北京图书馆藏珍本年谱丛刊》,北京图书馆出版社1999年,第102册,第354—357页。

4　那彦成编,王昶勘定,卢荫溥增修:《阿文成公年谱》卷22,见北京图书馆编《北京图书馆藏珍本年谱丛刊》,北京图书馆出版社1999年,第102册,第365—366页。

陈辉祖又改变了计划,上折恳请将这些地方改建为鱼鳞石塘。阿桂等人通盘筹酌后认为:鱼鳞石塘最坚固,估计工料脚价约 30 余万两白银,督率工员上紧赶办,可以在乾隆四十七年冬把前面设计的条块石塘改建为 2 240 丈的鱼鳞石塘。这样大规模改建,会导致原料、经费和施工人员等方面大幅度增加。工程需要条石 25 万余丈,浙江原办 12.8 万余丈、江苏原办 11.3 万余丈,现在运到工地的 2.1 万余丈仅供抢险石塘之用。这些条石需要江、浙两省抓紧采办。桩木大约需要 35 万根,主要在浙江省内的金华、衢州和严州三府产木各县购办,其余需用物料陆续采买,待现办抢险石塘完工后接连开工。至于将要改建石塘地方的打桩情况,老盐仓立字号至积字号 200 余丈不能钉桩处所仍保留柴塘,其余的 1 500 丈安桩一丈八尺,用桩夯打至四个半时辰,方打下一丈四五尺即不能再打。沙嗒桩牢,力能擎石。桩架一副用夫 13 名,每日钉桩两根,按例每桩一根销银五分,承办各员需帮贴七八钱不等。浙省商捐的 20 万两白银除造船花费万两之外,恳请将剩余的 19 万两赏给海塘作为钉桩夫役额外贴费,毋庸造册报销。虽然阿桂等人改变了工程计划并做了必要的准备,但是他们希望乾隆亲临阅示并制定治水方略。无论是一律砌筑或者仍存其旧,等皇帝临幸指示后,再分年限接续办理。[1]

　　乾隆对于阿桂的这道奏折非常满意。二月二十一日,上谕:对于 1 500 多丈究竟一律砌筑或仍存其旧的问题,俟阿桂到京时面奏;同意工程银两加贴,强调该项花费可以不上报工部,但是需要在奏折内详细说明;此项商捐银两赏给该处塘口,交给陈辉祖严饬工员实力妥办,不许丝毫累民,使工员踊跃从事以便工程速完。此外,王亶望等前请认罚银两以及王燧、陈虞盛等查抄之项均归入塘工项下实用实销,如有余存,届时陈辉祖另行请旨;陈辉祖以总督兼巡抚事务繁多,不能常驻工所,王亶望系革职之人,呼应不灵,遂派久任江南并熟悉江浙情形的署工部侍郎杨魁到浙,专驻海塘工所,帮同陈辉祖办理事务。[2]

　　时隔半月,阿桂和陈辉祖对待柴塘改建的态度大变。可以想象的是,久经宦海的阿桂揣摩到乾隆希望通过修建石塘而达到一劳永逸之效,因而遵从和逢迎皇帝的愿望。但是,他们也明白此处柴塘改建条块石塘足矣,本无

1　《奏为密陈浙省改建石塘所需物料解决请将商捐银两赏给海塘事》(乾隆四十六年二月十五日大学士阿桂),档号:04-01-01-0387-016。

2　《清高宗实录》卷 1125,"乾隆四十六年二月"条,中华书局 1986 年,第 23 册,第 40—41 页。

必要改建为鱼鳞石塘，那么就必须要乾隆公布这一决策，以免将来因为有人质疑这一决定而使自己被责罚。帝王心术自然需要揣摩和遵从，但是臣工的应对之道也在这一过程中表现得淋漓尽致。

得到乾隆的肯定后，阿桂对即将进行的塘工进行了详细规划。

第一，工程管理人员方面。改建鱼鳞石塘 2 240 丈，原设东、西两防同知责任甚重，拣选干练人员，各认段落，经手办理；以奏留及拣发来浙的丞倅知县为监办之员，分段负责查收物料和稽查工作；杭嘉湖道和宁绍台道为督办大员，负责集料鸠工和稽查派委工作；王亶望乃塘工总办，常川督催，阿桂将与其共同筹酌工程做法，如意见不合，可让王亶望具折陈奏。这其实是在间接帮助王亶望，让他逐步有直接上折向皇帝汇报工程进展和表忠心的机会，以期乾隆早日重新启用他。原请留浙 15 人、续留 4 人后，又续请拨发 12 人，其中丞倅知县 16 员；每次办 400 丈，每员监督 50 丈，分两班替换；其佐杂 15 人亦分两班派委，俟工竣后补缺，如有怠玩者，即行参处。

第二，原料购运和使用方面。条石由浙江和江苏分办，鱼鳞石塘逐层收分需要厚一尺、宽一尺八寸的条石方能间砌压缝，已经飞饬江苏按照尺寸赶办；浙江运石船只，绍兴府属有 360 只由外海济运，每月运送 5 000 丈，湖州府属由内河运工，每月运送 3 000 余丈。所用排桩木及梅花桩原派金华府、衢州府和严州府所属各县承办，每月约办塘 100 丈，应用桩木 1.5 万根，分别在各县余银内勒限采运，责成各府催解，并饬州县雇觅钉桩人夫到工；塘工首重底层，现在派佐杂各员分段按照桩木围圆长短尺寸亲身量记。各处采办木石应先将价格出示晓谕，如有短价勒派情弊，严行参处，运解到工的材料令解役一面报明总理道员，一面持印票批文自投管收专员处验收并拿验收执照。

第三，工期规划方面。本年应办塘工 1 200 丈，分作三次，每次开槽 400 丈，俟钉桩完成后节次开挖。附塘民居给银迁移，令承办各员每五日报告签桩和砌石的数量。王亶望率领杭嘉湖、宁绍台道往来稽查，阿桂随时赴工携带原册检验。[1]

在规划新的石塘工程的同时，阿桂和陈辉祖还要处理柴塘作为外护是否需要岁修的问题。此前的两派观点都与乾隆原有看法不符，此时阿桂等

1　《清高宗实录》卷 1125，"乾隆四十六年二月"条，中华书局 1986 年，第 23 册，第 43—44 页。

人经过实地调查后否定柴塘之外再筑坦水。从技术上来说,柴塘之外只用竹篓、木柜防御潮汐,而从未修筑过坦水;塘根临水深二三丈,一日两潮无法使用油灰浆汁,难以钉桩砌石,塘根和坦水互为依靠方能坚固,以石镶柴则表里浮松、无法存立。根据从前办理鱼鳞石塘的经验,或用条石二三层修砌坦水,或用竹篓、木柜做坦水,塘根恃此外护方能经久,均应酌留余地。目前有柴塘作为外护保障,且工费浩繁,很难同时兴工。待全部工程完竣后,根据地形高下、水势平险情况,因地制宜采用间接护塘措施。新工未竣前仍要保护柴塘,待石塘和坦水完竣后,再停止柴塘岁修,听其自然,以节省经费。[1]

不难发现,阿桂等人提出的解决办法和富勒浑此前的一样,只是说法更婉转了,没有强调石塘建成后一定要修筑坦水。这迎合了乾隆所谓石塘建成后不必岁修柴塘的说法,以此来给皇帝足够的颜面和趁机而下的台阶。

此时的乾隆将所有柴塘改建为鱼鳞石塘的热情急速上扬。五月二十一日,上谕:

> 本年二月间,据阿桂奏,勘办石塘工程二千二百余丈,督率工员上紧赶办,务于四十七年冬初完工。至老盐仓立字号至积字号二百余丈,不能钉桩处所,应仍留柴塘外,其余一千五百丈安桩一丈八尺,用硪夯打至四个半时辰,打下一丈四五尺,周围沙土即合拢平桩,不能再打。查桩木不能深入,其底沙坚硬可知,沙啮桩牢,力能擎石,或可一律筑砌,或应仍存其旧,恭候临幸指示机宜,再行多分年限接续办理等语。已批令俟到京时面奏。彼时原以老盐仓一带沙性涩汕,难以下桩,且改建要工尚多,是以可缓。昨询据富勒浑面奏,老盐仓一带仍有可以施工之说,即阿桂所奏沙啮桩牢,力能擎石,或可一律筑砌等语,是亦似谓此段工程可以办理。朕思现办二千余丈之石塘,既于明岁可以完工,且届四十九年南巡之期尚远,此段要工,既有益于民生,即可及时接办,何必复待南巡亲为相度。前此令阿桂到京面奏,原因此段工程应否办理未能明晰,是以欲面询明确再降谕旨。现在阿桂督剿逆回,到京尚须时日,著传谕阿桂即将老盐仓一带实在情形,详悉具奏。如果有工费浩繁不能拘定开销成例之处,亦不妨据实奏明,交陈辉祖接办。朕不惜多费

1　那彦成编,王昶勘定,卢荫溥增修:《阿文成公年谱》卷22,见北京图书馆编《北京图书馆藏珍本年谱丛刊》,北京图书馆出版社1999年,第102册,第370—371页。

帑金，为民生谋一劳永逸之计也。[1]

根据这段上谕，可以发现乾隆对这段工程的改建急不可待。继阿桂等人奏请将原计划的条块石塘改建为鱼鳞石塘后，皇帝乘胜追击，准备把原来自己批示、待阿桂回京面奏后才决定的那段海塘开工改建。需要注意的是，这道上谕是在得到富勒浑奏报的第二天发出的。乾隆明面上的原因是此段要工既然有条件施工且有益于民生，即可及时接办，所以迅速改变了原定乾隆四十九年南巡时亲为相度的计划，谕令现在就迅速准备。乾隆急迫改建此段塘工，来不及等待阿桂回京，就谕令在军旅途中的阿桂将老盐仓一带实在情形详细具奏。乾隆还说，如果有工费浩繁、不能拘定成例开销之处，阿桂亦不妨据实奏明，交陈辉祖接办。这是为了打消臣工在塘工报销方面的疑虑。

心明眼亮的阿桂旋即复奏：此段 1 500 丈可以接续办理，但是由于钉桩困难，需要帮费数量和现办 2 200 余丈塘工约略相同，由杨魁会同陈辉祖将此段工程应开销的正项、帮费熟商筹妥。[2] 七月十三日，乾隆批准闽浙总督陈辉祖、署理福建巡抚杨魁在老盐仓一带一律改建鱼鳞石塘 1 500 丈，签试发现打桩至一丈二三尺即不复摇动。[3] 八月下旬，海塘改建鱼鳞石工钉桩分限办理，每限石 400 丈、桩 6 万根，现在四限工程将竣，五限业经开槽赶办。[4]

乾隆一心要大规模改建石塘，两浙海岸的任何变化都会引起他的特别关注。六月十八、十九日，风势狂猛，沿海一带堤工被波浪冲损，但总体影响不大。皇帝非常重视此事，七月十三日，传谕陈辉祖将如何抢修补筑情形迅速复奏。寻奏：是日风势虽猛，但禾苗、人口无损，并未成灾，薛家坝以东塘身、韩家池柴工和尖山石坝已抢修完毕，海盐、平湖暨老盐仓各工分别缓急赶修。[5] 向来海塘、河工秋汛情形在霜降后循例报告，最迟是立冬前后，但本年陈辉祖冬令大雪后方报秋汛安澜、塘工稳固，迟缓两月之久。上谕：就此将陈辉祖交部议处。[6]

1 《清高宗实录》卷 1131，"雍正四十六年五月"条，中华书局 1986 年，第 23 册，第 119—120 页。
2 《清高宗实录》卷 1132，"雍正四十六年五月"条，中华书局 1986 年，第 23 册，第 131 页。
3 《清高宗实录》卷 1136，"乾隆四十六年七月"条，中华书局 1986 年，第 23 册，第 190—191 页。
4 《清高宗实录》卷 1139，"乾隆四十六年八月"条，中华书局 1986 年，第 23 册，第 250 页。
5 《清高宗实录》卷 1136，"乾隆四十六年七月"条，中华书局 1986 年，第 23 册，第 187—188 页。
6 《清高宗实录》卷 1146，"乾隆四十六年十二月"条，中华书局 1986 年，第 23 册，第 357 页。

乾隆对于海塘工程的异常关注并非单纯为了民生,还有借助海塘来建立自己千秋伟业的打算。乾隆四十七年二月十六日,户部尚书和珅、兵部左侍郎曹文埴奏请在承办《一统志》时,专列一卷记载南巡中有关直隶、山东、江苏和浙江等省的河工、海塘事务。[1] 其中的政治寓意可见一斑。

乾隆转而重新强调自己此前柴塘改建石塘后不用岁修柴塘决策的正确性。浙江布政使盛住奏报赶办鱼鳞石塘及查勘柴、石各工稳固并海塘阴沙增长情形时谈到:老盐仓一带石工未竣时,潮汐往来全赖柴塘抵御,东塘尖山石坝等处较前月阴沙增宽 35 丈、增长 10 余丈。

借助该折,乾隆强调前年南巡时亲临周阅、指示海塘一律改建石工、以期一劳永逸的做法是正确的。当时王亶望奏称老盐仓一带改建石工后比柴塘更能抵御异常潮汐,外间所谓柴塘不可去的说法乃因地方欲借助岁修柴塘开销工料。虽然现在王亶望已伏法,但其所奏之事尚有道理,不可因人废言。乾隆再一次强调,石塘工程竣工之前自然以柴塘为护,石工完成后,旧有柴塘只可听任自然,而不可照例仍留岁修,以免地方官趁机冒销;柴苇不必每年采办,与百姓生活大有裨益。传谕陈辉祖,塘工完竣后停止柴塘岁修。

乾隆认为,北岸新涨阴沙加宽增厚,从此日渐南坍北涨,于海塘最为有益,且柴石各工为外出拥护,将来工程尤资稳固,殊为欣慰。前次陈辉祖奏折内并未提及此事,或者盛住所奏在后,陈辉祖上折时尚无涨沙之事?传谕陈辉祖将近日是否有涨沙,以及现在工程所做分数一并奏来,这也许是一个好时机。[2]

乾隆对于涨沙的重视中最关键的是希望重新南坍北涨,这无疑是希望大溜能够重走中小门,人工开挖引河当然是达到这个目的的最佳选择。陈辉祖敏锐地捕捉到了乾隆的心思,加上他担任南河总督时做了不少运河上的人工开挖引河工程,[3]陈辉祖开始在中小门引河上做文章。引河工程在仁和县西塘头围处进行,自二月初八日兴工至三月十九日完竣,开挖引河 750 丈,宽 20 丈,深 7 尺,约费银 1.1 万余两。

1　《清高宗实录》卷 1151,"乾隆四十七年二月"条,中华书局 1986 年,第 23 册,第 418—419 页。

2　《清高宗实录》卷 1152,"乾隆四十七年三月"条,中华书局 1986 年,第 23 册,第 437—438 页。

3　那彦成编,王昶勘定,卢荫溥增修:《阿文成公年谱》卷 21,见北京图书馆编《北京图书馆藏珍本年谱丛刊》,北京图书馆出版社 1999 年,第 102 册,第 378 页。

选择在仁和县西塘头围施工，是因为此地乃江海交界之处，老坎之外添涨沙涂宽亘十余里，横江截海，阻扼水道，沙回溜转，形势兜湾。范公塘以东受江水回澜，日渐搜刷，章家庵以西北来潮之巨浸冲击沙壋，屡经奏明建筑埽工、盘头，以挑溜保护。可是，头围南面长山一带两岸沙涂对合，以浩瀚之狂波夹束纤折而行。一年以来工程虽随时修筑，但塘根不能坚固，难杀其汹涌之势。该处潮头自东乘高而下，一日两次，来潮弥漫而过，尚无冲突之患；回潮挟江水而来，或潮汐盛大、山水陡发，此处被冲啮尤甚。头围挺出海滩甚长，若顺江海往来之势，于溜行直往处开切通流，则沙淤自无停积。于是，相度其地，于头围中段刨挖成河，待山水暴涨时开放，借其趋江奔腾之势，导之由西而入，直出东口并南注岸沙。这样，既得吸浪顺流，山水攻沙又最得力，有望日渐冲刷宽深，畅行直达，此为釜底抽薪之计。

这次引河的效果相当明显。三月二十一日，山水涨发，大溜直趋引河，两岸冲激。至四月底，南岸日渐冲塌，原宽 20 丈者今宽 90 丈，原深 7 尺者今深二三丈开外，绝无停淤。东口相对南岸上下沙涂坍去 200 余丈，长 400 余丈，坎高五六尺不等。范公塘一带溜势渐缓，贴近埽牛柴工间有沙涂，范家埠对面阴沙已有坍动。起坎之处潮神庙至翁家埠离塘 90 余丈，新露水沙长 600 余丈、宽 10 余丈至 40 余丈，潮来浸过，潮退显露。陈辉祖建议此前所议范公塘添筑盘头的请求暂缓。南岸萧山县英家湾形势背湾，渐有停淤，石料由萧山义桥转运赴工，由内河经行比海道更平稳。五月十八日，谕旨嘉奖陈辉祖并交部议叙。[1]

五月十九日，因引河工程而再次谕令嘉奖陈辉祖等人。

据陈辉祖奏海塘头围开浚引河江潮畅顺一折，所办甚合机宜，可嘉之至。海塘南岸淤沙绵亘，从前历办引河迄无成效。陈辉祖能督率司道等悉心讲论，办理此段工程，于南坍北涨之机切中窾要，将来鱼鳞石工告竣，可以永期巩固。此事陈辉祖所见既确，不待奏闻，即督同属员实力妥办，在工人员亦皆能协力襄事，均应嘉奖。陈辉祖著复还总督原品顶带，其承办此工之藩司盛住以下各官，并著交部议叙。所有开河工

1　《清高宗实录》卷 1157，"乾隆四十七年五月"条，中华书局 1986 年，第 23 册，第 498—499 页；《奏报海塘头围开浚引河江潮畅顺情形事》（乾隆四十七年四月二十五日闽浙总督陈辉祖），中国第一历史档案馆，档号：03 - 1018 - 062。

费,仍准作正开销。至富勒浑,前因王亶望案内降为三品职衔,加恩授河南巡抚。今两载以来,办理豫工,备夫集料,诸事不辞劳瘁。及李侍尧前经获罪,加恩以三品职衔署理陕甘总督,莅任以来,于该省折收冒赈全案彻底查办,不避嫌怨,现在通省积弊渐清,不负朕弃瑕录用之恩。富勒浑、李侍尧俱著复还现任品级顶带。朕于诸臣功罪黜陟,一秉至公,不存丝毫成见。内外臣工,宜各知惩劝,努力办公,毋负朕任使之意,并将此通谕中外知之。[1]

不难发现,这是自昨日谕令嘉奖陈辉祖引河工程之后乾隆给予的褒奖。按照工部惯例,所有塘工均需先申请,批准后方可以开工。本质上,陈辉祖的这次引河工程是不符合施工程序的,但这次他走了好运,不仅没有被乾隆批评反而得到褒奖。钱塘江中南沙逐渐成形之后,更迫使钱塘江大溜转向北大门,此前多次进行的中小门引河工程均无成效,此次陈辉祖督率司道等认真研究,于南坍北涨之际所办理的此段工程切中肯綮,减轻了鱼鳞大石塘工程建设的压力。因而,龙颜大悦,陈辉祖复总督原品顶戴,藩司盛住以下各官交部议叙,开河经费作正项开销。

这段上谕值得稍加玩味,因为乾隆同时还表扬了其他几个戴罪立功的大臣,均让他们官复原职。再向深处思考一下,陈辉祖在无意中充当了另一种"陪绑"的角色,乾隆真正在意的是自己最关注的宠臣李侍尧,富勒浑则因为是阿桂的族孙而受到特殊照顾,三个人一起被褒扬并官复原职就不容易被外界诟病。当然,从以后富勒浑被彻查贪腐而高举轻放、陈辉祖因查办王亶望在贪腐案中做了手脚而被赐死来看,陈辉祖此时的幸运的确更多是乾隆考量人事的结果。

乾隆对此引河工程感兴趣,不仅在于陈辉祖能够逢迎上意,还因为这条引河当时为浙江石料运抵海塘工所提供了方便。引河已成大溜,水势冲激,柴卤船只悉由河内穿行。[2]这缩短了石料运送路程,节省了运料时间,加快了工程进度。当然,乾隆对开挖的引河有新指示,阅图内对面阴沙坍宽四百余丈之处,江潮至此迂回仍不能直注向东,未免稍有阻碍。如果能将红点处

1　《清高宗实录》卷 1157,"乾隆四十七年五月"条,中华书局 1986 年,第 23 册,第 499 页。

2　《奏报浙江四月海塘沙水情形事》(乾隆四十七年四月二十七日闽浙总督富勒浑),中国第一历史档案馆,档号:03-1058-009。

图 7　陈辉祖所开引河图

（琅玕纂:《海塘新志》卷 3《形势》,见《钱塘江海塘史料》
（一）,杭州出版社 2014 年,第 160 页）

阴沙设法一并开切,引河溜势直趋更为便捷,不知能否如此办理,令陈辉祖
悉心详勘后据实复奏。[1]

　　接旨后,陈辉祖会同布政使盛住等立即前往查看,发现朱笔圈点之处的
阴沙 3 000 余丈乃近年来逐渐增涨,潮来漫盖,潮退显露,沙性松浮汕涩,旋
挖旋淤。地方居民均说此处原来为海道,面上干沙因长时间风吹日晒而尚

1　《清高宗实录》卷 1157,"乾隆四十七年五月"条,中华书局 1986 年,第 23 册,第 499—500 页。

坚硬,遇水嫩沙尽成泥淖,并非头围积壅多年的老沙可比。从前所挑引河系就高阜老河开挖而成,开挖数尺尚未渗水,七尺以下水泛沙壅,情形与现在查勘的不同。南岸阴沙与此前的引河头围相比低三尺,挖深四尺之后则沮洳汕涩之高下与头围相准。但陈辉祖访得有地龙之法系借水刷沙,准备在该处潮汐水深三尺时挑切两水底约三四寸,以激水性,使之摆动撞击;待掣溜引潮,则大溜必然通顺直趋,这一带的阴沙会逐渐坍卸,北岸的淤沙也会逐渐宽长。谕旨:"此亦一法,行之试看,然总赖江神默佑,亦不可勉强于不能为者也。"[1]

陈辉祖此处是直接利用河工技术来强行刷河道,短期看来起到了一定效果。五月底到六月初,开挖引河 750 丈,江潮由此直趋已成大溜,两岸日渐坍刷,河面现宽 300 余丈至 400 余丈、深二三丈不等,较上月奏报时坍宽二三百丈。江水趋过引河之后水势冲激。头围斜对南岸水沙挖坍 300 余丈、长1 000 余丈,又转下一段坍去 200 余丈、长 400 余丈,较前月并无续坍。现在奏明设法试挖,以期引河溜势由此直趋。[2]

八月二十八日,陈辉祖奏:现在江潮大溜由西塘头围沙涂中段引河直趋,两岸逐渐坍刷。东口河面现宽 450 余丈,西口河面宽 560 余丈,水深 3 尺余,较前奏报时东、西两口河面均坍宽 60 余丈。东口斜对南岸之水沙情形与此前奏报时相同。沙涂朱笔点志开切之处,因为七月十四、十五及八月初三、初四等日风雨连绵,又逢大汛和上游山水建瓴而下,水势较往年秋间尤盛,一时难以施工,待消落后再命人相机挑挖。[3] 但是,此后几乎没有挑挖引河的文字,可能是客观条件决定了挑挖不可能成功。

在乾隆严厉斥责下,江苏巡抚闵鹗元加快分办浙江海塘石料的进度,乾隆四十七年七月,初次所办条石 13.6 万余丈全部起运,接办的 9.6 万余丈估计到明年三四月间办完。据此,上谕陈辉祖奏报工程进展情况,开具简明清单,汇报历次拨银及赔缴查抄各项银是否够用。[4]

---

1 《奏为详勘酌办海塘头围开浚引河事》(乾隆四十七年六月初三日闽浙总督陈辉祖),中国第一历史档案馆,档号:03－1058－013;《清高宗实录》卷 1157,"乾隆四十七年五月"条,中华书局 1986 年,第 23 册,第 499—500 页。

2 《奏报浙江海塘沙水情形并修建坦水事》(乾隆四十七年六月十三日闽浙总督陈辉祖),中国第一历史档案馆,档号:03－1058－014。

3 《奏报浙江海塘沙水情形并镶筑柴工缘由事》(乾隆四十七年八月二十八日闽浙总督陈辉祖)(乾隆四十七年八月二十八日闽浙总督陈辉祖),中国第一历史档案馆,档号:03－1058－039。

4 《清高宗实录》卷 1160,"乾隆四十七年七月"条,中华书局 1986 年,第 23 册,第 541—542 页。

陈辉祖奏报:2 240 丈鱼鳞石工已于六月二十六日完竣,续办的 1 700 丈陆续开工。八月初四日,上谕嘉奖办工各员。除陈辉祖已复任总督顶戴外,布政使盛住以及相关的管理人员均交部议叙。[1] 原估鳞工 2 240 丈计需例估工料暨恩赏加贴银 59.5 万余两,续估鳞工 1 700 丈计 42.6 万余两,两项共需银百余万两。前经题拨恩赏并赔缴查抄各项留作塘工银 142.1 万余两,除拨给原估、续估工料银两外,尚余 39.9 万余两。[2]

九月初二日,上谕分配塘工银两与即将到来的南巡费用。

> 据陈辉祖奏续估海塘鱼鳞石工一折……此项多余银两毋庸解京,即著赏给该省,为四十九年南巡黏修行宫等项应用。上次庚子南巡,一入浙江首站,屋宇倍增,并多点缀,比至杭州,则添设座落更多,繁费无益。非朕省方问俗之意,屡经降旨训饬。将来行宫座落,只须将上届旧有屋宇略加黏补,此项银两,尽足敷用,不必再动别项。其行宫座落,断不得踵事增华,更滋繁饰。该督务须仰体朕意,妥协经理。将此谕令知之。[3]

可见,乾隆为这次海塘工程准备了充足的经费,而且把部分多余的塘工经费转拨给预备南巡行宫修葺之用。乾隆再次强调各处行宫的修葺不能过于浮华,尤其对以往南巡中杭州等地行宫的奢华提出了批评。这自然是其内心真实想法的外露,他不希望过于奢靡的沿途装饰冲淡他巡察是为了解民众疾苦的主题,海塘工程是体现他为民生考虑的重要载体。

乾隆本来是希望陈辉祖这次能够体会圣意、妥善办理,但是,作为闽浙总督的他没有机会继续效力了,因其在查抄王亶望家产中私吞赃物被撤职,后被赐令自尽。[4] 于是,浙省官员队伍进行了调整。九月,富勒浑复任闽浙总督。[5] 十月,甘肃布政使福崧升任浙江巡抚。[6]

十一月,皇帝再次四百里加急谕令浙省官员要加意保护柴塘。

1　《清高宗实录》卷 1162,"乾隆四十七年八月"条,中华书局 1986 年,第 23 册,第 562—563 页。
2　《复奏浙省塘工现办分数并用存银两书目事》(乾隆四十七年八月初十日闽浙总督陈辉祖),档号:03 - 1020 - 002。
3　《清高宗实录》卷 1164,"乾隆四十七年九月"条,中华书局 1986 年,第 23 册,第 589 页。
4　王钟翰点校:《清史列传》卷 18《大臣画一传档正编十八》,中华书局 1987 年,第 1371—1372 页。
5　吴忠匡总校订:《满汉名臣传》(三),黑龙江人民出版社 1991 年,第 4093 页。
6　王钟翰点校:《清史列传》卷 27《大臣传次编二》,中华书局 1987 年,第 2104 页。

浙省海塘一律改建石工，朕于前岁南巡时亲临周阅指示，以为一劳永逸之计。当据王亶望奏称"海塘老盐仓一带若改建石塘，猝遇潮汐，较之柴塘巩固，足资抵御。况浙省民间需用苇柴炊爨，若改建石塘完竣，每岁即无须采办。此项柴斤于闾阎生计大有裨益，但地方官因缘为利，或欲因岁修柴塘以为开销工料之地"等语。王亶望现在虽已伏法，至此事所奏，自属切当。原不可以人废言。近召见大学士嵇璜，屡有柴塘不可去之说。柴塘为保护石塘，原无拆去之理，若石工一律告竣，则旧有之外层柴塘只可听其自然，不必照例仍留岁修，为地方不肖官吏浮冒开销地步，且于民间日用柴薪亦为有益。但岁修固可不必，而窃毁则不可不防，全在该督抚严饬所属派委员弁时加稽察，毋使奸民私拆偷烧，则柴塘仍可长留为外层拥护。即有风潮汕刷，亦尚可支数十年。彼时石塘工程愈加坚固，更可无事，重门保障。著传谕富勒浑留心查察，伊赴闽时即告知福崧妥协经理，俾得永资捍卫。再，自去年改建石塘以来柴塘曾否添修，有无开销工料银两，著该督等悉心查明，一并据实复奏。[1]

用四百里加急发出这道上谕，说明乾隆极度重视对柴塘的保护。他意识到，只有保护好柴塘，才能掩盖自己柴塘改建石塘决策的错误。他先肯定王亶望当年改建石塘的建议正确，然后借助河工专家嵇璜之口强调柴塘不能轻易废弃，接着强调石塘完竣后外面柴塘不必岁修，以免地方官借此浮冒开销，这对民间柴薪大有益处。因而，他命令督抚委派员弁防止柴塘被窃毁，闪转腾挪之间化解了自己决策方面的失误。[2] 复任总督的富勒浑自然上折表示完全支持，还表态说，在石塘建成之前，柴塘偶有塴卸时必须随时修筑。[3] 新任巡抚福崧溜须拍马更露骨，不仅奉承乾隆决策完全正确，还说要等圣驾临幸时指示机宜、钦遵办理。[4]

乾隆一方面积极准备南巡，另外一方面催促塘工进度，以便让即将到来

1　杨镳辑：《海塘揽要》卷7《国朝修筑》，见《钱塘江海塘史料》（四），杭州出版社2014年，第201页。

2　《乾隆朝上谕档》，中国档案出版社1997年，第11册，第473页。

3　《复奏柴塘工程毋庸岁修事》（乾隆四十七年十二月初一日闽浙总督富勒浑），中国第一历史档案馆，档号：03-1021-011。

4　《奏为遵旨仍留柴塘并石塘工竣停止岁修事》（乾隆四十七年十二月初一日浙江巡抚福崧），中国第一历史档案馆，档号：03-1021-017。

的南巡因为塘工的巍峨雄壮而更加有光彩。因此,十一月二十八日上谕降低石塘工程中条石的尺寸和要求：

> 浙江海塘工程,前据陈辉祖奏,所有盖面石块,俱用一律尺寸铺墁,其现已办竣工段均系如此办理。此项工程浩大,购料甚多,所有盖面石块,只须平整坚固,期于久远。其每块尺寸,即稍有长短、阔狭不齐,不妨酌搭铺墁。庶采购既为便易,而工程亦可迅速完竣。若必拘定一律尺寸,转致糜费周章,且于塘工亦恐因此稽延。著传谕富勒浑、福崧,现在各段塘工盖面石块,即遵照此旨办理。[1]

从这道上谕中可以看出,原来规定的盖面石块的尺寸和规制已经大大降低,只要平整坚固即可；另外在施工中稍有长短、阔狭不齐的石块搭配使用,既易购买石料,也能使工程迅速完成；如果拘泥于尺寸,则不仅糜费周章,且可能延误工程进度。从这个角度来讲,鱼鳞大石塘景观也变得更为复杂,不能只根据塘工技术的文字规定来看,而更应该熟悉每段海塘施工的过程及实际使用石料的情况。

乾隆通过改变石料尺寸要求来推进石塘建设速度,是因他当时已准备下一次南巡。除赏给浙江近 40 万两白银作为南巡经费外,乾隆还将查抄的陈辉祖名下财产、现存银两和各案估变物价约六七万两归入此名下。十二月初九日,上谕：浙省除预备差务外尽有余存,江南南巡差务之费赏给应行解京项下银 9 万两后,因令萨载在京口挑河以利舟楫,故江南经费断不够用,命富勒浑和福崧在赏给浙江存备各项内拨银 20 万两到江南,供萨载和闵鹗元支用。[2]

乾隆四十八年正月十五日,上谕准备明年正月南巡,理由是：两江、闽浙总督联合陈奏,江浙臣民殷切盼望；庚子南巡时指示高家堰、徐州城外石堤巨工,现在大功告成,理应阅视并指示善后事宜,俾河流永庆安澜；此前降旨将浙江柴塘改建为鱼鳞石塘,工程也将完成,不能不亲为相度；上次南巡至今已数年,应拜谒孔庙,以示景仰。乾隆再次强调明年南巡时要节俭,只需将各处行宫按照原有规模略加修葺即可,以符合其省方问俗、观民孚惠之

---

1 《清高宗实录》卷 1169,"乾隆四十七年十一月"条,中华书局 1986 年,第 23 册,第 683 页。
2 《清高宗实录》卷 1170,"乾隆四十七年十二月"条,中华书局 1986 年,第 23 册,第 693—694 页。

意。[1] 此举明显是借助河工、海塘来彰显自己的盖世功勋。

浙江巡抚福崧看到乾隆对海塘的热情高涨，就奏称仁和县民灶人等呈请自修范公塘土塘。但是，此举被乾隆批评。乾隆认为此处只不过是欲将坍卸的 1 500 余丈接连修筑，但刚看到摘叙事由时却认为该处现有坍缺堤工，措辞极不明晰。正月十五日，上谕：范公土塘向系涨沙，同意该处民人捐修以自保己业，福崧日后缮写奏折时不可听任幕友随便乱写。[2]

乾隆对塘工的决策介入得更深。当时章家庵以西老土塘形势兜湾，潮水顶冲，曾建筑埽牛柴工 490 余丈，但土性松浮且坎下水深丈余，日修日损。时任福州将军永德建议贴近老土塘外酌量添筑柴工，将来容易修补，且比埽工省钱。据此，三月初七日，四百里加急上谕：迅速查明并复奏实际情形；如果需要酌量添筑柴工，即勘估奏闻办理；如非紧要之工，待明年南巡时皇帝亲临指示后定夺。[3]

但是，福崧对永德的这个建议提出了不同看法，他认为修筑柴塘的方法不奏效。从前李质颖曾经在此处镶筑柴塘，后来又先后在章家庵黄字号顶冲添筑盘头一座、天字号以西添建盘头两座、范公塘工头添筑挑水石坝一座，陆续添建埽工 500 余丈，其余土塘由民灶自行捐筑。本年春天的险情是因为上游山水涨发、潮汐旺盛而导致此处从前所筑埽牛间段挫蛰，沿塘水深丈余至二三丈不等。镶筑柴工无效，根脚空虚，柴随水去，用竹篓、木柜沉石下水也难以抵御。福崧命人用五六丈大船沉石以护塘根，仍然用块石叠压其上，堆出水面来保护塘根。自二月试办以来，沉船 34 只，安度朔、望二汛后，拟于沉船处顶冲建挑水大坝，使来回潮溜不致逼近塘根。[4]

四月十一日，上谕：沉船之法维护塘根甚重要，但富勒浑和福崧为何此前并未奏及？此时的乾隆再次激起在两浙全部修建石塘的豪情壮志，认为沉船维护塘根只是暂时补救措施，并非一劳永逸之计。章家庵以东普建石工自可永庆安澜；以西仅凭范公塘，形势单薄，明年南巡时阅视定夺此处是否需要一律改建石塘。乾隆同意建筑挑水坝，但觉得海塘图内筑坝之处稍偏北，朱笔标记在以南地方再筑一挑水坝，俾大溜日渐南趋，刷沙方为得力，

1 《清高宗实录》卷 1172，"乾隆四十八年正月"条，中华书局 1986 年，第 23 册，第 724—725 页。
2 《清高宗实录》卷 1172，"乾隆四十八年正月"条，中华书局 1986 年，第 23 册，第 725 页。
3 《清高宗实录》卷 1176，"乾隆四十八年三月"条，中华书局 1986 年，第 23 册，第 765 页。
4 《宫中档乾隆朝奏折》，台北"故宫博物院"1982 年，第 55 辑，第 548—550 页。

图 8 柴塘示意图

(瞿均廉纂:《海塘录》卷 1《图说》,见《钱塘江海塘史料》
(二),杭州出版社 2014 年,第 45 页)

六百里加急将原图发交福崧并令其速行复奏该处近日情形。[1] 这是范公塘的第二座挑水坝,由乾隆遥控指挥并选定地址。[2] 西塘范公塘的塘根险情仍没有彻底解除,四月,在此前沉船 34 只的基础上,范公塘埽工又沉船 8 只。[3]

乾隆对两浙塘工的空前重视,使得重任闽浙总督的富勒浑准备常驻浙

1　《清高宗实录》卷 1178,"乾隆四十八年四月"条,中华书局 1986 年,第 23 册,第 794 页。
2　杨鑅辑:《海塘揽要》卷 7《国朝修筑》,见《钱塘江海塘史料》(四),杭州出版社 2014 年,第 202 页。
3　杨鑅辑:《海塘揽要》卷 7《国朝修筑》,见《钱塘江海塘史料》(四),杭州出版社 2014 年,第 203 页。

江,通盘熟筹海塘工程。乾隆认为富勒浑应该在浙江筹办海塘工程及明年南巡差务,但对身为海疆重地的福建,也应实力整顿,并不时派干员查察,断不可像陈辉祖那样安坐浙江而置福建于不闻不问,导致闽省诸务废弛、地方滋事事件不断。[1]

富勒浑当时的塘工重点在于已规划的工程,对范公塘一带并不热衷。富勒浑声称范公塘一带若一律添筑石塘,购买物料需费浩繁且时间紧迫,赶办不及。但是,急不可待的乾隆在六月六日上谕:范公塘一带改建石塘方可保护庐舍桑麻,此处较鱼鳞石塘所费不过三分之一,相对容易办理,明年南巡亲临阅视后筹办。皇帝命把富勒浑的奏折抄送一份,和原图一起发给非常熟悉该处情形的阿桂阅看,让他据实复奏是否应如此办理。乾隆训斥富勒浑,日后上折要仔细核对幕僚们所写文字,折内声称抵达杭州即会同福崧驰赴工所,自杭州抵达海塘不过十里,不必驰赴。[2]

乾隆已经开始安排范公塘改建的石料了。此前因修筑鱼鳞石塘,需石甚多,江苏隔省采运多有不便,所以先尽量从浙江采凿。后来,谕令各塘盖面石块不必拘泥于固定尺寸,不妨搭配铺设以加快工期,导致石料采运速度加快。当接到江苏续办浙江塘工石料以及由浙江挑选退还的石料补运完毕的报告后,乾隆命令,此次江苏运到的石料若有剩余,可留作改建范公塘之用。"今岁物料齐全,明春南巡时朕亲临阅视,指示机宜,降旨后即可兴工办理,一年之内无难告竣。俾巨工屹立,海滨黎庶咸庆安澜。"

乾隆再次从理论上说明老盐仓一带改筑石塘的必要性与可行性。富勒浑谓章家庵一带老土塘根脚淤沙松浮难以改建。不过,乾隆认为从前老盐仓一带也称沙性松浮,难以开槽打桩,但改建石工后稳固坚实。他把这个问题上升到地方官是否认真为民做事的高度:"可见事在人为,封疆大吏对于民瘼所关之事断不可心存畏惧。"现在府库充盈,对捍卫民生的工程,即使多费数十万帑金也在所不惜。乾隆命富勒浑等细心查看,如果范公塘一带需改建石塘,浙江应预先储备物料。[3]

经过乾隆这两道接连的谕旨,闽浙总督富勒浑、浙江巡抚福崧方才幡然

---

1 《清高宗实录》卷1180,"乾隆四十八年五月"条,中华书局1986年,第23册,第814—815页。

2 《清高宗实录》卷1182,"乾隆四十八年六月"条,中华书局1986年,第23册,第831页。

3 《南巡盛典草稿》,见《四库全书存目丛书》,齐鲁书社1997年,第143—146页;《清高宗实录》卷1182,"乾隆四十八年六月"条,中华书局1986年,第23册,第832—833页。

醒悟，明白皇帝要把范公塘改建成石塘，以便完成自己的千秋伟业。"臣等跪读之下，仰见我皇上加惠滨海民生，为亿万年永垂乐利之至意。"两人转而认同皇帝的决策并认真准备改建所需要的桩木和石料。西塘前办、续办塘工，江苏办运条石 23.3 万余丈，浙江采办条石 27.1 万余丈，剩余条石 3.6 万余丈留为东塘之用。东塘改建鱼鳞石塘外，存石万余丈。范公塘一带改建石塘自章家庵至八仙石 4 527 丈，需条石 51.5 万余丈、桩木 67.9 万余根。桩木在浙江金华、衢州和严州府属产木茂盛之处采伐，以及江南苏州等处木材市场购买。关于石料，在绍兴府属山阴等县采凿；严州、宁波等地山多，也可能有石可购。[1]

八月中下旬，总督富勒浑、巡抚福崧将柴塘改建石塘完成之事上奏天庭，并恭请皇帝在乾隆四十九年南巡时亲临阅视。[2] 很快，协办大学士梁国治等上疏恭谢天恩，大肆吹捧两浙改建鱼鳞石塘。[3] 当然，乾隆也借助老盐仓柴塘改建成功来造神，以示该工程得到上天庇佑。从前布政使盛住在京禀报海塘石工情形时声称：老盐仓一带沙性涩汕不能钉桩，工地上一老兵说在该处下桩需众桩合力，同时齐下，方能坚实，不致已钉复起；按照该法果然有效，待寻访其人时已了无踪迹，似有神助。九月初九上谕：现在老盐仓石塘已经完竣，命富勒浑查询老兵指点之事是否属实。如果属实，则犹如分水龙王庙之白老人故事，系神灵保佑，应该在此处建筑庙宇，答谢神灵。[4]

柴塘改建石塘的完成，为接下来范公塘的改建提供了很好的契机，可以集中精力从事这段土塘改建为石塘的工程。既然乾隆明确表示这段工程等明年南巡时亲临阅示后开工，福崧自然对范公塘加以防护，在各险冲地段不断修筑石坝，以免出现大的纰漏。此前，西塘范公塘的塘根险情没有彻底解除。但是，范公塘海塘改建难度大，岸线面对江中新涨阴沙，大溜顶冲附近的维护是海塘改建的前提。七月，根据圣谕，巡抚福崧在第二座石坝以南添设一座挑水坝。坝基长 11 丈有余，宽 10—12 丈，接筑埽工 470 丈，接镶柴塘连接土堤 170 丈。截至六月底，共沉船 73 只，下石 1.2 万余方，计长 106.8 丈。[5]

1　《南巡盛典草稿》，见《四库全书存目丛书》，齐鲁书社 1997 年，第 146—152 页。
2　《南巡盛典草稿》，见《四库全书存目丛书》，齐鲁书社 1997 年，第 153—157 页。
3　《南巡盛典草稿》，见《四库全书存目丛书》，齐鲁书社 1997 年，第 159—161 页。
4　《清高宗实录》卷 1188，"乾隆四十八年九月"条，中华书局 1986 年，第 23 册，第 891 页。
5　杨鑅辑：《海塘揽要》卷 7《国朝修筑》，见《钱塘江海塘史料》（四），杭州出版社 2014 年，第 204 页。

八月,除东塘牧、用字号缓修石工 18.7 丈需一律改建鱼鳞石塘外,主要是在范公塘增修石坝两座。先用船石铺底,上安木柜,外用竹篓,周围用块石堆出水面。[1] 将此前的算在内,共筑石坝五座。在随后的四个月内,没有经过上报批准,福崧每月建造一座石坝。九月,在第五座石坝外添建滚水石坝一座。十月,在第六座滚水石坝之外增建石坝一座。十一月,在第七座石坝外增建滚水石坝一座。十二月,在第八座滚水石坝之外增建石坝一座。私自增修石坝的做法为将来奏销埋下了隐患,因为没有按照程序上报、奏请。[2]

从技术方面来看,在这次密集建设的石坝中出现了滚水坝。滚水坝也叫减水坝,主要功能是分杀水势。坝基必须选择要害卑洼、地基坚实处,先下地钉桩木,平下龙骨木,石底垒砌,雁翅宜长宜坡,跌水宜长,迎水宜短,用立石栏门桩数层,其他钉桩均需要用悬碱钉下。连雁翅共长 30 丈,坝身根阔一丈五尺,收顶一丈二尺,高一尺五寸,迎水阔五尺,跌水石阔二丈四尺。[3]挑水坝和滚水坝的交替建设,组成了维护海岸与海塘技术的有机组合。

需注意的是,当时选择连续修筑石坝,是客观自然环境、政治大背景与施工便利性等因素共同作用的结果。福崧接连数月内密切修筑挑水水坝和滚水石坝,是因为范公塘临水的地方有潮沟,沉船施工的同时必须用挑水坝、滚水坝来缓解潮势对石坝周边的冲击。当然,福崧此举是因为皇帝已经明确表示来年南巡时要视察范公塘并宣布在此处改建石塘,所以在皇帝亲临范公塘之前,必须保证此处不能有任何闪失。另外,当时正在大规模修筑石塘,石料采运源源不断,利用石料来建筑间接护岸的石坝相对比较容易。石料采运是一个综合的复杂工程,涉及石料开采、沿途运输、工所堆放等。在石料运输繁忙的同时,无暇从事柴薪运输,否则运石船和运柴船将在塘工附近拥挤堵塞,也无充足空间堆放。

十一月初四日,上谕:将于明年正月十一日摆驾巡幸江浙并阅视河工、海塘,所有应行事宜由各衙门照例预备。[4] 十一月十一日,富勒浑和福崧奏请在梵村恭建乾隆阅视水师的宝座,上届南巡时在观潮楼检阅水师,但因近

1 《清高宗实录》卷 1187,"乾隆四十八年八月"条,中华书局 1986 年,第 23 册,第 886 页。
2 杨鏻辑:《海塘揽要》卷 7《国朝修筑》,见《钱塘江海塘史料》(四),杭州出版社 2014 年,第 204—205 页。
3 《中国河工辞源》,见《中国水利史典》(黄河卷三),中国水利水电出版社 2015 年,第 694—695 页。
4 《清高宗实录》卷 1192,"乾隆四十八年十一月"条,中华书局 1986 年,第 23 册,第 940 页。

来塘外涨有新沙，战船不能操演，故转移到此江深水缓之地。得旨：又属多费矣。[1]

鉴于明年要开始新的海塘大工，十二月十二日，上谕：

> 老盐仓一带海塘工程业经一律告竣，所有用过银两若干及现存银两若干，何以未据该督抚将开除现存实数题明报销？即著查明复奏。至范公塘一带，明年朕亲临阅视后，若果必需兴工一律改筑石塘，其采石鸠工，均须预为筹划。现在该处存银是否敷用之处，并著富勒浑、福崧详悉查明，一并据实复奏。将此谕令知之。[2]

这道上谕的主要意思是：已经完竣的海塘工程抓紧报销工费；更重要的是，让地方事先预备桩木、石料，以便明年南巡时一声令下就开始范公塘改建石塘的工作。但是，这种大规模的海塘工程的经费报销涉及方方面面，还有工部、户部则例与具体花费之间的差异，报销起来异常困难。不过，乾隆已急不可待，当月质问老盐仓一带工程所用银两、现存银两究竟多少，为何督抚尚未题明报销。

另外，范公塘一带改建的石料统归浙省采办，各宕每月共计可得条石1.7万余丈。钱塘、余杭等县俱由堤内支河运送，绍兴府属之羊、大两山条石由内河起运抵坝，换船海运到塘，金华、兰溪各山宕距离工地虽远，但自宕所装运后一水可达。先令各处将条石堆放在山宕水口，只待明春皇帝临幸江南时一声令下，条石将陆续运送到工。[3] 如此看来，已经是万事俱备、只欠东风了。

第二节　怒批柴塘改建，坚持范公塘改建：第六次南巡

乾隆四十九年（1784）正月二十一日，第六次南巡开始。[4] 三月十二日，

1　《清高宗实录》卷1192，"乾隆四十八年十一月"条，中华书局1986年，第23册，第945页。

2　《清高宗实录》卷1194，"乾隆四十八年十二月"条，中华书局1986年，第23册，第969页。

3　《南巡盛典草稿》，见《四库全书存目丛书》，齐鲁书社1997年，第163—167页。

4　《清高宗实录》卷1197，"乾隆四十九年正月"条，中华书局1986年，第24册，第11页。

御舟驻跸嘉兴府北校场大营,皇帝同意两浙商人何永和等为范公塘石工捐银 60 万两并加恩交部议叙该商人等。此前,福崧上奏称,两浙商人欣逢皇帝幸浙和范公塘改建鱼鳞石塘,愿照老盐仓改建鱼鳞石塘捐款数额捐输,以效下忱。[1] 十三日,遣官祭海宁海神庙和唐代张巡、许远祠以及已故大学士陈元龙、陈世倌墓。当晚,御舟驻跸石门镇大营。[2] 十四日,上谕:将犯官两广总督杨景素赔缴的 6 万两商捐银交浙江海塘公用。[3] 当天,乾隆在拜谒海神庙时,作《谒海神庙瞻礼三叠旧作韵(乾隆四十九年)》诗一首:

> 庚子重来屡宴莫,石工一律命坚修(庚子南巡,亲临阅视海塘,饬该督抚于老盐仓一带将旧有柴塘一律改建鱼鳞石塘,毋惜工费,仍留旧有柴塘为重门保障。嗣据该督抚等于辛丑、壬寅等年,陆续采办石料,派委诚妥大员勘估建筑。至癸卯年八月内,据富勒浑福崧奏,将原办、续办鱼鳞石塘共三千九百四十丈,督率司道实力稽查,于七月二十四日面石均已砌竣,通工一律全完。该督抚前往详勘,均属如法砌筑,整齐坚实,可以永庆安澜矣)。勤劬虽曰不遗力,护佑仍惟赖赐庥。神庙载瞻申九叩,御碑钦仰示千秋。敢云塘固民安枕,未畣中门未解愁。[4]

在这首诗中,乾隆简要回顾了柴塘改建为石塘的过程,然后踌躇满志地声称海塘坚固,又对中小门引河没有恢复表示担忧。其实,乾隆的心里是非常兴奋和期待的,他渴望着第二天视察柴塘改建后的壮观与完美。

当晚驻跸安澜园后,心情舒畅的乾隆皇帝又作组诗《驻跸安澜园三叠前韵六首(乾隆四十九年)》,其中有三首与海塘有关:

> 北坦今次永,塘尚近洪澜(海塘沙北涨南坦,则塘工巩固。今自壬辰春以来,沙痕渐觉北坦。至庚子前巡亲阅,则北岸涨沙尽坦,海潮直逼塘根。今尚如此,实为廑念)。春月来观海,古稀仍据鞍(每于城邑或乘马,便民瞻就也)。鱼鳞期越固(庚子命改柴塘为石工,饬该督抚等于老盐仓一带建筑鱼鳞石塘凡三千九百四十丈,仍留柴塘为重门保障,于癸卯七月全功告竣矣),蚕市较苏宽(苏州街市颇

1　《清高宗实录》卷 1200,"乾隆四十九年三月"条,中华书局 1986 年,第 24 册,第 50—51 页。

2　《清高宗实录》卷 1200,"乾隆四十九年三月"条,中华书局 1986 年,第 24 册,第 52—53 页。

3　《清高宗实录》卷 1200,"乾隆四十九年三月"条,中华书局 1986 年,第 24 册,第 53 页。

4　翟均廉纂:《海塘录》卷首二《圣制》,见《钱塘江海塘史料》(二),杭州出版社 2014 年,第 36 页。

窄，兹海宁衢市较宽）。乡语分疆异，民心一例欢。

　　塔山近海边，踏勘慰心悬。竹篓喜增涨（塔山坝工当潮汐顶冲，向借竹篓贮碎石三层，拥护坝根。昨秋据富勒浑等奏。护坝竹篓上中两层现俱露出，今自二月后涨沙增长，全掩三层竹篓，为之稍慰），蚁坏惕漏泉。隔园且停憩，比户有歌弦。自是文章邑，然当戒藻妍。

　　安澜讵祇名，永祝宴而清。明日观形势，一宵屡虑情。前吟巡壁旧，圣藻额檐明。载语世臣者，承家在敬诚。[1]

从这三首诗中，不难看出乾隆对次日海塘视察的期待。对于年过古稀的乾隆来说，南巡途中迎驾的繁华自然让他心旷神怡，但是他更渴望自己一手制定的柴塘改建措施所结出的硕果。塔山附近竹篓所测沙水的增长，预示着北岸海塘的安稳。他渴望通过明日视察海塘，来完成塘工建成后"一劳永逸"的夙愿。

三月十五日，乾隆巡幸尖山、观海潮并阅视海塘工程。皇帝本来是志得意满地看柴塘改建为石塘的宏伟工程，臣工也自然是希望借助这一巨工来博得皇帝龙颜大悦和各种赏赐。但是，亲临阅视之后的乾隆对柴塘改建工程的各种善后安排极为不满。次日，长篇上谕：

　　浙江建筑石塘，所以保障民生，关系甚重。前庚子南巡时，朕亲临阅视，指示机宜，于老盐仓旧有柴塘后一律添建石塘四千二百余丈，次第兴修，于上年七月间告竣。因其砌筑坚整，如期蒇工，原欲将该督抚及承办文武官员交部分别议叙。今抵浙后亲临阅看，乃所办工程不惟不应邀叙，并多未协之处。盖朕于老盐仓添建石塘，固以卫护民生，亦因浙省柴薪日益昂贵，岁修柴塘采办薪刍，致小民日用维艰，是以建筑石工为一劳永逸之计，庶于间阎生计有益。然石塘既建，自应砌筑坦水，保护塘根，乃陈辉祖、王亶望并未筹划及此，而后之督抚亦皆置之不论，惟云柴塘必不可废。此乃受工员怂恿，为日后岁修冒销地步。况朕添建石塘，原留柴塘为重门保障，并未令拆去柴塘，前降谕旨甚明也。若如该督抚所言，复加岁修，又安用费此数百万帑金添筑石塘为耶？又石

1　翟均廉纂：《海塘录》卷首二《圣制》，见《钱塘江海塘史料》（二），杭州出版社 2014 年，第 36 页。

塘之前、柴塘之后见有沟槽一道,现有积水,并无去路,将来日积日甚,石塘根脚势必淹浸渗漏,该督抚亦并未虑及。又石塘上有堆积土牛,甚属无谓,不过为适观起见,无当实际。设果遇异涨,又岂几尺浮土所能抵御耶?所有塘上土牛,即著填入积水沟槽之内,仍将柴塘后之土顺坡斜做,只需露出石塘三四层为度,并于其上栽种柳树,俾根株蟠结,塘工益资巩固。如此则石、柴连为一势,即以柴塘为石塘之坦水,且今柴塘亦时见有坦水也。总之,现在柴塘不加岁修,二三十年可保安然无事。即如范公塘尚历多年,况此历年添建工程更为坚实耶?至范公塘一带,亦必需一律接建石工,方于省城足资永远巩护。著自新筑石塘工止处之现做柴塘及挑水段落起,接筑至朱笔圈记处止,再接筑至乌龙庙,亦照老盐仓一带做法,于旧有柴塘、土塘后一体添筑石塘,将沟槽填实种柳,并著拨给部库银五百万两,连从前发交各项帑银,交该督抚据实核算,分限分年,董率承办工员实力坚筑。仍予限五年,分段从东而西陆续修筑。俟工程全竣后,朕另行简派亲信大臣阅看收工,以期海疆永庆安恬,民生益资乐利。该部即遵谕行。钦此![1]

这道上谕的主要内容,可主要归结为:

第一,皇帝首先声明此前老盐仓周边石塘工程决策是从卫护民生、降低柴价两方面考虑的。浙江柴薪价格日昂,岁修柴塘要用很多柴薪,致民众日用维艰,建筑石塘可一劳永逸并对间阎生计多有好处。庚子南巡时决定在老盐仓旧有柴塘后一律添建石塘,上年七月该工告竣。本欲将督抚及承办官员分别议叙,乾隆看了工程现场后,不仅不应议叙,而且欠妥之处甚多。石塘建成后自应砌筑坦水来保护塘根,但王亶望、陈辉祖并未筹划及此,后任督抚也置之不论,声称柴塘不可废,这只不过是受工员怂惠、为了日后岁修冒销。乾隆认为添建石塘后并未令拆去柴塘,自己反复下旨强调留柴塘为重门保障。如果像该督抚所说,仍然岁修柴塘,那么何必花费数百万两帑金来建筑石塘?

第二,石塘之前、柴塘之后有一道沟槽,槽内积水无法排出,该督抚等未曾考虑到积水日积月累会使得石塘根脚淹浸渗漏。石塘上堆积的土牛只不过是

---

1 《清高宗实录》卷 1201,"乾隆四十九年三月"条,中华书局 1986 年,第 24 册,第 54—56 页。

为了适观，并无实际作用。假设真有异常风暴潮，区区几尺浮土起不到抵御作用。命令将塘上土牛填入积水沟槽内，仍将柴塘后之土顺坡斜做，只露出石塘三四层为度，并在上面栽种柳树，俾根株盘结，塘工愈加巩固。这样，石塘和柴塘连为一势，即以柴塘为石塘坦水。总之，即使现在柴塘不加岁修，也可以在二三十年内安然无事。范公塘尚历多年，此历年添建工程更为坚实。

第三，范公塘一带需一律接建石塘，方可永远巩护省城。从新筑石塘工止处之柴塘和挑水段落起，接筑到朱笔圈记处止，再接筑到乌龙庙，这段工程也按照老盐仓一带石工的做法，在旧有柴塘和土塘的后面一体添筑石塘，并将沟槽填实种柳。拨给库银 500 万两，连从前发交各项帑银，交给该督抚据实核算，分五年时间完工，届时将简派亲信大臣验收。

乾隆把这段石塘完成后善后措施规划不善的责任，推给已被法办的陈辉祖和王亶望及其继任者。其实，根本问题仍然在于石塘建设后柴塘的功能定位，真正决策失误的是皇帝本人。柴塘后面建设石塘，其后建设坦水，还是以柴塘为外护的问题，不仅王亶望、李质颖等人有争论，乾隆还让阿桂、陈辉祖就该问题调查讨论。坚持石塘以柴塘为坦水且柴塘不需岁修观点的，正是乾隆自己。没有参与塘工决策和施工的臣工与臣民，自然不能明白其中的是非曲直。该事情的亲历者，诸如阿桂和诸位军机大臣，即使知道来龙去脉，也只能三缄其口。乾隆不惜以皇威来掩饰自己决策的错误。当然，乾隆建石塘的兴趣依旧，他希望通过范公塘改建石塘来实现"一劳永逸"的海塘事业。

三月二十四日，御制《南巡记》专门谈到西师、南巡是其登基以来的两件大事。

> 举大事者，有宜速而莫迟，有宜迟而莫速。于宜速而迟，必昧机以无成。于宜迟而速，必草就以不达。能合其宜者，其惟敬与明乎。敬者敬天，明者明理。敬天斯能爱民，明理斯能体物，千古不易之理也。予临御五十年凡举二大事，一曰西师，一曰南巡。西师之事，所为宜速而莫迟者，幸赖天恩有成，二十余年，疆宇安晏，兹不絮言。若夫南巡之事，则所为宜迟而莫速者。[1]

---

1 弘历：《南巡记(乾隆四十九年三月二十四日)》，见《清高宗实录》卷 1201，中华书局 1986 年，第 24 册，第 62—63 页。

不难看出,乾隆对南巡引以为傲。他说自己六次南巡徐徐展开,均是为了天下苍生,河工、海塘是为民着想的主要凭证。毫无疑问,他对自己这一柴塘、范公塘先后改建为石塘的决策是非常自信的。

五月,闽浙总督富勒浑、浙江巡抚福崧上折说明原办、续办鱼鳞石塘加贴工料银一事。老盐仓一带改建鱼鳞石工 3 940 丈、工尾接筑 10 丈,除例估工料银 60.8 万余两业经造册题销外,尚有原奏单开加贴工料银 100.4 万余两。经查报,统计用银 94.2 万余两,较原估节减 6 万余两。加贴银两必实系应给者方准给发,例如钉桩起初每根加贴银七钱有余,后因用竹签试办较易,只须银五钱有余,随即据实删减。物料价值及人工夫食等项,虽然今昔情形不同,势不能不量为增加,但统计两案加贴指数较例估多至倍半,殊属过浮。经多次驳斥、确核、删减,先节减银 2.1 万余两;又经严行指驳,再删去 1.7 万余两。加上原来节减的 6 万余两,共节减银 10 余万两,借此留为新工之用。共用过加贴银 90 余万两。[1]

乾隆虽命令工部酌议,但仍质疑上述说法。海塘钉桩加给工价,是因老盐仓一带沙性滞涩。每日钉桩二根加银至六七钱已是宽为支给。现每钉桩一根加银五钱有余,钉桩二根需加银一两有余。不停加增,何时是尽头?所谓加增,是因例价不符,必须支用方准、酌量增给。既然是实用实销,则何项应加增、何项毋庸添备,不难稽查。富勒浑和福崧接办塘工也非一日,为何陈辉祖未定章程,迟至近日方才查办?此奏貌似从严,而将来报销时难保不借此浮冒。谕令富勒浑、福崧查明钉桩工价为何每根加至五钱,将其余所用加价,何项应准、应减之处逐一据实复奏,毋任工员等借机浮冒。[2] 就此,拉开了石塘大工报销问题序幕。

当时的福崧还没有意识到报销问题会引起一系列风波,仍然在范公塘附近建设挑水石坝。六月,福崧奏请在第九座石坝之外以西增建石坝一座,用石堆出水面并安置木柜,挑溜甚为得力,接筑塘工 1 005 丈。[3] 很快,石坝报销的困难就显现出来了。八月初一日,上谕:福崧回奏任内未经申请建设的塘工问题,其中包括范公塘以西石坝四座;当时规定要先奏请然后再报部核销,此前五座石坝的核销银两比请销的减少数百两,减少银数最多没有超

1 《宫中档乾隆朝奏折》,台北"故宫博物院"1982 年,第 58 辑第 852—853 页,第 60 辑第 391—392 页。
2 《乾隆朝上谕档》,中国档案出版社 1997 年,第 12 册,第 615 页。
3 杨鑅辑:《海塘揽要》卷 7《国朝修筑》,见《钱塘江海塘史料》(四),杭州出版社 2014 年,第 206 页。

过四百两。但是，乾隆四十八年九到十二月内增添的石坝事先没有上报。[1]

在乾隆严令稽查报销问题的大背景下，福崧参奏现任湖南按察使德克进布在金衢严道任内督办海塘桩木时，领司库银7.6万两，每万两缺只发8750两，共克扣9500两；又准商人截去水眼龙头，现查出木商只领银6.5万两。德克进布勒索同知方体泰，请将二人革职拿问。十一月初七日，上谕将德克进布革职解往浙江，由富勒浑、福崧秉公严审；方体泰因受勒索时没有向督抚禀报，被视为扶同侵混，一并革职审问。[2] 鉴于两人贪污属实，谕令查抄其任所、原籍与京中住所的所有财物。[3]

工部驳斥福崧报销柴塘工段与原奏不符，添办的120号柴塘所用的3.6万余两白银不准报销，并奏请将所有从前承办估册及现在办理销案之员一并查明，交部议处。乾隆五十年二月二十日，上谕批准此奏。虽然续估、续增不能拘泥于原报，但此项柴塘添办至2900丈之多，福崧应具折说明续估之处，获准后方可报销。先斩后奏地把添办的2390多丈柴塘列入奏明的800丈内报销，显然是想蒙混过关，管工之员可能想借此浮冒报销。乾隆命福崧将为何不经具奏以及承办之员是否有浮冒处据实复奏，还批评富勒浑身为总督且办理塘工已久，怎可任工员蒙混估报；四百里加急谕令其严查事情经过后专折复奏，不可回护。[4]

乾隆五十年二月二十四日，大学士阿桂等奏：此后各省添办工程奏明后方可报销，如果未经具奏之案列入估册上报，工部即当上奏驳斥并将督抚议处；如果工部没有查出而直到销算时再行驳斥，则将工部堂司官一并议处，其银两由工部暨题估各员分别赔缴，不准开销，以杜绝浮混。[5]

富勒浑等奏：原办、续办鱼鳞塘工钉桩工价，经大学士阿桂奏准加贴银两，嗣经报销工部驳查，行令删减，并令将新工贴价比照。现办范公塘新工只将初限500丈办竣，实需贴费若干，比照旧工，按其浮用删减。新工已砌石七层，条石每丈脚价例估、加贴银一两五钱，虽因岩深路远，比旧工略有加增，但旧工系江、浙两省各半分办，今归本省采办较之一丈销银二两已大为

1　杨镳辑：《海塘揽要》卷7《国朝修筑》，见《钱塘江海塘史料》（四），杭州出版社2014年，第205页。
2　《清高宗实录》卷1218，"乾隆四十九年十一月"条，中华书局1986年，第24册，第336页。
3　《清高宗实录》卷1219，"乾隆四十九年十一月"条、"乾隆四十九年十一月"条，中华书局1986年，第24册，第355—366页。
4　《清高宗实录》卷1225，"乾隆五十年二月"条，中华书局1986年，第24册，第423页。
5　《清高宗实录》卷1225，"乾隆五十年二月"条，中华书局1986年，第24册，第426页。

节省。桩木较旧工每根节省白银四分五厘,钉桩省一钱有余。此外,各项亦多有节减。与原有例价敷用者不准加贴。一切应准、应减已有章程,俟初限报竣,逐一查验,比照裁减。

据此,五月初五日,上谕:前因老盐仓一带沙性汕涩,经阿桂奏明每日钉桩二根加银至六七钱已经是宽为支给;现在每钉桩一根加银五钱有余,则每日钉桩二根竟然加银一两有余;所谓例外加增,是指例价不敷、有必须支用之处方准酌量增给,既然实用实销,则何项应该加增,何项毋庸添备,不难查清;富勒浑和福崧接办塘工并非一日,为何近日方查办陈辉祖未定章程?富勒浑表面是从严审核,将来报销时或即借此为浮冒地步亦未可知;富勒浑和福崧要查明钉桩工价,将为何每根加至五钱之多以及其余所用工价何项准应减之处,逐一详细奏明,毋任工员借机虚冒,致滋弊混。[1]

六月初三日,闽浙总督富勒浑上折说,通过将范公塘初限 500 丈办竣看实际贴费情况,即可知道以前鱼鳞塘工是否浮冒。富勒浑极力肯定巡抚福崧等官员撙节办理塘工。条石脚价新工因宕深路远而比旧工微有加增,但旧工系江苏和浙江各承担一半,现全由浙江采办,与江苏省石料每丈销银二两有余相比已经大为节省。新工所用桩木价值每根比旧工节省银四分五厘,钉桩工价每根比旧工节省银一钱有余。各项贴价也多有节减,原定例价足用的不准加贴。一切应准应减项目大半已有章程。额定料物不敷,添办的灰、米、麻斤三项,以及例所未载加添的架木器具、戽水人夫、天雨停工、夫匠饭食等银必须添加。一切要等初限 500 丈砌石全竣后逐一查验,方能确定新工章程,核定旧工,然后比照裁减。[2]

此后,新任巡抚伊龄阿等比照范公塘新建鳞工所用银数,将富勒浑所请核销银 90.3 万余两再行核减 13.9 万余两,请实销银 76.4 万余两。在上述核减基础上,军机大臣会议时仍提出所请应准者七项、应另造细册请销者九款、全删者八款、应减至加贴一倍者八款。[3]

虽然改建范公塘不像前面柴塘改建石塘那样费钱,但是大规模、持续数年的工程使石料短缺问题日益严重。为了早日结束这一浩大工程,中枢官

1 《清高宗实录》卷 1230,"乾隆五十年五月"条,中华书局 1986 年,第 24 册,第 503—504 页。
2 《奏为奉旨将海塘工程各款作速查核以杜虚冒事》(乾隆五十年六月初三日闽浙总督富勒浑),中国第一历史档案馆,档号:04-01-05-0064-032。
3 《宫中档乾隆朝奏折》,台北"故宫博物院"1982 年,第 64 辑,第 104—105 页。

员奏请降低条石使用标准。十月十九日,军机大臣议奏:塘工石料除面石一层用一尺厚石料外,其余厚薄搭配使用,合二层符合二尺之数,至薄以八九寸为率。[1]

乾隆本意是通过柴塘、范公塘的大规模改建来彰显自己的丰功伟业,但是没有想到的是,随后出现的柴塘岁修问题的争论让他大发雷霆,他把这个问题上升到了当年柴塘改建石塘决策是否正确的高度。

第三节 柴塘岁修专项银的设立风波

乾隆五十一年(1786)初,浙江布政使盛住进京陛见时被皇帝问及塘工事宜,盛住回答说,西塘新建石塘工程尚未添加坦水,全靠柴塘护卫,并趁机请求在新工经费盈余银两内赏银50万两,发商一分生息以备岁修柴工之用。皇帝答应了此请求。"当奉恩旨,谕令回浙核办。"福崧迅速将筹备柴塘岁修的计划上报乾隆。福崧奏折中先阿谀奉承了乾隆一番,说西塘柴工即系石塘坦水,一切石坝盘头均异常紧要,必须随时修补以资抵御。"惟是我皇上念切民生,不惜数百万帑金,为一劳永逸之计。"对此吹捧,朱批"竟不能符此言,朕甚愧之"。

福崧声称每年柴塘岁修不便再动用正项钱粮,以免工员浮销;近年均系捐办维修,难以持久。福崧接到恩旨后,经过商议,准备将20万两白银交与苏局铜商王世荣、30万两白银交与浙江盐商何永和等人运营生息。何永和等人拟再捐银30万两报效朝廷。为防止随意花销,导致本息无归,根据盛住等人建议,根据各商名下引数多寡,将本银30万两均匀分领,每年缴纳本银6万两、息银3万两,共银9万两。五年之后本银均已收回,仍可按照此前方法转发。"盐随引配,多寡适均,如此本息并纳,随程完缴,帑项既不致无着,追赔息银又得年清年款,商情甚为允洽。"[2]

令福崧诧异的是,这个承旨制定的柴塘岁修银方案被皇帝痛批。三月初六日,上谕:福崧所奏实在不成事体,"浙江塘工原系朕意欲一律改建石

1 《清高宗实录》卷1241,"乾隆五十年十月"条,中华书局1986年,第24册,第693页。
2 《奏为筹备柴塘岁修经费事》(乾隆五十一年二月十五日浙江巡抚福崧),中国第一历史档案馆,档号:04-01-05-0067-027。

工,既可保障民生且节省岁修柴塘,为一劳永逸之计"。前年亲临阅视,发现章家庵一带柴塘、石塘间沟槽存水,特令填筑坚实后栽种树株,柴塘为石塘坦水。范公塘一带添建石工内,准备用旧有柴塘作坦水,不必更修。福崧所奏竟然每年修理坦水,"不能一劳永逸,以符前言,转深愧懑"。其实,皇帝愤怒的关键是,如果石塘建成还继续添筑坦水、岁修柴塘,当初就不必建鱼鳞石塘。

更令乾隆感到耻辱的是,福崧计划柴塘的岁修经费要借助商捐筹集。乾隆在后两次南巡时的塘工决策中,给外界的印象是内务府和国库拨款兴修塘工。现在不仅说明当初决策失误,还要被外界耻笑连岁修经费都支付不起。但乾隆的借口是:这样一来,欲便民而先累商,不可取。"朕前后思维实觉愤懑,无可训谕。"乾隆把胸中怒气全部对准福崧,训斥说:如果真的如福崧所奏,根本就没有必要建设鱼鳞石塘,当日为何不据实上奏而徒然耗费巨资?现在浙江仓库亏空,尚未完全弥补,福崧所奏岁修经费之事总难凭信。命曹文埴在查办亏空之便,会同地方官详细查勘,将从前石塘是否当建,以及柴塘、坦水如何需添建岁修,是否可行,一并据实复奏。皇帝特意叮嘱:"曹文埴等皆系晓事之人,必能仰体朕意也。"命曹文埴将朱批带与福崧看后,转给富勒浑观看并令其明白回奏。[1]

三月初七日,上谕军机大臣,重申昨日对石塘功用无效的愤懑,乾隆的矛头对准先后负责此事的列位臣工:富勒浑等人若有真知灼见,事先知道该处添建石塘、柴塘、坦水不能偏废,建设石塘亦不能一劳永逸后,当时就应陈奏,自己也不会命令继续建设范公塘石工。乾隆把老盐仓一带鱼鳞塘工的责任推给王亶望、陈辉祖,说这是他们任内奏明办理之事,但富勒浑等也不应知而不言。"虽系朕意如此,该督等身为地方大吏,果知其不可,何妨当面执奏,乃始而依违不言,徒增此劳民伤财之举,今又欲岁修柴塘、坦水,亦应将必不得已之故直陈无隐,方不负朕委任之意,复又回护其词,托之商捐生息,以饰其始终隐昧之咎。朕反复思维,倍深愧懑。"昨日传谕曹文埴查勘、据实筹办,恐曹文埴等未领会圣意,犹或稍有回护迁就之意,现六百里加急传谕,要求将柴塘、坦水、添建石塘得失熟筹妥议。命富勒浑、福崧激发天良,各抒所见具奏,以便另降谕旨。[2] 这明显是乾隆再次定调,把所有决策责

1　《清高宗实录》卷1250,"乾隆五十一年三月"条,中华书局1986年,第24册,第798—799页。

2　《清高宗实录》卷1250,"乾隆五十一年三月"条,中华书局1986年,第24册,第800—801页。

任推给相关臣工。同时,皇帝担心曹文埴没有明白自己的真正用意,于是赤裸裸地加以提示。

在乾隆两道谕旨接连警告下,曹文埴等人意识到问题的严重性。三月十四日,上折坚决拥护乾隆的英明决策:"浙省海塘关系民生保障,屡蒙皇上亲临详视,一律建筑石塘,不惜千百万帑金,为一劳永逸之计,而章家庵一带沟槽填土种树,为石塘之坦水,其老盐仓、范公塘旧有柴塘留为重门保障,既可永护闾阎,且可节省岁修。圣虑精详,实属无微不至,自不应岁修柴工坦水,仍滋费累。"[1]

明知老盐仓海塘改建决策失误的责任在皇帝,但调任两广总督的富勒浑深知在此事上若承认错误或明言争辩,即使不身首异处也会被判罚巨额赔偿。三月二十一日回奏中,富勒浑闭口不谈当年决策责任,强调既然柴塘作为石塘的坦水,就需不时修补,这犹如东塘石坦潮过之后需时时补砌,石塘借柴塘为护身,柴塘亦永资石塘为依靠。富勒浑声称在杭州时各府奏称该塘原系各府属分段修补,自行办理岁修,毋庸动用正项钱粮。[2] 这道奏折虽然只谈岁修,但明眼人可以看出责任在乾隆,这令乾隆不快。

于是,三月二十七日,乾隆再次为自己以往的决策开脱,并通过走马换将来处理海塘遗留问题。在这道上谕中,除告诫新任巡抚伊龄阿认真办理公务和塘工、不可存贪渎之心外,主要内容如下:

第一,强调石塘修建的必要性和正确性,痛斥福崧办事乖张。柴塘改建石工保障民生,节省岁修经费,无须采办薪刍,对民间有益,实属一劳永逸。前年南巡时亲临阅视,特令将章家庵一带石塘之前、土塘之后沟槽用土填筑坚实,上栽树木,俾石塘、土塘联络一势,柴塘为石塘坦水,无须过虑海潮冲刷至石塘。范公塘一带本系土塘,多年并未闻冲塌,今于柴塘后一律添建石工,以旧范公塘为坦水足资巩护,不用另筑坦水。即使稍有坍损,地方官不过略加补苴。福崧所奏竟然每年岁修柴塘、坦水且筹及商借、商捐,欲每年生息5万余两作为岁修经费。从前岁修柴塘每年报销数千两至二三万两不等,费千百万帑金改建石塘后,岁修之费比以前更多。这明显是福崧受属员

---

1 《奏为遵旨会同地方官详细复勘海塘各工并酌筹办理事》(乾隆五十一年三月十四日户部尚书曹文埴、刑部左侍郎姜晟、工部左侍郎伊龄阿),中国第一历史档案馆,档号:04-01-05-0067-031。
2 《复奏办理浙江塘工情形事》(乾隆五十一年三月二十一日两广总督富勒浑),中国第一历史档案馆,档号:03-1029-029。

怂恿,为将来浮冒开销。福崧对于属员亏空,不能依限全部弥补,乃与属员共同立誓,有乖政体,难胜任封疆之任,谕令来京候旨。乾隆一再强调,"总之,浙江改建石塘后,柴塘、坦水十年之内不加岁修也安然无事"。

第二,再次暗示曹文埴要把此事办好。此前屡经降旨由曹文埴查勘海塘事务,恐曹文埴等不能有一定主见,强调曹文埴查勘后秉公详细熟筹妥议,据实具奏。"曹文埴等皆系晓事之人,必能善会朕意也。"乾隆命令曹文埴查办亏空、海塘诸事后,再回籍为母祝寿。[1] 这是明显为自己当年的决策正确性打包票,并迁怒于臣下,对曹文埴以往的暗示已经变成了赤裸裸的明示。乾隆一定要把此事的责任归结于地方臣工的办事不力方可。

乾隆对于曹文埴等人赤裸裸的明示并非没有道理,就在乾隆发布此上谕的前两天,户部尚书曹文埴、刑部左侍郎姜晟和工部左侍郎伊龄阿,这三名远在浙江的钦差大臣,就上折汇报了有关塘工的勘查结果。

根据前面的谕旨,他们充分肯定了乾隆改筑石塘决策的正确性。老盐仓以西潮汐直逼塘根,柴塘不足以抵御。老盐仓、范公塘等地接续改筑,绵亘数十里,石塘作中坚,柴塘以外护,"亿万年巩固之鸿规,皆千百万帑金之实效也"。但是,他们认为柴塘该按照坦水旧制进行岁修。柴塘日受潮汐汕刷,定会蹲矬。既然作为坦水,则需随时修补以御大溜。老盐仓以西旧建石塘皆有坦水二三层不等,遇潮冲激即行修补,柴塘应仿此制。如果数年以后南坍北涨,岁修自可减少,以防冒滥。

曹文埴等人顺着乾隆的意思,说福崧设计的岁修银筹措计划近似于让商人受累,不可行;可以改变做法,借帑给商一分生息,使他们能从中获得利润,他们会乐意从事的。从余存项下拨银 50 万两酌量发商,按引匀借,每月一分生息,每年得银 6 万两,专做老盐仓以西新旧柴塘岁修经费,据实报销,年底专折奏闻。

曹文埴等人提出了范公塘改建的新计划。章家庵西至范公塘一带工长2 110 丈,应抓紧建设,并在塘外添建挑水坝一座。范公塘西至乌龙庙原计划砌石工 2 930 丈,该处有十分坚固的土塘一道,塘外沙涂宽阔,潮汐不能到,应暂行停修。这可节省经费 120 余万两,加上原有工程余银 60 多万两,府库存留帑项充裕。应俟石工告竣之后,即以柴工为坦水,无须另建,只需要在

1　《清高宗实录》卷 1251,"乾隆五十一年三月"条,中华书局 1986 年,第 24 册,第 817—819 页。

出现蛰陷时维修即可,这倒是支持了乾隆以往的提法。为加快现有石塘工程进度,建议进一步降低石料的使用标准。上半年议定石料厚薄面石厚一尺,余搭配成砌,俱以八九寸为率,今石料宽窄应与厚薄一例办理。乾隆在四月初一日同意该计划。[1]

曹文埴等三位钦差大臣的这道奏折颇有意思。他们在首先承认乾隆以往柴塘改建石塘决策的正确性后,仍坚持作为新修石塘间接护岸工程的柴塘需要岁修,只不过是改变了岁修银的筹措方式。更关键的是,他们竟然建议停止范公塘的改建工作,这无疑等于说明乾隆范公塘改建政策的错误。其实,稍加注意这道奏折与两天前乾隆上谕的时间差可知,当时他们还没有接到乾隆的最新指示,否则等待他们的将会是皇帝的批头痛骂甚至召回京城、等待处理。实际上乾隆对这道奏折中的整改措施并不是全都满意,但它毕竟支持了自己以往改建石塘后以柴塘为外护的决策,等于给自己一个顺势而下的台阶,所以才会批准该奏折。

当然,由于曹文埴等人的奏折间接否定了范公塘大规模改修石塘的计划,这让乾隆内心的恶气并未完全消散,因而在四月初二日,乾隆下旨解释昨日同意曹文埴修塘计划的原因,并强调严办福崧。该处柴塘之外旧有竹篓装贮碎石作为坦水,潮汐往来汕刷,自不无坍损。乾隆以为,若每年一律粘补柴塘,则间阎日用柴薪价格未免逐渐升高,给民众生活带来影响。现在不过是随时垫陷加镶,所用柴薪无多,且坦水系竹篓装载碎石,原料容易获取,维修工程不用耗费太多人力物力,与民生日用无涉,一举两得。从前岁修柴塘报销不过数千两至二三万两,如今定以经费6万两。伊龄阿仍需督饬所属据实报部核销,不得因经费充裕致使工员视以为例,防止借机冒销侵蚀。至于浙江亏空,曹文埴等奏称拟分别前往各府清查,此事若巡抚、布政使不去职,属员等心存顾忌而不敢和盘托出。除了前面已经令福崧来京候旨外,现在把布政使盛住革职,各州县自然没有后顾之忧,有利于彻查案件。六百里加急谕令曹文埴等务必切实严查,不可稍涉隐瞒。福崧对于浙省亏空,不能督饬所属及早筹补,竟然与属员公堂立誓,有乖政体,虽然已离任,将来还要继续追究他的责任。乾隆认为其他省份估计也有仓库亏空的情

---

1 《奏为奉旨复勘浙省柴石两塘得失并现在筹办情形事》(乾隆五十一年三月二十五日户部尚书曹文埴、刑部左侍郎姜晟、工部左侍郎伊龄阿),中国第一历史档案馆,档号:04-01-05-0067-029;《清高宗实录》卷1252,"乾隆五十一年四月"条,中华书局1986年,第24册,第824页。

况,若不严惩福崧,则相率效尤,这并非自己委任封疆整饬吏治之意。此案等曹文埴等人查明复奏后,再降谕旨。[1]

对上述用竹篓装载碎石以护柴塘根脚的谕旨,曹文埴、姜晟和伊龄阿均无异议,且明确表示富勒浑所奏与其原奏"大意相合"。[2]

与此同时,恭读曹文埴转交过来的朱批和上谕后,巡抚福崧战战兢兢地上折请罪,说东塘原建石工均有石坦抵御潮汐,且在损坏后随时修补;西塘柴塘既然作为石塘的坦水,且石坝盘头、范公塘一带柴工多系新建,尚未蛰实,均需随时修补以重保卫,只因前奏未经声明,上烦天听。[3] 此时福崧的态度得到了乾隆的一丝认可与谅解。

乾隆本来已经通过合适方式找了一个"台阶"来结束柴塘岁修银的问题。但是,富勒浑的奏折让此事又起波澜。看到福崧商业运营柴塘岁修银的方式被皇帝痛批后,两广总督富勒浑提出了柴塘岁修改归民间的新方案,该折在四月初三日到达御前。富勒浑声称:既然用柴塘作为坦水,自然应该像东塘石坦那样一律随时粘补以免损坏。他反对福崧借帑发商生息或生息之外复请商捐的意见,认为此举"靡费累商"。富勒浑建议岁修改归民间负责。老盐仓一带多系盐基灶舍而范公塘与杭州唇齿相依,自建筑土塘以来向系商民自行随时修理。现在承蒙皇上动用国帑一律添建石塘,不用商民缴还用过的经费,已经是格外开恩。每年岁修所用无几,不麻烦皇帝挂念。各商每年除缴纳正课外,还有多种捐款,比如育婴堂经费、书院膏火银等,这些不过是慕名而已,海塘与他们密切相关,捐款岁修自然会更加积极。富勒浑在湖广时修筑金口、老龙等堤均按亩输费、官督民修,广东的基围也是民筑,浙江柴工自应如此办理。浙江每年应销额引80余万道,按照育婴堂等项外输经费之例,每引输银一钱则每年可得8万余两,办理不费周章,修补也足够用。费从引出,不会累商,"借捐之请自可毋庸置议"。[4]

四月初八日,上谕军机大臣等,把富勒浑三月二十一日酌量修补柴塘的

1 《清高宗实录》卷1252,"乾隆五十一年四月"条,中华书局1986年,第24册,第825页。

2 《奏为遵旨复奏浙省海塘各工情形事》(乾隆五十一年户部尚书曹文埴、刑部左侍郎姜晟、工部左侍郎伊龄阿),档号:04-01-05-0067-032。

3 《奏为遵旨据实陈明浙省海塘各工岁修情形事》(乾隆五十一年三月二十五日浙江巡抚福崧),中国第一历史档案馆,档号:04-01-05-0067-028。

4 《奏为遵旨陈明柴塘岁修经费情形事》(乾隆五十一年四月初三日两广总督富勒浑),中国第一历史档案馆,档号:04-01-05-0067-025。

奏折抄寄曹文埴等阅看，或更有酌议处即奏来。[1] 此处的关键是，此前皇帝已经决定了解柴塘岁修经费的问题，但是富勒浑接连两道奏折都提出让盐商等人自己捐款岁修，这其实比福崧筹划的生息筹集岁修经费的办法更加重了盐商的负担。这令乾隆不快，他害怕被别人耻笑海塘工程不是保证民生，而是加重人民的负担。乾隆让曹文埴等钦差就富勒浑的奏折进行议奏，就是要借臣工之口来批评富勒浑该方法的错误。

但是，闽浙总督富勒浑并没有看到此次上谕的内容，他仍痴迷于以盐商捐款来进行柴塘岁修的方案。四月二十三日，富勒浑再次上折称，浙江盐务除了为育婴堂和书院捐款外，也应对绅衿来往所需应酬、盐政供顿，这些都是相沿陋习，与国计民生没有关系；可以将这两项捐款作为海塘岁修经费，每年可得银三四万两，东塘石坦的修补也可从中支出。[2]

乾隆对于富勒浑的不识时务极为恼怒。不待臣工们驳斥富勒浑办法荒诞的奏折到来，五月初八日，就直接公开批评富勒浑近来的种种表现。乾隆将富勒浑所奏从盐务外输款项中抽取海塘岁修经费的事情与更改浙江、广东两省旧习的问题连在一起，认为其所奏广东润船到粤贸易缴纳到放关分头银两甚属浮费之事，相沿办理并非一日。直到现在富勒浑方命令藩司和臬司查明历任经管各道有无捏报侵蚀，然后会同孙士毅查奏，"乃因现在获咎始行陈奏，其意不过为见好救过之地，可笑也"。命令将富勒浑此折发交阿桂、孙士毅阅看并查明办理。[3]

乾隆对富勒浑不满，是因为准备彻查他的贪污受贿问题。当年三月十九日，乾隆已经谕令彻查时任两广总督富勒浑的操守以及家人是否安分守己，因为他从原任两广总督舒常处得知富勒浑操守好像并不好，故由此联想到富勒浑任闽浙总督时在浙江亏空案上袒护福崧；而富勒浑与福崧日常关系并不融洽，于是乾隆又联想到富勒浑闽浙总督任上可能也有不法之事。[4]从上面的这条上谕中也可以看出，乾隆认为富勒浑有关柴塘岁修经费筹措的办法是为自己开脱。

宦海中沉浮多年的阿桂对于上谕的实质内容洞若观火，迅速会同曹文

1　《清高宗实录》卷1252，"乾隆五十一年四月"条，中华书局1986年，第24册，第828—829页。
2　《奏为预筹浙省海塘岁修经费来源事》（乾隆五十一年四月二十三日两广总督富勒浑），中国第一历史档案馆，档号：04-01-05-0067-026。
3　《清高宗实录》卷1254，"乾隆五十一年五月"条，中华书局1986年，第24册，第949—950页。
4　《清高宗实录》卷1251，"乾隆五十一年三月"条，中华书局1986年，第24册，第817—819页。

埋和伊龄阿,断然否定了富勒浑关于将盐商交接、铺垫二项改为柴塘岁修经费的建议。盐务交接一款系各商公捐,为周恤商人贫乏子孙和同乡绅士红白等事,每年约用九七平色银 8 000 余两;铺垫一款乃雍正四年(1726)各商共建盐义仓为场灶枭借之用,铺垫款项开支包括席片、木板、疏浚运盐河等,均为必不可少的工作。各盐商每年按引捐输,总名为"盐义仓铺垫"。上述均商人自行按引公捐,为周济桑梓、好善乐施及筹补盐义仓公用之费,并非官项。盐政和盐道不过稽核而已,官方不曾动用过这笔款项。既然已拨银 50 万两发商生息,塘工岁修经费即无须筹款,况且每月一分行息,众商可稍沾余润,皆所乐从,应该仍按照曹文埴原来所奏办理。如果根据富勒浑的建议将交接、铺垫两项归塘工,商人等恤济贫乏,筹补仓廒相沿已久,不便裁汰;如果改拨他用,则势必需要私自增输,"尤非圣明矜恤商众之意"。三人迎合说乾隆圣谕英明,富勒浑不过是因现获罪戾而借此为救过殷勤之计,实不知政体,富勒浑的意见毋庸议。[1]

　　阿桂等人对富勒浑该折的批评其实是保护他,只有严厉批判富勒浑,才能让乾隆对他的愤怒减少,避免对其严惩。在审查此贪污案中,阿桂花费了很大的力气,最终保全了自己的族孙富勒浑的性命。[2]

　　至此,柴塘专项岁修银制度终于确立。

第四节　盘头与坦水之争: 技术选择中的环境与政治

　　虽然暂时解决了柴塘岁修专项银的问题,但是乾隆对于两浙塘工的心情并没有完全放松下来,因为曹文埴等人在浙江勘查海塘之后建议暂停范公塘原定缓工 2 900 余丈。这无疑将说明乾隆第六次南巡时关于范公塘改建石塘的决策有问题。因而,乾隆五十一年(1786)五月初四日,乾隆谕令阿桂到浙江去处理所有原来安排给曹文埴的任务。对于这段海塘是否真的不需要改建,六百里加急命令阿桂将实在情形据实复奏。[3]

　　阿桂调查后发现,曹文埴等人所说的这段土塘的确暂时不需要改建。

1　《宫中档乾隆朝奏折》,台北"故宫博物院"1982 年,第 60 辑,第 758—759 页。
2　周远廉:《乾隆帝大传》,中华书局 2016 年,第 177—181 页。
3　《清高宗实录》卷 1254,"乾隆五十一年五月"条,中华书局 1986 年,第 24 册,第 846—848 页。

范公塘西乌龙庙一带2 930丈老土塘，从前建筑时即向东北以渐收进，以西之江塘又自西北斜向东南建筑，挑溜南趋。该处民人复于老土塘外添筑土塘一道，即名范公塘，层层拦卸，塘外沙涂有宽至1 000余丈者。据在塘士兵说，数十年来从未见有刷动。所有原定石塘缓工可以暂停，将原定急工接续兴建，再经外围之柴工，通过石塘工尾往西接筑，塘外添筑挑水石坝一座即可。塘外沙涂坍涨无常，倘若大溜趋近，有应需改建石工者，即由巡抚奏明办理。六月二十五日，乾隆同意如此处理。[1]

尽管这样的处理有损乾隆自己塘工决策的英明，但是及时停止臣民所谓的不必修建的工程，也可表明乾隆的从善如流。乾隆转而开始处理以往塘工报销中的问题，尤其是先斩后奏式的行为。因为按照规定，海塘工程报请工部批准后方可实施并在工竣后报销。

乾隆五十一年八月初一日，根据伊龄阿汇报的福崧任内未经请示建设的塘工，上谕福崧就此回奏。伊龄阿在奏请题销范公塘以西石坝四座、沿塘堆垒石块工程一折内称：福崧于乾隆四十九年五月沙水情形折内仅称堆垒石块以护塘根，而没有说明丈尺。石块塘535丈内另有柴塘301丈系乾隆四十六、四十八两年内潮水归塘，土堤冲失，要工迫不及待，经历任巡抚督令司道专项建筑，亦未具奏。乾隆认为，海塘工程例应将工段丈尺及估需银数先行奏明，以便工竣后报部报销。乾隆对福崧在任时不详细专折具奏存有疑问。[2]

福崧复奏：范公塘一带顶冲处柴工屡镶屡蛰，沿塘堆垒竹篓以护塘根，但丈尺深浅一时难以确定，未敢轻率上奏朝廷；工竣后因有关人员报销工料浮多，屡经驳斥删减，以致在任时未能分别奏报。乾隆对于福崧的这个说辞并不满意，八月十七日批评他对于塘工办理没有尽心尽力：范公塘距离省城甚近，既然因工陷堆砌竹篓以护塘根，福崧应于工竣后查验，丈尺深浅不难一目了然。工员若有浮冒、减工之弊，即可立时查出，核减参处。仅据工员等详报册内往返饬驳，明显是福崧并未查勘。[3]

新任巡抚琅玕到任后，自然按照停修范公塘缓工并在顶冲处修建挑水坝的做法来筹划两浙海塘。十一月，琅玕上折奏请在章家庵朱笔圈记处添

1　《清高宗实录》卷1257，"乾隆五十一年六月"条，中华书局1986年，第24册，第896页。
2　《清高宗实录》卷1262，"乾隆五十一年八月"条，中华书局1986年，第24册，第990—991页。
3　《清高宗实录》卷1263，"乾隆五十一年八月"条，中华书局1986年，第24册，第1011页。

筑挑水大石坝一座,因为章家庵以西接筑的1 005丈柴工中,塘外涨沙日渐坍卸,现俱临水,中段回溜更为冲激。十二月初一日,上谕:

> 据琅玕奏查勘海塘工程一折内称,章家庵以西接筑柴工一千五丈,塘外涨沙日渐坍卸,现俱临水,其中段回溜更为冲激,应即遵旨于朱笔圈记处添筑挑水大石坝一座等语。该处形势兜湾,塘外涨沙既日渐坍刷,回溜逼近塘根,恐致著重。自应遵照前旨,于朱笔圈记处所添筑挑水大石坝一座,俾潮水至北、分溜南行,于塘工倍资保护。并将原定急工,依限上紧赶办完竣,毋致迟逾。再阅图内所绘头围迤西一带,前此原因该处溜势渐开,沙涂宽广,且据阿桂奏曾询之该处老民,俱称潮水从未至此,是以将原定石塘缓工二千九百余丈暂行停止。今该抚折内虽亦奏称范公塘外沙涂仍属宽广,石工可缓,但思沙性坍涨无常,现在接连头围章家庵迤西一带涨沙坍刷,大溜渐有趋近之势,恐头围处所沙涂亦不免刷动。所有停筑石工二千九百余丈,著传谕该抚随时覆勘,详加体察,如水势渐近土塘,难资捍卫,即当奏明,仍行接筑,永期保障。若该处沙涂如前宽阔,溜势不致逼近,则当仍照前议停止。惟在该抚酌量情形,相机妥办,不必稍存拘泥之见也。

品读这道上谕可以发现:乾隆同意此做法,并强调将原定急工依限赶紧办竣。根据海塘图,乾隆还是惦记着此前被曹文埴等建议缓修的范公塘工程头围以西一带工程,命令琅玕要随时查勘所有停筑的石工。乾隆的终极目标是要想方设法来改筑这段柴塘,最核心的字句在于由巡抚酌量妥办,不必拘泥。琅玕寻奏:范公塘外头围缓工,现无溜逼,将来水势逼近,会随时奏请兴工。得旨:若有此情形,即当速奏,一面备料请旨。[1]

乾隆对这段缓修石塘改建的心情,在一月之内两次流露出来。琅玕在当月呈给皇帝的沙水奏报中谈到头围沙水情形没有变化,正在抓紧办理险工而缓工仍暂停。十二月二十日,上谕:

> 据琅玕复奏查勘海塘情形一折内称,头围沙水形势仍系如前,现在

---

1 《清高宗实录》卷1270,"乾隆五十一年十二月"条,中华书局1986年,第24册,第1119页;杨錤辑:《海塘揽要》卷7《国朝修筑》,见《钱塘江海塘史料》(四),杭州出版社2014年,第208页。

遵旨添建挑水大坝，并急工二千一百余丈，赶办完竣，足资保护。所有缓工二千九百余丈实可停办，但沙性坍涨靡常，惟有随时履勘，相机筹酌，如水势渐近土塘，即将缓工奏请仍行接筑等语。所见是，已于折内批示矣。范公塘外沙涂仍属宽广，所有原定缓工二千九百余丈自可停止不办。该抚应督饬工员，将现定急工二千一百余丈上紧赶办完竣，以资捍卫。但涨沙既有坍刷，水性靡常，倘日久头围处所沙涂一有刷动，该抚即应一面集料鸠工，一面将实在情形迅速具奏，候朕降旨，将停办缓工再行接筑，以资保障。惟在该抚随时屡勘，相机妥办，毋稍存拘泥之见。[1]

在这道上谕中，乾隆同意了琅玕的各种建议，再次强调倘若日久头围处沙涂有刷动，巡抚应迅速奏报并筹集物料动工兴建，最关键的字眼仍然是"毋稍存拘泥之见"。一个月之内的两道上谕均提到了这个关键字眼，说明乾隆对柴塘改筑石塘的急不可耐。

琅玕在督促范公塘急工改建的同时，还要处理此前塘工费用的报销问题。乾隆五十二年四月，琅玕奏称，工部根据以往规定所驳斥、删减的有关采办物料及一切杂用或加至一倍以外，与原奏不符、与各处工程无例案可援者共十三款，计银50 230两。除虽系使用但工员未能设法节省者仍令删减赔补外，石匠赴工、开槽还土、架木、跳板和桥木等款90 819两系实用实销，难以删减。[2]

乾隆对海塘工程经费的报销还是网开一面的。五月十四日，上谕：关于琅玕提到的工部驳减条款问题，石匠、夫工等三款既然系实在用工，就应该予以报销。另外，乾隆格外加恩，报销了新建石塘费用，比续办石塘每丈加增银一钱三分。新增工价是采办石料时岩深路远，皆按款实给，并无浮冒。乾隆强调这是特例，此后不得援以为例。[3]

本年度琅玕在海塘修筑方面的任务并不重，但是他仍然要面对每年例行的海塘维修问题。乾隆五十二年底，琅玕奏称：老盐仓以西至章家庵一带旧筑柴桩霉朽，范公塘陆续建筑埽工地当顶冲，间被损坏坍卸的地方较多，

1　《清高宗实录》卷1271，"乾隆五十一年十二月"条，中华书局1986年，第24册，第1135—1136页。

2　《宫中档乾隆朝奏折》，台北"故宫博物院"1982年，第64辑，第105—107页。

3　《清高宗实录》卷1280，"乾隆五十二年五月"条，中华书局1986年，第25册，第155页。

都需要建设坦水。这个本是正常的间接护岸工程措施,却触动了乾隆敏感的神经。十二月十七日,上谕:老盐仓一带很多新修工段竣工的时间不长,范公塘新建塘工系乾隆四十九年南巡时亲临指示,今冬即将完工。琅玕奏折中所谓这两个地方的工段俱有霉朽坍卸之处,若果系旧筑柴埽工程,被水冲刷后间有坍损尚可以理解;如果系新筑工程,则为时不足五年,不应该有坍损。那么,这种坍朽就可能是当日工员办理草率或偷减物料、任意浮冒造成的。为弄清事情真相,乾隆命令正在外面出差而熟悉工程事务的德成迅速到浙江,详细查勘并汇报老盐仓以西应修各处是否系新工、范公塘一带新筑石塘是否一律如式坚固。如果确有危险的地方需要维修,可以一面兴工,一面奏闻。[1]

三日后,上谕:

> 德成奏遵旨起程前赴浙省查勘海塘工程一折,所有海塘老盐仓一带多系新修工段,而范公塘工程今冬甫将修竣。琅玕前奏该处柴塘各工,被水冲刷,间有塌损之处,其为新工、旧工无难一目了然。若果系旧时柴桩埽工,间有霉朽塌卸,尚为事之所有。如系新筑工程,岂无保固限期。若为时未久即有塌损,则当日承办工员难保无偷减物料、任意冒销之弊,自应切实查办。德成于工程尚为熟悉,是以令其前往。惟当详悉履勘,据实核办,不得又如伊前此所奏漕米掺杂等弊,有意苛求多事也。将此谕令知之。[2]

从这道上谕中不难看出,乾隆希望德成查勘海塘工程应适可而止,不要扩大事态。因为所有这些工程的决策者均为乾隆本人,如果从中查到了太多的问题,虽然可以严厉查处具体承办工程的人员,但是毕竟有损决策者的光辉形象。

德成的调查并无太多材料,可能是所有需要维修的工程均无浮冒或者作弊情形。乾隆五十三年,预定的海塘工程仍在继续。三月间,海塘尖山汛起至念里亭止新涨阴沙 3 500 余丈,堤根极资保护。乾隆认为这是好机会,

---

1 《清高宗实录》卷 1291,“乾隆五十二年十二月”条,中华书局 1986 年,第 25 册,第 306—307 页。
2 《清高宗实录》卷 1291,“乾隆五十二年十二月”条,中华书局 1986 年,第 25 册,第 310 页。

"可望南坍北涨矣"。[1]

乾隆五十四年的两浙塘工中没有太大的工程，但是出现了两个制度方面的变化。三月，觐见皇帝时，巡抚琅玕提出石坝不如柴盘头有益。琅玕认为建筑石坝的主要弊病在于，石坝是用碎石沉入海边，叠出水面后用栅栏木柜装载碎石排列，再用碎石围绕堆护根脚，既不能排钉木桩，也不能用灰浆浇灌，潮大猛涌之时易于损坏，碎石入海难捞；另外，运石重修不仅费力，也不能经久。经过两年的查勘筹划和将石坝与柴盘头对比，发现石坝不如柴盘头的效果好，柴盘头钉木作桩根脚坚固，柴性柔软耐冲激且与水性相宜，遇到风潮大汛不致冲散，并有矬蛰可随时修筑，比较便利。琅玕建议，现存十一座石坝中被冲损的改建柴盘头；尚属完固者，将来应修时按照各处形势一律改建柴盘头，不必再做石坝。[2] 四月，该建议被乾隆恩准。[3]

也是在四月，针对东、西两塘之间加贴存在的差异，琅玕奏请东塘应该在例估之外加贴银两。东塘旧筑石塘 9 600 余丈均系历年久远，凡有坍损应修之工，均应改建鱼鳞石塘；护塘坦水和西塘柴埽各工在大汛之后如有冲损，即随时修筑巩固。所有例估、正项及西塘柴埽各工是动支柴塘生息银两，东塘石塘、坦水各工是利用正款经费办理，岁修工程只有例估而没有加贴，历来按照工程大小让同知、州县分别酌派承办。现在尚无贻误，但轮办日久，恐不肖人员借此赔累，复启侵挪之渐，或短价勒买、私开派扰之端。海塘则例中的各价定于数十年前，此时无法照办，而且岁修必须加贴与建筑石塘并无不同。现在一同办工，石工有加贴而岁修却无，实属两歧。石塘加贴已经由乾隆同意、工部覆准，统计各项加贴均在一倍之内，实系所在必需，不能再减。奉旨恩赏海塘经费各项，除所用之外应剩余 180 余万两，去除虽有抄案未经变价、养廉尚未扣交等项，现在实存银 100 余万。请在此剩余银两内赏借银 50 万两，按引核算，均匀借给各商，按月一分生息，本随引转，每年可得息银 6 万两，用于东、西两塘岁修加贴。[4] 四月初三日，军机大臣议准此事。[5] 此被称为第二次商息银。

1　《清高宗实录》卷 1305，"乾隆五十三年五月"条，中华书局 1986 年，第 25 册，第 571 页。

2　《录副奏折》，乾隆五十四年三月浙江巡抚琅玕奏，中国第一历史档案馆，档号：03－1035－02。

3　《清高宗实录》卷 1327，"乾隆五十四年四月"条，中华书局 1986 年，第 25 册，第 975 页。

4　《宫中档乾隆朝奏折》，台北"故宫博物院"1982 年，第 71 辑，第 604—605 页。

5　《清高宗实录》卷 1326，"乾隆五十四年四月"条，中华书局 1986 年，第 25 册，第 949 页。

其实,琅玕的这个建议有复杂的制度背景。之前在乾隆五十一年,经君臣反复角力,曾设立初次商息银,作为老盐仓以西新旧柴塘岁修专项经费。此时,石坝三年的保固期限已经过去,如若继续维修石坝,则费用高且报请手续麻烦,改成柴盘头则可以从柴塘岁修银中直接支出。琅玕只是为报销方便而已。

图9　草盘头示意图

(翟均廉纂:《海塘录》卷1《图说》,见《钱塘江海塘史料》
(二),杭州出版社2014年,第68页)

乾隆要过八旬万寿，他认为自己的一生非常圆满，尤其东、西两塘岁修商息银的批准，使得海塘成为他极其骄傲的功业。四月丁未，策试天下贡士之文曰："海塘之筑，一劳永逸，要未尝非疏沦与堤防并用。朕数十年临视图指，不惜数千万帑金以为闾阎计，大都平成矣。"[1] 从中不难看出皇帝的志得意满。柴塘岁修银制度设立的复杂过程及其中的种种故事在此没有任何显示，但真相永远不会烟消云散。

此后，乾隆对海塘更关注，因为它在无形中被赋予了更多政治含义。当海塘新涨阴沙有利于北岸海塘保护，乾隆就把这归功于神灵保佑。乾隆五十五年三月，西塘潮神庙至乌龙庙随塘涨阴沙 5 700 丈，宽 200 至 1 590 丈不等，该处石塘、柴塘等益加巩固。上谕：范公塘以西随塘涨出阴沙，以东自必逐渐涨长，对面南岸阴沙日渐坍卸，更足以保卫民生，此皆赖神灵保佑。内府藏香 40 炷发交琅玕，令其亲到潮神庙虔诚告祭，答谢神灵。[2] 次年五月，东塘自念里亭汛以东起至塔山外口，新涨水沙逐渐增长，南岸老沙日见坍卸。福崧在奏折中声称，正值梅汛水旺之时，所涨新沙并未刷动。乾隆认为此系好时机，仰赖海神庇佑，所以能新沙日涨，保护塘堤。七月初七日，上谕颁发内府藏香 50 支，令福崧拈香，以酬神灵。[3]

另外，乾隆对塘工管理人员的渎职行为处理极严。顾学潮在交卸藩司职位的奏折内称，现有未完赔缴银 1.8 万余两，接任后既无养廉银可扣而原籍产业无多，一时亦难以变卖抵充，恳请在乾隆五十六年内一律解缴。十月初八日，上谕：将顾学潮革职，勒令回籍，将其在藩司任内支过的五年养廉银全部罚出，作为海塘经费，并令福崧、海宁于原籍任所，督饬将顾学潮应缴养廉银以及未完的 1.9 万余两白银全数交出，不准分限。乾隆如此痛恨顾学潮，是基于下述原因：

第一，顾学潮由直隶微员经其多次施恩提拔为道员，又超擢为浙江布政使，应该感激报效才对，但是顾学潮到浙江五年来一味模棱，随众唯诺，于地方吏治毫无整饬，也不上折奏陈事务。去年在热河陛见时，因皇帝屡次询问方才面奏改造海船和焚毁海岛房屋草寮二事。如果这些事情应该办理，原可禀报督抚后妥办，没有必要在陛见时才面奏。但是，昨日福康安查明海船

1　《清高宗实录》卷 1327，"乾隆五十四年四月"条，中华书局 1986 年，第 25 册，第 956 页。

2　《清高宗实录》卷 1352，"乾隆五十五年四月"条，中华书局 1986 年，第 26 册，第 107—108 页。

3　《清高宗实录》卷 1382，"乾隆五十六年七月"条，中华书局 1986 年，第 26 册，第 542—543 页。

毋庸改造,伍拉纳亦奏称岛屿民人安居已久,不便驱逐,可见顾学潮所奏两事与地方情形不合,也说明他只是敷衍塞责,并无实际,已经不能胜任藩司重任。

　　第二,顾学潮自七月份染病以来,已经数月不能工作,但并不交篆开缺,琅玕也并未奏闻。新任巡抚海宁即将到任时,琅玕方才奏请委员代理藩司职务,不即交篆开缺。顾学潮得知海宁奏请其解任后,方才具折以未完官项为辞,奏称现无养廉银可扣,不能赶紧措完。这分明是留恋自己的位子,实属昧良负恩。况且,浙江吏治废弛、收漕舞弊,皆系琅玕和顾学潮二人玩误所致。基于上述原因,乾隆要严办顾学潮,以儆效尤。[1]

　　本来,范公塘附近间接护岸工程的事情已完结,但随着福崧重任浙江巡抚,石坝和盘头之争又起。乾隆五十五年十一月,福崧由江苏调任浙江,旋奏:浙省海塘近年来未曾妥实岁修,现在柴塘与石塘工程损坏矬蛰甚多,彼时原任巡抚琅玕并未查勘、据实奏报;现将应办工程分别缓急,次第兴修。这对乾隆震动很大。二十九日,上谕:

> 浙省海塘工程关系民生保障,经朕屡次亲临相度,特发帑金,改建石工,永资巩固。是该处工程,为浙省第一应办要务。琅玕身任巡抚,此事是其专责。自应随时亲往查勘,据实具奏,乃竟安坐衙署,并不前往阅视,殊不可解。岂于保卫民生之事视同膜外,全不经心耶?著将福崧原折抄寄琅玕阅看。

　　上谕中痛斥琅玕在担任巡抚时没有认真进行柴塘岁修的工作,强调这段海塘为浙江第一要务。强调海塘为第一要务的字眼,在乾隆的父亲雍正时期就出现过,但是雍正当时面临的问题是,借助塘工强调天人感应,以此加强对臣民尤其是海宁地方的统治。乾隆此时主要是因为柴塘岁修问题涉及他内心的隐痛。此前柴塘专项岁修银历经曲折之后的设立,说明乾隆此前海塘决策失误,只不过君臣对真相秘而不宣。但是,这始终是他内心的一根刺。看到琅玕在海塘管理中玩忽职守,君心震怒可想而知。因而,在痛斥琅玕的同时,还强调新任巡抚福崧要在这方面多加努力。[2]

1　《清高宗实录》卷 1364,"乾隆五十五年十月"条,中华书局 1986 年,第 26 册,第 302—303 页。
2　《清高宗实录》卷 1367,"乾隆五十五年十一月"条,中华书局 1986 年,第 26 册,第 344—345 页。

乾隆对琅玕的不满是多方面因素造成的。当年六月，嘉善县粮书舞弊案发，经官方调查，乾隆认为琅玕能力一般，不能胜任兼办盐务、漕粮的浙江巡抚一职，赏给头等侍卫职衔，派到哈密办事。因为琅玕在藩司顾学潮生病一事上没有妥善处理而自行议罪缴银 4 万两，又因为巡抚任内漕粮督办不力而自请缴银 3 万两。所以，在接到福崧的这道奏折后，乾隆除了狠狠批评琅玕外，还让新任巡抚福崧彻查琅玕任内在海塘工程上应赔缴的银两。[1]

福崧奏请核计琅玕塘工追赔银两：琅玕任内延误未办工段、最要各工应赔银 8.9 万余两，次要各工用过的例估、加贴工料银 13.7 万余两，亦应令琅玕赔补五成，其余五成由该司道厅员名下按数分赔。乾隆也知道琅玕很难短时间内凑齐如此多的议罪银，因而十二月十三日上谕：第一，此项海塘应修各工，琅玕在巡抚任内延缓不办，现在用过的例估、加贴银两自应分赔，但除了琅玕之外，承办的司道厅员也有责任。所有此项应赔银近 9 万两亦照次要各工，令琅玕赔补五成，其余五成由承办的司道厅员分赔。第二，琅玕名下尚有节次自行议罚，应交海塘及内务府银两，加恩宽免尚未完银 8 万两，令其专力筹措缴纳现在海塘最要、次要各工应赔的 11.3 万两白银。[2]

琅玕担任巡抚时曾把福崧修筑的多座石坝改为柴盘头，现在福崧恢复在险冲处建设石坝的主张。乾隆五十六年，福崧在范公塘首冲地方捐建挑水石坝一座，以确保头围老沙不被刷动。除修筑埽工盘头外，维修章家庵以西添字号、元字号盘头各一座。[3]

为了坚持自己原来的主张，福崧进一步奏请更改琅玕此前把石坝逐渐改为柴盘头的主张。乾隆五十七年二月初八日，福崧奏称：范公塘一带原系在顶冲处建筑石坝，后琅玕因石块容易冲失而奏请停修，如遇应该修筑时一体改筑柴坝。自停修以来，石坝多有坍损，若改筑柴盘头，不仅需柴甚多，而且第二、第十两座大坝均位于顶冲，挑溜极为得力。坝基坚固，废弃可惜，已经令人将石坝如式捐修，以资捍卫。上年新筑之坝保护头围老沙已有成效，

1　吴忠匡总校订：《满汉名臣传》（三），黑龙江人民出版社 1991 年，第 3229 页。

2　《清高宗实录》卷 1392，"乾隆五十六年十二月"条，中华书局 1986 年，第 26 册，第 709 页。

3　杨鍌辑：《海塘揽要》卷 8《国朝修筑》，见《钱塘江海塘史料》（四），杭州出版社 2014 年，第 215 页。按：和卫国认为《海塘揽要》卷 8 对于这座石坝修筑时间的记载有误，他根据录副奏折中长麟的奏折来反说证，该坝建造于乾隆五十六年而非五十七年二月（和卫国：《治水政治：清代国家与钱塘江海塘工程研究》，中国社会科学出版社 2015 年，第 236 页）。其实，仔细阅读杨鍌书中的乾隆五十七年二月的该条史料即可知道，应为去年（乾隆五十六年）的事情，史料并无错误。

现令按年修补,毋庸动项开销。其余坍损各坝现非顶冲,该处柴坦镶修后足资抵御,尚不用亟行改筑盘头,徒滋靡费。[1]

福崧的这道奏折,让乾隆对这场石坝与柴盘头在挑溜方面孰优孰劣的争论起了疑心。二月二十四日,上谕:

> 据福崧奏,范公塘一带原系建筑石坝,嗣经琅玕以石块易于冲失,奏请停修,如遇应行修筑之时,一体改筑柴坝。今自停修以来石坝多已坍损,若改筑柴盘头,不特需柴甚多,且石坝挑溜极为得力。现率同司道,将石坝如式捐修,以资捍卫等语。范公塘一带,前经琅玕奏称,石坝一项系用碎石装入木柜,排列海边,复以碎石围绕堆护根脚。既不能排钉木桩,又不能用灰浆浇灌。一遇潮大之时,易于泼损坍卸,不若柴盘头一项,可以钉木作桩,根脚坚固,能耐潮水冲刷。彼时朕以琅玕所奏情形尚属近理,是以照议允行。今福崧又以石坝挑溜较为得力,现在坝基尚属坚固,废弃实属可惜,仍应将柴盘头改筑石坝为辞,与琅玕所奏互异。朕思柴盘头一项镶筑既易,即遇有潮水冲汕坍损,亦不难随时修补,而石坝以碎石堆积作基,难以钉桩护脚,岂能日久坚固。且遇潮水冲卸,石块沉入水底,无从查验,易启工员浮冒之渐。然以情理揆之,柴薪为民间日用必需之物,若改筑柴盘头,需柴甚多。如每年坝工多费一万柴觔,民间即缺少一万柴觔之用,柴价不无少增,似非民情乐从。而建筑石坝,则需用工料较多,承办之员借此而开销浮冒地步,自以石坝为便。今若以石坝、柴坝二项孰为有益之处,仍令福崧酌量定议,则福崧既以修筑石坝为宜具奏,岂肯自改前说。是两说皆各有理,朕不能遥定。大约官员喜于石工之多开销,而民间又喜于不作柴工则柴省,于民间日用柴薪为有益,大概出于此乎。此事著交长麟前往查勘,江苏距浙江甚近,现在该省并无应办紧要事件,即著长麟亲往杭州范公塘一带逐细履勘,体察该处情形,究竟石坝、柴坝两项孰为得力、孰为经久,秉公据实复奏,并绘图贴说呈览。总期于塘工有裨,不可稍有偏护。再该处大小石坝十一座,建筑未久,何以多有坍损,是否从前经手塘工各员,办

理不能坚实所致，并著长麟一并查明具奏。将此传谕长麟，并谕福崧知之。[1]

福崧和琅玕关于石坝和柴盘头各执一词。柴盘头容易镶筑，遇潮水冲刷坍损，不难随时修补；石坝以碎石堆积作基，难钉桩护脚，不能日久坚固，遇潮水冲卸，石块沉入水底，无从查验，易让工员冒销经费。就情理而言，柴薪为民间日用必需之物，若改筑柴盘头，则需柴甚多，若每年坝工多费万斤柴薪，则民间即少万斤之用，柴价将会上扬，并非民众所愿；建筑石坝则需工料较多，承办之员借此开销浮冒，自以石坝为便。乾隆命江苏巡抚长麟亲到杭州范公塘一带查勘情形，究竟石坝与柴坝孰为得力、孰为经久，秉公绘图贴说，据实复奏。同时，他还让长麟查勘建筑未久的十一座大小石坝为何多有坍损，是否从前经手塘工各员办理的问题。

接到谕旨后，江苏巡抚长麟三月初三日从苏州动身赴浙，本月十一日回奏所勘查的情形。长麟声称，石坝有利于挑溜护坝，且现在各坝的坝基均稳固，只是停修以来坝顶木柜多有冲损，原建小坝顶上本无木柜，坝顶石块汕刷不等，但修补尚容易。长麟认为石坝有优越性。第一，石坝挑溜较柴盘头得力。柴坝深入水中最大的不过五六丈，而原筑石坝入水则长至20丈，坝基愈长则挑水愈远。第二，石坝的坝基比柴盘头的巩固。海底沙性疏松，柴塘以桩埽为基，一经汕刷就需要抢厢锤压。石坝乃沉船载石为基，堆积石块增高出水，体重根牢，平时潮浪均不能摇撼；即使遇到风潮汹涌，也不过顶上木柜和浮置碎石易被冲损，断然不会被全部漂没。原筑石坝已经过去多年而坝基依然稳固，柴塘一遇风排浪涌，则常常会被拔桩走埽，飘荡全无。第三，当前柴坝不宜施工。改筑柴塘需要钉桩下埽，现在石坝的坝基未除，石堆高垒，坍塌的石块仍在坝基左右，不能钉桩下埽；即使想在旧坝附近移建柴塘，范公塘一带多有因保护塘根而沉船载石之处，也难以办理。第四，石坝有利于民间柴薪问题。长麟完全赞成乾隆所谓每年塘工多费万斤柴薪则民间缺少万斤之用的说法。

关于石坝安设木柜的问题，长麟建议将顶上木柜排成三角形。他认为水性宜顺不宜拂，挑水坝宜斜不宜直。现存坝基上窄下宽，仅坦坡式样周围系圆形。圆形有斜向之势，斜向则水有去路，因而原筑坝基不致全部坍损。

---

1 《清高宗实录》卷1397，"乾隆五十七年二月"条，中华书局1986年，第26册，第763—764页。

图 10　海塘石坝示意图

（琅玕纂：《海塘新志》卷 6《工料》，见《钱塘江海塘史料》
（一），杭州出版社 2014 年，第 210 页）

坝顶木柜向系三面安设，排作四方形势，潮水由东而西，而木柜面向正东，与
水硬相排敌，所以旧存木柜受损严重。如果把木柜全部改为圆形，则担心护
塘而不能挑溜。因而，最好将其改为三角形，这样可以侧身让水。尖形坝嘴
可挑水更远，御潮的同时仍有顺流之意，似乎对保护坝塘更为有利。[1]

1　《奏为遵旨确勘浙江范公塘石坝较柴坝有事半功倍之效塌损确系冲损似无偷减情弊复奏事》（乾隆五十七年
三月十一日江苏巡抚长麟），中国第一历史档案馆，档号：04－01－05－0076－003；杨鑅辑：《海塘揽要》卷 8《国
朝修筑》，见《钱塘江海塘史料》（四），杭州出版社 2014 年，第 216—217 页。

据此，乾隆对琅玕异常恼火。三月二十日，上谕：

> 前据福崧奏，范公塘一带原系建筑石坝，嗣经琅玕以石块易于冲失，奏请停修，如遇应行修筑之时，一体改筑柴坝。自停修以来，石坝已多坍损，若改筑柴盘头一项，不特需柴甚多，且石坝挑溜极为得力，现将石坝如式捐修一折。因查从前琅玕所奏内称石坝一项，系用碎石装入木柜，排列海边，复以碎石围绕，堆护根脚，既不能排钉木桩，又不能用灰浆浇灌，一遇潮大之时，易于泼损坍卸。不若柴盘头，可以钉木作桩，能耐潮水冲刷等语。朕以两说皆各有理，但建筑石坝易滋工员浮冒之弊，而改用柴工，又虞民间日用柴薪或致缺少，是石坝、柴坝两项究竟孰为得力、孰为经久之处，未能遥定。因令长麟前赴范公塘一带履勘，体察情形，秉公据实复奏。兹据长麟奏称，石坝系沉船载石为基，体重根牢，即遇风潮汹涌，不过顶上木柜及浮置碎石冲损，断不能摇动坝基。若改作柴工，一遇风排浪涌，拔桩走埽，漂荡全无，似应仍用石坝等语。范公塘一带大小石坝已阅多年，现在坝基依然稳固，只须略为修补，即可收事半功倍之效。若改用柴工，偶遇风潮，即属易于汕刷，而基址尚存碎石，钉桩下埽，又复难以施工。况每年多费柴薪，于小民日用之需亦多未便，是柴工不如石工之坚固经久，有益于民，显而易见。从前琅玕有何所见，而率为改用柴工之奏，轻议更张，且改用柴坝后，亦应即为修理，加意保护，以资捍卫，何以并未补修，以致坝工现有坍损之事。著传谕琅玕，令将从前何以请改柴工，又何以并不修理之处，据实明白回奏。长麟、福崧原折，著一并抄寄阅看。[1]

该道上谕中，乾隆首先回顾了石坝改筑为柴盘头的缘由，然后根据长麟的奏疏痛批当年琅玕奏请将石坝改为柴盘头做法的草率。乾隆此处提到的石坝比柴盘头更为合适的原因，不仅在于石坝更加坚固耐用，更在于不用柴薪修塘，对民间柴草使用有利。这个论调与他当年强调柴塘改建石塘的说法一模一样，此处更多的是他回想起以往柴塘改建石塘决策失误这个最敏感的问题。乾隆命令琅玕就此事作出详细汇报，并通知长麟和福崧关注此

1　《清高宗实录》卷 1399，"乾隆五十七年三月"条，中华书局 1986 年，第 26 册，第 783—784 页。

事,说明他对此事的恼怒程度极高。

次日,余怒未消的乾隆又下一道长谕:

> 今长麟既偏主福崧之说,以石坝为是,则琅玕所议改筑柴坝,所见
> 即属错误。前此朕令长麟前往海塘履勘,原欲于福崧、琅玕两人所议孰
> 得孰失之处,确切指陈。乃长麟折内只称宜用石坝,将柴坝无庸置议。
> 而于琅玕原办错误之处,并未逐细声叙,意存回护调停,殊属非是。至
> 琅玕于五十四年四月内奏请改用柴坝后,迄今已及三年,是否将此项柴
> 坝开工修筑。福崧于五十五年秋间抵任,至本年二月亦已过年余,如何
> 始将应行修筑石坝之处具奏。其五十五、六两年是否照琅玕所办,将柴
> 坝仍行修理。若云此项坝工全为挑溜护塘所筑,则无论用石、用柴自应
> 随时修整,何以两年任其坍卸。若系无关紧要之坝,又何必多此一举,
> 徒滋糜费,殊不可解。著传谕福崧,即将此次柴坝是否业经修筑被水冲
> 坍,抑竟未动工,所请改作石坝现在曾否修建,据实复奏。再细阅图内
> 挑水坝基上窄下宽,堆作坦坡,周围系属圆形,尽可借以挑溜,又何须于
> 坝顶安设木柜。此项木柜,旧制本属方形,今长麟又欲改作三角。虽长
> 麟所奏侧身让水之言尚属近理,但设此木柜究系何用,亦著福崧一并复
> 奏。至柴工自不如石坝之坚固经久,况每年坝工多费一万柴觔,民间即
> 缺少一万柴觔之用,柴价不无稍增,于小民日用多有未便。自应照长麟
> 所议行,并著福崧悉照所议妥协修办,以副朕慎重海防、保护民生至意。
> 除另降谕旨传谕琅玕回奏外,将此谕令知之。[1]

在这道上谕中,乾隆对琅玕、长麟和福崧均进行了不同程度的批评。首
先,乾隆批评长麟只是说适宜用石坝而没有谈到不用柴坝的理由,也未曾详
细说明琅玕以往的工作错误究竟在哪里,这明显是包庇琅玕,做法绝对错
误。乾隆指出以下问题需要弄清楚:第一,琅玕奏请将石坝改用柴坝的三年
内,是否将此项柴坝开工修筑;第二,福崧抵任一年多,为何现在才将应行修
筑石坝处具奏,任期内是否按照琅玕所办仍行修理柴坝;第三,此项坝工为
何两年内任其坍卸,若系无关紧要之坝,何必多此一举,徒滋糜费。另外,乾

---

1 《清高宗实录》卷 1399,"乾隆五十七年三月"条,中华书局 1986 年,第 26 册,第 785—786 页。

隆不解长麟把石坝顶端的长方形木柜改为三角形的做法，认为三角形木柜侧身让水虽有一定道理，但让福崧复奏木柜不知究竟有何用。但是，乾隆仍然命令福崧照长麟所议执行，他所提到的理由仍然是：柴工不如石坝坚固经久，用柴还会导致柴价渐涨，对小民日用多有不便。

四月初五日，巡抚福崧上折详细解释修筑石坝的前因后果。乾隆五十一年福崧担任巡抚时，石坝和柴坦各工均有沙涂拥护，无须动项兴修，并未奏办。乾隆五十四年，虽然琅玕奏准将冲损石坝改为柴坝，但因潮神庙以西一带阴沙增涨，并未动工。乾隆五十六年五月，梅雨较多，涨沙逐渐刷减。沙势坍涨靡常，前项工程年久失修，一旦水临，则塘根须抢护，于是备料防范。伏、秋汛内致字号埽工先后间段临水，江海神庙以东至朱笔圈记之石塘工尾的旧筑埽工亦临水，抢筑时在顶冲捐筑挑水石坝一座，以保卫头围老沙不被汕刷。本年正月，原建各坝临水，坝后 1 100 余丈柴坦亟须镶修以防春汛。因见坝基尚属坚固，废弃可惜，不敢拘泥于琅玕原奏改筑柴坦，"靡费柴斤，有妨间阎日用"。因而，具折奏请妥为捐修石坝。石坝顶上安设木柜，是因块石堆出水面易于泼卸；将木柜排连安置填入石块，并用铁镶搭钉，勾连一体，"以期体重关拦"。[1]

结合福崧、长麟的奏折，乾隆认为此前琅玕把范公塘石坝改为柴盘头的建议错误。四月十五日，上谕：此项坝工原为挑溜护坝，从前琅玕在任时，如果是要工，则应奏请后修理柴工；若系无关紧要之工，又何必妄议更张，多此一举？福崧奏折说明此项柴工虽经琅玕具奏但并未认真修理，庆幸石坝已增修，前奏柴工原可毋庸改筑，不致虚费物料。琅玕在巡抚任内对海塘要工并未实心经理，不过根据虚词上此有名无实的奏折，甚属非是。传旨严斥琅玕，令其据实明白回奏，并抄寄福崧原折阅看。[2]

此处乾隆可能没有洞悉此前第一次柴塘岁修专项银设立后琅玕奏请将石坝改为柴盘头的真实意图，或者是知道当时琅玕的如意算盘而故作不知，转而向琅玕问责。四月二十二日，皇帝再次命令琅玕回奏为何当年轻易奏请将石坝改为盘头，谕允后却未照章修补，以致坝工现在有所坍损。把长

---

1 《奏为遵旨将筑范公塘一带请筑木柜石坝以铁钩连缘由据实复奏事》（乾隆五十七年四月初五日浙江巡抚福崧），中国第一历史档案馆，档号：04－01－05－0076－041。
2 《清高宗实录》卷1400，"乾隆五十七年四月"条，中华书局1986年，第26册，第810—811页。

麟、福崧原折抄送给琅玕。[1]

闰四月二十五日，琅玕上折说明改筑柴盘头的原因，承认不熟悉塘工情形，请求处罚。琅玕声称在任数年中，石坝上面碎石堆积的木柜易于坍卸，需随时修补，因为看到附近章家庵一带原建柴盘头较耐冲刷，故而认为将前面石坝次第改建为柴工似乎与水性相宜，或不致常被冲散。乾隆五十四年三月觐见皇帝之前，琅玕再次全面勘查海塘，石坝之外微涨阴沙，但随潮上下坍涨不定，不足以捍卫石坝。因而，进京陛见时奏请改用柴工，并声明已冲损者改建柴盘头，而尚属完固者，待应修之时一体改建。琅玕回任后发现西塘一带原涨阴沙两月以来已经露出水面，高阜宽广，柴、石各坝俱在拥护之内，潮大微漫，潮小显露，即使遇到大汛也不至于冲激坝身。按月查验，涨沙日长，未遇冬令，恐不能结实，次年发现情况稳定才缮折具奏。柴坝和石坝有新沙障护，水势南趋，十一座石坝外面的沙涂尤为宽广，坝身巩固，与以往临水顶冲情形迥然不同。"臣糊涂之想"，既然有涨沙拥护，该处非顶冲，不但完整者不用改建，即使间有冲损，也可缓修，因而未敢拘泥原奏进行改拆。不过，仍需随时留心察看，如果将来涨沙被冲刷，再行改筑。从前请改石坝为柴坦，是未曾通盘筹划即冒昧陈奏，查明阴沙外涨后又未及时奏明暂缓改修之处，"以致上烦睿虑，糊涂错谬，实属咎无可辞"。[2]

这道奏折有点儿耐人寻味，表面看起来琅玕选择柴盘头代替石坝是简单机械对比之后的结果，是忽略了潮势变化而导致险冲地点转移及明显不懂塘工技术的表现。但是，事情远远没有这么简单。其实，琅玕掩饰了奏请将石坝改为柴盘头的真实原因。当时奏折中批评石坝费用过大，且柴塘专项岁修银已经设立，每年6万两足够柴盘头工程报销。令琅玕没想到的是，此事会出现这么大的反转。

闰四月二十七日，针对琅玕复奏称范公塘石坝前改用柴工办理实属谬误等语，上谕肯定福崧在范公塘修筑石坝，同时修改了石坝做法。范公塘一带石坝已历多年，坝基稳固，若改用柴工后，偶遇风潮，即易汕刷，自然应该以石坝为是。此项石坝向来系用碎石沉入海边，叠出水面，上以栅栏木柜装

1　杨镳辑：《海塘揽要》卷8《国朝修筑》，见《钱塘江海塘史料》（四），杭州出版社2014年，第218—219页。

2　《复奏请将范公塘石工改为柴工等缘由并自请议处事》（乾隆五十七年闰四月二十四日叶尔羌办事大臣琅玕），中国第一历史档案馆，档号：03-1038-026。

载碎石排列，但碎石大小不等，若仅以碎小石子抛入水中，恐根脚不能坚实，捡取较大石块作为基址方能得力。用散碎石垫作坝基，水底无所关束，未免容易冲刷，不如将竹篓放大，装满石块沉入海底，坝基会更为牢固。是否可以如此办理，命福崧修筑时酌量情形，妥善办理。福崧在正月上折奏请来京陛见，乾隆批令略迟数月。现在将届伏汛，沿海塘工一切防护抢修均关紧要，如果福崧尚未起程，则暂且不必来京，俟伏秋大汛平稳后于十月间到京陛见；如果已经起身，途中接到此旨后也不必转回，陛见后即速回浙江，往返不过月余，对塘工防汛不会有太大影响。[1]

五月初九日，福崧顺着皇帝的意思上折逢迎，说挑水石坝全在根脚，根脚坚实方能稳固；如果将竹篓较前放大，装满石块沉入海底，则力量厚重，坝基自可坚固。他准备先将大块石料抛用，略小的石块装入大式竹篓，沉放海底。[2]

旋即，乾隆对福崧的态度急转直下。五月十七日，五百里加急上谕严斥福崧并令其速回浙江。据藩司禀报，福崧已到宿迁，提标派出之巡洋署守备林凤鸣等与民人争夺纲地，林父写信嘱托帮忙以从中获利，并许给巡洋署游击李廷翰钱文，提督已提回审办。乾隆降旨将李廷翰等革职拿问，认为福崧此时急于起程来京殊属非是，如有紧急要务，可以具折奏闻，料他无要事。福崧在交印起程日期的奏折内称，现无急需赶办要件，只是因犬马恋主之心，梦寐不能自已。这被皇帝批为无稽之谈，福崧如果曾经在内廷行走或久未觐见，尚可为此依恋之词，此处只不过是虚饰过分之语。福崧前在巡抚任内获咎后，要派往新疆效力赎罪，因一时乏人而弃瑕录用，仍为浙江巡抚，以便驾轻就熟。此前关于海塘石坝的奏折尚为留心，今接到缓行陛见的圣旨却不权衡事理轻重，急于进京陛见，是不懂事理。传旨严斥福崧，令其接到圣旨后即可返回浙江，哪怕是已经抵达古北口也不必前来，即使来了也不予接见，进献方物也不接受，必须赶快回浙江严审争夺纲地一案，并妥善办理海塘石坝事宜。福崧原奏办理石坝必须将大块石料抛入，略小之石装入竹篓沉放海底，以期不致冲刷。乾隆认为此法无用，大块石料散抛水中仍虞冲

1　《清高宗实录》卷1403，"乾隆五十七年闰四月"条，中华书局1986年，第26册，第853页。
2　《复奏办理范公塘坝工情形事》（乾隆五十七年五月初九日浙江巡抚福崧），中国第一历史档案馆，档号：03－1038－024。

失,将大石一并装入竹篓,更为坚实且有收束。[1]

福崧此时深刻体会到什么是"屋漏偏逢连夜雨"了,不仅失去了陛见乾隆皇帝的机会,就连人事荐举方面也受到皇帝的批评。巡抚福崧请将西塘海防同知袁秉直升署杭州知府,吏部认为此举违例滥奏,奏请将福崧革职。九月二十四日,上谕:福崧以未经实授之同知,遽请升署例应请旨补放之首府,且该员有罚俸十七案,折内亦未声明,违例滥奏罪过甚大;本应照部议革任,但未便以此一事而遽行更换巡抚,福崧从宽免于革职,罚俸一年,以为徇情违例滥奏者戒。[2]

福崧的为官艺术之低,在塘工方面一再暴露。乾隆对范公塘改建本身就有决策失误方面的担忧和愤懑,此时不宜再有塘工。但是,福崧在本月中旬上折称:秋汛安澜,塘工稳固,只有绍兴府属萧山县境内因本年江潮较大,土、石各塘间有坍卸,已经维修完整,但荷花池、张神庙和闻家堰三处坐当顶冲,屡镶屡蛰,形势险要,正饬令抓紧抢筑,借项赶办,并将海塘购办柴薪就近截留应用。面对毫无官场领悟力的福崧,九月二十七日,上谕:海塘工程向来宜于南坍北涨,这样北岸海塘工程压力陡减;如果是北坍南涨,则塘工需要大规模进行。今江潮大溜趋向萧山县境,这可能是将要南坍北涨的好机会。荷花池等处为何又要借项抢筑?北坍南涨需以修塘工来护卫省城,南坍北涨不免在绍兴一带另兴工作,江潮大溜几乎没有重归中小门的可能性。如果像福崧所奏,则塘工修建竟然没有结束之时,这可能是地方官借词兴工,趁机冒销。福崧所奏殊未明晰。现在溜势南趋,要把在萧山荷花池等处借项修筑的原因说清楚,详细绘图贴说,一并呈览。[3]

十月二十五日,福崧回奏:今年南岸并无应办之工,荷花池等处工程系萧山县境内江塘工段,近来因荷花池对岸沙涂增涨,江面狭窄,本年江潮较大,溜逼塘根,土石各工间断损坏。该工后面湘湖形势险要,亟须抓紧修筑。但是,担心地方官因系民修之工而大意,因此饬令知府李亨特借项赶办,所用工料银仍输还归款。[4]

十一月十三日,上谕:福崧此奏仍未明晰,绘图不够清楚。上游之水汇

1　《清高宗实录》卷1405,"乾隆五十七年五月"条,中华书局1986年,第26册,第874—875页。
2　《清高宗实录》卷1413,"乾隆五十七年九月"条,中华书局1986年,第26册,第1010页。
3　《清高宗实录》卷1413,"乾隆五十七年九月"条,中华书局1986年,第26册,第1011页。
4　《造谣遵旨复陈本年办理江塘工段及工料银两等情形事》(乾隆五十七年十月二十五日浙江巡抚福崧),中国第一历史档案馆,档号:04-01-05-0253-020。

集此处由来已久，并非起自今日，江面为何遽然变窄，逼溜塘根？保护杭州需修筑北岸塘工，南坍北涨又要修筑萧山一带塘工，则塘工修建竟无已时。虽系民捐民修，但民力不可轻用，并恐地方官借修塘为名从中科敛，卫民之事转至累民，殊非爱护闾阎之道。北岸既需修筑，又添南岸之工，将使潮之来与江之去究竟从何路而行？折内声称该工后面附近湘湖形势险要，但图内并未画出湘湖，所绘荷花池、张神庙等处塘工后面近傍山根，更可足资依靠，不知道怎么称之为险要。传谕福崧将溜势南趋情况及萧山一带塘工为何坍损、急需借项修筑事宜另行详细绘图，据实复奏，不得像前面那样含混。[1]

十二月初八日，福崧回奏：承认当前南坍北涨之渐为最好机会。南岸塘工稳固。荷花池系萧山县西江塘工程，塘身坐东向西，今年山水较大，致潮势旺盛，遂有冲坍。因害怕民修迟缓，故借项修筑，照例输还归款。[2] 乾隆认为此奏仍含混牵强：向来浙江海塘南坍北涨为最好机会，福崧前奏南岸亦有要工，殊不可解；近日所奏南岸工程情形系民修江塘，为江浙濒临江湖地方常有之事，与海塘工程本属两事，不宜牵混海塘。对于折内声称前次复奏未能详细声叙，又批："不用心处，不惟此矣。"[3] 随后，乾隆命令长麟将该工是否应修，地方官有无影射弊混，一并查明复奏。[4] 该事件与沙水奏报没有直接关系，侧面反映的是历史大背景下君臣对塘工关注重点的差异，无法从该案例说明乾隆凭借沙水奏报了解沙水变化规律并纠正地方臣工决策错误。[5]

当时，两岸阴沙此消彼长让皇帝头疼，间接促成南岸志桩建立，这是为让皇帝及时了解南岸沙水变化及其对塘工的影响。乾隆五十八年二月，接替福崧的新任巡抚长麟奏请在南沙钉立志桩。当时潮溜大势斜向西南，距北岸约一二里至四五里，对柴石各工大为有益。大溜南趋，实为南坍北涨大好机会，应在南岸旧有沙面逐一详细丈量，自二月开始在每宽百丈外各钉标记志桩一根，以便随时核实查验。头围外旧有引河一道，疏通水势，中

1　《清高宗实录》卷1416，"乾隆五十七年十一月"条，中华书局1986年，第26册，第1054—1055页。

2　《奏为遵旨将海塘南岸荷花池等处应行修筑缘由绘图贴说据实复奏事》（乾隆五十七年十二月初八日浙江巡抚福崧），中国第一历史档案馆，档号：04-01-05-0077-014。

3　《清高宗实录》卷1416，"乾隆五十七年十一月"条，中华书局1986年，第26册，第1055页。

4　《清高宗实录》卷1419，"乾隆五十七年十二月"条，中华书局1986年，第26册，第1095—1096页。

5　有学者就此强调乾隆通过沙水奏报了解沙水变化规律、防止地方官蒙蔽，并为正确决策提供保障。见王申、吕凌峰《清乾隆朝钱塘江河口沙水测量与科学治潮》，《自然辩证法通讯》2019年第6期。

沙已冲刷,海内宽敞,并无河形。志桩分布如下:西兴以东至童家湾志桩14根,西口门外志桩22根,河庄山外志桩21根,岩峰山外志桩19根,蜀山外以西志桩13根,党山河埠外志桩18根。[1] 这是海塘沙水奏报范围最后一次扩大,也是首次系统测量南岸水沙情况。此后,两浙海塘沙水奏报范围固定。

二月十八日,根据巡抚长麟的奏请,军机大臣等议覆:萧山县荷花池东岸堤工向系民修,上年山水陡发,民力缓不济急,借帑先修,实用银1.3万多两,福崧仅奏用银1500两,余议令承办府县帮捐,请据实更正并按数征民归还原款。[2] 福崧与乾隆初年的常安犯了同样的毛病,为了官声与清誉而不实事求是地向最高层反映问题,或者是单纯为了降低民众的负担而在追缴积欠方面不作为,最终招致自己大祸临头。

这时,乾隆只是批评福崧塘工规划不合适。待乾隆五十七年十二月十二日福崧等人侵挪盐政库项及贪污案发生、次年二月福崧被斩之后[3],围绕石坝的问题再起波澜。

第五节　石坝被废

乾隆五十八年(1793)二月二十五日,巡抚长麟奏称:去年三月奉命赴浙时,海潮大溜正走北岸,石坝挑溜极为得力;经奏明,五六月间将坍损的第二、三、九、十等坝捐修齐整,第一、四、五、六、七、八、十一等坝尚未兴修,六月在海宁建筑石坝两座且随时修葺;时过境迁,今年溜势南趋,相距北岸数里,无溜可挑,所有维修各坝应暂缓兴修,以节省经费。[4]

三月初二日,根据长麟的奏折,乾隆同意暂缓对北岸挑溜石坝的维修,并停止以往办理塘工时工员承办、十一府属共同保固的惯例,以昭平允。但是,他对于长麟所奏海塘沙水情形图非常不满,海塘图内没有将中泓大溜画出,极不明晰。海潮大溜自东而西直走江心,若溜势偏向北岸,则北岸涨沙

1　杨鑅辑:《海塘揽要》卷4《沙水》,见《钱塘江海塘史料》(四),杭州出版社2014年,第118页。
2　《清高宗实录》卷1423,"乾隆五十八年二月"条,中华书局1986年,第27册,第36—37页。
3　《乾隆朝惩治贪污档案选编》,中华书局1994年,第3370—3371页。
4　《奏报正月海塘沙水情形及勘明应修应缓各工程事》(乾隆五十八年二月二十五日浙江巡抚长麟),中国第一历史档案馆,档号:03-1068-003。

必致汕刷;若溜势逼近南岸,则北岸涨沙自应日渐加增。海塘沙水南坍北涨情形,全凭中溜所趋为准。长麟既称南岸旧沙因大溜南趋而逐日坍损,实在是南坍北涨极好机会,可图内并未将中溜画出,不明白是否曾有南趋之处,反而好似江水连成一片、弥望汪洋,所谓南坍北涨形势无从辨别。上月海塘图系将海潮中溜画出,向南、向北一目了然。将此次以及上月海塘图发还给长麟,令其将现在中溜向南、向北之处每月照旧绘在图内呈览,不可牵混。[1]

乾隆对海塘沙水图绘制质量的重视,主要还是担心沙水变化对于南岸海塘工程的影响。正如此前他在上谕中批评福崧的那样,南岸塘工不断,说明北岸塘工的兴建也没有起到什么作用,自己以往的塘工决策无疑值得反思。但是,江中新涨阴沙的出现,使得此前他认为没有必要的萧山荷花池变得必不可少。

三月二十四日,上谕:批准长麟奏请由萧山县士绅捐银将荷花池等处堤塘改筑石工的计划,但乾隆根据长麟所呈图中水系情况,指示挑挖引河,把附近湖水导入大海。乾隆说工程计划图中湘湖、排马湖之水俱由东南一带流注入海,水道较为行远。如果在此处开通,引注湖水归江入海,则较为近便,只是不知地之高下如何。图内用朱笔标志,江面与湖面形势高低如何?倘若湖面高于江面,则引湖入江势属高下,自可畅达;若江面比湖面较高,开通堤岸后不免有江水及潮汐倒灌之虞。将原图发交长麟,令其详细查勘江面、湖面孰为高下,是否如此办理,然后再详细复奏,不必拘泥于遵旨。[2]

江面新涨阴沙的出现,不仅对钱塘江南岸塘工造成威胁,对北岸塘工的威胁也不得不引起官方重视。自六月望汛后,西塘十二坝对面突涨新沙,常字等号埽工先后损坏130余丈,正抢镶赶办,长麟请在新镶埽工背后添筑月堤一道。工尾三官堂地方堤前接长埽工400丈,接筑月堤一道,与常字号月堤联络。[3]

更重要的是,面对北岸新涨阴沙导致的险情,长麟奏请重启此前被暂缓的范公塘次险工程。长麟认为:范公塘头围沙涂刷动,似应于该处石塘自原筑石塘工尾起至乌龙庙止筑石工2 900余丈,加上填沟、栽柳等项,共

1　《清高宗实录》卷1424,"乾隆五十八年三月"条,中华书局1986年,第27册,第46—47页。

2　《清高宗实录》卷1425,"乾隆五十八年三月"条,中华书局1986年,第27册,第66页。

3　《清高宗实录》卷1433,"乾隆五十八年七月"条,中华书局1986年,第27册,第166页。

需银约 120 余万两,绘图呈览。但是,此时乾隆有关海塘工程的政策已经开始大幅度收缩。八月十八日,上谕:范公塘一带石塘,前经曹文埴等勘明,该处涨沙宽阔,无须接筑石工,所以降旨停办。今据长麟奏,该处沙涂略有刷动,但旧涨阴沙据称尚存 500 余丈,自三官堂至乌龙庙亦尚有老沙 1 800 余丈,可见该处涨沙足资捍卫。而且,前面有三官堂新接月堤,后面有老土塘为重围保障。三官堂以东至江海神庙一带涨沙刷减,形势稍觉单薄,可察看情形,或减半酌办。自章家庵石塘工尾接筑到三官堂地方,工段不过长麟原拟三分之一,需银三四十万两即可,既不至于徒滋靡费,又足资保护。已在图内朱笔标志,发给长麟阅看,据实复奏是否可以办理。海塘沙水靡常,或三官堂以东一带,现在已渐涨新沙,足资保固,即此项减半塘工亦可缓办,不至于靡帑费工,较为妥善。如果必须筑堤,不可因此旨而惜费不筑,命即动项修理,仍即速奏。传谕长麟并谕吉庆知之。[1] 当时,长麟已经升任两广总督。

尽管上谕中没有明确否定此次石塘工程,但是随后的一系列政策和举动无疑说明他不想再开展大的海塘工程。浙江海塘安然度过七月大汛后,八月三十日上谕:本年江浙一带雨水较多,潮汛挟山水而行,势甚汹涌,柴埽各工间被冲塌,长麟督率工员分头堵筑,各工办理稳妥,将长麟以及在工出力各员交部照例分别议叙;发藏香 100 枝由长麟敬谨收贮,随时恭诣海神庙拈香致祭,用答神庥;长麟仍需命令在工各员小心防护,保证工程稳固。[2]

既然无法开展新的大规模的石塘工程,长麟转而关注海塘顶冲处作为间接护岸工程的石坝问题。九月初四日,长麟上折提出原建石坝和镇海汛石坝的坝身不宜过高,应该收窄收低。长麟声称原建石坝实为柴工保障,亟须兴修,但旧坝连坦水直出,宽十余丈至五丈不等,高二丈八尺至一丈五尺不等,又于坝身安设木柜二层,似觉太宽太高,与水抵御,不免迎激损坏。水以顺其性为要,顺水之流力小而激荡之水力大,石坝与其高大无当、多费钱粮,不如收窄收低、让水去路,水流顺轨直趋,不致迎激为患。长麟建议将未修石坝七座一律改为入水宽五丈的围圆斜坡,收分到顶,俾不致横直御水。其高度比柴工约低四尺,顶上不必安设木柜,作为滚水坝形势,潮流可以漫顶而过,不致激怒损工。每座石坝不过需银三四千两,所用钱粮不及大坝四

1 《清高宗实录》卷 1435,"乾隆五十八年八月"条,中华书局 1986 年,第 27 册,第 181—182 页。
2 《清高宗实录》卷 1435,"乾隆五十八年八月"条,中华书局 1986 年,第 27 册,第 194 页。

分之一，柴工可转危为安，请求交与新任巡抚吉庆留心查勘。如果收窄收低后果能得力，其已修五座石坝将来修葺时亦照式改做，不必像原来那样高大。东塘新建五座石坝尚未完竣但已有损坏，坝身亦过于高宽，背后又是石塘。柴工性软，遇水冲激不过损工；石塘性质坚硬，前右石坝横御后有石塘斜逼，秋汛潮大则激水上塘，导致石坝顶上架柴保护。坝身高大浪费钱财，坝身加柴更属浪费。此处石塘虽然顶冲迎溜，但是只添筑滚水小坝即可。将此两座石坝也收作入水五丈，围圆斜坡，收分到顶，身高较石塘低四尺，不必安设木柜，让水护塘，实属两便。[1] 该举措的实质是把挑水坝改为滚水坝。

乾隆命大学士、九卿详议具奏。大学士阿桂等认为：长麟所奏系就目睹情形而论，石坝抵御风潮实为护塘要工，如果一律收小，是否果能得力，请求饬令新任巡抚吉庆再行留心察看，斟酌尽善。如果的确可行，即先将未修石坝七座奏明改修，已修五座将来出现倾卸时，亦照式改做。[2]

按照常理，此类问题经大学士、九卿议定后就由下面直接执行了，但乾隆不动声色地否定了众臣的建议。十月初五日，上谕：从来治水之道以顺其性为要，水势顺轨直趋，不致迎激为患；拦截抵御，则水势激怒，不免有损坏之虞。建筑海塘原为保障地方，然柴、石塘工已属与水争地，今添建石坝高二丈八尺至一丈五尺，直出十余丈至五丈不等。以十二坝总计，纵横不下百余丈，逼靠塘身，占水之地更多，难怪水势愈怒，冲激损工。福崧前在巡抚任内，对地方事件不能整饬，只知道婪索牟利，在属员怂恿下添建石坝，岂能筹办得当？

乾隆认为长麟不熟悉海塘事务，不过是补救调停之计，拟减丈尺，恐亦无真知灼见。新任巡抚吉庆平日办事虽尚明白，而与塘工亦全未谙悉。因为没有专门懂得海塘工程技术的高级官僚，乾隆退而求其次，调南河总督兰第锡、东河总督李奉翰来处理塘工问题。乾隆认为这两个人办理河务多年，虽河海情形不同，而水性则一，如何因势利导，可推类而知。现早过霜降，河工无事，总河李奉翰即日到京陛见，然后到江南与兰第锡会合，共同赴浙，与

1　《奏为拟酌减海塘石坝尺寸节靡费敬陈管见并绘图贴说呈览请训事》(乾隆五十八年九月初四日浙江巡抚长麟)，中国第一历史档案馆，档号：04－01－05－0076－039。

2　《议奏筹办浙江范公塘工程缘由事》(乾隆五十八年大学士阿桂等)，中国第一历史档案馆，档号：03－1040－038。

吉庆详细履勘、共同商榷。此项工程应否照旧建筑，抑或应按长麟所奏酌减丈尺，或竟可无须办理之处，斟酌定议速奏。所有大学士、九卿核议一折，俟兰第锡、李奉翰等详勘复奏后再降旨，希望此项坝工应修、应停得有定见，不致岁修靡费。[1]

乾隆以维持现状和小修小补为主的塘工策略，在他随后的塘工处理中显露无遗。九月份东塘自普济庵东起，至塔山口前涨阴沙一道，长900余丈、宽四五丈至200余丈不等，潮来漫盖，潮退显露，较上月奏报时刷短800余丈、刷宽100余丈；前刷堰沟一道，自塔山起至殳家庙。针对此，十月二十八日上谕：向来海塘形势南坍北涨，于塘工最为有益，但水性靡常。现潮势稍大，以致塔山一带坝身稍有沙刷，此亦无可奈何之事，自应随时修补。石堤务固，以御春汛，总期石塘柴坦一律保护稳固。将来潮势稍退，阴沙渐涨，溜势又复南趋，亦未可定。吉庆要随时查勘情形，督率工员相机妥办，小心防护，俾塘工坚固，以资保障。[2]

这道奏折让兰第锡和李奉翰明白了皇帝让他们勘查海塘的真实目的。十一月十六日，两人上折彻底否定石坝，建议重新改回柴盘头。石坝不签桩也不灌灰浆，只用碎石铺底，高出水面后再用长宽各一丈、高五尺的木柜排放两层或三层于碎石之上，将块石载入，铺平顶面。每逢大汛风潮，则木柜损坏、碎石倾卸。长麟此前请修的七座石坝已残损不堪，乾隆五十七年新修的五座也有损坏。因而，十二座石坝内有九座现在并非处于迎溜之地，又不发挥挑护的作用，应听其废弃。该年新修的第二、十和十二坝地处迎溜，大部分完整，目下尚可挡护，应暂存，将来大汛如有损坏，也不必再修。柴盘头比石坝容易修理且节省经费，柴性柔软与水相宜，石坝横亘易激怒水势，一旦损伤不能随时修补，徒费无益。兰第锡等人以乾隆四十六年章家庵东首黄字号添筑的柴盘头为例，说明柴工坚固耐用。此柴盘头已建成十数年，随时修整，颇资挑护。因而，现存三座石坝将来如果坍损，即改建为柴盘头，所需柴薪无多，不至于妨碍民用。东塘新建的两座石坝均在迎溜地方，护塘尚为有益；本年虽微有损坏，但紧靠石塘宽厚坚固，应暂为保留，日后因汕刷残缺而需修补时一律改建为柴盘头。"塘外石坝办理本属周章，遇有风浪泼

1　《清高宗实录》卷1438，"乾隆五十八年十月"条，中华书局1986年，第27册，第219页。

2　《清高宗实录》卷1439，"乾隆五十八年十月"条，中华书局1986年，第27册，第234页。

损,不能及时修整,实属无益。"[1]

乾隆对于兰第锡与李奉翰的这道奏折很不满意。他并没有直接痛批两人,而是转手把这道奏折让列位军机大臣奏议,并上谕:

> 兰第锡、李奉翰等奏会看(勘)海塘石坝一折,已交原议大臣议奏矣。此事前据大学士九卿核议具奏时,朕以水势宜于顺轨直趋,方不致遏激为患。浙省海塘已属与水争地,今又添建石坝总计纵横不下百余丈,是占水之地更为加多,潮汐往来,不无阻碍。长麟所奏酌减丈尺之处,恐无真知灼见,而吉庆甫经到浙,于海塘工程亦未谙悉。因李奉翰适来京陛见,当即面为详晰指示,令其会同兰第锡偕赴浙江,与吉庆三人详细履勘,共同商酌定议具奏。今据该河督等奏到,只称石坝十二座内有九座并非迎溜之区,应听其废去,毋庸修理。惟第二坝、第十坝、第十二坝适当迎溜处所,颇资挡护,请暂为留存等语。而于朕前此面谕,此项石坝是否占水地面,以致冲激损工之处,并未明晰声叙。是李奉翰并未领会朕意。且此项石坝十二座,均系福崧在浙时先后添建,嗣经长麟查勘,以石坝过于高宽,与水抵御,易致泼损,奏请收窄办理。是此项工程,在长麟即欲收减改办,而该河督等此奏乃称长麟请修之七座均已残损等语,竟似此项石坝系长麟奏请修筑,措词尤为牵混。前此福崧在浙江巡抚任内,惟知娄索牟利,于海塘事务更何暇亲往履勘,留心整顿,其添建石坝不过就属员怂恿之词,率议兴工。朕明知此项工程必交官办,而采取石料等项,即可从中浮冒,又可以建筑石工。盖石工奏销重,柴工奏销轻,不用柴薪,既可从中冒销,更亦便小民生计,外以博市惠之名,而实以为侵肥之计,情弊显然。该河督等查勘时,亦应将福崧从前率行议建缘由明白声叙,乃亦并无一字提及。此事李奉翰到京曾经朕面加详谕,兰第锡止系李奉翰转向告知,而吉庆不过随同查勘。乃李奉翰于朕面谕各情节全未领会,折中无一字道及,不过联衔一奏,草率完事。是李奉翰竟系一无用之人,又何用伊前往会同查勘耶?李奉翰著传旨严行申饬,并著将此旨交长麟阅看,想长麟亦必当心服也。除俟原

1　《奏为遵旨会勘海宁州海塘石坝应行停办并绘图贴说据实复奏事》(乾隆五十八年十一月十六日南河总督兰第锡等),中国第一历史档案馆,档号:04-01-05-0076-040。

议大臣核议具奏,另告吉庆遵照办理外,将此各谕令知之。[1]

在这道上谕中,乾隆狠狠责骂李奉翰,认为李奉翰没有领会自己的意思。此前乾隆面谕李奉翰,其潜台词是要李奉翰等钦差把责任推卸给福崧,但是现在两人的这道奏折并未详细说明。乾隆首先说李奉翰等人的奏折容易让人误会石坝的问题在长麟,其实主要责任在福崧。既然臣工不能明白圣意,乾隆只能上场,直接把所有的责任推给了福崧。乾隆声称知道此项工程必交官办,石工奏销重而柴工奏销轻,不用柴薪有利于小民生计,既从石塘工程中获得利益又博得民众的好感,情弊显然。

乾隆把石坝修筑的责任全部归结于福崧,是因为福崧再次触动了他关于海塘决策的敏感神经。本年二月,原任巡抚福崧因为贪污案被斩,他在供词中谈到了赔偿塘工罚银的事情。从福崧供词中可以看出,除兰州案件赔付外,更大部分的赔付与其浙江巡抚任内有关,尤其是海塘与仓库亏空赔付银占比很大,这无疑让乾隆对福崧更加关注。[2] 福崧已经被斩,皇帝因为厌恶福崧而恨不得把其在海塘中的任何举动全部否定,以此来反证福崧该死。其实,乾隆也从侧面打听浙江地方对处斩福崧的看法。[3] 这两种举动的目的一样。

巡抚长麟接到谕旨后迅速复奏:石坝应该尽废,当时没有想到原筑石坝与水争地的问题,恐将此石坝废弃致使柴工失去外护或有倾卸堃蛰,因而议请收窄收低,以便让水保工;废弃石坝将不会与水争地,无论潮溜顺轨直趋,均不至于遏激为患,伤损柴工;即使柴工因为没有石坝障护而稍有堃蛰,也可以用修石坝的钱粮修补柴工,这不仅节省经费,而且与修石坝相比患少益多。[4]

乾隆五十九年,皇帝看到长麟恳切承认错误并逢迎自己英明。正月二十七日,上谕:

> 长麟复奏浙省海塘石坝与水争地,自应遵旨办理一折内称,潮溜顺

1 《清高宗实录》卷1441,"乾隆五十八年十一月"条,中华书局1986年,第27册,第245—246页。
2 《乾隆朝惩治贪污档案选编》,中华书局1994年,第3355—3356页。
3 《乾隆朝惩治贪污档案选编》,中华书局1994年,第3372—3373页。
4 《复奏接奉浙江江海塘坝工谕旨惭悚心服缘由事》(乾隆五十八年十二月十八日两广总督长麟),中国第一历史档案馆,档号:03-1041-010。

轨直趋自不致过激为患，即或柴工因无石坝障护稍有挫蛰，即以修补石坝钱粮补修柴工，实亦患少益多等语。海塘添建石坝，占水地面，恐潮后冲激损工，转致为患，是以谕令李奉翰等前往会同履勘。经该督等奏明，将石坝十二座内废去九座。今据长麟复奏，亦称前次只议收窄、收低，并未想到占水地面一层。恭绎谕旨，实为心服。可见从前多建石坝，未免与水争地。但海塘系浙省要务，必须筹划尽善，以资经久。长麟业已升任粤省，吉庆身为浙江巡抚，此事是其专责。该处石坝是否应照前议酌减废去之处，著传谕吉庆再行详查妥办，据实具奏，断不可拘泥前旨，稍有迁就也。[1]

在这道上谕中，乾隆既肯定了建筑石坝做法的错误，又非常隐晦地给新任巡抚吉庆灵活处理这件事情的机会和空间，也免除了将来自己被视为决策错误的可能。一箭三雕，帝王心术的炉火纯青由此可见！

乾隆对吉庆的担心有点杞人忧天了。吉庆揣摩到乾隆此前对石坝问题的真实态度及其原因，在乾隆上述上谕尚未发出前的正月十三日就疏称：范公塘十二座石坝内，第二、十、十二坝均贴近要工，挑护得力，应暂时留存，其余九坝自然废弃；东塘海宁州石坝二座亦属暂留，将来应修时一律改成柴盘头。[2] 乾隆对此折中没有绘制地图表示出不满。二月初五日，上谕：

> 此事昨据长麟复奏海塘石坝与水争地，自应遵旨办理一折。朕以海塘为浙省要务，必须筹划尽善，以资经久。吉庆现任浙江巡抚，是其专责，是以复经降旨，令吉庆将是否应照前议，酌减废去之处，详悉查奏，不可存拘泥迁就之见。但此次奏到之折未经绘图呈览，于该处情形尚欠明晰。著传谕吉庆，即将此项石坝何处应留、何处应废，及塘工溜势情形，总具一图，贴说进呈。[3]

这道上谕传递出的主要信息是，以往福崧所奏请修筑的石坝又要重新

1　《清高宗实录》卷1445，"乾隆五十九年正月"条，中华书局1986年，第27册，第281页。
2　《奏为遵旨查明海塘石坝实系与水争地据实复奏事》(乾隆五十九年正月十三日浙江巡抚吉庆)，中国第一历史档案馆，档号：04-01-05-0079-034。
3　《清高宗实录》卷1446，"乾隆五十九年二月"条，中华书局1986年，第27册，第288—289页。

被改为柴盘头。这种间接护岸工程选择的变化，与其说是技术上的问题，毋宁说是政治因素所导致的人为技术选择。所有的错误都应该由福崧承担，因而他以往的塘工决策都应该被否定。

二月十三日，吉庆复奏：海塘形势弯曲，大溜由尖山入口，自东南斜向西北直趋，范公塘江海神庙以东弯曲处均关紧要。塘身突出之处修筑坝工挑溜，水势不能入弯，方不致冲激损工。西塘十二坝内只有第二、第十和第十二坝处于迎溜，其余九坝均在塘身弯进处所且相隔甚近，又占水势，应听其废去；东塘海宁州石坝两座贴近州城左右，塘身亦系突出，借以保护，以资捍卫，绘具图说进呈。[1] 二月，拆修已过保固期限的范公塘以西为字等号柴工544丈，三官堂以西因沙涂单薄而接筑埽工100丈。[2]

三月份，西塘范公塘以西至乌龙庙涨沙一道，长500余丈、宽12丈至80余丈不等，较上月奏报时刷短100余丈、刷窄10余丈。乾隆刚看到奏折时，认为北岸的乌龙庙有涨沙是南坍北涨的极好机会，但看了图说方知此系旧沙。四月十七日，上谕：吉庆折内所称涨沙当称旧沙，叙述不明确，此后奏报此等涨沙需分清新旧字样，以便一目了然，不可如此含混；如北岸护沙坍卸，渐有逼近塘工情形，务必随时查勘，先事绸缪，俾资捍卫。[3] 遵照圣意，八月初，吉庆奏请：范公塘旧沙尖被潮刷薄，接筑埽工百丈并随工沉石，修筑被潮损而砖石残缺的东塘伯字号坦水。[4]

在基本处理了海塘间接护岸工程中石坝与柴盘头孰优孰劣的问题之后，乾隆重新关注江中阴沙对大溜变化的影响，以及由此引起的南北两岸边滩坍涨现象。根据乾隆六十年四月所奏海塘沙水情形一折，五月二十六日上谕：看了该折内的海塘沙水情形图，发现潮势逐渐北趋，逼近塘根，向来海潮溜势或南或北趋向靡常，此处近北将近20年未迁，不可不虑。现南岸涨沙日涨日阔，潮汐逐渐北趋，塘根可能会被汕刷；建议在南岸嫩沙嘴处开一引河，引溜南趋；从前陈辉祖曾奏请开挖引河导范公塘一带溜势南行，但并无效果，现隔十几年，情况可能有所变化，命吉庆就图内画圈地方详加察看是否可行。如果真能将南岸嫩沙处开挖引河，使潮势归于中泓，固然可喜；如

---

1 《清高宗实录》卷1446，"乾隆五十九年二月"条，中华书局1986年，第27册，第288—289页。
2 《清高宗实录》卷1447，"乾隆五十九年二月"条，中华书局1986年，第27册，第310页。
3 《清高宗实录》卷1451，"乾隆五十九年四月"条，中华书局1986年，第27册，第343页。
4 《清高宗实录》卷1459，"乾隆五十九年八月"条，中华书局1986年，第27册，第495页。

該処系活沙,旋挖旋淤,徒労无益,也不妨拠実奏明,不必拘泥遵旨。"朕思慮所及,不得不随時指示,想吉慶能善体朕意,酌籌妥办也。"[1]

根拠上諭,吉慶督令工員在童家湾沙尖処横挑引河一道,引溜南趨,但南岸一帯均系活沙,開放後潮汐往来冲撃,不過数日仍復淤平。吉慶認為:南岸嫩沙嘴処与童家湾沙性相同,恐旋挖旋淤,未能奏効,反而浪費銭糧;目前只有随時防護,如有可办之机,即行奏聞請旨。面対这种情景,朱批:"且俟之,非急務也。"[2]

尽管如此,乾隆对两岸沙水变化的情形仍然异常关注。乾隆把吉慶所奏五月、六月份海塘沙水情形図説逐一进行比较,发现五月份図説内称范公塘以西至烏龍庙塘外旧沙一道较上月刷短60余丈、刷窄20余丈,可见以北一帯旧沙有刷卸之处,范公塘等处塘工碙重,需设法镶筑,俾水势南趨;六月份図説则称,西興以东至童家湾旧沙较上月刷窄百余丈,这正是好机会,应趁势挑切,使刷卸更剧,以收南坍之効。可是,吉慶折内并未详细说明如何办理。八月二十日,上諭:传諭吉慶将五月份范公塘以西至烏龍庙塘外旧沙刷卸后如何设法镶筑,六月份西興以东至童家湾旧沙刷窄后是否施工挑切,详细拠实回奏;所进図説字画太小,此后奏报沙水情形时将字画略微放大,以便阅览。[3]

乾隆此时念念不忘的挑挖引河,并不具有可行性。南岸刷卸之处均系浮嫩新沙,吉慶本以为经历秋潮大汛可自行冲卸,并未籌划挑挖一事,接到上諭后,督令海防道秦瀛前往挑切试挖。八月下旬,吉慶回奏:范公塘以西旧沙今年渐有刷减,已奏请接筑埽工,七月间刷窄后,已在前筑埽工之尾接筑200丈,童家湾一帯沙涂六月间刷窄百余丈,乘此设法挑切,刷卸自更迅速。[4]

乾隆当时对于塘工的安危异常挂念。因吉慶正在督拿盗匪,八月二十八日,六百里加急諭令将海塘工程交与藩司暨管理海防道随时留心。[5] 九月十二日,再次諭令军机大臣:

1 《清高宗实录》卷1479,"乾隆六十年五月"条,中华书局1986年,第27册,第763页。
2 《奏为遵旨复陈海塘溜势及塘根情事》(乾隆六十年六月二十七日浙江巡抚吉慶),中国第一历史档案馆,档号:04-01-05-0260-010。
3 《清高宗实录》卷1485,"乾隆六十年八月"条,中华书局1986年,第27册,第842页。
4 《奏为奉諭将海岸南沙涂镶筑情形事》(乾隆六十年八月二十九日浙江巡抚吉慶),中国第一历史档案馆,档号:04-01-05-0260-004。
5 《清高宗实录》卷1485,"乾隆六十年八月"条,中华书局1986年,第27册,第850—851页。

254

吉庆奏遵旨将海塘南岸沙涂趁势挑挖一折，前据该抚奏报范公塘迤西旧沙于五月、七月间均有刷卸，并阅所进图样，北面总未涨沙，甚为廑念。兹据奏于前筑埽工之尾再行接筑一百丈，以资捍卫，并于南岸童家湾一带沙涂刷窄之处趁势挑切等语。海塘沙水冲刷不常，现在童家湾一带沙涂既有刷动。经该抚派委熟谙工员前往挑挖，设能借此向南多坍，实为极好机会。至范公塘迤西旧沙刷卸，该处塘工不免吃重，并著该抚留心察看。应行接筑者即镶筑完备，务期稳固，仍将现在情形随时具奏，以慰廑注，将此谕令知之。目今浙省要务莫过洋盗，今所获几何，随时速奏。[1]

这道上谕反映出乾隆对引河工程的挂念和关注，他仍希望引河成功，以便减轻范公塘附近海塘的压力。这样做的目的，既减少了关于范公塘附近间接护岸工程的工作量，又让人不会对范公塘由土塘改筑石塘的决策是否正确有过多讨论。另外，乾隆准备要传位给自己的第十五子永琰，这是要给自己六十年的统治画上一个完美的句号。海塘作为自己最得意的两件大事之一，绝不允许在这样的关键年份出现任何闪失。

十二月二十八日，吉庆奏请添筑山阴三江闸石坝两道。山阴、会稽、萧山三县湖河毗连，三邑之水汇流东注，皆由三江闸入海。该闸自康熙二十三年（1684）捐修后亟须重修，但内河外海，应先筑两道坝以堵截水势，共估银7 000余两。申请从上年萧山县西江塘工该三县民捐余银1.3万两内酌留，照旧生息，以备岁修，其余6 000两作为修补闸工之用。如经费不足，三县绅士自行筹补，毋庸派捐。[2]　嘉庆元年（1796）正月十九日，新皇批准。[3]

嘉庆年间的两浙海塘几乎没有大的工程，新涨的阴沙逐渐变得坚实，海潮大溜已经没有任何可能回归中小门，更遑论南大门了。这块新沙在嘉庆十六年十月初由海宁州改隶萧山县，移绍兴府同知驻赭山，为盐捕同知；赭山巡检驻河庄山，为河庄巡检。[4]　这说明南沙已经开始被逐渐开发利用，盐业兴亡发达，故而需要设立专门的佐贰官员来加强管理。鱼鳞大石塘建设

1　《清高宗实录》卷1486，"乾隆六十年九月"条，中华书局1986年，第27册，第878页。

2　《清高宗实录》卷1493，"乾隆六十年十二月"条，中华书局1986年，第27册，第986页。

3　《清仁宗实录》卷1，"嘉庆元年正月"条，中华书局1986年，第28册，第78页。

4　《清仁宗实录》卷249，"嘉庆十六年十月"条，中华书局1986年，第31册，第361页。

的工作伴随着乾隆的退位而结束,时隔三十年后方才有了第一次大修,那已经是另外的一个故事了。

图 11　乾嘉年间浙北海塘图

（道光《续海塘新志》卷 4《工程》,见《钱塘江海塘史料》（一）,杭州出版社 2014 年,第 327—328 页）

　　两浙鱼鳞大石塘的技术成熟于晚明,但是此前已经过了长时段的实践与探索。五代以前的海塘建设以土塘为主,后来随着海岸线的变迁,钱塘江北岸的塘工先是集中在杭州一带,随后转移到海宁地区,明代以来的塘工重点又集中在海盐一带。塘工重点的转移,与钱塘江大溜的变化密切相关,同时还伴随着海塘形制的改进。明代的鱼鳞大石塘技术是海塘技术的顶峰,但是该技术并没有立刻广泛使用,而是出现了条块石塘等各种石塘技术的变种,原因是这种石塘的费用太高,在主要由地方自行筹集资金的情况下,根本无法大规模推行。明末清初的很长一段时间内,直到雍正朝之前,两浙塘工均没有采用鱼鳞大石塘的技术的原因就在于此。

　　从雍正朝开始,两浙鱼鳞大石塘的建设方逐渐拉开序幕。雍正朝的两浙海塘工程,从开始就与政治结下了不解之缘。在皇帝打击浙江官绅集团的大背景下,塘工成为与严酷手段配套的统治措施。雍正二年(1724)的大潮灾开启了皇帝借助天人感应来告诫两浙臣民忠君的序幕,并借助打击海宁陈家来为塘工寻找经费。相继发生的汪景祺案、查嗣庭案是皇帝打击浙江士绅集团的系列步骤,塘工稳固是利用天人感应来树立权威的。随后发生的曾静、吕留良案,直接导致在雍正七年并没有发生大的飓风或潮灾的情况下,皇帝认为吏治与海塘是浙江第一要务,关系密切。

　　在这一系列政治大背景下,海塘的岁修和抢修制度确立。署理督抚在施工中刻意逢迎,把因新涨沙洲的出现而致大汛潮流方向改变从而稳固北岸海塘的现象,归结于皇帝感动上天而出现的祥瑞。建设海神庙更多是政治需要,雍正急于通过此举彰显君权神授并强化臣民的忠君思想。不利用自然地理学与河口海岸动力学知识,无法明白海岸边滩自然修复的原因以及臣工借此逢迎皇帝的历史真相,更无法明白雍正七年闰七月以来的海岸变化与大水加潮汐导致的动力波动密切相关。当年北岸边滩出现潮沟与次年潮沟逐渐被填平,均是自然变化的必然结果。但是,在海神庙工程尚在进行的特定政治环境下,这种现象引发的后果耐人寻味。不仅仅雍正八年皇帝得知潮沟渐平时拍手称快,更重要的是在潮沟初现时臣工为了自保而决定大规模修筑石塘。

雍正朝两浙海塘中小门引河与尖山石坝是皇帝坚信"天人感应",为有效统治浙江并宣扬敬天忠君思想而强制推行的工程。不尊重自然规律,终受自然惩罚。决策失误的最大责任者是雍正,在君主专制情况下,臣工无论据理力争或逢迎圣意、溜须拍马,工程出现问题后都难免成为替罪羊。工程进行中及出现问题后对臣工责任的处理上,均充分反映出统治者内心深处的满汉分异,关键时刻更相信内务府亲信,种族认同感更强。臣工的表现也充分暴露出此点。

乾隆初的两浙塘工是雍正末计划的延续。被冲边滩自然恢复导致北岸涨沙不断,督抚却奏请改柴塘为鱼鳞大石塘,刘统勋建议循序渐进改建。新抚常安因反对而得罪诸臣,新督那苏图决定以间接护岸工程为主并准备重开中小门引河。为官艺术高超的那苏图、刘统勋没有完全停止塘工,因为他们深知地方视塘工为利薮,不能彻底断了别人的念想。中小门引河的成功带有很大偶然性,成为当年皇帝眼中的一抹亮色。方观承被速擢为直隶总督,他与同年被构陷而惨死的常安形成鲜明对比,典型的自然因素造英雄。

由于长达十数年的潮走中小门,乾隆的前两次南巡均不曾对海塘有大的工程计划。潮走中小门所导致的两岸海塘安稳,是政通人和的最直接表现。乾隆想大规模改建石塘,始于第三次南巡,他想实现对于海塘"一劳永逸"的追求。但是,客观自然环境导致当时只能以维修柴塘为主,并注意间接护岸工程,以便"补偏救弊"。

大规模石塘改建从第五次南巡开始,乾隆希望通过河工、海塘来建立自己的不朽功勋,他谕令在并不需要改建的柴塘中伺机改建石塘。该决策撇开了石塘需修建坦水等间接护岸工程的技术要求,强调以柴塘作为新修石塘的坦水,并强调柴塘不必岁修也可保安稳。这一抛开自然环境与塘工技术要求的决定并不符合客观规律,但乾隆仍然如此行事,因为如果新建石塘仍需建设与维护间接护岸工程,无疑等于说该工程完全没必要。

为维护柴塘后新筑石塘决策的正确性,乾隆使出浑身解数。当臣工谈到新修石塘需修筑坦水或岁修作为石塘外护的柴塘时,他的反应是:反复声称柴塘作为石塘外护不需岁修,把决策失误的责任直接推卸给相关臣工,或隐晦、露骨地暗示钦差大员,把责任推卸给工程相关负责人员。但是,任凭皇帝极力维护自己决策正确的伟大形象,客观技术上的要求终使他批准了柴塘岁修专项银制度,也侧面说明了他决策上的失误。

即使被骂得狗血喷头,为了自保,列位臣工仍以或明或暗的方式一再表明新修石塘要配套坦水或者岁修作为石塘外护的柴塘。否则,此时迎合了皇帝,将来需要维护石塘间接护岸工程时,仍将被皇帝指责甚至被罚银追赔。久经宦海的阿桂在刚申请把柴塘改建为条块石塘后旋又修改为鱼鳞大石塘的计划,就是认准了乾隆要追求"一劳永逸"的效果。

鱼鳞大石塘建成后,柴塘专项岁修银制度的设立只是让乾隆感到窝心恼火的后果之一,紧接着的关于新修石塘间接护岸工程中石坝和柴盘头孰更得力的争论,是其决策失误后果的又一显现。以往一直被使用的柴盘头被石坝取代,与自然环境变化、海塘重新受关注密不可分。第五次南巡后,臣工知道皇帝希望借助塘工建立不朽基业,务必保证塘工安全,范公塘附近石坝取代柴盘头就是表现之一。

范公塘石坝的大规模建筑,主要是在皇帝明确提出次年第六次南巡的乾隆四十八年(1783)。福崧接连修筑石坝,是要确保万无一失。当时正在大规模修筑石塘,利用石料建筑石坝比较容易。琅玕奏请将石坝改为柴盘头,表面看起来是技术选择变化,实质上是经费报销制度变化的后果。因为乾隆本意是在柴塘后面建设石塘后一劳永逸,但其决策失误,无奈批准柴塘岁修专项银,柴工报销有了经费保障。琅玕在石坝保固三年期满后,顺势奏请将石坝改为柴盘头。

重任巡抚的福崧再次奏请废弃柴盘头而改用石坝,引起乾隆警觉,因为八旬万寿时的乾隆认为海塘是他骄傲的功业,他不允许塘工中有任何差错。乾隆委派江苏巡抚长麟调查后,长麟支持石坝,同时改变了石坝上木柜做法。乾隆痛斥琅玕轻易改弦更张,指挥改动坝基砌筑技术。福崧被斩后,石坝挑溜的做法旋被抛弃。新任巡抚长麟借助河工技术在险工地段增筑月堤,并且奏请将原有挑水坝改为滚水坝。乾隆命大学士、九卿详议具奏,群臣认为缩小石坝形制要谨慎。乾隆否定了众臣的建议,委派南河、东河两位河督勘查。尽管两位河督揣摩到圣意,彻底否定了石坝,但乾隆仍不满意,痛斥两位钦差没有彻底指出福崧建设石坝的根本错误在于"与水争地"。柴塘改建石塘的决策错误乃君臣共知而未曾明言,乾隆趁机把心中恶气全部撒到福崧身上。石坝被废弃，这一持续十多年的柴盘头与石坝之争尘埃落定，有关鱼鳞大石塘建设和间接护岸工程的风波至此结束。

从两浙鱼鳞大石塘形成的历史过程不难看出，涉及古代大型公共水利工程的建设和制度等方面的问题时，技术与环境因素往往让位于政治，塘工决策和建设与清朝中央政府面对复杂政治局势和变化所作的全面考虑、人物斗争相互糅合，边滩与河口变化的动力机制成为理解海塘工程自然与人文因素复杂交织的重要一极。从这个角度来讲，文化自然地理学的视角和思路不仅对研究自然地理问题异常重要[1]，研究人文地理现象时注意运用自然地理学知识也应成为其中应有之义。历史的复杂性就在于制度、技术、环境和政治因素的复杂交织。

两浙鱼鳞大石塘建成之后，乾隆的种种异常举动昭示着他最后两次南巡中大规模柴塘和范公塘土塘改建石塘决策的失误。当然，当时的臣工尽管知道各种原委，也不敢发出丝毫的声音。在乾隆龙驭宾天之后的二三十年之后，已经有人对这个宏大的石塘改建工程提出了异议。嘉道年间曾经担任过钱塘知县、海防同知的吕璜明确提出，东塘工程暂且不论，就其自己负责的西塘工程来说，关系并不大，即使不修也未有大害。吕璜认为，以往有关建筑海塘、保海宁就是保嘉、湖、苏、松、常等七郡的说法是夸大其词，长安坝址也不可能与吴江塔顶同高，专修土塘即可；石塘即使不维修，也不会有危害，况且土塘的维修经费不过石塘的百分之一。[2] 吕璜的这些想法固然是因为当时国家财政紧张，不可能再大规模维修石塘，却也从侧面说明乾隆后期强行改建的石塘确无必要。

此后的两浙鱼鳞大石塘逐渐变成了历史景观和遗迹。对于鱼鳞大石塘建设的是非功过，形成了泾渭分明的两种意见。现当代学者朱契指出：清代海塘修筑的重点放在钱塘江北岸，弘历尤其注意修筑海宁境内的海塘，这是和18世纪钱塘江口海潮主流冲向北岸分不开的。[3] 朱契的观点，与在他之前的冯柳堂的看法异曲同工。冯柳堂认为："颇有人说，乾隆掷数千百万库帑兴筑海宁的塘工……大有似可无须如此的一种表示。其实，不知当时海

1　K. J. 格雷戈里著，蔡运龙等译：《变化中的自然地理学性质》，商务印书馆 2006 年，第 256—273 页。

2　吕璜：《海塘问答》，见盛康辑《皇朝经世文续编》卷 120《海塘》。

3　朱契：《江浙海塘建筑史》，学习生活出版社 1955 年，第 9 页。

潮的凶险情形以及塘工关系,不仅是海宁一县之故。"[1] 这两种看法的正确之处在于,都看到了当时的自然环境变化导致在海宁险工处修建鱼鳞大石塘,但是并没有对整个海宁甚至浙北鱼鳞大石塘的修建过程进行深入分析。因而,针对海宁的鱼鳞大石塘修建,也不能全持此种观点。

孟森对乾隆南巡与鱼鳞大石塘建设持完全肯定的态度,他认为:

> 高宗朝海宁塘工为朝廷特意区划之事,几与康熙时之治河同,于是南巡必至海宁。乾隆二十七年为第三次南巡、三十年为第四次南巡、四十五年为第五次南巡、四十九年为第六次南巡,无一次不至海宁,是为高宗四幸陈氏安澜园之故。自二十七年以后,虽不举行南巡之年,而理会海宁塘工之谕旨,载于《实录》者亦多。盖始主柴塘治标,待其接涨沙坚,终改为石塘,以成永久之计,既不退缩以弃已成之田庐,又不卤莽以督难成之工役,持之二十余年不懈,竟于一朝亲告成功。享国之久,谋国之勤,此皆清世帝王可光史册之事。[2]

孟森把乾隆南巡中对海塘的重视与康熙南巡中对治河的关注相提并论,认为乾隆对两浙鱼鳞石塘的改建是有计划地完成的。孟森的这个论断,正确梳理出了乾隆历次南巡与入驻安澜园的关系,但是对于具体的改建过程及个中原因的判断谬之千里。在柴塘与范公塘改建石塘的过程中,不少是在原有海塘的后面另起新址所建,不可能不占用田房庐舍;整个改建的过程更是乾隆个人意志的产物,无论从技术还是环境的角度看,均非当时必不可少之举。孟森的误判源于其研究的出发点。众所周知,孟森研究清史的目的之一是纠正清末民初以来反清浪潮中所携带的偏见,力主清代为中国正统王朝,可谓居功至伟。但是,他在纠偏的同时不自觉地对清朝弊政多所回护。[3] 矫枉过正,孟森只看到了乾隆对海塘的各种上谕,却没有也无意对乾隆朝海塘建设的具体过程进行详细的分析。

萧一山与孟森繁荣观点针锋相对,他认为:

1　冯柳堂:《乾隆与海宁陈阁老》,上海书店1988年影印本,第76页。
2　孟森:《海宁陈家》,见孟森《明清史论著集刊》(下),中华书局2006年,第527页。
3　姚念慈:《定鼎中原之路:从皇太极入关到玄烨亲政》,生活·读书·新知三联书店2018年,第8页。

> 康熙南巡为治黄河，而乾隆南服无事，徒以数千百万之库帑，反复于海宁石塘之兴筑，于益何有？乾隆时，黄河漫口于豫、苏凡二十次，未闻弘历曾亲至其地相度形势，乃幸苏杭，观海潮，铺陈辉张，循旧踵新，是知其意不在此而在彼也。[1]

在萧一山的眼里，乾隆南巡的根本目的就是游山玩水，根本无法与康熙南巡治理黄河相比。不过，萧一山对于乾隆有关黄河决口治理的批评未免失之偏颇。从各种史料中不难看出，在对黄河、运河决口的治理中，乾隆也曾多次亲临现场。当然，这是另外一个专门的课题，暂不展开。但是，萧一山关于乾隆兴筑海塘的批评值得辩证分析。海宁险工地段石塘的兴筑还是必要的，但是柴塘和范公塘大规模改建石塘的确值得存疑，其中乾隆个人对海塘"一劳永逸"的追求是最主要的原因。萧一山对乾隆朝海塘的看法，本质上与孟森一样过犹不及，只不过他完全站在"民族革命史观"的立场上[2]，彻底否定乾隆的行为。

古人云，"横看成岭侧成峰"。当研究因特定的目的而缺乏应有的理性时，往往会距离历史的"真实"愈行愈远。上述不同时期、不同学者对鱼鳞大石塘建设这一问题的不同看法，多少有此遗憾。希望本书对鱼鳞大石塘建设过程史的梳理与分析，能够有助于对这一问题的全面了解。

1　萧一山：《清代通史》，华东师范大学出版社 2006 年，第 2 册，第 56—57 页。
2　王家范：《萧一山与〈清代通史〉》，《历史研究》2006 年第 2 期。

档案

中国第一历史档案馆藏:《录副奏折》。

中国第一历史档案馆藏:《宫中朱批——水利》。

中国第一历史档案馆藏:《朱批奏折》。

中国第一历史档案馆编:《康熙朝满文朱批奏折全译》,中国社会科学出版社 1996 年。

中国第一历史档案馆编:《乾隆朝惩治贪污档案选编》,中华书局 1994 年。

中国第一历史档案馆编:《乾隆朝上谕档》,档案出版社 1986 年。

中国第一历史档案馆编:《雍正朝起居注册》,中华书局 1993 年。

中国第一历史档案馆编:《雍正朝汉文谕旨汇编》,广西师范大学出版社 2000 年。

中国第一历史档案馆编:《雍正朝汉文朱批奏折汇编》,江苏古籍出版社 1988 年。

中国第一历史档案馆编:《雍正朝起居注册》,中华书局 1993 年。

中国第一历史档案馆编:《御批两浙名臣奏议·海塘卷》,华宝斋书社 2001 年。

中国第一历史档案馆编:《清实录》,中华书局 1986 年影印版。

台北"故宫博物院"编:《宫中档乾隆朝奏折》,1982 年。

专志与地方志

[明]仇俊卿:《全修海塘录》,见《钱塘江海塘史料》(一),杭州出版社 2014 年。

[清]琅玕纂:《海塘新志》,见《钱塘江海塘史料》(一),杭州出版社 2014 年。

[清]翟均廉纂:《海塘录》,见《钱塘江海塘史料》(二),杭州出版社 2014 年。

[清]方观承纂:《两浙海塘通志》,见《钱塘江海塘史料》(三),杭州出版社 2014 年。

[清]杨鑅辑:《海塘揽要》,见《钱塘江海塘史料》(四),杭州出版社 2014 年。

[清]高晋纂:《南巡盛典》,见沈云龙主编《近代中国史料丛刊》(第一编,0641),台北文海出版社 1966 年。

[清]高晋纂:《南巡盛典》,文渊阁《四库全书》本,台湾商务印书馆 1982 年。

[清]那彦成编,王昶勘定,卢荫溥增修:《阿文成公年谱》,见北京图书馆编《北京图书馆藏珍本年谱丛刊》,北京图书馆出版社 1999 年。

[清]贺长龄编:《清经世文编》,中华书局 1992 年。

［清］钱仪吉纂：《碑传集》，中华书局 1993 年。

［元］脱脱等撰：《宋史》，中华书局 1977 年标点本。

［明］陆灿、郑晓：《今言类编》，樊维城编《盐邑志林》，上海涵芬楼明刻本。

［明］宋濂等撰：《元史》，中华书局 1976 年标点本。

［明］吴嘉允：《滃阙捍海塘纪》，复旦大学图书馆手抄本。

［清］朱昌祚：《抚浙疏草》，康熙三年刊本。

嘉靖《仁和县志》，"丛书集成续编"本。

天启《海盐县图经》，"中国方志丛书"本。

雍正《浙江通志》，台湾华文书局 1967 年。

康熙《海宁县志》，"中国地方志集成"本。

乾隆《海宁县志》，"中国方志丛书"本。

乾隆《海宁州志》，"中国方志丛书"本。

乾隆《杭州府志》，《续修四库全书》本。

乾隆《绍兴县志》，"中国地方志集成"本。

嘉庆《山阴县志》，"中国方志丛书"本。

《清实录》，中华书局 1986 年。

《清史稿》，中华书局 1977 年。

《襄勤伯鄂文端公年谱》，见《清史资料》第 2 辑，中华书局 1981 年。

《南巡盛典草稿》，见《四库全书存目丛书》，齐鲁书社 1997 年。

吴忠匡总校订：《满汉名臣传》(三)，黑龙江人民出版社 1991 年。

王钟翰点校：《清史列传》，中华书局 1987 年。

专著

［清］弘历：《清高宗御制诗文全集》，中国人民大学出版社 1993 年。

［民国］全国经济委员会水利处编：《中国河工辞源》，见《中国水利史典》(黄河卷三)，中国水利水电出版社 2015 年。

陈锋：《清代军费研究》，武汉大学出版社 1992 年。

陈吉余：《海塘——中国海岸变迁和海塘工程》，人民出版社 2000 年。

陈吉余：《陈吉余(伊石)2000—从事河口海岸研究五十五年论文选》，华东师范大学出版社 2000 年。

陈吉余：《中国河口海岸研究与实践》，高等教育出版社 2007 年。

戴逸、李文海主编：《清通鉴》，河北人民出版社 1999 年。

冯柳堂：《乾隆与海宁陈阁老》，上海书店 1988 年影印本。

冯尔康、许盛恒、阎爱民:《雍正皇帝全传》,学苑出版社1994年。

韩曾萃、戴泽蘅、李光炳等:《钱塘江河口治理开发》,中国水利水电出版社2003年。

和卫国:《治水政治:清代国家与钱塘江海塘工程研究》,中国社会科学出版社2015年。

贾国静:《水之政治:清代黄河治理的制度史考察》,中国社会科学出版社2019年。

赖慧敏:《清代的皇权与世家》,北京大学出版社2010年,第58—59页。

刘淼:《明清沿海荡地开发研究》,汕头大学出版社1996年。

孟森:《明清史论著集刊》(下),中华书局2006年。

孟森:《清初三大疑案考实》,广西师范大学出版社2010年。

陶存焕、周潮生:《明清钱塘江海塘》,中国水利水电出版社2001年。

王大学:《明清"江南海塘"的建设与环境》,上海人民出版社2008年。

萧一山:《清代通史》,华东师范大学出版社2006年。

姚念慈:《定鼎中原之路:从皇太极入关到玄烨亲政》,生活·读书·新知三联书店2018年。

周魁一:《中国科技史——水利卷》,科学出版社2002年。

周远廉:《乾隆帝大传》,中华书局2016年。

朱契:《江浙海塘建筑史》,学习生活出版社1955年。

张勉治著,董建中译:《马背上的朝廷:巡幸与清朝统治的建构(1680—1785)》,江苏人民出版社2019年。

[英]K. J. 格雷戈里著,蔡运龙等译:《变化中的自然地理学性质》,商务印书馆2006年。

[日]冈崎文夫、池田静夫:《江南文化开发史——その地理的基础研究》,弘文堂1940年。

Lambert, Audery M., *The making of the Dutch landscape: An historical geography of the Netherlands*, London, 1978; Van, G. P, Van de, *Man-made Lowlands: History of water management and land reclamation in the Netherlands*, Utrecht Matijs, 2004.(Van, G.P, Van de 著,詹灿辉、周志强译:《人造低地:荷兰治水与围垦史》,星球地图出版社2007年)

H. C. Darby, *The changing Fenland*, Cambridge, 1983.

H. E. Hallam, *The new lands of Elloe*, Leicester, 1954.

论文

陈吉余:《杭州湾动力地貌》,《浙江学报》1947年第12期。

陈吉余、恽才兴、虞志英:《杭州湾的动力地貌》,见《上海市科技文选》,上海科学技术出版社 1961 年。

陈吉余、沈焕庭、恽才兴等：《长江河口动力过程和地貌演变》，上海科学技术出版社 1988 年。

冯玉荣：《明末清初社会变动与海塘的修筑——以漴阙海塘为中心》，《农业考古》2008 年第 4 期。

顾真：《查嗣庭案缘由与性质》，《故宫博物院院刊》1984 年第 1 期。

和卫国：《乾隆朝钱塘江海塘工程经费问题研究——兼论十八世纪清朝政府职能的全面加强》，《清史研究》2009 年第 3 期。

和卫国：《明代钱塘江北岸海塘工程的修筑——与元代的比较研究》，《明史研究》第 11 辑，2010 年。

和卫国：清代后期钱塘江海塘大修经费筹集问题研究》，《中国社会历史评论》，第 11 卷，天津古籍出版社 2010 年。

李德楠：《清代河工物料的采办及其社会影响》，《中州学刊》2010 年第 5 期。

李怀印：《全球视野下清朝国家的形成及性质问题——以地缘战略和财政构造为中心》，《历史研究》2019 年第 2 期。

刘丹：《试论清代宁绍地区海塘修筑的经费来源与筹措方式》，《中国社会经济史研究》2010 年第 4 期。

马湘泳：《江浙海塘与太湖地区经济发展》，《中国农史》1987 年第 2 期。

满志敏：《两宋时期海平面上升及其环境影响》，《灾害学》1988 年第 2 期。

彭建、王仰麟：《我国沿海滩涂的研究》，《北京大学学报（自然科学版）》2000 年第 6 期。

陶存焕、戴泽蘅：《明清时期的钱塘江海塘》，《水利规划》1997 年第 3 期。

陶存焕：《钱塘江古海塘的塘型演变和经验探讨》，《水利水电科技进展》1999 年第 4 期。

王大学：《拒潮与拒凿：海塘采石与吴中禁山的关系》，《历史地理》第 23 辑，上海人民出版社 2008 年。

王大学：《朝代更替、社会记忆与明末清初的江南海塘工程》，《传统中国研究集刊》（第五辑），上海人民出版社 2008 年。

王大学：《政令、时令与江南海塘的北段工程》，《史林》2008 年第 5 期。

王大学：《防潮与引潮：明清以来滨海平原区海塘、水系和水洞的关系》，《历史地理》第 25 辑，上海人民出版社 2011 年。

王大学：《"天赐神佑"：乾隆十三年"潮归中门"的过程及其政治意义》，《社会科学》2019 年第 9 期。

王大学：《清代两浙海塘的沙水奏报及其作用》，《史林》2021年第4期。

王家范：《萧一山与〈清代通史〉》，《历史研究》2006年第2期。

王申、吕凌峰：《清乾隆朝钱塘江河口沙水测量与科学治潮》，《自然辩证法通讯》2019年第6期。

冼剑民、王丽娃：《明清珠江三角洲的围海造田与生态环境变迁》，《学术论坛》2005年第1期。

徐承祥、俞勇强：《浙江省滩涂围垦发展综述》，《浙江水利科技》2003年第1期。

严水孚：《清乾隆十五年重修后海城塘工程考》，《浙江水利科技》2004年第1期。

杨联陞：《从经济角度看帝制中国的公共工程》，见杨联陞：《国史探微》，辽宁教育出版社1998年。

叶建华：《论清代浙江水资源的开发利用与海塘江坝的修建工程》，《浙江学刊》1998年第6期。

伊懋可、苏宁浒：《遥相感应：西元一千年以后黄河对杭州湾的影响》，见刘翠溶、伊懋可主编《积渐所至：中国环境史论文集》，台北"中央研究院"经济研究所1995年。

查一民：《钱塘江海塘的始建问题》，《河海大学学报（自然科学版）》1986年第3期。

查一民：《江南海塘间接护岸工程技术的出现与发展》，《江南海塘论文集》，河海大学出版社1988年。

张修桂、戴鞍钢、余蔚：《上海地貌环境变迁与先民生产文明创建》，见阙维民主编《史地新论——浙江大学（国际）历史地理学术研讨会论文集》，浙江大学出版社2002年。

赵珍：《清同治年间浙江海塘建筑与资源利用》，《清史参考》2013年第2期。

郑肇经、查一民：《江浙潮灾与海塘结构技术的演变》，《农业考古》1984年第2期，第156—171页。

支向军：《试论钱塘江海塘的"寓工于兵"的管理体制》，《浙江水利水电专科学校学报》1999年第2期。

周素芳：《钱塘江明清海塘加固技术研究》，《水利水电技术》总第24期，2004年。

朱彭寿著，朱鳌、宋苓珠改编整理：《清代大学士部院大臣总督巡抚全录》，国家图书馆出版社2010年。

邹建达、熊军：《清代观风整俗使设置研究》，《清史研究》2008年第3期。

［日］本田治：《宋・元时代浙东的海塘について》，《中国水利史研究》第9号，1979年。

［日］本田治：《宋代江南の滨海地方における农业开发》，1977年度中国水利史研究会上的报告，见《中国水利史研究》第9号，1979年。

［日］本田治：《宋元时代の夏盖湖水利について》，《佐藤博士还历纪念中国水利论

丛》,国书刊行会 1981 年。

［日］本田治:《唐宋时代两浙・淮南の海岸线について》,布目潮沨编:《唐宋时代の行政・经济地图の作制研究成果报告书》,国书刊行会 1982 年。

［日］本田治:《宋元时代の滨海田开发について》,《东洋史研究》第 40 卷第 4 号,1983 年。

［日］本田治:《宋元时代温州平阳县の开发と移住》,《佐藤博士退官纪念中国水利史论丛》,国书刊行会 1984 年。

［日］本田治:《宋代温州における开发と移住补论》,《立命馆东洋史学》第 19 号,1996 年。

［日］本田治:《宋代明州沿海における开发と移住》,第 52 回国际东方学者会议,ツンポヅウム"中国社会の持续と变容——その论理と实际",日本教育会馆,2005 年 5 月17 日。

［日］本田治:《明代宁波沿海部における开发と移住》,《立命馆文学》第 208 号,2008 年。

［日］本田治:《知鄞县时代の王安石の水利事业について》,见松田吉郎编《宁波地域の水利开发と环境》,2010 年。

［日］长濑守:《中国先秦时代から宋代に至る水利技术の系谱》,《郡立杉并高等学校纪要》第 3 号,1962 年。

［日］米仓二郎:《扬子江三角洲平野の开发とクリしクの开展》,日文版《史林》23(2),1938。

［日］森田明:《江・浙におるけ海塘の水利组织》,《清代水利史研究》,亚纪书房1974 年。

Mark Elvin, Su Ninghu, "Man Against the Sea: Natural and Anthropogenic Factors in the Changing Morphology of Harngzhou Bay, circa 1000—1800", *Environment and History* 1 (1995): 3—54.

Mark Elvin, Su Ninghu, "Engineering the Sea: Hydraulic Systems and Pre-Modern Technological Lock-In in the Hangzhou Bay Area, circa 1000—1800", In Ito Suntaro and Yoshida Yoshinori eds, *Age of Environmental Crisis*.

马丁:《萧山围垦的历史基础》,杭州大学硕士学位论文,1996 年。

钟百红:《雍正朝观风整俗使研究》,东北师范大学硕士学位论文,2006 年。

朱鸿勋:《明代江浙地区的海塘》,台湾淡江大学硕士学位论文,2007 年。

陈静:《明代浙江海盐县海塘与当地社会经济》,安徽大学硕士学位论文,2007 年。

阎璐:《查嗣庭案与雍正时期政治文化》,东北师范大学硕士学位论文,2007 年。

和卫国:《清代国家与钱塘江海塘工程研究》,中国人民大学博士学位论文,2008年。

张其荣:《清前期杭嘉湖地区海塘建设与当地社会经济发展——以浙江省海宁州为中心》,安徽大学硕士学位论文,2008年。

刘丹:《杭州湾南岸宁绍海塘研究——以清代为考察中心》,宁波大学硕士学位论文,2011年。

穆连杰:《清代萧山的海涂垦殖研究》,宁波大学硕士学位论文,2012年。

田戈:《明清时期今慈溪市域的海塘、聚落和移民》,复旦大学硕士学位论文,2012年。

胡仲恺:《清代钱塘江海塘的修筑与低地开发——以海宁、萧山二县为考察中心》,暨南大学硕士学位论文,2013年。

从我第一本关于江南海塘研究的专著算起,迄今已有十二年。在这期间,虽然阅读中英文历史地理学"闲书"花费了不少时间,但是,两浙海塘历史一直是我重点关注的课题之一。与明清江南海塘主要为土塘且多由民间修筑不同的是,历史上的两浙海塘是以石塘为主且主要由中央政府强力介入。两浙鱼鳞大石塘名满天下,研究两浙海塘史需采取不同的思路与方法。

我尝试从技术、环境和政治三种因素复杂交织的角度来解读两浙鱼鳞大石塘的形成过程。在有关古代大型公共水利工程的研究中,力图进行政治史与历史地理学的有机结合,不仅需要宏观视野和对整体历史过程的把握,还需要从文化自然地理学的视角来解读某些环境变化的原因及其影响。新视角方能形成新解释,我在这方面仍然有很长的路要走。

感谢恩师葛剑雄先生和王建革先生。葛先生不仅指导我治学的方法,还经常以自己的见闻和感悟教给我许多为人处世的道理。在与王先生的日常聊天中,时常能捕捉到他对生态环境史的最新见解和不时蹦出的思想火花。

这本小书的形成,诸多师友都给予了帮助。史地所宽松的治学环境让人能够自由读书和思考,还可以经常向不同风格、不同研究领域的老师请教,互相切磋和交流。众多好友在日常工作和生活中也多有支持,这份情谊自当铭记。

本研究曾受到国家自然科学基金青年项目(2010年)、复旦大学"从0到1"科研创新项目(2021年)的支持,谨致谢忱。感谢所长张晓虹教授和董龙凯编审对本书出版给予的支持。书中的部分内容曾经发表在《史林》《社会科学》和《历史地理》杂志上,感谢上海社会科学院王健、陈炜祺以及本所孟刚兄的支持。我大部分文稿都劳烦孟刚兄过目,当对他表示谢意。

小儿王之壹的出生给家庭带来了诸多欢乐,在陪伴他成长的过程中,我对很多人和事的看法也有了不小的转变。

妻子秦瑞芳承担了绝大部分家务和育儿事宜,单纯地对她感谢是不够的,她让我对"相濡以沫"这个词有了更深的理解。

王大学

2021 年 7 月

图书在版编目（CIP）数据

政治、技术与环境：鱼鳞大石塘形成史的考察 / 王大学
著. — 上海：上海教育出版社，2022.11
ISBN 978-7-5720-1068-2

Ⅰ.①政… Ⅱ.①王… Ⅲ.①海塘－海岸工程－历史
－研究－浙江－明清时代 Ⅳ.①U656.31-092

中国版本图书馆CIP数据核字(2021)第248499号

责任编辑　董龙凯
书籍设计　陆　弦

政治、技术与环境：鱼鳞大石塘形成史的考察
王大学　著

出版发行　上海教育出版社有限公司
官　　网　www.seph.com.cn
地　　址　上海市闵行区号景路159弄C座
邮　　编　201101
印　　刷　上海盛通时代印刷有限公司
开　　本　700×1000　1/16　印张18　插页5
字　　数　286千字
版　　次　2022年11月第1版
印　　次　2022年11月第1次印刷
书　　号　ISBN 978-7-5720-1068-2/N·0007
定　　价　98.00元

如发现质量问题，读者可向本社调换　电话：021-64373213